Die Versäumung im Berufungsverfahren

Schriften zum Strafrecht und Strafprozeßrecht

Herausgegeben von Manfred Maiwald

Band 65

PETER LANG
Frankfurt am Main · Berlin · Bern · Bruxelles · New York · Oxford · Wien

Gunnar Lüer

Die Versäumung im Berufungsverfahren

Das strafprozessuale Anwesenheitsprinzip im Spannungsfeld von autonomer Subjektstellung und öffentlichen Interessen am Beispiel des § 329 Abs. 1, 2 StPO

PETER LANG
Europäischer Verlag der Wissenschaften

Bibliografische Information Der Deutschen Bibliothek
Die Deutsche Bibliothek verzeichnet diese Publikation in der Deutschen Nationalbibliografie; detaillierte bibliografische Daten sind im Internet über <http://dnb.ddb.de> abrufbar.

Zugl.: Göttingen, Univ., Diss., 2002

D 7
ISSN 0938-6181
ISBN 3-631-50995-2

www.peterlang.de

Meinen Eltern

Vorwort

Es war mein Doktorvater, Herr Professor Dr. Manfred Maiwald, der meine Aufmerksamkeit auf den Gegenstand der vorliegenden Untersuchung, die Vorschrift des § 329 StPO, gelenkt hat. Ihm habe ich für die in unseren Gesprächen geäußerte Kritik ebenso zu danken, wie für die wissenschaftliche Freiheit, die mit ihr einher ging. Nicht zuletzt schulde ich ihm Dank für die Aufnahme meiner Arbeit in die Reihe der „Schriften zum Straf- und Strafprozeßrecht". Herrn Professor Dr. Peter-Tobias Stoll danke ich für die zügige Erstellung des Zweitgutachtens.

Herr Rechtsanwalt Dr. Frederik Pajunk hat das Entstehen der Arbeit in vielen bereichernden Gesprächen begleitet und gefördert.

Auch meine Cousine, Frau Ilka Bräutigam, sowie Frau Dagmar Barkmann, Frau Barbara Freiman und Herr Rolf Ahrens haben mir bei der Erstellung der Arbeit in vielerlei Hinsicht zur Seite gestanden.

Mein besonderer Dank gilt meinen Eltern, Frau Annemarie und Herrn Henning Lüer, deren Unterstützung, die sie mir in jeder Hinsicht zuteil werden ließen, mich stets motiviert hat.

Die Arbeit wurde im Wintersemester 2002/2003 von der Juristischen Fakultät der Georg-August-Universität zu Göttingen als Dissertation angenommen. Rechtsprechung und Schrifttum wurden weitgehend bis Anfang 2003 berücksichtigt.

Göttingen, im März 2003 *Gunnar Lüer*

Inhaltsverzeichnis

Abkürzungsverzeichnis 15

Einleitung 17

1. Teil: § 329 StPO im Überblick und im Gefüge der Anwesenheitsvorschriften 27

I. Die Regelungen des § 329 StPO im Überblick 27
1. Voraussetzungen des Verwerfungsurteils gem. § 329 Abs. 1 S. 1 StPO 27
a) Zulässigkeit der Berufung 27
b) Ordnungsgemäße Ladung 28
c) Ausbleiben des Angeklagten bzw. eines Vertreters 28
d) Ungenügende Entschuldigung 29
aa) Feststellung der genügenden Entschuldigung 29
bb) Fallgruppen 30
e) Verwerfungsurteil 32
2. Voraussetzungen der Verhandlung in Abwesenheit des Angeklagten gem. § 329 Abs. 2 S. 1 StPO 32
3. Gestellung des Angeklagten gem. § 329 Abs. 4 StPO 34
4. Anfechtbarkeit der Entscheidungen gem. § 329 Abs. 1 S. 1, Abs. 2 S. 1 StPO 34
a) Wiedereinsetzung in den vorigen Stand gem. §§ 329 Abs. 3 iVm. 44, 45 StPO 35
b) Revision gem. §§ 333 ff. StPO 37
aa) Verfahrensrüge 37
bb) Sachrüge 38
II. § 329 StPO im Gefüge der Vorschriften des strafprozessualen Anwesenheitsprinzips 39
1. Grundsatz der Anwesenheit 39
a) Recht und Pflicht zur Anwesenheit 40
b) Rechtsgründe des Anwesenheitsprinzips 41
2. Modifikationen 42
a) Entzug des Anwesenheitsrechts 42

b) Befreiung von der Anwesenheitspflicht 43
c) Verwirkung des Anwesenheitsrechts 45
3. Kompensation für die fehlenden Mitwirkungsmöglichkeiten 48
a) Hinweise auf die Rechtsfolgen des unentschuldigten Ausbleibens 48
b) Vernehmung zur Sache 48
c) Verteidigung und Vertretung des abwesenden Angeklagten 49
d) Unterrichtung über den Inhalt der Verhandlung 50
e) Besondere Rechtsbehelfe 51
4. Erzwingung der Anwesenheit und Sanktionen bei vorschriftswidriger Abwesenheit 51

2. Teil: Die historische Entwicklung der Vorschriften über das Ausbleiben des Angeklagten in der Berufungshauptverhandlung 53

I. Strafverfahrensreform im 19. Jahrhundert: Hauptziele und zweite (Tatsachen-) Instanz 53
1. Einführung 55
2. Konflikte mit einzelnen Reformforderungen 56
a) Zweite Tatsacheninstanz und Mündlichkeitsgrundsatz 56
b) Zweite Tatsacheninstanz und Geschworenengericht 58
c) Zweite Tatsacheninstanz und Staatsanwaltschaft sowie Anklageprinzip 60
II. Partikularstaatliche Regelungen der Abwesenheit des Angeklagten in der Berufungsverhandlung 62
1. Königreich Württemberg 62
2. Großherzogtum Baden 63
a) Die Strafprocessordnung vom 6. März 1845 63
b) Die Strafprozeßordnung vom 18. März 1864 65
3. Kurhessen (Hessen-Kassel) 66
a) Das Gerichtseinrichtungsgesetz vom 31. October 1848 66
b) Das Strafverfahrensgesetz vom 28. October 1863 67
4. Königreich Bayern 68
5. Königreich Preußen 70
a) Die Verordnung vom 3. Januar 1849 70
aa) Appellationsverfahren 71
bb) Recursverfahren 71
b) Änderungen durch das Gesetz vom 3. Mai 1852 72
c) Die Strafprozeßordnung für die annektierten Gebiete vom 25. Juni 1867 73

6. Königreich Hannover 74
a) Die Strafprocessordnung vom 8. November 1850 74
b) Die Strafprocess-Ordnung vom 5. April 1859 75
7. Thüringische Staaten 75
8. Königreich Sachsen 76
a) Die Strafprocess-Ordnung vom 13. August 1855 76
aa) Einspruchsverfahren 77
bb) Berufungsverfahren 77
b) Die Revidierte Strafprozeßordnung vom 1. October 1868 78
9. Freie Stadt Frankfurt 78
10. Großherzogtum Oldenburg 80
11. Freie und Hansestadt Lübeck 81
12. Freie Hansestadt Bremen 82
13. Großherzogtum Hessen 83
14. Freie und Hansestadt Hamburg 84
15. Gruppenbildung, Periodisierung und Bewertung 85
a) Gruppenbildung: Regelungsmodelle 86
aa) Contumazial-Modelle 86
bb) Vertagungs-Modelle 87
cc) Rechtsmittelverlust-Modelle 87
b) Periodisierung 89
c) Bewertung 90
III. Die Reichsstrafprozeßordnung und diesbezügliche Reformen 90
1. Die Reichsstrafprozeßordnung vom 1. Februar 1877 90
a) Der Gang des parlamentarischen Verfahrens 90
b) Das Ausbleiben des Angeklagten in der Berufungshauptverhandlung 91
2. Reformen der Reichsstrafprozeßordnung 94
a) Die Entwürfe von 1894 und 1895 94
b) Der Entwurf von 1905 95
c) Die Entwürfe von 1908 und 1909 97
d) Der Entwurf von 1919/20 99
e) Der Entwurf einer Strafverfahrensordnung vom 1. Mai 1939 100
3. Zusammenfassung 102
IV. Die geltende Strafprozeßordnung und diesbezügliche Reformen 103
1. Das Erste Strafverfahrensreformgesetz von 1974 103
2. Der Diskussionsentwurf eines Rechtsmittelgesetzes von 1975 105
3. Jüngste Reformbestrebungen 107
4. Zusammenfassung 108

3. Teil: § 329 Abs. 1, 2 StPO und der Anspruch auf rechtliches Gehör gem. Art. 103 Abs. 1 GG 111

I. Problematik 111
II. Einfachrechtliche Erklärungsmodelle 114
1. Die Urteile nach § 329 StPO als Versäumnisurteile 115
a) Grundzüge des Versäumnisverfahrens im Zivilprozeß 116
b) Versäumnisverfahren im Strafprozeß 119
aa) Das Verwerfungsurteil gem. § 329 Abs. 1 S. 1 StPO als Versäumnisurteil 119
bb) Das Verwerfungsurteil gem. § 329 Abs. 1 S. 1 StPO als sog. „zweites" Versäumnisurteil 120
cc) Das Verwerfungsurteil gem. § 329 Abs. 1 S. 1 StPO: Vergleich mit dem Versäumnisurteil gegen den Kläger gem. § 330 ZPO 122
dd) Das Abwesenheitsurteil gem. § 329 Abs. 2 S. 1 StPO 124
c) Ergebnis 124
2. Das Rechtsmittel-Verzichts-Modell 127
a) Begriffliche Unklarheiten 127
b) Der vermeintliche „Wille" des Angeklagten 129
c) Vergleich mit § 391 Abs. 2 StPO im Privatklageverfahren 131
d) Zusammenfassung 134
3. Zwischenergebnis 134
III. § 329 Abs. 1, 2 StPO und Art. 103 Abs. 1 GG: Grundrechtsverzicht und Äußerungsmöglichkeit 135
1. Verfassungsrechtlicher Hintergrund des Anspruchs auf rechtliches Gehör 135
a) Begründung aus dem allgemeinen Gleichheitssatz 136
b) Begründung aus Prozeßmaximen und Einzelnormen 136
c) Begründung aus dem Gedanken der Sachgerechtigkeit 137
d) Begründung aus dem Grundsatz der Menschenwürde und dem Rechtsstaatsprinzip 138
2. Gewährleistungsgehalt des Art. 103 Abs. 1 GG 139
a) Garantie einer Äußerungsmöglichkeit 140
b) Grundrechtsverzicht 143
aa) Geltung des Grundsatzes von Treu und Glauben im Strafverfahrensrecht 144
aaa) Voraussetzungen des Grundsatzes von Treu und Glauben 146
bbb) Übertragung auf das Strafverfahren 147

ccc) Zusammenfassung 153
bb) Zulässigkeit des Grundrechtsverzicht im Allgemeinen 154
aaa) Die liberale (bürgerlich-rechtsstaatliche) Grundrechtstheorie 156
bbb) Die institutionelle Grundrechtstheorie 157
ccc) Die Werttheorie der Grundrechte 158
ddd) Die demokratisch-funktionale Grundrechtstheorie 158
eee) Die sozialstaatliche Grundrechtstheorie 159
fff) Stellungnahme 160
cc) Voraussetzungen und Schranken des Grundrechtsverzichts 163
aaa) Rechtsgrundlage des Grundrechtsverzichts 163
bbb) Schranken des Verzichts 164
dd) Zulässigkeit des Verzichts auf rechtliches Gehör im Besonderen 165
aaa) Grundrechtsimmanente Begrenzungen 166
aaaa) Sperrwirkung objektiv-rechtlicher Grundrechtsgehalte 167
bbbb) Sperrwirkung des Menschenwürdekerns von Art. 103 Abs. 1 GG 170
cccc) Zwischenergebnis 172
bbb) Kollidierende höherrangige Rechtsgüter 172
aaaa) Untersuchungsgrundsatz 172
bbbb) Grundsatz der Mündlichkeit und der Unmittelbarkeit 176
cccc) Sperrwirkung sozialstaatlicher Fürsorge 177
(1) Subjektstellung des Angeklagten 178
(2) Fürsorge 179
(a) Sperrwirkung eines Autonomiedefekts 185
(aa) Durch das Strafverfahren strukturell begründeter Autonomiedefekt 185
(bb) Autonomiedefekt als Ausnahmetatbestand 187
(aaa) Zivilrechtliche Geschäfts(un)fähigkeit und Delikts(un)fähigkeit 187
(bbb) Materiell-strafrechtliche Schuld(un)fähigkeit 188

(ccc) Strafprozessuale Verhandlungs(un)fähigkeit 190
(ddd) Wissensdefizite 191
(eee) Zwischenergebnis 193
dddd) Argumentation *Gollwitzers* 194
(1) Gemeinschaftsbindung des Einzelnen 194
(2) Prävention 195
(3) Legitimation durch Verfahren 196
eeee) Verfahrensbeschleunigung und Wahrung einer effektiven Strafrechtspflege 199
c) Zwischenergebnis 201

Schlußbemerkung 203

Literaturverzeichnis 211

Quellenverzeichnis 233

Abkürzungsverzeichnis

Abschn.	Abschnitt
ACR	Archiv für Criminalrecht
ACR (NF)	Archiv für Criminalrecht, Neue Folge
Anm.	Anmerkung
AK	Kommentar zur Strafprozeßordnung in der Reihe Alternativkommentare
BK	Bonner Kommentar zum Grundgesetz
BMJ	Bundesministerium der Justiz
BT-Drucks.	Drucksachen des Bundestages
DE	Diskussionsentwurf
DJT	Deutscher Juristentag
DStrRZ	Deutsche Strafrechtszeitung
E	Entwurf
Einl.	Einleitung
Erl.	Erläuterung
FS	Festschrift
GedS	Gedächtnisschrift
GS	Der Gerichtssaal
HK	Heidelberger Kommentar zur Strafprozeßordnung
Hs.	Halbsatz
HdbStR	Handbuch des Staatsrechts der Bundesrepublik Deutschland
KMR	Loseblattkommentar zur Strafprozeßordnung, begr. von *Kleinknecht*, *Müller* und *Reitberger*
KK	Karlsruher Kommentar zur Strafprozeßordnung und zum Gerichtsverfassungsgesetz mit Einführungsgesetz
MD	*Maunz*, Theodor/*Dürig*, Günther: Grundgesetz. Kommentar
MK/BGB	Münchner Kommentar zum Bürgerlichen Gesetzbuch
MK/ZPO	Münchner Kommentar zur Zivilprozeßordnung
LR^{19}	*Löwe*, Ewald/*Rosenberg*, Werner: Strafprozeßordnung und Gerichtsverfassungsgesetz. Großkommentar, 19. Auflage
LR^{23}	*Löwe*, Ewald/*Rosenberg*, Werner: Strafprozeßordnung und Gerichtsverfassungsgesetz. Großkommentar, 23. Auflage
LR^{24}	*Löwe*, Ewald/*Rosenberg*, Werner: Strafprozeßordnung und Gerichtsverfassungsgesetz. Großkommentar, 24. Auflage

LR[25]	*Löwe*, Ewald/*Rosenberg*, Werner: Strafprozeßordnung und Gerichtsverfassungsgesetz. Großkommentar, 25. Auflage
OTSt	Entscheidungen des Preussischen Ober-Tribunals in Strafsachen, amtliche Sammlung
o. V.	Ohne Vornamen
SK/StGB	Systematischer Kommentar zum Strafgesetzbuch, hrsg. von Hans-Joachim *Rudolphi* u. a.
SK/StPO	Systematischer Kommentar zur Strafprozeßordnung und zum Gerichtsverfassungsgesetz, hrsg. von Hans-Joachim *Rudolphi* u. a.
Reg.-Entw.	Regierungsentwurf
RStPO	Reichsstrafprozeßordnung
RT-Verh.	Verhandlungen des Reichstages
RZPO	Reichszivilprozeßordnung
ZStrV	Zeitschrift für deutsches Strafverfahren
ZStrV (NF)	Zeitschrift für deutsches Strafverfahren, Neue Folge

Im Hinblick auf die im übrigen verwendeten Abkürzungen sei, soweit sie nicht allgemein üblich und verständlich sind, verwiesen auf Hildebert *Kirchner*, Abkürzungsverzeichnis der Rechtssprache, 4. Auflage, Berlin/New York 1993

Einleitung

„Die Frage, ob gegen Abwesende und Flüchtige überhaupt ein Strafurtheil zulässig sei, ist von Alters her Gegenstand erheblicher Bedenken gewesen und wird es stets bleiben"[1].

Befund und Prognose haben auch heute noch ihre Berechtigung. Die Frage, ob und in wieweit gegen den Angeklagten, der nicht in der Hauptverhandlung zugegen ist, ein Strafverfahren durchgeführt werden darf bzw. nach Umfang und Stellenwert der Mitwirkung des Angeklagten am Verfahren berührt nach wie vor grundlegende strafprozessuale Prinzipien. Es zeigt sich dabei in besonderer Weise das dem Strafverfahren immanente Spannungsfeld zwischen Macht und Recht, Zweckmäßigkeit und Gerechtigkeit. Es ist dieses charakteristische Spannungsverhältnis zwischen dem Interesse der Rechtsgemeinschaft an effektiver und zügiger Rechtsverwirklichung und den Freiheits- und Verteidigungsinteressen des Einzelnen sowie die Art seiner Auflösung, die symptomatisch ist für das in einem Gemeinwesen allgemeingültige Verhältnis von Staat und Individuum. Das Strafverfahrensrecht ist der Seismograph der Staatsverfassung[2].

In den Strafverfahrensordnungen der Partikularstaaten und der Reichsstrafprozeßordnung, in denen die Sicherung der Stellung des Angeklagten noch nicht den heutigen Standard erreicht hatte, waren Entscheidungen in Abwesenheit vielfach in weit größerem Umfang möglich. Insbesondere die Tatsache, daß die nationalsozialistische „Reform" des Strafverfahrens eine Ausweitung des Abwesenheitsverfahren anstrebte, zeigt, wie leicht sich ein Verfahren dieser Art als Werkzeug eines totalitären Rechtssystems mißbrauchen läßt, indem es den Angeklagten weitest möglich seiner Rechte beraubt. Schließlich bedeutet jede dem Angeklagten im Verfahren eingeräumte Rechtsposition ein potentielles Hemmnis auf dem Weg zur Verwirklichung des staatlichen Strafanspruchs, weil der Angeklagte sie immer dazu einsetzen wird, einen Schuldspruch zu vermeiden.

Nach der geltenden Strafprozeßordnung findet grundsätzlich gegen den ausgebliebenen Angeklagten keine Hauptverhandlung statt, und erscheint er nicht oder entfernt er sich aus der Verhandlung, sind zu seiner Gestellung verschiedene Zwangsmittel vorgesehen (vgl. §§ 230, 231 Abs. 1 StPO). Verfahren und Entscheidungen in Abwesenheit sind hingegen die Ausnahme (vgl. etwa §§ 231 Abs.

---

1 *Ortloff*, GA 19 (1871), S. 492.

2 Vgl. *Eb. Schmidt*, Geschichte, S. 19; *Roxin*, Strafverfahrensrecht, § 2 Rn. 1.

2, 232, 233, 329, 412 StPO). Nicht zuletzt stellt die vorschriftswidrige Abwesenheit einen absoluten Revisionsgrund dar (vgl. § 338 Nr. 5 StPO), was die herausragende Bedeutung erkennen läßt, die der Gesetzgeber dem Grundsatz der Anwesenheit zugemessen hat. Auch angesichts dieses Regel-Ausnahme-Verhältnisses erhellt die besondere Problematik der Abwesenheit des Angeklagten. Es legt den Schluß nahe, daß das Vorgehen gegen einen Angeklagten, der nicht in der Hauptverhandlung zugegen ist, stets einer besonderen Rechtfertigung bedarf[3].

Die bei Verfahren in Abwesenheit des Angeklagten betroffenen Prinzipien stehen in enger Beziehung zur ambivalenten Verfahrensstellung des Angeklagten. Er ist einmal autonomes Verfahrenssubjekt, und als solches kommen ihm bestimmte Mitwirkungs- und Gestaltungsrechte zu, deren Inbegriff und Basis der Anspruch auf rechtliches Gehör gem. Art. 103 Abs. 1 GG bildet[4]. Er soll die Entscheidung des Gerichts nicht nur passiv-duldend hinnehmen müssen, sondern muß das Recht haben, auf den Gang des Verfahrens und die Entscheidungsfindung aktiv einzuwirken[5]. Daneben ist der Angeklagte aber auch als Objekt der Wahrheitsermittlung bestimmten Zwängen bzw. Zwangsmitteln unterworfen[6]. Jedenfalls der schuldige Angeklagte verfügt über die Informationen über den Tathergang „aus erster Hand“. Dann soll dem unmittelbaren persönlichen Eindruck, den sich die anderen Verfahrensbeteiligten von ihm verschaffen können, eine besondere Bedeutung zukommen. Die gestischen und mimischen Reaktionen des Angeklagten auf den Verlauf des Verfahrens, etwa eine ihn belastende Zeugenaussage, können Aufschluß über seine Schuld oder den Wahrheitsgehalt seiner bisherigen Einlassungen geben. Auch kann es auf persönliche Merkmale der Person des Angeklagten ankommen, wenn es darum geht, ihn anhand besonderer Merkmale oder seines Aussehens als den Täter zu identifizieren.

Beide Gesichtspunkte lassen sich augenscheinlich optimal nur bei möglichst weitreichender Anwesenheit des Angeklagten verwirklichen. In einem von Unmittelbarkeit und Mündlichkeit geprägten Verfahren ist die Hauptverhandlung ein sich dynamisch entwickelnder Prozeß, der immer wieder zu überraschenden Situationen führen kann, auf die der Angeklagte reagieren muß. Es scheint dabei auf der Hand zu liegen, daß er seine Verteidigung nur optimal führen kann, wenn er zugegen ist. Stellt schließlich der Angeklagte potentiell eine Informationsquelle ersten Ranges dar, hat es den Anschein, als könne unter dem Blickwinkel der Wahrheitsermittlung von seiner Anwesenheit nicht abgesehen werden.

---

3 Siehe auch SK/StPO-*Frisch*, § 329 Rn. 2.

4 Vgl. *Maiwald*, in: FS Lange, S. 750; *Momsen*, 68 f.

5 Siehe BVerfGE 9, 89 (95); 39, 156 (168); 63, 332 (337).

6 *Henkel*, S. 172; siehe auch *Goldschmidt*, S. 116.

Die den Gegenstand der Untersuchung bildende Vorschrift des § 329 Abs. 1, 2 StPO formt das Anwesenheitsprinzip in besonders pointierter Weise aus. Erscheint weder der Angeklagte noch zulässigerweise ein Verteidiger, wird seine Berufung ohne Verhandlung zur Sache verworfen (vgl. Abs. 1 S. 1) bzw. wird in seiner Abwesenheit verhandelt (vgl. Abs. 2 S. 1 iVm. Abs. 1 S. 1). Damit bricht die Norm mit wichtigen strafprozessualen Grundsätzen. Abs. 1 S. 1 suspendiert das sich aus der Justizgewährungspflicht des Staates ergebende Prinzip, daß über ein zulässig eingelegtes Rechtsmittel auch sachlich entschieden wird. Zum anderen setzt er sich in eklatanter Weise in Widerspruch zu einem wichtigen Ziel des Strafverfahrens, indem er dem Gesichtspunkt der Verfahrensbeschleunigung selbst auf die Gefahr hin, daß ein unrichtiges Urteil rechtskräftig wird, den Vorzug gibt, so daß die Erforschung der materiellen Wahrheit als Voraussetzung einer gerechten Entscheidung aufgegeben wird. Abs. 2 S. 1 schließlich durchbricht den Grundsatz, daß gegen einen nicht erschienenen Angeklagten keine Hauptverhandlung stattfindet (vgl. § 230 Abs. 1 StPO)[7].

Wie sehr § 329 StPO mit seinen „scharfen" Rechtsfolgen, die dem Angeklagten erhebliche Gefahren bringen, jedenfalls im Hinblick auf das Verwerfungsurteil gem. Abs. 1 S. 1 doch einen Fremdkörper im Strafverfahrensrecht darstellt, zeigen auch die Schwierigkeiten, die eine Erklärung dieser Vorschrift bereitet. Deren Spektrum reicht vom Vergleich mit einem Versäumnisurteil über die Annahme einer Fiktion oder der Vermutung des Verzichts bzw. der Rücknahme des Rechtsmittels bis hin zu der These, die Regelungen des § 329 Abs. 1, 2 StPO wären Ausdruck eines Verwirkungsgedankens. Das Versäumnisurteil und der Gedanke der Verwirkung sind dabei Rechtsinstitute, die dem Zivilprozeßrecht bzw. dem materiellen Zivilrecht entstammen, was ihre Übertragbarkeit auf das Strafverfahren fragwürdig und in besonderem Maße erklärungsbedürftig macht.

Die Erklärungen als Versäumnisurteil und als Rechtsmittelverzicht bzw. -rücknahme ziehen indes schon grundsätzlich gewichtige Zweifel auf sich. Ohne der weiteren Untersuchung vorzugreifen, kann hier schon festgestellt werden, daß allein die Erklärung als Ausdruck eines Verwirkungsgedankens Abs. 1 und Abs. 2 der Vorschrift gleichermaßen zu erklären scheint. Versäumnisurteil und Rechtsmittelverzicht bzw. -rücknahme machen Sinn als Deutung des Abs. 1 der Vorschrift und scheinen auf Abs. 2 nicht zu passen. Wenngleich die Anwendung des materiell-zivilrechtlich geprägten Instituts der Verwirkung im Strafprozeß einigen Erklärungsbedarf mit sich bringt, soll sie doch als *prima facie* schlüssig der Untersuchung zugrunde gelegt und kritisch beleuchtet werden.

---

7 Vgl. KMR-*Sax*, § 329 Rn. 2; SK/StPO-*Frisch*, § 329 Rn. 2; *Busch*, JZ 1963, S. 457.

Geht das Gesetz vom Grundsatz der Anwesenheit aus, den es gegebenenfalls unter Zwang durchzusetzen gebietet (vgl. §§ 230, 231 Abs. 2 StPO), verzögert der Angeklagte, der ohne genügende Entschuldigung nicht in der Berufungshauptverhandlung erscheint, das Verfahren. Grundsätzlich müßte nämlich seine Gegenwart erzwungen werden. In der Berufungsinstanz meinte der Gesetzgeber im Hinblick auf die stattgefundene Verhandlung erster Instanz und die damit verbundenen rechtsstaatlichen Garantien auf eine solche „strenge" Durchführung des Anwesenheitsprinzips verzichten zu können und stattdessen dem Angeklagten sein Rechtsmittel absprechen zu dürfen[8]. Der Angeklagte mißbraucht die ihm eingeräumten Mitwirkungs- und Gestaltungsrechte, um eine Entscheidung und damit den Eintritt der Rechtskraft hinauszuschieben und verwirkt die mißbrauchten Rechtspositionen, soweit sie ihm zustehen[9]. In diesem Verwirkungsgedanken könnte im Fall des § 329 StPO die erforderliche besondere Rechtfertigung liegen, die eine Verfahrenserledigung in Abwesenheit des Angeklagten erfordert.

Dieser These liegt die Prämisse zugrunde, daß der Angeklagte nicht auf seine Anwesenheit verzichten kann[10]. Diese ist dahin zu präzisieren, daß der Angeklagte auf sein Anwesenheitsrecht nicht verzichten kann. Indem er es dennoch aufgibt, verletzt er seine Pflicht, in der Hauptverhandlung zu erscheinen. Dieser Verstoß soll zur Verwirkung seiner Rechtspositionen führen. Das Anwesenheitsrecht wiederum dient der Sicherung der Subjektstellung des Angeklagten, es bildet in einem unmittelbaren und mündlichen Verfahren die Voraussetzung dafür, daß der Angeklagte seine Mitwirkungs- und Gestaltungsrechte auch einsetzen kann. Deren Inbegriff bildet der Anspruch auf rechtliches Gehör (vgl. Art. 103 Abs. 1 GG). Auf den Punkt gebracht geht es also um die Frage der Verzichtbarkeit des Anspruchs auf rechtliches Gehör.

Wohnt dem Begriff des subjektiven Rechts grundsätzlich eine gewisse Verfügbarkeit inne oder doch die Freiheit, es nicht in Anspruch nehmen zu müssen, muß die Behauptung, der Angeklagte könne auf sein Anwesenheitsrecht nicht verzichten, zunächst überraschen. Zugleich ist indes anerkannt, daß eine Rechtsposition dann nicht zur Disposition des Berechtigten steht, wenn sie zugleich der Wahrung von Drittinteressen zu dienen bestimmt ist[11].

---

8 Vgl. BGHSt 17, 188 (189); 23, 331 (335).

9 Siehe etwa *Busch*, JZ 1963, S. 458; *Schroeder*, NJW 1973, S. 308 f.; *Hanack*, JZ 1973, S. 694; *Schlüchter*, Rn. 682.1.

10 Siehe einstweilen nur *Meyer-Goßner*, § 230 Rn. 2 m. w. N.

11 So schon *Planck*, S. 185; siehe auch *Sturm*, in: FS Geiger, S. 188; *Müller*, S. 44 f.; *Stern*, Staatsrecht III/2, S. 888, 911 ff.; *Momsen*, S. 82 ff.; siehe auch BVerfG NJW 1977, 800 (801); BVerfG NStZ 1982, 294. Im von der Dispositionsmaxime geprägten Zivilprozeß können die Parteien nicht nur über den Streitgegenstand verfügen.

Da sich eine Vielzahl der Vorschriften der Strafprozeßordnung auf das Rechtsstaatsprinzip zurückführen lassen und somit jedenfalls auch öffentlichen Interessen dienen, wird man diesen Grundsatz nicht in dieser Absolutheit aufrechterhalten können, sondern ihn dahingehend modifizieren müssen, daß die Disponibilität nur bei Vorschriften oder Rechten entfällt, die überwiegend öffentlichen Interessen dienen[12].

Im Hinblick auf die Doppelstellung des Angeklagten und die damit im Zusammenhang stehenden, das Anwesenheitsprinzip stützenden Gesichtspunkte deutet sich bereits hier an, daß eine Lösung des Problems der Verzichtbarkeit von Verfahrensrechten vor allem über die Frage führt, inwieweit entgegenstehende höherrangige, insbesondere öffentliche Interessen bestehen, die der Disponibilität Grenzen setzen können. Als solches kommt das Interesse an der Wahrheitsermittlung in Betracht[13].

Damit ist die methodische Richtschnur vorgegeben, an der sich eine Untersuchung des Anwesenheitsprinzips zu orientieren hat. Sie muß ansetzen bei der Bestimmung des Rechts des Individuums und muß dann fragen, ob und inwieweit es andere Interessen gibt, die die grundsätzliche Disponibilität des Rechts einschränken können. Ausgangspunkt ist daher zunächst der Anspruch auf rechtliches Gehör gem. Art. 103 Abs. 1 GG. Die Vorgehensweise der Untersuchung, die Rechte des Angeklagten in den Vordergrund zu stellen, kann sich auch auf die besondere Bedeutung stützen, die den Mitwirkungs- und Gestaltungsrechten zukommt, deren Inbegriff der Anspruch auf rechtliches Gehör darstellt. Diese Verteidigungsrechte konstituieren die Subjektstellung des Angeklagten als einen zentralen Begriff des Verfahrensrechts. Die solchermaßen bestimmte Verfahrensstellung des Angeklagten ist dann ins Verhältnis zu setzen zu dem öffentlichen Interesse an der Erforschung der materiellen Wahrheit.

Der Anspruch auf rechtliches Gehör gem. Art. 103 Abs. 1 GG ist in erster Linie ein Freiheitsrecht in Abwehrrichtung gegen den Staat [14]. Indem dieser mit dem Anwesenheitsprinzip den Angeklagten zwingt, sich eine optimale Verteidi-

---

Gem. § 295 ZPO steht es ihnen auch zu, über die Einhaltung der die Förmlichkeiten des Verfahrens betreffenden Vorschriften zu disponieren, vgl. schon *v. Tippelskirch*, GA 9 (1861), S. 577 f., sowie auch *Jescheck*, JZ 1952, S. 400 f.; *Bohnert*, NStZ 1983, S. 344; *Müller*, S. 41 f.; *Momsen*, S. 81. *Fuhrmann*, NJW 1963, S. 1232, hält das Fehlen einer dem § 295 ZPO entsprechenden Vorschrift in der StPO schlicht für ein Versäumnis des Gesetzgebers.

12 Vgl. auch *Müller*, S. 64.

13 So *Müller*, S. 44.

14 Daneben kommt der Norm ein objektiv-rechtlicher Gehalt zu, MD-*Schmidt-Aßmann*, Art. 103 Abs. 1 Rn. 4. Ob dieser, wie *Rieß*, ZStW 90 (1978), S. 184, behauptet, die Verzichtbarkeit ausschließt, wird zu prüfen sein.

gung zu sichern, maßt er sich an, dem Einzelnen die Art und Weise seines Freiheitsgebrauchs vorzuschreiben.

Dabei ist aber zu beachten, daß ein Strafverfahren, das eine Verhandlung in Abwesenheit des Angeklagten vorsieht, nicht etwa schon *per se* rechtsstaatswidrig ist. Davon kann erst die Rede sein, wenn es der Verfahrensordnung bzw. dem durch sie repräsentierten Régime gerade darum zu tun ist, dem Angeklagten gezielt und vor allem kompensationslos seine Rechte zu beschneiden oder zu entziehen[15]. Dies erhellt auch aus der Tatsache, daß es ein Bestreben der nationalsozialistischen Strafprozeßreform war, diese Verfahrensart erheblich auszuweiten[16]. Auch der Inquisitionsprozeß und die diesen reformierenden, aber eben noch nicht rechtsstaatlich durchdrungenen Verfahrensordnungen kannten die Verurteilung abwesender Angeklagter in erheblichem Umfang. Doch darf auch nicht vergessen werden, daß die Möglichkeit, der Verhandlung fernzubleiben, für den Angeklagten eine wertvolle Vergünstigung darstellen kann.

In der Prozeßsituation sind nämlich neben den Verteidigungsinteressen, denen ohne Zweifel ein hoher Stellenwert zukommt, auch andere veritable Interessen berührt. Diese könnte der Angeklagte den Verteidigungsinteressen vorziehen wollen. So kann über die durch die Anwesenheitspflicht beeinträchtigte Fortbewegungsfreiheit (vgl. Art. 2 Abs. 1 GG) hinaus die Zwangslage, in der sich der Angeklagte im Verfahren befindet, eine Gefährdung seines physischen und psychischen Wohlbefindens darstellen (vgl. Art. 2 Abs. 1, 1 Abs. 1, 2 Abs. 2 GG). Und insbesondere der Angeklagte, der als Selbständiger ein eigenes Unternehmen führt, dessen Größe und Organisation es nicht erlauben, seine persönliche Mitarbeit zu ersetzen, läuft vor allem bei längeren Verfahren Gefahr, durch die dauernde Anwesenheit in der Verhandlung seine wirtschaftliche Existenz zu verlieren (vgl. Art. 14 Abs. 1 GG)[17].

Hinter der damit aufgeworfenen Problematik des sog. Grundrechtsverzichts verbirgt sich die verfassungsrechtlich grundsätzliche Frage nach der Rechtsnatur der Grundrechte[18]. Stellen diese subjektive Freiheitsrechte dar oder dienen sie überindividuellen, objektiven Werten, Zielen, Zwecken oder Institutionen, die der Gesetzgeber zu konkretisieren hat, und die für den Einzelnen zwangsläufig unverfügbar sein müßten?

Erweist sich der Grundrechtsverzicht als verfassungsrechtlich zulässig, so wird die Verfügbarkeit des Anspruchs auf rechtliches Gehör im Besonderen zu klären sein. Sie wird im Hinblick auf die *besondere* Situation des Strafverfahrens

---

15 Siehe auch *Momsen*, S. 206 m. w. N.

16 Siehe unten, S. 100 f.

17 Siehe hierzu *Stein*, ZStW 97 (1985), S. 308.

18 *Hess*, S. 57.

bestritten[19]. Der Angeklagte sei nicht in der Lage, die Bedeutung der Anwesenheit für seine Verteidigung richtig einzuschätzen, er könne weder den Wert seiner Rechte noch das mit dem Ausbleiben verbundene Risiko zutreffend beurteilen[20]. Die Pflicht zur Anwesenheit sichere dementsprechend das Recht zur Anwesenheit (*scil.* das Gehör) und stelle eine Maßnahme sozialstaatlicher Fürsorge dar[21].

Damit sind zwei Problemkreise angerissen. Mit der Frage der Fähigkeit zur Wahrnehmung seiner Verteidigung ist die Subjektstellung angesprochen und die Disposition, in der sich der Angeklagte zu deren Wahrnehmung befinden muß. Damit einher geht die Frage, wann sich der Gesetzgeber oder das Gericht im wohlverstandenen Interesse des Angeklagten über seinen Willen hinwegsetzen und ihm fürsorglich eine optimale Verteidigung ermöglichen dürfen. Spricht doch einiges gegen die Annahme, die Situation des Strafverfahrens begründe als solche schon einen quasi *strukturellen* Defekt, weil damit die Subjektstellung als solche in Frage stünde, scheint es naheliegender, zu versuchen, die Fälle defekter Autonomie als einer Disposition, in der der Angeklagte zu freier Willensbildung nicht in der Lage ist und die den Staat zur Fürsorge berechtigt, näher zu bestimmen. Dazu bietet sich ein Blick auf die Regelungen an, die die Rechtsordnung an anderer Stelle getroffen hat, wenn der Wille des Einzelnen bzw. die an sich eintretenden Rechtsfolgen unbeachtlich sein sollen. Dies ist etwa bei Vorliegen der zivilrechtlichen Geschäfts- und Deliktsunfähigkeit, der materiell-strafrechtlichen Schuldunfähigkeit und der strafprozessualen Verhandlungsunfähigkeit der Fall[22].

Läßt sich somit das hinter der Fürsorge stehende Sozialstaatsprinzip als Rechtsgut interpretieren, welches die Disponibilität des Anspruchs auf rechtliches Gehör im Strafverfahren ausschließt oder doch einschränkt, läßt sich in gleicher Weise das andere zur Fundierung der Anwesenheitspflicht herangezogene Argument in die Prüfung integrieren. So soll der im Rechtsstaatsprinzip wurzelnde Grundsatz der Wahrheitsermittlung als öffentliches Interesse die Anwesenheit der Disposition des Angeklagten entziehen[23]. Dies scheint schon insofern plausibel, als der Angeklagte in einem Bestreben, sich der Strafe zu entziehen, jede Möglichkeit nutzen würde, ihn belastende Tatsachen nicht ans Licht kommen zu lassen, was er am einfachsten dadurch erreichen könnte, daß er der Verhandlung fernbleibt.

---

19 Indem die Verzichtbarkeit im Hinblick auf besondere Umstände verneint wird, wird damit doch gleichzeitig die allgemeine Zulässigkeit des Grundrechtsverzicht anerkannt.

20 Siehe etwa *Baumann*, Grundbegriffe, S. 64; *Rieß*, JZ 1975, S. 267 f.

21 *Rieß*, JZ 1975, S. 267 f.; *ders.*, ZStW 90 (1978), S. 184.

22 Siehe *Julius*, ZStW 97 (1985), S. 317 ff.; *Hess*, S. 94 ff.

23 *Müller*, S. 44; *Meyer-Goßner*, § 230 Rn. 3; siehe auch *Stein*, ZStW 97 (1985), S. 320; *Julius*, GA 1992, S. 299.

Der Wert der Anwesenheit des Angeklagten für die Wahrheitsermittlung ist aber einer Reihe von Einwänden ausgesetzt. Neben der Beschränktheit menschlicher Erkenntnisfähigkeit und der daraus folgenden Unmöglichkeit einer Rekonstruktion der materiellen Wahrheit im Sinne des real abgelaufenen Geschehens im Prozeß[24], relativiert auch der verfassungsrechtlich fundierte Grundsatz, daß niemand an der eigenen Verurteilung mitwirken muß („*nemo tenetur se ipsum accusare*“) die Bedeutung der Anwesenheit des Angeklagten. Macht er nämlich von seinem Schweigerecht Gebrauch (vgl. § 243 Abs. 4 S. 1 StPO), trägt er nichts zur Wahrheitsfindung bei[25].

Ließe sich aber der Stellenwert der Anwesenheit für die Wahrheitsfindung relativieren, wäre auch die dem § 329 StPO unterlegte Annahme, der Angeklagte verwirke seine Mitwirkungs- und Gestaltungsrechte, in Zweifel zu ziehen. Diese stützt sich ja im wesentlichen auf die Behauptung, der Angeklagte, der ohne hinreichenden Grund nicht erscheint, bezwecke eine Verfahrensverzögerung. Dieser vorzubeugen sei die *ratio* des § 329 StPO[26]. Die Annahme einer Verzögerung rechtfertigt sich aber nur im Hinblick auf die Voraussetzung, daß die Anwesenheit des Angeklagten zur Wahrheitsfindung unerläßlich ist und daß er deswegen an sich unter Anwendung von Zwangsmittel zur Hauptverhandlung gebracht werden müßte. Den mit dieser Gestellung verbundenen Zeitaufwand soll § 329 StPO verhindern. Wäre allerdings die Anwesenheit des Angeklagten nicht, oder doch nicht in dem behaupteten Umfang erforderlich, ließe sich auch der Vorwurf der Obstruktion und damit die Sanktion in Form der Verwirkung nicht aufrechterhalten.

Erhärtet sich die Vermutung, daß ein Verzicht auf Grundrechte im Allgemeinen und auf den Anspruch auf rechtliches Gehör im Besonderen grundsätzlich zulässig und im Strafverfahren auch nicht im Hinblick auf sozialstaatliche oder rechtsstaatliche Erwägungen auszuschließen ist, würden die Regelungen des § 329 Abs. 1, 2 StPO die Gewährleistung des Anspruchs auf rechtliches Gehör gem. Art. 103 Abs. 1 GG unverhältnismäßig verkürzen und wären erheblichen verfassungsrechtlichen Bedenken ausgesetzt.

Um den § 329 StPO als Untersuchungsgegenstand vorzustellen und angesichts der Bedeutung des Anwesenheitsprinzips für die hier interessierende Frage soll zunächst ein kurzer Überblick über die Regelungen und Probleme des § 329 StPO und eine Einordnung der Vorschrift in das System der das Anwesenheitsprinzip regelnden Vorschriften erfolgen.

---

24 LR[25]-*Rieß*, Einl. Abschn. G Rn. 43 ff.

25 Vgl. etwa *Rieß*, ZStW 90 (1978), Beiheft, S. 184 f.; *Stein*, ZStW 97 (1985), S. 320 ff.

26 Siehe einstweilen nur *Amelunxen*, S. 90; KK-*Ruß*, § 329 Rn. 1 m. w. N.

Dann soll im Hinblick auf die lange Tradition, die Regelungen wie die des § 329 StPO in den Strafverfahrensordnungen der deutschen Partikularstaaten und der Reichsstrafprozeßordnung haben und angesichts des breiten Spektrums der dort kodifizierten rechtstechnischen Lösungsmöglichkeiten für die heute in § 329 StPO geregelte Konstellation die diesbezügliche historische Entwicklung dargestellt und der Versuch unternommen werden, die vorgefundenen Regelungen zu kategorisieren und zu bewerten.

Sodann ist auf das Problem der Verwirkung als Frage nach Zulässigkeit bzw. Unzulässigkeit des Verzichts auf Grundrechte im Allgemeinen und auf den Anspruch auf rechtliches Gehör gem. Art. 103 Abs. 1 GG im Strafverfahren im Besonderen einzugehen. Dazu sind zunächst zwei Vorfragen zu klären. Zum einen hat es darum zu gehen, ob nicht eines der einfachrechtlichen Erklärungsmodelle entgegen dem ersten Anschein die zutreffende Erklärung der Vorschrift liefert. Zu klären ist dann die Anwendbarkeit des Instituts der Verwirkung im Strafverfahren bzw. Strafverfahrensrecht.

Die Frage der Disponibilität des Gehöranspruchs und der Rechtsfolgen bei Mißachtung der Unverfügbarkeit werfen zunächst die verfassungsgrundsätzliche Frage nach der Natur der Grundrechte auf sowie nach Rang und Umfang der autonomen Subjektstellung des Angeklagten im Strafverfahren als Grundlage einer eventuellen Verfügungsbefugnis und weiter nach übergeordneten oder entgegenstehenden Interessen, die als Rechtfertigung des von § 329 StPO insoweit konkretisierten Anwesenheitsprinzips genannt werden und die Disponibilität dann wiederum begrenzen (sozialstaatliche Fürsorge, rechtsstaatliche Wahrheitsermittlung).

Das strafprozessuale Anwesenheitsprinzip befindet sich als Garant des Anspruchs auf rechtliches Gehör sowie der Wahrheitsermittlung in einem Spannungsverhältnis zwischen zwei widerstreitenden Positionen: der autonomen Subjektstellung des Angeklagten und den öffentlichen Interessen. Das geltende Recht scheint dieses Spannungsverhältnis einseitig zugunsten der öffentlichen Interessen gelöst zu haben, indem es dem Gebot der Wahrheitsermittlung ein erhebliches Gewicht einräumt und andererseits die autonome Subjektstellung des Angeklagten materiell in Frage stellt, indem dessen Interessen und damit Verhaltensalternativen präsumtiv geregelt werden und ein etwa erklärter entgegenstehender Wille des Angeklagten für unvernünftig und damit unbeachtlich erklärt und einem objektiv bestimmten Willen untergeordnet wird.

Die Berechtigung dieser Gewichtung soll Gegenstand der vorliegenden Untersuchung sein.

1. Teil: § 329 StPO im Überblick und im Gefüge der Anwesenheitsvorschriften

Um § 329 StPO als Gegenstand der vorgelegten Untersuchung vorzustellen, soll zunächst ein Überblick über dessen Regelungen und die wichtigsten mit dieser Vorschrift verbundenen Probleme gegeben werden. Wegen der eminenten Bedeutung des strafprozessualen Anwesenheitsprinzips für das Verständnis der besonderen Regelungen des § 329 Abs. 1, 2 StPO wird die Vorschrift dann in die Systematik der dieses konstituierenden Normen eingeordnet werden.

I. Die Regelungen des § 329 StPO im Überblick

Die Vorschrift des § 329 Abs. 1, 2 StPO dient der Verfahrensbeschleunigung. Dem Berufungsführer soll es unmöglich gemacht werden, durch willkürliches Ausbleiben das Verfahren und schließlich den Eintritt der Rechtskraft zu verzögern oder gar zu vereiteln. Um diesen Preis soll sogar ein unrichtiges Urteil hingenommen werden dürfen, weil mit der erstinstanzlichen Hauptverhandlung bereits eine rechtsstaatlichen Garantien genügende Prüfung des Anklagevorwurfes erfolgt sei[27].

1. Voraussetzungen des Verwerfungsurteils gem. § 329 Abs. 1 S. 1 StPO

a) Zulässigkeit der Berufung

Voraussetzung des Vorgehens nach § 329 Abs. 1 S. 1 StPO ist zunächst, daß eine zulässige Berufung vorliegt. Andernfalls hat das Gericht die Berufung gem. § 322 Abs. 1 S. 2 StPO vorrangig durch Urteil zu verwerfen[28]. Ist die Berufung zwar zulässig, fehlt aber eine Prozeßvoraussetzung, ist das Verfahren außerhalb der Hauptverhandlung durch Beschluß gem. § 206a StPO bzw. nach deren Be-

27 Vgl. nur BGHSt 17, 188 (189); 23, 331 (335); 25, 281 (284); 27, 236 (238); OLG Köln VRS 65, 47; OLG Stuttgart MDR 1982, 775; OLG Hamm NStZ-RR 1997, 368; HK-*Rautenberg*, § 329 Rn. 1; KK-*Ruß*, § 329 Rn. 1; *Meyer-Goßner*, § 329 Rn. 2; *Amelunxen*, S. 90.

28 BGHSt 30, 98 (100); AK-*Dölling*, § 329 Rn. 4; *Amelunxen*, S. 93.

ginn durch Urteil gem. § 260 Abs. 3 StPO einzustellen, wenn das Verfahrenshindernis erst nach dem Endurteil eingetreten ist[29].

b) Ordnungsgemäße Ladung

Die Berufung darf nur verworfen werden, wenn der Angeklagte ordnungsgemäß geladen worden ist. Die Ladung muß dem Angeklagten selbst oder seinem nach § 145 a Abs. 2 StPO bevollmächtigten Verteidiger zugestellt werden. Die öffentliche Zustellung ist unter erleichterten Voraussetzungen zulässig (vgl. § 40 Abs. 3)[30]. Die ordnungsgemäße Ladung setzt voraus, daß der Angeklagte über Ort, Zeit und Gegenstand der Verhandlung unterrichtet sowie über die Folgen des Ausbleibens (vgl. § 323 Abs. 1 S. 2 StPO) in Kenntnis gesetzt wird[31].

c) Ausbleiben des Angeklagten bzw. eines Vertreters

Bei Beginn der Hauptverhandlung mit Aufruf der Sache (vgl. §§ 324 Abs. 1 iVm. 243 Abs. Abs. 1 S. 1 StPO) muß der Angeklagte ausgeblieben, also körperlich abwesend sein[32]. Dem gleichzustellen ist die schuldhaft herbeigeführte Verhandlungsunfähigkeit[33].

Das Verwerfungsurteil darf auch dann nicht ergehen, wenn die Vertretung des Angeklagten zulässig ist und für ihn ein Vertreter erscheint. Die Vertretung ist in gleichem Umfang zulässig wie in der erstinstanzlichen Hauptverhandlung (vgl. §§ 234 iVm. 332 StPO), also wenn eine Verhandlung in Abwesenheit stattfinden kann. Dies sind die Fälle des Ausbleibens gem. § 232 StPO und der Berufung gegen das auf den Einspruch gegen einen Strafbefehl hin ergangene Urteil gem. § 411 Abs. 2 StPO sowie im Privatklageverfahren nach § 387 Abs. 1 StPO[34]. Voraussetzung der Vertretung ist eine entsprechende Vollmacht sowie der Wille zur Vertretung, einen Antrag zur Sache braucht der Verteidiger nicht zu stellen[35]. In einer Hinsicht unterscheidet sich die Vertretungsregelung in der Berufungsinstanz aber entscheidend von derjenigen erster Instanz. *Kann* sich dort der Ange-

---

29 LR[24]-*Gollwitzer*, § 329 Rn. 64; HK-*Rautenberg*, § 329 Rn. 5; nach herrschender Meinung gilt das auch, wenn das Verfahrenshindernis schon in der ersten Instanz bestand, anders *Meyer-Goßner*, § 329 Rn. 8.

30 AK-*Dölling*, § 329 Rn. 14; KK-*Ruß*, § 329 Rn. 3.

31 *Pfeiffer*, § 329 Rn. 4; *Meyer-Goßner*, § 329 Rn. 10 f.; str. bei Nichteinhaltung der Ladungsfrist des § 217 Abs. 1 StPO, vgl. AK-*Dölling*, § 329 Rn. 16; KK-*Ruß*, § 329 Rn. 3 jeweils m. w. N.

32 KK-*Ruß*, § 329 Rn. 4; *Meyer-Goßner*, § 329 Rn. 15.

33 BGHSt 32, 331 (333); *Warda*, in: FS Bruns, S. 439.

34 Vgl. AK-*Dölling*, § 329 Rn. 10; LR[24]-*Gollwitzer*, § 329 Rn. 46.

35 KK-*Ruß*, § 329 Rn. 6; *Meyer-Goßner*, § 329 Rn. 15.

klagte vertreten lassen, soweit die Verhandlung in seiner Abwesenheit zulässig ist (vgl. § 234 StPO), *muß* für ihn in der Berufungshauptverhandlung ein Vertreter erscheinen, um die in § 329 StPO angeordneten Rechtsfolgen zu vermeiden. § 329 Abs. 1 S. 1 StPO sieht nämlich die Verwerfung vor, wenn weder der Angeklagte noch in den Fällen, in denen dies zulässig ist, ein Vertreter des Angeklagten erschienen ist. Gleiches gilt für die Durchführung der Abwesenheitsverhandlung nach § 329 Abs. 2 S. 1 StPO, der insoweit auf Abs. 1 S. 1 verweist. Die Vertretung muß also einmal zulässig sein. Dies richtet sich nach den Vorschriften, die auch für die erste Instanz gelten. Liegt ein solcher Fall zulässiger Vertretung vor, muß zum anderen ein Vertreter erscheinen. Erlauben also die in erster Instanz geltenden Vorschriften die Vertretung *fakultativ*, schreibt § 329 StPO diese *obligatorisch* vor[36].

d) Ungenügende Entschuldigung

Liegen die sonstigen Voraussetzungen vor, kommt es darauf an, ob das Ausbleiben des Angeklagten genügend entschuldigt ist.

aa) Feststellung der genügenden Entschuldigung

Der Rechtsbegriff der genügenden Entschuldigung ist im Interesse des Angeklagten weit auszulegen[37]. Dabei kommt es auf die wirkliche Sachlage an, also das tatsächliche Vorliegen von entsprechenden Umständen, nicht auf das Vorbringen des Angeklagten. Entscheidend ist nicht, ob der Angeklagte sich genügend entschuldigt hat, sondern ob er genügend entschuldigt ist[38]. Das Berufungsgericht hat somit das Vorliegen von Entschuldigungsgründen von Amts wegen zu prüfen und entsprechenden Anhaltspunkten im Wege des Freibeweisverfahrens nachzugehen, sofern Beweismittel sofort zur Verfügung stehen. Fehlt es daran, ist das Gericht zu Nachforschungen nicht verpflichtet[39].

Die Entscheidung, ob die Entschuldigung genügend ist, ist im Wege einer Abwägung zu treffen, es besteht insoweit kein Ermessensspielraum. Das Gericht muß die öffentlich-rechtliche Pflicht, zu erscheinen, den persönlichen oder pri-

---

36 Hierzu *Küper*, GA 1971, S. 300 f.

37 BGHSt 17, 391 (396 f.); OLG Saarbrücken NJW 1975, 1613 (1614); OLG Köln NStZ-RR 1997, 208 (209).

38 BGHSt 17, 391 (396); OLG Karlsruhe NJW 1969, 47; OLG Köln NJW 1982, 2617; OLG Koblenz VRS 64 211 (212); OLG Düsseldorf StV 1987, 9 (10); OLG Hamm NStZ-RR 1998, 281 (282).

39 OLG Hamburg JZ 1963, 480 (481); OLG Koblenz NJW 1975, 322; OLG Saarbrükken NJW 1975, 1613.

vaten Gründen des Angeklagten, die ihn bewogen haben, dieser nicht nachzukommen, gegenüber stellen[40]. Das Ausbleiben ist als genügend entschuldigt anzusehen, wenn dem Angeklagten nach Abwägung aller Umstände des Einzelfalls billigerweise kein Vorwurf gemacht werden kann[41].

bb) Fallgruppen

Zur Frage, wann das Ausbleiben als genügend entschuldigt angesehen werden kann, hat sich eine verzweigte Kasuistik ausbildet, deren Fallgruppen hier nur summarisch dargestellt werden sollen.

Krankheit kann das Ausbleiben entschuldigen, wenn nach deren Art und Auswirkungen das Erscheinen nicht zumutbar ist, der Angeklagte also etwa krankheitsbedingt in seiner Verteidigung eingeschränkt wäre oder das Erscheinen eine erhebliche Verschlimmerung des Gesundheitszustandes mit sich brächte. Verhandlungsunfähigkeit muß aber nicht vorliegen[42]. Andererseits kann die verschuldete Herbeiführung der Verhandlungsunfähigkeit das Verwerfungsurteil gem. § 329 Abs. 1 S. 1 StPO nach sich ziehen[43]. Ein entschuldigtes Fernbleiben kann auch vorliegen, wenn der Angeklagte infolge sog. „Querulantenwahns" (von Krankheitswert) meint, nicht erscheinen zu müssen[44].

Private oder *berufliche Verpflichtungen*[45] können das Ausbleiben ausnahmsweise entschuldigen. Grundsätzlich geht zwar die öffentlich-rechtliche Pflicht zum Erscheinen vor. Dies gilt aber nicht, wenn die Belange des Angeklagten unaufschiebbar und von solcher Bedeutung sind, daß ihm ein Erscheinen nicht zugemutet werden kann[46]. Dies kann etwa der Fall sein bei einer ernsthaften Erkrankung eines nahen Angehörigen[47] oder drohendem Verlust des Arbeitsplatzes[48].

Denkbar ist auch, daß *andere öffentlich-rechtliche Verpflichtungen* als Entschuldigungsgrund zu betrachten sind. So ist ein rechtskräftig ausgewiesener

---

40 Vgl. KK-*Ruß*, § 329 Rn. 9 f.; LR^{24}-*Gollwitzer*, § 329 Rn. 33.

41 HK-*Rautenberg*, § 329 Rn. 21; LR^{24}-*Gollwitzer*, § 329 Rn. 35.

42 Vgl. LR^{24}-*Gollwitzer*; § 329 Rn. 36; siehe auch AK-*Dölling*, § 329 Rn. 22; HK-*Rautenberg*, § 329 Rn. 22; *Meyer-Goßner*, § 329 Rn. 26 jeweils m. w. N.

43 BayObLG NJW 1999, 3424 (3425), zur Frage der genügenden Entschuldigung, wenn der Angeklagte es unterläßt, die ohne sein Verschulden eingetretene Verhandlungsunfähigkeit durch den Besuch einer Therapie zu beseitigen.

44 OLG Brandenburg NJW 1998, 842 (843).

45 AK-*Dölling*, § 329 Rn. 23; HK-*Rautenberg*, § 329 Rn. 22; *Meyer-Goßner*, § 329 Rn. 28; LR^{24}-*Gollwitzer*, § 329 Rn. 38 jeweils m. w. N.

46 KG GA 1973, 29 (30); BayObLG NJW 2001, 1438 (1439).

47 RGSt 66, 150 (151 f.); OLG Celle NdsRpfl. 1956, 230 (231).

48 OLG Hamm NJW 1995, 207.

Ausländer, der das Land verlassen hat, genügend entschuldigt[49]. Ist das Fernbleiben indes darauf zurückzuführen, daß der Angeklagte fürchtet, aufgrund eines in einer anderen Sache bestehenden Haftbefehls verhaftet zu werden, liegt keine genügende Entschuldigung vor[50].

In Fällen *verspäteter Ankunft*[51] steht dem Angeklagten nur dann ein hinreichender Entschuldigungsgrund zur Seite, wenn er in der konkreten Situation alle vernünftigerweise erforderlichen und zumutbaren Schritte unternommen hat, um rechtzeitig zu erscheinen. Bei der Anreise mit dem PKW muß er für den Fall vorhersehbarer Verkehrsbehinderungen einen hinreichenden zeitlichen „Sicherheitszuschlag" einplanen[52]. Naturereignisse begründen einen Entschuldigungsgrund nur, wenn sie für den Angeklagten überraschend waren und er keine Gelegenheit hatte, sich etwa durch Umsteigen auf ein anderes Verkehrsmittel oder Einplanung einer längeren Anreisezeit darauf einzustellen[53].

Auch in der Verantwortungssphäre des Gerichts liegende Umstände können dazu führen, daß der Angeklagte als genügend entschuldigt anzusehen ist. Wird etwa ein rechtzeitig gestellter Antrag auf Vertagung (vgl. § 228 StPO) oder Entbindung vom Erscheinen (§ 233 StPO) nicht beschieden[54], kann diese *falsche Sachbehandlung des Gerichts*[55] einen Entschuldigungsgrund darstellen.

Schließlich kann auch das *Verhalten des Verteidigers*[56] bzw. können *Irrtümer des Angeklagten*[57] zu einer genügenden Entschuldigung führen. Nennt der Verteidiger dem Angeklagten eine falsche Uhrzeit für den Beginn der Hauptverhandlung[58], kann dies ebenso einen Entschuldigungsgrund darstellen wie der Fall, daß der Angeklagte sich über die Zulässigkeit der Vertretung irrt[59]. Auf eine Rechtsauskunft des Verteidigers darf sich der Angeklagte indes nicht verlassen,

---

49 OLG Düsseldorf StV 1983, 193.

50 OLG Hamm JMBlNW 1976, 9.

51 AK-*Dölling*, § 329 Rn. 24; *Meyer-Goßner*, § 329 Rn. 27; LR[24]-*Gollwitzer*, § 329 Rn. 41 jeweils m. w. N.

52 BVerfG StV 1994, 113.

53 OLG Bremen DAR 1956, 133; OLG Düsseldorf VRS 72, 193; ähnlich KK-*Ruß*, § 329 Rn. 11.

54 RGSt 59, 277 (279); OLG Oldenburg NJW 1964, 830.

55 AK-*Dölling*, § 329 Rn. 25; HK-*Rautenberg*, § 329 Rn. 22; LR[24]-*Gollwitzer*, § 329 Rn. 43 jeweils m. w. N.

56 AK-*Dölling*, § 329 Rn. 26; *Meyer-Goßner*, § 329 Rn. 29 jeweils m. w. N.

57 AK-*Dölling*, § 329 Rn. 26; HK-*Rautenberg*, § 329 Rn. 29; LR[24]-*Gollwitzer*, § 329 Rn. 44 jeweils m. w. N.

58 OLG Hamm VRS 42, 289.

59 RGSt 64, 239 (246 f.); BayObLG NJW 1956, 838 (839); OLG Zweibrücken NJW 1968, 1977 (1978); OLG Zweibrücken NJW 1968, 1977 (1978); OLG Hamm NStZ-RR 1997, 113.

wenn das Gericht ihm mitgeteilt hat, daß es diese Auffassung nicht teilt[60] oder er Zweifel an deren Richtigkeit haben mußte und Erkundigungen ihm zumutbar waren[61].

e) Verwerfungsurteil

Liegen alle Voraussetzungen vor, muß das Gericht, nachdem es eine angemessene Wartefrist von ca. 15 Minuten[62] hat verstreichen lassen, das Verwerfungsurteil erlassen, auch wenn Bedenken gegen die sachliche Richtigkeit des erstinstanzlichen Urteils bestehen. Es besteht kein Ermessensspielraum[63].

§ 329 Abs. 1 S. 1 StPO findet keine Anwendung, wenn das Revisionsgericht das erste Berufungsurteil aufgehoben und zur erneuten Verhandlung zurückverwiesen hat (vgl. Abs. 1 S. 2). Damit soll vermieden werden, daß der Angeklagte an einem Ergebnis festgehalten wird, das das Revisionsgericht für unrichtig erklärt hat[64].

2. Voraussetzungen der Verhandlung in Abwesenheit des Angeklagten gem. § 329 Abs. 2 S. 1 StPO

Hat nur (oder auch) die Staatsanwaltschaft Berufung eingelegt, kann unter den Voraussetzungen des Abs. 1 S. 1 in Abwesenheit des Angeklagten verhandelt werden. Dabei kommt es weder auf die Voraussetzungen der §§ 232, 233 StPO an, noch müssen deren Strafrahmengrenzen eingehalten werden[65]. Gem. §§ 234 iVm. 332 StPO ist eine Vertretung stets zulässig, wenn auf die Berufung der Staatsanwaltschaft hin in Abwesenheit des Angeklagten verhandelt wird[66].

Einschränkend ist aber folgendes zu bemerken. Zunächst gilt die in § 40 Abs. 3 StPO vorgesehene Erleichterung der öffentlichen Zustellung nicht[67].

Eine Verhandlung in Abwesenheit des Angeklagten kommt nicht in Betracht, wenn das Gericht zu der Auffassung gelangt, die richterliche Aufklärungspflicht gem. § 244 Abs. 2 StPO gebiete etwa im Hinblick auf die Höhe der zu erwarten-

---

60 OLG Koblenz VRS 44, 290 (294).
61 OLG Hamm JMBlNW 1978, 32 (33).
62 Vgl. AK-*Dölling*, § 329 Rn. 7 m. w. N.
63 HK-*Rautenberg*, § 329 Rn. 24; KK-*Ruß*, § 329 Rn. 13.
64 Vgl. *Meyer-Goßner*, § 329 Rn. 4; HK-*Rautenberg*, § 329 Rn. 8.
65 BGHSt 17, 391 (397); *Pfeiffer*, § 329 Rn. 8; KK-*Ruß*, § 329 Rn. 16.
66 *Eb. Schmidt*, Lehrkommentar I, § 329 Erl. 17; Nachtragsband I, § 329 Erl. 9; LR[24]-*Gollwitzer*, § 329 Rn. 46.
67 HK-*Rautenberg*, § 329 Rn. 33; KK-*Ruß*, § 329 Rn. 16.

den Strafe oder die Beweislage eine erneute Anhörung des Angeklagten bzw. die Verschaffung des persönlichen Eindrucks von ihm. Auch wenn ein Hinweis nach § 265 StPO erforderlich wird und nicht gem. §§ 332, 234a StPO dem Verteidiger gegeben werden kann, darf nicht nach § 329 Abs. 2 S. 1 StPO verfahren werden. Das Gericht muß dann die Verhandlung aussetzen und die Anwesenheit des Angeklagten nach § 329 Abs. 4 StPO durch Vorladung und nötigenfalls durch Erlaß eines Vorführungs- bzw. Haftbefehls erzwingen[68].

Ist von der Anwesenheit des Angeklagten keine dem Verfahren dienende Sachaufklärung zu erwarten und gebieten auch keine anderen Umstände die Anwesenheit, ist das Gericht verpflichtet, nach § 329 Abs. 2 S. 1 StPO zu verfahren. Ermessen besteht insoweit nicht. Die Verfahrenserledigung in Abwesenheit hat Vorrang vor der Erzwingung der Anwesenheit des Angeklagten, weil sonst der mit der Aussetzung des Verfahrens verbundene Zeitverlust den Zweck der auf die Beschleunigung des Verfahrens gerichteten Vorschrift des § 329 StPO leer laufen ließe[69].

§ 329 Abs. 2 S. 2 StPO gibt der Staatsanwaltschaft schließlich in Abweichung von § 303 S. 1 StPO die Möglichkeit, die Berufung ohne Zustimmung des Angeklagten zurückzunehmen. Dies gilt allerdings nicht, wenn das Revisionsgericht die Sache zur erneuten Verhandlung zurückverwiesen hatte (vgl. § 329 Abs. 1 S. 2 StPO). Auch hier soll die Sache unter Beachtung der Rechtsauffassung des Revisionsgerichts „durchentschieden" werden.

Da es sich bei dem Urteil gem. § 329 Abs. 2 S. 1 StPO um ein Sachurteil handelt, muß es hinsichtlich der Entscheidungsgründe den Anforderungen des § 267 StPO genügen und es muß gem. § 34 StPO das Vorliegen der Voraussetzungen des § 329 Abs. 1 S. 1 StPO darlegen[70].

Haben sowohl Angeklagter als auch Staatsanwaltschaft Berufung eingelegt, kann das Berufungsgericht entweder zunächst diejenige des Angeklagten verwerfen (§ 329 Abs. 1 S. 1 StPO) und sodann über die Berufung der Staatsanwaltschaft in Abwesenheit des Angeklagten verhandeln oder über beide Rechtsmittel in einem Urteil entscheiden. Erfolgt die Entscheidung in zwei getrennten Urteilen und wird das Verwerfungsurteil vom Revisionsgericht aufgehoben, ist auch das auf die Berufung der Staatsanwaltschaft hin ergangene Urteil hinfällig und umgekehrt[71].

---

68 BGHSt 17, 391 (397 f.); LR[24]-*Gollwitzer*, § 239 Rn. 83; AK-*Dölling*, § 329 Rn. 32.

69 HK-*Rautenberg*, § 329 Rn. 32; KK-*Ruß*, § 329 Rn. 16.

70 AK-*Dölling*, § 329 Rn. 33; LR[24]-*Gollwitzer*, § 329 Rn. 85 jeweils m. w. N.

71 RGSt 65, 231 (232); 67, 250; OLG Stuttgart NJW 1961, 1687 (1678); OLG Karlsruhe NJW 1972, 1871.

3. Gestellung des Angeklagten gem. § 329 Abs. 4 StPO

Aus dem auf die Beschleunigung des Verfahrens gerichteten Zweck der Vorschrift ergibt sich der Vorrang der Verfahrenserledigung im Wege des Verwerfungsurteils (vgl. § 329 Abs. 1 S. 1 StPO) bzw. der Verhandlung in Abwesenheit (vgl. § 329 Abs. 2 S. 1 StPO). Die Erzwingung der Anwesenheit des Angeklagten durch Vorführung oder Verhaftung gem. § 329 Abs. 4 S. 1 StPO darf nur erfolgen, wenn das Verwerfungsurteil nicht möglich ist, also in den Fällen der Zurückverweisung durch das Revisionsgericht (vgl. Abs. 1 S. 2) oder wenn der Angeklagte zulässigerweise vertreten ist, das Gericht dessen persönliche Anwesenheit aber für geboten erachtet, bzw. dann, wenn sich eine Verhandlung in Abwesenheit gem. Abs. 2 im Hinblick auf §§ 244 Abs. 2, 265 StPO verbietet.

Ist das Gericht also zum einen verpflichtet, nach Abs. 1, 2 zu verfahren, wenn dies möglich ist, ohne daß es dabei einen Ermessensspielraum hätte, gilt dies umgekehrt auch für die Erzwingung der Anwesenheit gem. Abs. 4 S. 1. Verbietet sich die vorrangige Erledigung durch Verwerfungsurteil bzw. Abwesenheitsverhandlung, muß das Gericht die Gestellung des Angeklagten bewirken. Einzig Abs. 4 S. 2 läßt davon eine Ausnahme zu. Von den Zwangsmaßnahmen ist danach abzusehen, wenn zu erwarten ist, daß der Angeklagte in der neu anzuberaumenden Hauptverhandlung auch ohne diese erscheinen wird[72].

4. Anfechtbarkeit der Entscheidungen gem. § 329 Abs. 1 S. 1, Abs. 2 S. 1 StPO

§ 329 Abs. 3 StPO gibt dem Angeklagten gegen die Entscheidungen nach Abs. 1, 2 den besonderen Rechtsbehelf der Wiedereinsetzung in den vorigen Stand gem. §§ 44, 45 StPO an die Hand. Gem. § 333 StPO ist daneben (*arg.* § 342 Abs. 2 StPO) gegen Urteile der Strafkammern[73] das Rechtsmittel der Revision zulässig[74].

---

72 Zwar unterliegt der Haftbefehl gem. § 329 Abs. 4 StPO nicht den Beschränkungen der §§ 121, 122 StPO, der Grundsatz der Verhältnismäßigkeit gilt aber auch hier, und um dessen Ausprägung handelt es sich bei der Ausnahme nach Abs. 4 S. 2, vgl. HK-*Rautenberg*, § 329 Rn. 39 f.; LR[24]-*Gollwitzer*, § 329 Rn. 92.

73 Diese sind zuständig für die Berufung gegen Urteile des Strafrichters und des Schöffengerichts und zwar in der Besetzung als sog. „kleine" Strafkammer mit dem Vorsitzenden und zwei Schöffen (vgl. §§ 74 Abs. 2, 76 Abs. 1 S. 1 GVG).

74 Ist die Berufung eines Jugendlichen oder Heranwachsenden verworfen worden, kann dieser gem. §§ 55 Abs. 2, 109 Abs. 2 JGG nicht mehr Revision einlegen, BGHSt 30, 98; OLG Düsseldorf MDR 1994, 1141; KK-*Ruß*, § 329 Rn. 14; *Pfeiffer*, § 329 Rn. 12; andere Auffassung OLG Celle NJW 1979, 1314; KMR-*Paulus*, § 329 Rn. 66.

a) Wiedereinsetzung in den vorigen Stand gem. §§ 329 Abs. 3 iVm. 44, 45 StPO

Die Möglichkeit der Wiedereinsetzung dient der Wahrung des verfassungsrechtlich verbürgten Anspruchs auf rechtliches Gehör gem. Art 103 Abs. 1 GG. Dieser ist zwar erfüllt, wenn dem Berechtigten die Möglichkeit der Anhörung eingeräumt wurde, eine tatsächliche Inanspruchnahme ist nicht erforderlich. Diese bestand aber nicht, wenn der Berechtigte ohne sein Verschulden an ihrer Wahrnehmung gehindert wurde. Die Verhältnismäßigkeit wird in diesen Fällen dadurch gewahrt, daß mit dem Wiedereinsetzungsverfahren eine Kompensationsmöglichkeit eingeräumt wird, im Zuge derer es dem Anspruchsinhaber ermöglicht wird, sich (nachträglich) Gehör zu verschaffen[75].

Der Antrag auf Wiedereinsetzung ist sowohl gegen Verwerfungsurteile gem. § 329 Abs. 1 S. 1 StPO als auch gegen Urteile gem. § 329 Abs. 2 S. 1 StPO zulässig[76]. War der Angeklagte vom Erscheinen entbunden oder zulässigerweise vertreten (vgl. §§ 233, 234 StPO), kann er die Wiedereinsetzung nicht beanspruchen[77].

Die Wiedereinsetzung kann nur aufgrund zur Entschuldigung geeigneter Tatsachen begehrt werden, die dem Berufungsgericht bei seiner Entscheidung nicht bekannt waren, nicht dagegen wegen solcher, die es bereits als für die Entschuldigung nicht genügend gewürdigt hat. Auf neue Beweismittel für diese Tatsachen kann der Antrag nicht gestützt werden. Diese können nur im Rahmen der Revision angebracht werden[78]. Die Rechtsfehlerhaftigkeit der Berufungsverwerfung und der Entscheidung des Gerichts, nach Abs. 2 zu verfahren, und das Abwesenheitsurteil können nur mit der Revision angegriffen werden[79]. Grundsätzlich soll die Wiedereinsetzung dazu dienen, die Entscheidungen gem. § 329 Abs. 1, 2 StPO aus Gründen zu beseitigen, auf die die Revision nicht gestützt werden kann. Das sind solche, mit denen der Angeklagte *nachträglich* sein Ausbleiben entschuldigt. Unbeachtlich ist ein Vortrag, mit dem der Beweis geführt werden soll, ein Fall der Säumnis hätte gar nicht vorgelegen[80].

Grundsätzlich erfordert die Wiedereinsetzung einen fristgerechten Antrag, der bei dem Berufungsgericht anzubringen ist. Er muß die Tatsachen enthalten, die dem Verschulden des Angeklagten am Nichterscheinen entgegenstehen[81].

---

75 Vgl. LR[24]-*Gollwitzer*, § 329 Rn. 115; OLG Karlsruhe NJW 1974, 1152.
76 KK-*Ruß*, § 329 Rn. 22; LR[24]-*Gollwitzer*, § 329 Rn. 111.
77 *Amelunxen*, S. 94; KMR-*Paulus*, § 329 Rn. 55.
78 Siehe AK-*Dölling*, § 329 Rn. 42; *Meyer-Goßner*, § 329 Rn. 42 jeweils m. w. N.
79 Vgl. OLG Hamm wistra 1997, 157; *Schlüchter*, Rn. 685.1.
80 Siehe *Amelunxen*, S. 94.
81 AK-*Dölling*, §§ 329 Rn. 40; *Pfeiffer*, § 329 Rn. 11.

Ob die gem. § 45 Abs. 2 S. 2 StPO mögliche Wiedereinsetzung ohne Antrag (von Amts wegen) auch im Wiedereinsetzungsverfahren in den Fällen des § 329 Abs. 1, 2 StPO möglich ist, ist umstritten. Nach wohl überwiegender Auffassung soll dies wegen des Wortlautes des § 329 Abs. 3 StPO („*kann ... beanspruchen*") und wegen der unterschiedlichen Verfahrenslage (Versäumung der Hauptverhandlung und nicht einer Rechtsmittelfrist) nicht zulässig sein[82].

Problematisch ist auch die Behandlung der Fälle, in denen der Angeklagte nicht ordnungsgemäß geladen wurde. Der Angeklagte ist dann nicht säumig, und eine Entscheidung gem. § 329 Abs. 1, 2 StPO hätte nicht ergehen dürfen, so daß für eine Wiedereinsetzung kein Raum zu sein scheint. Nach herrschender Ansicht soll derjenige, der zu Unrecht als säumig behandelt wurde, nicht schlechter als der Säumige gestellt werden und muß (analog) § 329 Abs. 3 StPO die Möglichkeit der Wiedereinsetzung haben[83].

Die Gründe, die der Angeklagte mit dem Wiedereinsetzungsgesuch als maßgebend dafür geltend macht, daß er ohne sein Verschulden gehindert war, rechtzeitig zu erscheinen, muß er glaubhaft machen (vgl. §§ 329 Abs. 3 iVm. 45 Abs. 2 S. 1 StPO).

Hält das Gericht dann das Ausbleiben des Angeklagten für genügend entschuldigt, gewährt es die Wiedereinsetzung durch Beschluß und die Urteile gem. § 329 Abs. 1, 2 StPO werden ohne weiteres gegenstandslos bzw. beseitigt[84]. Wird nach gewährter Wiedereinsetzung ein neuer Termin bestimmt, ist im Falle

---

82 HK-*Rautenberg*, § 329 Rn. 47; KK-*Tolksdorf*, § 235 Rn 6; *Meyer-Goßner*, § 329 Rn. 40; KMR-*Paulus*, § 235 Rn. 11; LR[25]-*Wendisch*, § 45 Rn. 31; *Pfeiffer*, § 329 Rn. 11; SK/StPO-*Schlüchter*, § 235 Rn. 9; *Schlüchter*, Rn. 685.2; andere Auffassung AK-*Lemke*, § 45 Rn. 3; KK-*Maul*, § 45 Rn. 17; KMR-*Paulus*, § 329 Rn. 57; OLG Düsseldorf NJW 1980, 1704 (1705) unter Verweis auf BVerfGE 42, 252 (257) (*obiter dictum*); LG Siegen NJW 1976, 2359.

83 BGH NJW 1987, 1776 (1777); AK-*Dölling*, § 329 Rn. 41; HK-*Rautenberg*, § 329 Rn. 43 m. w. N.; *Meyer-Goßner*, § 329 Rn. 41; LR[24]-*Gollwitzer*, § 329 Rn. 117; einschränkend *Schlüchter*, Rn. 685.4 (nicht bei Verschulden des Angeklagten); andere Auffassung KG JR 1976, 425 (426) m. abl. Anm. *Wendisch*; KG JR 1984, 78 (79); OLG Saarbrücken MDR 1987, 695; einschränkend OLG Düsseldorf NStZ 1987, 523 (Wiedereinsetzung nur, wenn die Revision nicht zulässig ist); LG Hildesheim NdsRpfl. 1990, 11 (12 f.); KMR-*Paulus*, § 329 Rn. 61, vor § 42 Rn. 32; *Eb. Schmidt*, Lehrkommentar I, § 329 Erl. 25; *Amelunxen*, S. 94. Laut OLG Karlsruhe JR 1981, 131 m. abl. Anm. *Wendisch*, soll das Urteil auf Antrag für gegenstandslos erklärt werden (ein Vorgehen in *„freier Rechtsfindung"*, *Meyer-Goßner*, § 329 Rn. 41).

84 RGSt 61, 180 (181); 65, 231 (233); OLG Hamm NJW 1995, 207; OLG Stuttgart NJW 1961, 1687 (1688).

des Ausbleibens des Angeklagten bei Vorliegen der sonstigen Voraussetzungen erneut nach § 329 Abs. 1, 2 StPO zu entscheiden[85].

b) Revision gem. §§ 333 ff. StPO

Richtet sich die Revision gegen das Abwesenheitsurteil gem. § 329 Abs. 2 S. 1 StPO, gelten hinsichtlich der Sach- und Verfahrensrüge keine Besonderheiten[86]. Rügt der Angeklagte aber, die Voraussetzungen des Abs. 1 S. 1 (vgl. Abs. 2 S. 1) hätten nicht vorgelegen, das Gericht hätte also gar nicht in Abwesenheit verhandeln und entscheiden dürfen, oder wendet er sich gegen das Verwerfungsurteil gem. § 329 Abs. 1 S. 1 StPO, sind verschiedene Einschränkungen zu beachten.

aa) Verfahrensrüge

Die fehlerhafte Anwendung des § 329 Abs. 1 S. 1 StPO muß der Angeklagte im Wege der Verfahrensrüge geltend machen. Diese bedarf gem. § 344 Abs. 2 S. 2 StPO der Begründung. Der Angeklagte muß die Tatsachen vortragen, die sein Ausbleiben genügend entschuldigen oder die zeigen, daß die Voraussetzungen des § 329 Abs. 1 S. 1 StPO sonst nicht gegeben waren[87]. Dabei ist das Revisionsgericht nach herrschender Ansicht an die vom Berufungsgericht getroffenen tatsächlichen Feststellungen gebunden und darf diese nicht im Wege des Freibeweises nachprüfen oder ergänzen. Es darf nur kontrollieren, ob das Berufungsgericht seine Feststellungen rechtsfehlerfrei getroffen hat, ob es die aus dem Urteil ersichtlichen, als Entschuldigungsgründe in Betracht kommenden Umstände genügend dargestellt hat und ob ihm bei der Bewertung der getroffenen Feststellungen Rechtsfehler unterlaufen sind. Hier kommt insbesondere in Betracht, daß der Rechtsbegriff der genügenden Entschuldigung verkannt oder an ihn zu strenge Anforderungen gestellt wurden[88]. Nachträglicher Tatsachenvortrag zu Entschul-

---

85 *Küper*, NJW 1977, S. 1276; *ders.*, JZ 1978, S. 207; *Pfeiffer*, § 329 Rn. 11.

86 HK-*Rautenberg*, § 329 Rn. 53; LR[24]-*Gollwitzer*, § 329 Rn. 96.

87 LR[24]-*Gollwitzer*, § 329 Rn. 99 m. w. N.

88 Vgl. RGSt 59, (279); 61, 175; 62, 420 (421); 64, 239 (245); 66, 150 (151); BGHSt 28, 384 (387); KG GA 1973, 29 (31); OLG Saarbrücken NJW 1975, 1613 (1614); OLG Karlsruhe NStZ 1982, 433; KG StV 1987, 11 (12); *Preiser*, GA 1965, S. 369; AK-*Dölling*, § 329 Rn. 48; *Meyer-Goßner*, § 329 Rn. 48; KK-*Ruß*, § 329 Rn. 14; HK-*Rautenberg*, § 329 Rn. 51; *Roxin*, Strafverfahrensrecht, § 52 Rn. 29; *Bick*, StV 1987, S. 274; andere Auffassung *Beling*, S. 412 f.; *Busch*, JZ 1963, S. 460 f.; *Eb. Schmidt*, Nachtragsband I, Erl. 5; *Hohendorf*, GA 1979, S. 424 f.; LR[24]-*Gollwitzer*, § 329 Rn. 102 ff.; *Nöldeke*, in: GedS Meyer, S. 303 ff.; *Fezer*, Strafprozeßrecht, Fall 19 Rn. 75.

digungsgründen ist insoweit unbeachtlich[89]. Dieser kann, soweit es sich nicht um neue Tatsachen handelt, nur relevant werden, wenn er im Zusammenhang mit der Aufklärungsrüge vorgebracht wird. Der Angeklagte muß dann geltend machen, daß das Berufungsgericht seine Aufklärungspflicht gem. § 244 Abs. 2 StPO verletzt hat, indem es Entschuldigungsgründe, die es kannte oder kennen mußte, nicht berücksichtigt hat. Dann erst ist dem Revisionsgericht der Freibeweis eröffnet[90]. Etwas anderes soll nur bezüglich der Frage gelten, ob der Angeklagte an seinem Wohnort geladen wurde. Dann kann das Revisionsgericht im Wege des Freibeweises den tatsächlichen Wohnort ermitteln[91].

bb) Sachrüge

Mit der allgemeinen Sachrüge wird gerügt, daß das materielle Recht nicht richtig angewendet wurde und das Urteil darauf beruht[92]. Sie bedarf keiner Begründung (vgl. § 344 Abs. 2 S. 2).

Obwohl das Verwerfungsurteil gem. § 329 Abs. 1 S. 1 StPO reines Prozeßurteil ist, ist die Sachrüge nicht gänzlich ausgeschlossen. Das Berufungsurteil kann sachliches Recht verletzen, weil ein Verfahrenshindernis besteht, das dem sachlichen Strafrecht angehört (z. B. Strafverfolgungsverjährung). Die Sachrüge führt daher nach ganz überwiegenden Meinung nur zur Überprüfung, ob die Verfahrensvoraussetzungen der Entscheidungen überhaupt gegeben waren[93].

Allerdings muß ein als Sachrüge bezeichneter Angriff gegen die Anwendung des § 329 StPO, der nicht den Begründungsanforderungen des § 344 Abs. 2 S. 2 StPO genügt, nicht unzulässig sein. Gem. § 300 StPO kann dieser als Verfahrensrüge angesehen werden, wenn deren Voraussetzungen vorliegen. Dafür kann es unter Umständen schon ausreichen, wenn der Angeklagte vorbringt, sein Ausbleiben hätte nicht als unentschuldigt angesehen werden dürfen, wenn sich die den Angriff stützenden Tatsachen aus den Gründen des Berufungsurteils ergeben

---

89 KG GA 1973, 29 (30); OLG Frankfurt/M. NJW 1974, 1151.

90 BGHSt 28, 384 (386); OLG Düsseldorf StV 1987, 9; KMR-*Paulus*, § 329 Rn. 70; *Bick*, StV 1987, S. 274.

91 Vgl. BGH NJW 1987, 1776; KG JR 1984, 78 (79); OLG Düsseldorf StV 1982, 127 (128).

92 *Meyer-Goßner*, § 344 Rn. 15; *Pfeiffer*, § 344 Rn. 6.

93 Vgl. BGHSt 21, 242 (243); BGH NJW 2001, 1509 (1510); OLG Saarbrücken VRS 44, 190 (192); OLG Hamm NJW MDR 1973, 694; OLG Köln NJW 2001, 1224 m. w. N.; LR[24]-*Gollwitzer*, § 329 Rn. 97; *Bick*, StV 1987, S. 274; andere Auffassung OLG Saarbrücken NStZ 1991, 147; OLG Dresden NJW 2000, 3296; *Kratz*, in: *Jung/Müller-Dietz*, S. 108 f.

(sog. „unsubstantiierte Verfahrensrüge"). Deren Wiederholung in der Revisionsbegründungsschrift wäre eine formalistische Forderung[94].

II. § 329 StPO im Gefüge der Vorschriften des strafprozessualen Anwesenheitsprinzips

§ 329 StPO steht in engem Zusammenhang mit dem strafprozessualen Anwesenheitsprinzip. Aus diesem leitet die herrschende Auffassung die Legitimation der einschneidenden Rechtsfolgen der Abs. 1, 2 überhaupt erst ab. Sieht man die einschlägigen Vorschriften der Strafprozeßordnung durch, so findet man in § 230 Abs. 1 StPO bestimmt, daß gegen einen ausgebliebenen Angeklagten eine Hauptverhandlung nicht stattfindet. Dieser Grundsatz wird indes durch eine Vielzahl verschiedener, zum Teil sehr detaillierter Regelungen modifiziert, so daß sich fast der Eindruck aufdrängt, die Verhandlung ohne den Angeklagten sei eine in deutschen Gerichtssälen häufig zu beobachtende Erscheinung. Tatsächlich ist der Strafprozeß aber von einem weitreichenden Anwesenheitsgrundsatz bestimmt[95].

1. Grundsatz der Anwesenheit

Begrifflich unterscheidet die Strafprozeßordnung dabei einmal zwischen dem Verfahren gegen abwesende und gegen ausgebliebene Angeklagte. Bei dem erst genannten Verfahren gem. §§ 276 ff. StPO handelt es sich um Verfahren gegen Beschuldigte, deren Aufenthalt unbekannt ist oder die sich im Ausland befinden und für die deutsche Gerichtsbarkeit nicht erreichbar sind, weil ihre Gestellung nicht ausführbar oder angemessen ist (vgl. § 276 StPO). Gegen den solchermaßen Abwesenden findet keine Hauptverhandlung statt, das Verfahren dient lediglich der Beweissicherung für den Fall eines nach bewirkter Gestellung stattfindenden Verfahrens (vgl. § 285 Abs. 1 StPO)[96].

Ausgeblieben ist derjenige Angeklagte, der in der Hauptverhandlung nicht erschienen, für die deutsche Gerichtsbarkeit aber (im Hinblick auf die Anwendung von Zwangsmittel) erreichbar ist[97].

---

94 Siehe HK-*Rautenberg*, § 329 Rn. 50; SK/StPO-*Frisch*, § 329 Rn. 70; KMR-*Paulus*, § 329 Rn. 69; LR[24]-*Gollwitzer*, § 329 Rn. 97; OLG Düsseldorf StV 1984, 148; OLG Saarbrücken NStZ 1991, 147; OLG Köln NJW 2001, 1223 f.

95 Vgl. *Rieß*, ZStW 90 (1978), Beiheft, S. 177; *Krüger*, in: *Jung/Müller-Dietz*, S. 89.

96 Siehe hierzu *Dünnebier*, in: FS Heinitz, S. 669 ff.; *Oppe*, ZRP 1972, S. 56 ff.

97 *Rieß*, ZStW 90 (1978), Beiheft, S. 177.

Im Hinblick auf das Anwesenheitsprinzip hat § 231 Abs. 1 S. 1 StPO lediglich klarstellende Funktion[98]. Danach darf sich der erschienene Angeklagte nicht aus der Hauptverhandlung entfernen. Es wäre widersinnig, den Angeklagten nach § 230 Abs. 1, 2 StPO zwar zum Erscheinen zu verpflichten bzw. dieses zu erzwingen, ihm dann aber zu erlauben, sich eigenmächtig aus der Hauptverhandlung zu entfernen. Daß er dies nicht tun darf, folgt insoweit schon aus § 230 Abs. 1 StPO.

a) Recht und Pflicht zur Anwesenheit

Obwohl der Wortlaut des § 230 Abs. 1 StPO in dieser Hinsicht keine klare Aussage trifft, wird allgemein davon ausgegangen, daß das Anwesenheitsprinzip einerseits dem Angeklagten ein Recht zur Anwesenheit einräumt, ihm zum anderen aber auch eine entsprechende Pflicht auferlegt[99].

Daß der Angeklagte in diesem Sinne in der Hauptverhandlung anwesend sein muß, belegt der Umstand, daß das Gericht gem. § 230 Abs. 2 StPO verpflichtet ist, seine Anwesenheit durch die Anordnung der Vorführung bzw. den Erlaß eines Haftbefehls zu erzwingen. Weniger deutlich bringt das Gesetz das der Pflicht korrespondierende Recht des Angeklagten zur Anwesenheit zum Ausdruck. An dessen Bestand kann aber kein Zweifel bestehen, da das Gesetz seine Entziehung detailliert einzeln und erkennbar abschließend regelt[100].

Im Hinblick auf die für ein umfassendes Anwesenheitsprinzip in Betracht zu ziehenden Argumente liegt es nahe, daß aus der Sicht des Angeklagten der Aspekt des rechtlichen Gehörs das berechtigende Element verkörpert und der Gesichtspunkt der Wahrheitsermittlung die Pflichtkomponente zum Ausdruck bringt[101]. Macht man sich allerdings klar, daß die Pflicht den Gehalt des subjektiven Rechts angesichts der Zwangsmaßnahmen (vgl. § 230 Abs. 2 StPO) oder drohender Rechtsnachteile (Verwerfung der Berufung, Verhandlung in Abwesenheit, vgl. § 329 Abs. 1, 2 StPO) auf die Wahl zwischen freiwilliger und unfreiwilliger Gebotserfüllung reduziert, scheint die Anwesenheitspflicht das Recht

---

98 So auch KK-*Treier*, § 231 Rn. 2; *Meyer-Goßner*, § 231 Rn. 1.

99 BGHSt 19, 144 (147); 26, 84 (90); 37, 249 (250); OLG Karlsruhe StV 1986, 289; AK-*Keller*, § 230 Rn. 1, 4; KK-*Tolksdorf*, § 230 Rn. 1; *Meyer-Goßner*, § 230 Rn. 2, 4; KMR-*Paulus*, § 230 Rn. 3; LR[25]-*Gollwitzer*, § 230 Rn. 1; SK/StPO-*Rogall*, Vor § 133 Rn. 86; *Pfeiffer*, § 230 Rn. 1; *Beulke*, Rn. 122; *Henkel*, S. 332; *Schroeder*, Rn. 217; *Rieß*, JZ 1975, S. 266 f.; *ders.*, ZStW 90 (1978), Beiheft, S. 177, 184; *Hassemer*, JuS 1986, S. 27; *Gollwitzer*, in: FS Tröndle, S. 455 f.; *Stein*, ZStW 97 (1985), S. 303.

100 Vgl. *Rieß*, ZStW 90 (1978), Beiheft, S. 180 f.

101 *Momsen*, S. 214 f.; siehe auch *Maiwald*, JR 1981, S. 35.

zur Anwesenheit zu begrenzen, ja zu überlagern. Dies würde jedenfalls dann gelten, wenn der Begriff des Rechts auch dessen Nichtinanspruchnahme umfaßt. Diese negative Komponente aber läßt das Anwesenheitsprinzip entfallen[102].

Ein *Abwesenheitsrecht* ist in der Strafprozessordnung nicht normiert. Dem Gericht ist lediglich in bestimmten Fällen leichterer Kriminalität die Befugnis eingeräumt, ohne den ohne genügende Entschuldigung ausgebliebenen Angeklagten zu verhandeln (vgl. § 232 StPO) bzw. den Angeklagten von seiner Anwesenheitspflicht zu entbinden (vgl. § 233 StPO) oder die Hauptverhandlung ohne ihn fortzuführen (vgl. § 231 Abs. 2 StPO). Alle diese Vorschriften räumen dem Gericht Ermessen ein und gem. § 236 StPO ist es stets befugt, das persönliche Erscheinen anzuordnen und durch einen Vorführungs- oder Haftbefehl zu erzwingen.

b) Rechtsgründe des Anwesenheitsprinzips

Im Allgemeinen[103] wird die Rechtfertigung des Anwesenheitsprinzips in der verfassungsrechtlichen Gewährleistung des Anspruchs auf rechtliches Gehör gem. Art. 103 Abs. 1 GG und dem strafprozessualen Untersuchungsgrundsatz bzw. der gerichtlichen Pflicht zur Wahrheitsermittlung (vgl. § 244 Abs. 2 StPO) gesehen[104]. Diese Begründung findet im Gesetz insoweit eine Stütze, als in den Fällen, in denen eine Verhandlung in Abwesenheit ausnahmsweise zulässig ist, dieser zur Voraussetzung gemacht wird, daß der Angeklagte zur Anklage vernommen wurde (vgl. §§ 231 Abs. 2, 233 Abs. 2 StPO) oder doch wenigstens Gelegenheit zur Aussage hatte (vgl. § 231a Abs. 1 StPO).

Schon die Motive stellen heraus, daß der Angeklagte nicht ungehört verurteilt werden darf[105]. Die Anwesenheit soll zentrale Bedeutung haben, weil sie dem Angeklagten die Möglichkeit eröffnet, den Gang des Verfahrens unmittelbar wahrzunehmen und darauf zu reagieren. Sie bildet die Grundlage der dem Angeklagten eingeräumten Äußerungs-, Verteidigungs- und Mitwirkungsrechte. Wei-

---

[102] Siehe auch *Momsen*, S. 213.

[103] Ausführlich dazu unten, S. 111 ff., 172 ff.

[104] *Kleinfeller*, GS 46 (1892), S. 340 f., meint, schon die verschiedenen Vorschriften betonten mal mehr den einen, mal mehr den anderen Gedanken. Insgesamt sieht er das Interesse des Angeklagten an der Verteidigung als den entscheidenden Punkt an, wenngleich ein öffentliches Interesse daran bestehe, weswegen der Angeklagte auf die Verteidigung nicht ohne weiteres soll verzichten können. Das Interesse an der Wahrheitsermittlung sei nachrangig, was darin zum Ausdruck komme, daß sich das Gesetz in minder wichtigen Sachen mit geringeren Sicherungen diesbezüglich begnügt, obwohl doch das Interesse daran allenthalben gleich sei, ebd., S. 385 f.

[105] Vgl. *Hahn*, Materialien zur StPO, Erste Abth., S. 185, 187.

ter soll eine gerechte Entscheidung unmöglich sein, ohne daß sich der Richter einen unmittelbaren persönlichen Eindruck von dem Angeklagten gemacht hat[106].

Inwieweit die Gewährung des rechtlichen Gehörs oder der Untersuchungsgrundsatz bzw. andere Argumente wirklich das Anwesenheitsprinzip stützen können, wird später bezüglich ihrer legitimierenden Wirkung im Hinblick auf das Anwesenheitsprinzip im Allgemeinen und die Rechtsfolgen des § 329 StPO im Besonderen zu untersuchen sein[107].

2. Modifikationen

Der Grundsatz des § 230 Abs. 1 StPO, wonach gegen einen Ausgebliebenen keine Hauptverhandlung stattfindet, unterliegt einer ganzen Reihe von Modifikationen. Im wesentlichen lassen diese sich danach unterscheiden, ob die Regelung sich auf die Berechtigung zur Anwesenheit oder die Pflichtkomponente bezieht. Daneben ist von Belang, wie der jeweilige Bezugspunkt regelungstechnisch behandelt wird. Dann ist danach zu differenzieren, ob die Vorschrift nur die zeitweilige oder die dauerhafte Abwesenheit zuläßt. Schließlich kann auch die Art des Verfahrens oder sein Gegenstand eine Rolle spielen.

a) Entzug des Anwesenheitsrechts

Zunächst kann das Gericht selbst das Anwesenheitsrecht des Angeklagten beschränken. Dies ist im Hinblick auf die mit der Anwesenheitspflicht verfolgten Zielsetzungen (Sicherung des rechtlichen Gehörs und der Wahrheitsermittlung) nur dann und soweit zulässig, wie die Wahrung übergeordneter Rechtsgüter und Verfahrensinteressen es erfordert.

Die nur *zeitweilige* Abwesenheit sieht § 247 StPO vor, wonach das Gericht den Angeklagten für bestimmte Verfahrensabschnitte „abtreten" lassen kann. Dies kann nach S. 1 erfolgen, wenn ansonsten zu befürchten ist, ein Mitangeklagter oder Zeuge werde nicht die Wahrheit sagen. S. 2, 3 erlauben die Entfer-

---

106 So etwa RGSt 9, 341 (342 f.); 26, 84 (90); 29, 44 (48); 32, 96 (98); 60, 179 (180); 69, 253 (255); BGHSt 3, 187 (190); 3, 384 (385); 15, 194 (195); *Rieß*, JZ 1975, S. 267; *ders.*, ZStW 90 (1978), Beiheft, S. 183 ff.; *ders.*, in: FS BMJ, S. 390; *Meyer-Goßner*, § 230 Rn. 3; *Eb. Schmidt*, Lehrkommentar II, § 230 Erl. 1; *Henkel*, S. 332; *Schlüchter*, Rn. 443; *Roxin*, Strafverfahrensrecht, § 42 Rn. 39; *Niethammer*, in: FS Rosenfeld, S. 125; *Lampe*, MDR 1974, S. 539; *Maatz*, DRiZ 1991, S. 201; BT-Drucks. 7/550, S. 301 f.; KMR-*Paulus*, § 230 Rn. 3; *Warda*, in: FS Bruns, S. 440; *Müller*, S. 66; *Schroeder*, Rn. 217.

107 Siehe unten, S. 111 ff.

nung des Angeklagten, um Gefährdungen des körperlichen oder seelischen Wohls von Zeugen oder des Angeklagten zu verhindern. § 247 StPO stellt die einzige „echte“ Entziehung des Anwesenheitsrechts dar, die vom Willen bzw. Verhalten des Angeklagten unabhängig ist. In den anderen Fällen ist es stets der Angeklagte, der durch sein Verhalten (Antragstellung, unentschuldigtes Ausbleiben, ordnungswidriges Verhalten, schuldhafte Herbeiführung der Verhandlungsunfähigkeit) die Ursache für die Durchbrechung des Anwesenheitsprinzips liefert.

Das Sicherungsverfahren nach §§ 413 ff. StPO dient der Verhängung von Maßregeln zur Sicherung und Besserung gegen schuld- und verhandlungsunfähige Angeklagte. Die materielle Grundlage hierfür schafft § 71 StGB[108]. Im Hinblick auf die Besonderheiten des betroffenen Täterkreises ist ein uneingeschränktes Anwesenheitsrecht ausgeschlossen[109]. So erlaubt § 415 StPO, die Verhandlung (auch) in *dauerhafter* Abwesenheit des Angeklagten durchzuführen[110], wenn das Erscheinen des Beschuldigten vor Gericht wegen seines Zustandes unmöglich oder aus Gründen der öffentlichen Sicherheit unangebracht ist (vgl. Abs. 1) bzw. der Zustand des Beschuldigten selbst es erfordert oder die Hauptverhandlung sonst[111] nicht möglich ist (vgl. Abs. 3).

b) Befreiung von der Anwesenheitspflicht

Von den Möglichkeiten, dem Angeklagten das Recht zur Anwesenheit zu entziehen, sind die Fälle zu unterscheiden, in denen das Gericht den Angeklagten auf dessen Initiative hin von der Pflicht zum Erscheinen befreit.

Gem. § 233 StPO kann es den Angeklagten auf seinen Antrag hin von der Pflicht zur Anwesenheit entbinden, weil wegen des geringeren Gewichts der Straftaten die Anwesenheit nicht unbedingt erforderlich sein soll[112]. Voraussetzung ist allerdings, daß der Angeklagte richterlich vernommen und über die bei der Verhandlung zulässigen Rechtsfolgen belehrt worden ist (vgl. § 233 Abs. 2 StPO).

Dann gibt es Fälle, in denen der Angeklagte nicht im eigentlichen Sinne von seiner Anwesenheitspflicht entbunden wird, sondern lediglich von deren *persönlicher* Erfüllung. Zieht er es vor, nicht zu erscheinen, *muß* er sich vertreten las-

---

108 *Tröndle/Fischer*, § 71 Rn. 1a.

109 *Rieß*, ZStW 90 (1978), Beiheft, S. 190; siehe auch KK-*Fischer*, § 415 Rn. 1.

110 *Rieß*, ZStW 90 (1978), Beiheft, S. 190; KK-*Fischer*, § 415 Rn. 3.

111 Etwa wenn er die Verhandlung stört, vgl. *Meyer-Goßner*, § 415 Rn. 8, oder wenn er sich nach seiner Sachvernehmung wieder entfernt, KK-*Fischer*, § 415 Rn. 9. An die §§ 231-234, 247 StPO ist das Gericht nicht gebunden, KK-*Fischer*, § 415 Rn. 1.

112 Vgl. KK-*Treier*, § 233 Rn. 1; *Rieß*, ZStW 90 (1978), Beiheft, S. 200 f.; *Gollwitzer*, in: FS Tröndle, S. 457

sen, will er die jeweiligen nachteiligen Rechtsfolgen vermeiden[113]. Davon zu unterscheiden sind die Konstellationen, in denen unter bestimmten Voraussetzungen auch von der Entbehrlichkeit der Vertretung des Angeklagten ausgegangen wird. Insoweit bestimmt § 234 StPO, daß sich der Angeklagte vertreten lassen *kann*, wenn die Verhandlung in seiner Abwesenheit stattfinden darf, also die Voraussetzungen der entsprechenden Vorschrift gegeben sind (vgl. §§ 231 Abs. 2, 231a, 231b, 232, 233 StPO).

Hierher gehört § 387 Abs. 1 im Privatklageverfahren. Erscheint weder der Angeklagte selbst noch ein bevollmächtigter Vertreter, wird bei Vorliegen der entsprechenden Voraussetzungen gem. §§ 232, 233 StPO in Abwesenheit verhandelt, sonst muß die Vorführung bzw. Verhaftung angeordnet werden. Ein Haftbefehl ist nicht zulässig, § 230 Abs. 2 StPO gilt insoweit nur eingeschränkt (*arg. e* § 387 Abs. 3)[114].

§ 329 Abs. 1 S. 1, Abs. 2 S. 1 StPO fordert zwar nicht die persönliche Anwesenheit des Angeklagten. Die Vertretung des Angeklagten ist hier jedoch zwingend vorgeschrieben, will der Angeklagte die Verwerfung der Berufung oder die Verhandlung in seiner Abwesenheit vermeiden.

Eine Sonderstellung nimmt die Anwesenheitsregelung für das Revisionsverfahren ein. Aus der Erwägung heraus, daß für die Erörterung von Rechtsfragen die Anwesenheit des Angeklagten nicht erforderlich ist[115], bestimmt § 350 Abs. 2 S. 1 StPO, daß der Angeklagte persönlich erscheinen oder sich vertreten lassen kann. Seine Anwesenheit ist möglich, aber nicht notwendig. Sie steht gleichsam in seinem Belieben, es sei denn das Gericht hat für eine Vernehmung über Verfahrensfragen im Freibeweisverfahren gem. § 236 StPO sein persönliches Erscheinen angeordnet[116]. Der inhaftierte Angeklagte hat keinen Anspruch auf Anwesenheit (vgl. § 350 Abs. 2 S. 2 StPO). Die Vorschrift des § 350 Abs. 2 S. 1 StPO stellt die einzige wirkliche Ausnahme vom in § 230 Abs. 1 StPO manifestierten Anwesenheitsprinzip dar, weil hier *von vornherein* keine Anwesenheitspflicht besteht. Alle anderen Regelungen, die in der einen oder anderen Weise die Möglichkeit des Fortgangs, sprich: der Erledigung des Verfahrens in Abwesenheit des Angeklagten eröffnen, sehen dagegen vor, daß der Angeklagte von der insoweit *bestehenden* Anwesenheitspflicht entbunden wird (§§ 233, 231c

---

113 Dies gilt unbeschadet der Anordnung des persönlichen Erscheinens (§ 236 StPO), vgl. HK-*Kurth*, § 387 Rn. 1; *Meyer-Goßner*, § 387 Rn. 1.

114 Vgl. *Meyer-Goßner*, § 387 Rn. 8; LR[25]-*Wendisch*, § 387 Rn. 23.

115 HK-*Lemke*, § 350 Rn. 1; KK-*Pikart*, § 350 Rn. 1; kritisch insoweit etwa *Roxin*, Strafverfahrensrecht, § 53 Rn. 51 f. m. w. N.; eingehend *Eb. Schmidt*, NJW 1967, S. 853 ff.

116 Vgl. HK-*Lemke*, § 350 Rn. 8; *Meyer-Goßner*, § 350 Rn. 3.

StPO) bzw. trotz deren Verletzung verfahren wird (§§ 232, 329 Abs. 1, 2, 412 Abs. 1 StPO).

c) Verwirkung des Anwesenheitsrechts

Stellt § 230 Abs. 1 StPO den Grundsatz auf, daß ohne den Angeklagten eine Hauptverhandlung nicht stattfindet, so könnte dieser das Verfahren willkürlich verzögern oder im Ergebnis sogar unmöglich machen, indem er nicht erscheint oder die Hauptverhandlung wieder verläßt. Da das Strafverfahrensrecht neben dem Schutz der Rechte des Beschuldigten jedenfalls auch der Gewährleistung einer effektiven bzw. funktionstüchtigen Strafrechtspflege, fußend im Rechtsstaatsprinzip und der daraus folgenden verfassungsrechtlichen Pflicht zur Justizgewährung, verpflichtet ist[117], scheint es vom Boden der herrschenden Auffassung aus zulässig, ja geboten, einer solchen Obstruktion den Boden zu entziehen, indem unter Wahrung rechtsstaatlicher Minimalstandards hinsichtlich der Rechte des Beschuldigten eine Erledigung des Verfahrens auch in Abwesenheit des Angeklagten zugelassen wird.

Dient die Anwesenheitspflicht unter dem Gesichtspunkt des Anspruchs auf rechtliches Gehör nach Art. 103 Abs. 1 GG auch der Wahrung der Verteidigungsinteressen des Angeklagten, der in jeder Lage des sich dynamisch entwikkelnden Verfahrens zur Einflußnahme und Mitwirkung in der Lage sein soll, erscheint die Annahme zutreffend, der Angeklagte, der sich den Grundsatz des § 230 Abs.1 StPO zu einer Verfahrensverzögerung zunutze machen will, indem er dem Verfahren fernbleibt oder sich wieder entfernt, mißbrauche seine prozessualen Rechte und verwirke so sein Recht auf Mitwirkung und Einflußnahme hinsichtlich des Gangs des Verfahrens.

Dem Gedanken der Verwirkung sind zunächst die Vorschriften zuzuordnen, die eine Verhandlung zur Sache erlauben, wenn der Angeklagte schuldhaft nicht erschienen ist bzw. sich wieder entfernt hat. Dabei zeigt sich, daß dem Grundsatz des § 230 Abs. 1 StPO für die erste Instanz ein besonderer Stellenwert eingeräumt wird. Nur § 232 StPO erlaubt, unbeschadet der Anordnung des persönlichen Erscheinens bzw. bei deren Nichtbefolgung der Anwendung von Zwangsmaßnahmen (Vorführungs- oder Haftbefehl) gem. § 236 StPO, für geringfügige Strafsachen die Verhandlung gegen den nicht erschienenen Angeklagten. Bleibt der Angeklagte in den einschlägigen Strafsachen ohne genügende Entschuldigung

---

117 Siehe etwa BVerfGE 33, 367 (383); 51, 324 (343 f.); 74, 257 (262); 77, 65 (76); LR[25]-*Rieß*, Einl. Abschn. G Rn. 10; *Roxin*, Strafverfahrensrecht, § 1 Rn. 7; ausführlich unten, S. 199 ff.

aus, mißbrauche er sein Anwesenheitsrecht zur Obstruktion des Verfahrens und verwirkt es[118].

Der die Vorschrift des § 230 Abs. 1 StPO klarstellende § 231 Abs. 2 StPO kennt eine solche Einschränkung zwar nicht, erfährt aber eine Begrenzung in der Anwendung durch das Erfordernis, daß der Angeklagte schon zur Sache vernommen sein muß und das Gericht seine Anwesenheit nicht für erforderlich hält. Entfernt sich der Angeklagte eigenmächtig[119] oder bleibt er eigenmächtig bei der Fortsetzung einer unterbrochenen Hauptverhandlung aus, verwirkt er sein Anwesenheitsrecht, weil er versucht, dem Verfahren eine konstitutive Voraussetzung zu entziehen und dieses so zu verzögern[120].

Gem. § 231b StPO kann gegen den wegen ordnungswidrigen Benehmens aus dem Sitzungssaal entfernten Angeklagten in dessen Abwesenheit verhandelt werden, wenn das Gericht die Anwesenheit nicht für unerläßlich hält und eine schwerwiegende Beeinträchtigung der Hauptverhandlung zu besorgen ist. Das rechtsstaatlich verbürgte öffentliche Interesse an einer funktionstüchtigen Strafrechtspflege überwiegt hier gegenüber dem Verteidigungsinteresse des Angeklagten. Diesem soll nicht gestattet werden, durch (wiederholtes) ordnungswidriges Benehmen den Ablauf der Hauptverhandlung zu stören und so die Urteilsfindung zu verzögern oder gar unmöglich zu machen[121]. Prinzipiell gestattet § 231b StPO vom Wortlaut her ein Verfahren bei dauerhafter Abwesenheit des Angeklagten. Das Gericht ist aber verpflichtet, durch die versuchsweise Wiederzulassung des Angeklagten zu prüfen, ob die Voraussetzungen der Vorschrift noch gegeben sind, der Angeklagte also das störende Verhalten fortsetzt[122].

Auf der Grundlage der herrschenden Meinung handelt es sich bei § 231b StPO um eine Vorschrift, der der Gedanke der Verwirkung zugrunde liegt. Wenn die Anwesenheitspflicht dem Schutz der Verteidigungsinteressen dienen soll, so mißbraucht der Angeklagte, der diese dazu nutzt, einen geordneten Prozeßverlauf zu verhindern, sein Recht und verwirkt es[123].

---

118 *Gollwitzer*, in: FS Tröndle, S. 459; *Meyer-Goßner*, Einl. Rn 31; anders KMR-*Paulus*, § 232 Rn. 2; *Rieß*, ZStW 90 (1978), Beiheft, S. 201.

119 So handelt nach neuerer Rechtsprechung der Angeklagte, wenn er ohne Rechtfertigungs- und Entschuldigungsgründe wissentlich seiner Anwesenheitspflicht nicht genügt, BGHSt 37, 249 (251); BGH NStZ 1998, 476 (477).

120 Vgl. KK-*Treier*, § 231 Rn. 9; *Meyer-Goßner*, Einl. Rn 31; *Rieß*, ZStW 90 (1978), Beiheft, S. 191 f.; *Gollwitzer*, in: FS Tröndle, S. 459.

121 Vgl. KK-*Treier*, § 231b Rn. 1; LR[25]-*Gollwitzer*, § 231b Rn. 1.

122 HK-*Julius*, § 231b Rn. 8; *Meyer-Goßner*, § 231b Rn. 2, 7.

123 Vgl. *Rieß*, ZStW 90 (1978), Beiheft, S. 192; *Meyer-Goßner*, Einl. Rn. 31. Dann erscheint die Behandlung unter „Entziehung des Anwesenheitsrechts" aber zweifelhaft, weil dies eine Initiative des Gerichts impliziert. *Gollwitzer*, in: FS Tröndle, behandelt § 231b StPO nicht unter dem Gesichtspunkt der Verwirkung.

Soll die Anwesenheit dem Angeklagten die Wahrnehmung seiner Verteidigungsrechte ermöglichen, folgt daraus zugleich, daß er körperlich und seelisch-geistig dazu auch in der Lage sein muß. So ist der verhandlungsunfähige Angeklagte genauso wenig in der Lage, seine Rechte wahrzunehmen, wie der gar nicht anwesende Angeklagte. Diese Erkenntnis rechtfertigt die These, daß der verhandlungsunfähige wie der ausgebliebene Angeklagte zu behandeln ist. In einem weiteren Schritt folgt daraus, daß der Angeklagte, der seine Verhandlungsunfähigkeit vorsätzlich und schuldhaft herbeigeführt hat, demjenigen gleich steht, der ohne genügende Entschuldigung nicht zur Hauptverhandlung erscheint oder sich eigenmächtig aus ihr entfernt[124]. Setzt die Verhandlung notwendig Verhandlungsfähigkeit voraus, findet anders gesagt gegen einen verhandlungsunfähigen Angeklagten keine Hauptverhandlung statt, verwirkt dieser seine Mitwirkungsrechte, wenn er diesen Zustand vorsätzlich und schuldhaft herbeiführt, um das Verfahren zu behindern[125].

Dem trägt § 231a StPO Rechnung, der vorschreibt, daß die Verhandlung in Abwesenheit des Angeklagten stattzufinden hat, wenn dieser sich vorsätzlich und schuldhaft in den Zustand der Verhandlungsunfähigkeit versetzt und dadurch wissentlich die ordnungsgemäße Durchführung bzw. Fortsetzung der Hauptverhandlung verhindert und das Gericht seine Anwesenheit nicht für unerläßlich hält.

Im Rechtsmittelverfahren und im Verfahren auf den Einspruch gegen einen Strafbefehl ist das Anwesenheitsprinzip in weitergehendem Maße modifiziert. So erlauben § 329 Abs. 1 S. 1 StPO und § 412 S. 1 StPO die Verwerfung der Berufung bzw. des Einspruchs, wenn der Angeklagte den Rechtsbehelf eingelegt hat und er ohne genügende Entschuldigung nicht erscheint. Er soll dann nach heute herrschender Meinung sein Recht auf Überprüfung des Urteils bzw. des Strafbefehls verwirkt haben[126].

§ 329 Abs. 2 S. 1 StPO geht in seiner Sanktion des unentschuldigten Ausbleibens nicht so weit, der Anknüpfungspunkt der Einlegung des Rechtsbehelfs durch den Angeklagten fehlt hier. Die Staatsanwaltschaft ist Rechtsmittelführer. Kommt der Angeklagte ohne genügende Entschuldigung seiner Pflicht zur Anwesenheit

---

124 Vgl. BVerfGE 41, 246 (249); BGHSt 26, 228 ff., jeweils mit abl. Anm. *Grünwald*, JZ 1976, S. 767 ff.

125 Vgl. *Rieß*, ZStW 90 (1978), Beiheft, S. 191 f.; *Gollwitzer*, in: FS Tröndle, S. 459.

126 Vgl. zu § 329 Abs. 1 S. 1 StPO: *Eb. Schmidt*, Nachtragsband I, § 329 Erl. 2; *Rieß*, ZStW 90 (1978), Beiheft, S. 204 (Anm. 99); *Gollwitzer*, in: FS Tröndle, S. 459. Zu § 412 S. 1 StPO: KK-*Fischer*, § 412 Rn. 1; wohl auch *Eb. Schmidt*, Nachtragsband I, § 412 Erl. 1; *Gollwitzer*, in: FS Tröndle, S. 459.

nicht nach und will sich so dem Fortgang des Verfahrens in den Weg stellen, soll er auch hier seiner Rechte im Wege der Verwirkung verlustig gehen[127].

3. Kompensation für die fehlenden Mitwirkungsmöglichkeiten

Die Ausgleichsmechanismen, die die mit der Abwesenheit einhergehenden Beeinträchtigungen der Verteidigungsmöglichkeiten für den Angeklagten kompensieren sollen, orientieren sich vor allem an der Wahrung des verfassungsrechtlichen Anspruchs auf rechtliches Gehör als Zweck bzw. Rechtfertigung des Anwesenheitsprinzips und Inbegriff der Mitwirkungs- und Gestaltungsrechte des Angeklagten in der Hauptverhandlung. Dabei wird regelmäßig in unterschiedlichen Formen ein Minimum an rechtlichem Gehör gewährt[128].

a) Hinweise auf die Rechtsfolgen des unentschuldigten Ausbleibens

Zunächst setzt die Verhandlung bzw. die Erledigung des Verfahrens in Abwesenheit des Angeklagten in den Fällen, in denen eine entsprechende Entscheidung des Gerichts nicht noch in dessen Anwesenheit ergeht, voraus, daß dieser davon nicht überrascht wird, sprich: er auf die Möglichkeit der Verhandlung in Abwesenheit bzw. der Verwerfung seines Rechtsbehelfs hingewiesen wurde (vgl. §§ 216 Abs. 1 S. 1, 232 Abs. 1 S. 1, 233 Abs. 2 S. 2, 323 Abs. 1 S. 1 StPO).

b) Vernehmung zur Sache

Die Verhandlung trotz Abwesenheit des Angeklagten ist grundsätzlich erst zulässig, wenn dieser bereits zur Sache vernommen wurde bzw. wenigstens Gelegenheit hatte, sich zur Anklage zu äußern. So muß der Angeklagte gem. § 231a Abs. 1 S. 1 StPO nach Eröffnung des Verfahrens Gelegenheit zur Äußerung gehabt haben. § 231b Abs. 1 S. 2 StPO verlangt dies in der Hauptverhandlung. Wird der Angeklagte nach § 233 StPO von der Pflicht zur persönlichen Anwesenheit entbunden, muß er richterlich über die Anklage vernommen worden sein. Bleibt der Angeklagte ohne genügende Entschuldigung in der ersten Instanz aus, so sieht § 232 Abs. 3 StPO in den sog. „Bagatellsachen" die Verlesung einer Niederschrift einer etwaigen richterlichen Vernehmung in der Hauptverhandlung vor.

---

127 *Gollwitzer*, in: FS Tröndle, S. 459; *Rieß*, ZStW 90 (1978), Beiheft, S. 180, verzeichnet diesen Fall als den eines Dispenses. Gemeint ist wohl, daß das Gesetz hier auf die Anwesenheit des Angeklagten verzichtet.

128 Siehe *Rieß*, ZStW 90 (1978), Beiheft, S. 206.

Art. 103 Abs. 1 GG gebietet, daß der Angeklagte die Möglichkeit erhalten muß, sich zu Umständen, die einer gerichtlichen Entscheidung zugrunde gelegt werden sollen, zu äußern[129]. Ändert sich in der Hauptverhandlung, zu der der Angeklagte nicht erschienen ist oder aus der er sich entfernt hat oder gerichtlich entfernt worden ist, die Tatsachengrundlage, auf der er bzw. das Gericht die Entscheidung gegründet hat, muß, damit der Angeklagte nicht an insoweit überholten Fakten festgehalten wird, der Hinweis bei Veränderung des rechtlichen Gesichtspunktes gem. § 265 StPO auch dann grundsätzlich dem Angeklagten persönlich erteilt werden, wenn dieser nicht anwesend ist. Kann der Hinweis nicht nach § 234a einem Verteidiger erteilt werden, ist die Verhandlung gegebenenfalls auszusetzen oder zu unterbrechen[130].

c) Verteidigung und Vertretung des abwesenden Angeklagten

Wie sehr das geltende Verfahrensrecht von der Auffassung geprägt ist, die Abwesenheit in der Hauptverhandlung stelle für den Angeklagten vor allem einen Rechtsnachteil dar, so daß Ausgleichs- und Sicherungsmechanismen vorzusehen sind, zeigt auch die Tatsache, wie in den Fällen des totalen Verlusts des Anwesenheitsrechts durch Verteidigung oder Vertretung die Verteidigungsmöglichkeiten des Angeklagten gesichert werden sollen.

Kommt eine Verhandlung in Abwesenheit des Angeklagten in Betracht, weil dieser sich schuldhaft in den Zustand der Verhandlungsunfähigkeit versetzt hat, schreibt § 231a Abs. 4 StPO vor, daß ihm, sofern er keinen Verteidiger hat, ein solcher zu bestellen ist. Im Sicherungsverfahren liegt sogar ein Fall der notwendigen Verteidigung vor (vgl. § 140 Abs. Nr. 7 StPO). Dem nicht auf freiem Fuß befindlichen Angeklagten, der kein Anwesenheitsrecht in der Revisionsverhandlung hat, wird auf Antrag ein Verteidiger bestellt (vgl. § 350 Abs. 3 StPO).

In allen anderen Fällen, in denen eine Verhandlung in Abwesenheit zulässig ist, kann sich der Angeklagte vertreten lassen (vgl. § 234 StPO)[131]. Dies gilt insbesondere auch für die Fälle des § 329 Abs. 1, 2 StPO, allerdings mit der Besonderheit, daß die Verteidigung hier nicht fakultativ, sondern obligatorisch ist.

---

129 Siehe nur *Schulze-Fielitz*, in: *Dreier*, Art. 103 Abs. 1 Rn. 12 (Anm. 53 m. w. N.); ausführlich unten, S. 140 ff.

130 Vgl. *Rieß*, ZStW 09 (1978), Beiheft, S. 207 f.; *Gollwitzer*, in: FS Tröndle, S. 469.

131 Das Gesetz unterscheidet zwischen dem Verteidiger, der nur Beistand des Angeklagten ist, und dem Vertreter, der dies erst mit Erteilung einer entsprechenden Vollmacht wird, vgl. HK-*Julius*, § 234 Rn. 1; KK-*Treier*, § 234 Rn. 1.

d) Unterrichtung über den Inhalt der Verhandlung

Der Anspruch auf rechtliches Gehör erfordert, sollen Überraschungsentscheidungen verhindert und die Mitwirkung des Angeklagten am Verfahren gesichert werden, grundsätzlich die vorherige Möglichkeit zur Stellungnahme. Zum Schutz bestimmter Rechtsgüter oder zur Gewährleistung bestimmter Verfahrensziele sind Ausnahmen zulässig, in denen das zunächst nicht gewährte rechtliche Gehör später nachgeholt werden muß[132]. Daher ist es erforderlich, daß der Angeklagte bei Wiedererscheinen in der Hauptverhandlung durch das Gericht über die Inhalte und Ergebnisse der in seiner Abwesenheit stattgefundenen Verhandlung unterrichtet wird.

Wird der Angeklagte im Hinblick auf die übergeordneten Schutzgüter seiner eigenen Gesundheit oder der eines Zeugen bzw. der Wahrheitsermittlung gem. § 247 StPO aus der Verhandlung entfernt, schreibt S. 4 der Vorschrift vor, daß das Gericht ihn bei Wiedererscheinen über den wesentlichen Inhalt der Verhandlung zu unterrichten hat, gleiches gilt gem. § 231a Abs. 2 StPO für die Abwesenheitsverhandlung bei schuldhaft herbeigeführter Verhandlungsunfähigkeit[133] und gem. §§ 231b Abs. 2 iVm. 231a Abs. 2 StPO bei Wiedererscheinen des wegen ordnungswidrigen Benehmens aus der Hauptverhandlung entfernten Angeklagten.

§ 329 Abs. 2 S. 1 StPO enthält keine Regelung für die Belehrung des Angeklagten in dem Fall, daß der Angeklagte erscheint, nachdem das Gericht entschieden hat, in seiner Abwesenheit zu verhandeln. Im Hinblick auf die herausragende Bedeutung des rechtlichen Gehörs im Strafverfahren muß das Gericht den Angeklagten über die Teile der Verhandlung, die er versäumt hat, unterrichten. Wegen der Ähnlichkeit der Situation käme insoweit eine analoge Anwendung des § 231a Abs. 2 StPO in Betracht. Jedenfalls folgt ein entsprechender Anspruch des Angeklagten unmittelbar aus Art. 103 Abs. 1 GG[134].

---

132 MD-*Schmidt-Aßmann*, Art. 103 Abs. 1 Rn. 90 ff. m. w. N.

133 Dies, obwohl die Vorschrift den Verwirkungsgedanken zur Grundlage hat (siehe oben, S. 47). Der ebenfalls diesem Rechtsgedanken verpflichtete § 231 Abs. 2 StPO sieht eine Unterrichtung nicht vor; für eine entsprechende Unterrichtungspflicht *Rieß*, JZ 1975, S. 271; *Maatz*, DRiZ 1991, S. 206; andere Auffassung BGHSt 3, 187 (189); KK-*Treier*, § 231 Rn. 12 m. w. N.; differenzierend (Gebot der prozessualen Fürsorgepflicht im Einzelfall) *Meyer-Goßner*, § 231 Rn. 23; *Pfeiffer*, § 231 Rn. 4.

134 Zu Art. 103 Abs. 1 GG als Anspruchsgrundlage, wenn das Verfahrensrecht keine entsprechende Vorschrift enthält, siehe unten, S. 230 f.

e) Besondere Rechtsbehelfe

Gegen die in Abwesenheit gefällten Urteile sind die Rechtsmittel statthaft, die die Strafprozeßordnung gegen in Anwesenheit ergangene Urteile vorsieht. Bliebe der Angeklagte auf diese Weise auf die nächsthöhere Instanz verwiesen, ginge er aber seiner Verteidigungsrechte in einer Instanz gänzlich verlustig. Da aber dem verfassungsrechtlichen Gebot der Gewährung rechtlichen Gehörs in den Fällen der Abwesenheit nur dann Genüge getan ist, wenn der Angeklagte die Möglichkeit der Äußerung zurechenbar bzw. verschuldet nicht genutzt hat, muß für die Möglichkeit des schuldlosen Ausbleibens Abhilfe geschaffen werden.

Dies geschieht, indem das Gesetz (vgl. §§ 232 iVm. 235, 329 Abs. 3; 412 iVm. § 329 Abs. 3 StPO, jeweils iVm. 44, 45 StPO)[135] die Möglichkeit der Wiedereinsetzung in den vorigen Stand eröffnet, die dem Angeklagten gewährt wird, wenn er glaubhaft macht, ohne sein Verschulden am Erscheinen gehindert gewesen zu sein. Dabei beseitigt der dem Gesuch stattgebende Beschluß das in Abwesenheit ergangene Urteil ohne weiteres[136].

4. Erzwingung der Anwesenheit und Sanktionen bei vorschriftswidriger Abwesenheit

Welch hohen Stellenwert die Strafprozeßordnung der Anwesenheit des Angeklagten dem durch die zahlreichen Ausnahmen vermittelten Bild zum Trotz einräumt, zeigt, in welch vielfältiger Weise das Gesetz von verschiedenen Ansatzpunkten aus Vorsorge für die Herbeiführung der Anwesenheit bzw. die Sicherung des Prinzips der Anwesenheit getroffen hat.

Zur Erfüllung seiner Pflicht zur Herbeiführung bzw. Sicherung der Anwesenheit des Angeklagten stehen dem Gericht die Anordnung der Vorführung, der Erlaß eines Haftbefehls (vgl. § 230 Abs. 2 StPO) sowie zur Sicherung der Anwesenheit die, von der Ingewahrsamnahme abgesehen, nicht näher bestimmten „geeigneten Maßnahmen“ gem. § 231 Abs. 1 S. 2 StPO zu Gebote[137]. Ähnliches gilt in der Berufungsinstanz. Kann das Gericht nicht nach den vorrangigen Abs. 1, 2

---

135 Für die Revisionsverhandlung ist dies umstritten. Die herrschende Auffassung lehnt die Wiedereinsetzung mit Hinweis auf eine fehlende Anwesenheitspflicht ab, vgl. LR[25]-*Hanack*, § 350 Rn. 14 f. m. w. N.

136 Vgl. LR[24]-*Gollwitzer*, § 329 Rn. 122; KK-*Treier*, § 235 Rn. 10.

137 In Betracht kommen hier die Bewachung durch einen Justizwachtmeister oder Polizeibeamten sowie die Fesselung, BGH NJW 1957, 271; *Pfeiffer*, § 231 Rn. 1; KK-*Treier*, § 231 Rn. 2.

verfahren, muß es die Anwesenheit des Angeklagten auch hier durch die Anordnung der Vorführung oder Verhaftung erzwingen (vgl. § 329 Abs. 4 S. 1 StPO).

Weiter muß das Gericht in den Fällen der zulässigen Abwesenheit im Interesse der Aufklärungspflicht das persönliche Erscheinen des Angeklagten anordnen und durch Vorführungs- oder Haftbefehl erzwingen (vgl. § 236 StPO). Eine entsprechende Regelung enthält § 387 Abs. 3 StPO für das Privatklageverfahren.

Kann man insoweit von *unmittelbaren* Erzwingungsnormen sprechen, lassen sich daneben auch Vorschriften ausmachen, deren auf die Anwesenheit des Angeklagten hinwirkender Zwangseffekt sich *mittelbar* entfaltet[138]. Sehen nämlich §§ 329 Abs. 1 S. 1, 412 S. 1 StPO die Verwerfung der Berufung bzw. des Einspruchs vor, wenn der Angeklagte ohne genügende Entschuldigung nicht erscheint, so steht dahinter die Annahme, der Angeklagte, der seinen Rechtsbehelf verhandelt sehen möchte, werde auch erscheinen. Mit der das Ausbleiben sanktionierenden Rechtsfolge soll „Druck" auf den Angeklagten ausgeübt werden zu erscheinen.

Sieht man weiter mit der herrschenden Auffassung die Verhandlung in Abwesenheit als Rechtsnachteil für den Angeklagten, stellt diese also im weiteren Sinne auch eine Sanktion im Hinblick auf das unentschuldigte Ausbleiben dar, muß man auch § 329 Abs. 2 S. 1 StPO als mittelbare Erzwingungsnorm einstufen. Will der Angeklagte verhindern, daß auf die Berufung der Staatsanwaltschaft, die ja in aller Regel zu seinen Ungunsten eingelegt wird, verhandelt wird, ohne daß er auf die Entscheidung einwirken kann, wird er erscheinen. Gleiches muß für §§ 231, 231a, 231b, 232 StPO gelten.

---

138 *Rieß*, ZStW 90 (1978), Beiheft, S. 179.

2. Teil: Die historische Entwicklung der Vorschriften über das Ausbleiben des Angeklagten in der Berufungshauptverhandlung

Um die Betrachtung der einzelnen Verfahrensordnungen im Hinblick auf deren Umgang mit dem Problem des Ausbleibens des Angeklagten in der zweiten Instanz auf eine breitere Basis zu stellen und zu untersuchen, ob die einzelnen Gesetze als Schritte eines fortschreitenden Reformprozesses anzusehen sind, soll nun unter dem Blickwinkel der Zulässigkeit einer zweiten Tatsacheninstanz ein Überblick über die wichtigsten Problemlagen einer Reform des Strafprozesses gegeben werden. Angesichts der immer wieder und auch in neuester Zeit diskutierten Reform des Rechtsmittelwesens im Strafverfahren ist die Haltbarkeit des heutigen § 329 StPO mit Blick auf seine Stellung im Rahmen einer Reform zu hinterfragen. Insoweit ist es von Nutzen, die gegen die Berufung vorgebrachten Argumente schon in ihrem Ursprung darzustellen. Sie haben sich seit mehr als hundert Jahren nicht wesentlich geändert[139].

I. Strafverfahrensreform im 19. Jahrhundert: Hauptziele und zweite (Tatsachen-) Instanz

Die Entwicklung des Strafverfahrensrechts im 19. Jahrhundert ist vor allem geprägt von der Ablösung des gemeinrechtlichen schriftlichen und geheimen Inquisitionsverfahrens[140] durch den reformierten Strafprozeß[141]. Als *„düsteres, ängsti-*

---

139 *Tröndle*, GA 1967, S. 161, *ders.*, in: Grundfragen, S. 109.

140 Zu dessen Ausgestaltung vgl. *Zachariae*, Gebrechen, S. 78 ff.; *Glaser*, Handbuch I, S. 91 ff., 120 ff.; *Eb. Schmidt*, Geschichte, S. 194 ff.; *Geppert*, S. 21 ff.; *Wohlers*, S. 50 ff.; ein Beispiel für eine lokale Ausprägung liefert *Knollmann*, S. 112 ff., für das Königreich Hannover.

141 *Planck*, S. III; *Glaser*, Handbuch I, S. 165; *Birkmeyer*, S. 821 ff.; *Eb. Schmidt*, Geschichte, S. 327 f.; *Geppert*, S. 96, 100; *Sellert*, Strafprozeß II, in: HRG IV, Sp. 2035; *Wohlers*, S. 67 f. Das Inquisitionsverfahren galt ungefähr bis zur Mitte des Jahrhunderts in mehr oder weniger ausgeprägter Form, zum Teil aber auch bis zum Inkrafttreten der Reichsstrafprozeßordnung 1879, so in Mecklenburg-Schwerin, Mecklenburg-Strelitz, Lippe-Detmold und Schaumburg-Lippe; siehe dazu die Übersichten über das bei Beginn der Beratungen über die Reichsstrafprozeßordnung geltende Recht bei *Hahn*, Materialien zur StPO, Erste Abth., S. 68 ff. sowie über die Gesetzgebung bei *Zachariae*, Handbuch I, S. 18 ff.; *Planck*, S. VIII ff.; *Glaser*, in: v. *Holtzendorff*, Handbuch I, S. 65 ff.; *Geyer*, S. 146 ff.

gendes Zwinghaus, das in finsteren Zeiten die Tyrannei für ihre Sclaven gegründet und erst später ein besserer menschlicher Sinn in einzelnen Theilen erträglich bewohnbar zu machen versucht hat“[142] konnte der geheime schriftliche Inquisitionsprozeß als „*die dem absolutistisch-patriarchalischen Staate congeniale Prozeßform*“[143] von den politischen und gesellschaftlichen Veränderungen der Zeit nicht unberührt bleiben. Die Ideen der Aufklärung und der Französischen Revolution und die damit verbundene Überwindung des Absolutismus drängten nach der Beseitigung des mit dieser Herrschaftsform verbundenen Inquisitionsprozesses. Diese Verfahrensform war mit den aufkommenden bürgerlich-liberalen Idealen nicht vereinbar[144]. Vor allem die im Gefolge der Karlsbader Beschlüsse von 1819 einsetzenden politischen sog. Demagogenprozesse[145], an denen die öffentliche Meinung lebhaften Anteil nahm, führten zu einer verstärkten Diskussion, die das Mißtrauen der Bevölkerung gegenüber dem überkommenen Verfahrensrecht, das als ein Werkzeug staatlicher Unterdrückung galt, verdeutlichte und schließlich in Forderungen nach einer Reform des Strafverfahrens gipfelte[146].

Diese orientierten sich vor allem am französischen, aber auch am englischen Strafverfahren[147]. Insbesondere gab es mit dem *Code d'instruction criminelle* von 1808 ein Vorbild[148], das auch nach Ende der napoleonischen Besetzung in den linksrheinischen Provinzen, also in den preußischen Rheinlanden, in der Rheinpfalz und Rheinhessen, fortgalt und so als eine in der Rechtswirklichkeit erprobte Verfahrensordnung wichtiges Anschauungsmaterial lieferte[149]. Einheitliche Vorschriften für das gesamte Gebiet der deutschen Staaten gab es indes nicht[150].

---

142 *Feuerbach*, S. 36.

143 *Glaser*, in: *Holzendorff*, Handbuch I, S. 15.

144 *Eb. Schmidt*, Geschichte, S. 324, *Kern*, S. 56 f.; *Gerland*, S. 23; *v. Kries*, S. 60.

145 Hierzu *Schwinge*, S. 45 ff.; *Erler*, Demagogenverfolgung, in: HRG I, Sp. 677-680; *Huber*, Verfassungsgeschichte, I, S. 732 ff., 746 ff.

146 *Kern*, S. 56 f.; *Eb. Schmidt*, Geschichte, S. 324, 332, 341; *v. Kries*, S. 60; *Sellert*, Strafprozeß II, in: HRG IV, Sp. 2037 f.

147 *Glaser*, in: *v. Holtzendorff*, Handbuch I, S. 46 ff.; *Gerland*, S. 23 ff.; *Kern*, S. 58; *Henkel*, S. 54 ff.; *Geppert*, S. 24 ff.

148 Siehe hierzu etwa *Geyer*, S. 134 ff.; *Glaser*, Handbuch I, S. 150 ff.; *Becker*, Rheinisches Recht, in: HRG IV, Sp. 1021-1026; *Zimmermann*, S. 10.

149 *Eb. Schmidt*, Geschichte, S. 327; *Geppert*, S. 67; *Zimmermann*, S. 10.

150 *Henkel*, S. 58; *Eb. Schmidt*, Geschichte, S. 267.

I. Einführung

Im Mittelpunkt der wissenschaftlichen Erörterungen standen die Reformbestrebungen um Mündlichkeit und Öffentlichkeit[151], um das Anklageprinzip[152], die Einrichtung einer staatlichen Anklagebehörde[153] und die Einführung von Geschworenengerichten[154]. Während die Diskussion bereits bezüglich der Einführung der einzelnen Institute in der ersten Instanz kontrovers geführt wurde[155], stellte diese sich in einer zweiten (Tatsachen-) Instanz noch problematischer dar.

Die Anfechtbarkeit erstinstanzlicher Urteile war als Gebot der Gerechtigkeit grundsätzlich anerkannt[156]. Dabei war die Möglichkeit einer Anfechtung unter Rüge von Verfahrens- und Rechtsanwendungsfehlern unzweifelhaft[157]. Nicht geklärt war hingegen die Frage, inwieweit ein Angriff gegen die dem erstinstanzlichen Urteil zugrunde liegenden Tatsachenfeststellungen, also Beweisaufnahme und Beweiswürdigung, zugelassen werden sollte.

Schon der Umstand, daß die Tatsachenfeststellungen in einem mündlichen Verfahren getroffen worden waren, ließ Zweifel aufkommen, ob eine Überprüfung durch ein Obergericht als Wesensmerkmal einer Rechtsmittelinstanz überhaupt möglich war. Soweit es etwa um das Vorbringen neuer Tatsachen und Beweise ging, war eine zweite Tatsacheninstanz nicht zwingend erforderlich. Hier kam die erneute Prüfung durch das betreffende oder ein anderes erstinstanzliches Gericht im Rahmen einer Wiederaufnahme des Verfahrens in Betracht[158].

---

151 *Abegg*, S. 109 ff., 82 ff.; *Mittermaier*, Mündlichkeit, S. 333 ff., 245 ff.; *Walther*, Rechtsmittel I, S. XVII; *Eb. Schmidt*, Geschichte, S. 327 ff.

152 *Abegg*, S. 42 ff.; *Mittermaier*, Mündlichkeit, S. 281 ff.

153 *Carsten*, S. 16; *Eb. Schmidt*, Geschichte, S. 330 ff.; *Henkel*, S. 53; *Wohlers*, S. 77.

154 Vgl. *Abegg*, S. 189 f., 206; *Zachariae*, Gebrechen, S. 299 ff.; *Mittermaier*, Mündlichkeit, S. 358 ff.; *Eb. Schmidt*, Geschichte, S. 332 ff.; *Kern*, S. 58 ff.; *Sellert*, Schwurgericht, Geschworenengericht, in: HRG IV, Sp. 1585; sowie schon *Schwinge*, Schwurgerichte, 1926.

155 *Behr*, S. 45.

156 *Zachariae*, Gebrechen, S. 214; *Walther*, Rechtsmittel I, S. 71; *v. Stemann*, S. 17; *Gerland*, S. 22; siehe aber *Wiest*, S. 105, wonach das Appellationsrecht „*offenbar*" nicht zum Wesen der Justizpflege gehöre.

157 *Walther*, Rechtsmittel I, S. 106, II, S. 8, 11; *Zachariae*, Handbuch II, S. 594; *Fezer*, Reform, S. 15 f.; *Behr*, S. 29.

158 Siehe *Walther*, Rechtsmittel I, S. 101 f., 127 f.

2. *Konflikte mit einzelnen Reformforderungen*

a) Zweite Tatsacheninstanz und Mündlichkeitsgrundsatz

Der zweiten Tatsacheninstanz wurde vielfach ihre Vereinbarkeit mit einem wesentlichen Anliegen der Reform, dem Mündlichkeits- und dem Unmittelbarkeitsgrundsatz, bestritten[159]. Wegen der Bedeutung dieser Reformziele wurde die Einführung eines solchen Rechtsmittels zum Teil mit dem Hinweis verworfen, es sei schlüssiger, die in der ersten Instanz gewährleisteten Verfahrensgarantien und das auf die Rechtskontrolle beschränkte Rechtsmittel zu stärken, um eine weitere Tatsacheninstanz entbehrlich zu machen[160].

Anknüpfungspunkt der ablehnenden Auffassung war die mit der Abkehr vom schriftlichen Verfahren des gemeinen Inquisitionsprozesses eingetretene Veränderung des dem Rechtsmittelgericht zur Verfügung stehenden Materials, anhand dessen es das erstinstanzliche Urteil prüfte. Ein im schriftlichen Verfahren gefälltes Urteil sei nach allen Seiten überprüfbar, weil dem Oberrichter mit den Akten dasselbe Material vorgelegt werden könne, welches das Untergericht seinem Urteil zugrunde gelegt hat. Der Verlauf des mündlichen Verfahrens sei hingegen nur unvollständig aktenkundig zu machen[161], selbst wenn man die Qualität der Verhandlungsprotokolle verbesserte[162].

Daher käme nur eine vollständige Wiederholung der erstinstanzlichen Verhandlung in Betracht[163]. Diese sei indes zum einen zu teuer und belaste die er-

---

159 Beide galten meist als identisch, siehe *Krug*, S. 5; *Mittermaier*, Mündlichkeit, S. 246; *Zachariae*, Gebrechen, S. 157; *ders.*, Handbuch I, S. 49; *Planck*, S. 112, 114. So auch später noch *Fuchs*, in: *Holtzendorff*, Handbuch II, S. 63; *Geyer*, S. 11 (Anm. 1); differenzierend aber schon *v. Kries*, ZStW 6 (1886), S. 102.

160 *Molitor*, ZStrV 3 (1843), S. 48 f.; *Wiest*, S. 109; *Walther*, Rechtsmittel I, S. 166 ff.; *Schwarze*, GS 7 (1855) II, S. 106 f.; *ders.*, GA 1863, S. 15. Der Stärkung der erstinstanzlichen Verfahrensgarantien als Sicherung gerechter Entscheidungen stand auch *Mittermaier* als Befürworter einer zweiten Tatsacheninstanz positiv gegenüber, hielt indes an deren grundsätzlicher Vereinbarkeit mit dem Grundsatz der Mündlichkeit fest, vgl. etwa ACR (NF) 1843, S. 73 f.; *ders.*, Mündlichkeit, S. 418 f.; *ders.*, GA 1862, S. 585 ff.

161 *Molitor*, ZStrV 3 (1843), S. 47; *Brauer*, ZStrV (NF) 3 (1846), S. 317; *Wiest*, S. 100 ff.; *Schwarze*, GA 1863, S. 21.

162 Etwa durch Einführung stenographischer Mitschriften oder die Bestellung juristisch ausgebildeter Protokollführer, vgl. hierzu *Hepp*, S. 100; kritisch *Wiest*, S. 100; *Krug*, S. 27 ff.; *Walther*, Rechtsmittel I, S. 122 f.; *Mittermaier*, GA 1862, S. 587; *Schwarze*, GA 1863, S. 73 f.

163 Dabei sollte der Mündlichkeitsgrundsatz gelten, *v. Bertrab*, GA 1857, S. 194, 197, 200; *Schwarze*, GS 13 (1861), S. 136, 138. Zum Teil wurde auch vorgeschlagen, die mit einer Wiederholung verbundenen Schwierigkeiten dadurch zu umgehen, daß

neut zu ladenden Zeugen und Sachverständigen unverhältnismäßig[164]. Andererseits trete aber auch eine Verschlechterung der Beweismittel, vor allem der Zeugenaussagen ein, weil die Erinnerung mit fortschreitendem Zeitablauf verblasse oder der Betreffende unter dem Eindruck der erstinstanzlichen Verhandlung seine Aussage in einer weiteren Verhandlung nicht mehr unbeeinflußt und unvoreingenommen abgebe. Schließlich ziehe die Möglichkeit der Zeugenbeeinflussung den Wert der Aussage in Zweifel[165].

Im Hinblick auf diese Probleme wurde die Abfassung von Entscheidungsgründen vorgeschlagen, durch die dem Oberrichter die Entscheidungsfindung des erstinstanzlichen Richters nachvollziehbar und damit kontrollierbar gemacht werden sollte. Dem wurde entgegen gehalten, daß der für die Entscheidungsfindung maßgebende unmittelbare Eindruck von der Beweisaufnahme nicht schriftlich fixierbar sei[166]. Deutlich werde nur, *daß* der Richter in erster Instanz einen bestimmten Eindruck gewonnen und eine bestimmte Beweiswürdigung vorgenommen habe, nicht aber, *wie* er dazu gekommen sei[167].

Die Bedeutung des unmittelbaren Eindrucks von der Beweisaufnahme erhellt vor allem im Hinblick auf die Ausbildung des Grundsatzes der freien richterlichen Beweiswürdigung[168]. Der unmittelbare Eindruck konnte nur dann eine entscheidende Rolle spielen, wenn der Richter in seiner Beweiswürdigung frei war, eine Entscheidung aufgrund seiner freien Überzeugung traf und die Frage, ob ei-

---

sich die Prüfung des Obergerichts auf die zu verbessernden Protokolle der erstinstanzlichen Verhandlung zu stützen hätte, so *Wiest*, S. 104 f. (im Ergebnis aber die zweite Tatsacheninstanz ablehnend); *Brauer*, ZStrV (NF) 3 (1846), S. 318, 322, 325 f., der allerdings die Notwendigkeit teilweiser Wiederholungen oder Neuverhandlungen anerkennt; so auch *Mittermaier*, ACR (NF) 1843, S. 80, 86; *Zachariae*, Gebrechen, S. 219 ff. Für eine umgekehrte Lösung, das heißt die Beibehaltung der Schriftlichkeit in der ersten Instanz und Einführung des Mündlichkeitsgrundsatzes in der zweiten Tatsacheninstanz *Krug*, S. 45 ff.

164 *Wiest*, S. 98 f.; *Molitor*, ZStrV 3 (1843), S. 47; *Brauer*, ZStrV (NF) 3 (1846), S. 315 f.; *Walther*, Rechtsmittel I, S. 107; *Schwarze*, GA 1863, S. 15; dieses Problem erkennt auch *Mittermaier* als Befürworter, siehe GA 1862, S. 303.

165 Zur Beweismittelverschlechterung vgl. *Wiest*, S. 99; *Walther*, Rechtsmittel I, S. 128 ff.; *Schwarze*, GS 7 (1855) II, S. 104; *Mittermaier*, GA 1862, S. 313 f.

166 *Molitor*, ZStrV 3 (1843), S. 47; *Brauer*, ZStrV (NF) 3 (1846), S. 313; *Köstlin*, S. 114; *Walther*, Rechtsmittel I, S. 123; *v. Bertrab*, GA 1857, S. 192.

167 *Walther*, Rechtsmittel I, S. 133; *Schwarze*, GS 7 (1855) II, S. 85.

168 Dieser setzte sich in enger Anlehnung an die Diskussion um die Geschworenengerichte im Verlauf der Reform unter endgültiger Aufgabe der gemeinrechtlichen gesetzlichen Beweistheorie nach dem Vorbild des *Code d'instruction criminelle* durch (Frage an die Geschworenen gem. Art. 342: "*Avez vous une intime conviction?*"). Mangels juristischer Ausbildung traute man den Geschworenen die Anwendung gesetzlicher Beweisregeln nicht zu, siehe *Mittermaier*, Lehre, S. 76 f; *Maiwald*, S. 96 ff.; *Sellert*, Schwurgericht, Geschworenengericht, in: HRG IV, Sp. 1584. I

ne Tatsache bewiesen ist, nicht anhand fester Beweisregeln zu beantworten hatte. Diese hatten die Urteilsfindung im gemeinen Inquisitionsprozeß bestimmt und spielten auch in der Reformdiskussion noch eine wichtige Rolle[169].

Nach der negativen Ausprägung der gesetzlichen Beweistheorie waren Beweisminima festgelegt, bei deren Vorliegen der Richter jedoch nicht gezwungen war, eine Tatsache als bewiesen anzusehen, wenn dies nicht seiner inneren Überzeugung entsprach[170]. Beruhe aber die richterliche Entscheidungsfindung auf freier Überzeugung und nicht auf der Anwendung von Beweisregeln, könnten auch Entscheidungsgründe nicht gegeben werden und dem Oberrichter fehle es an einem Maßstab, den er seiner Prüfung zugrunde legen könne[171].

b) Zweite Tatsacheninstanz und Geschworenengericht

Die politische Dimension der Reformbewegung zeigte sich vor allem im Streit um die Einführung des Geschworenengerichts. Die Mitwirkung an der Rechtsprechung, das Urteilen von Bürgern über ihresgleichen, wurde als wesentliches Bürgerrecht begriffen. Bei der Verurteilung durch Geschworene sollte nicht wie bei den Berufsrichtern die Gefahr der Willkür bestehen[172]. Die politische Bedeutung der Schwurgerichte schlug sich auch in der Frankfurter Reichsverfassung von 1849 nieder[173]. In § 179 Abs. 2 wurde die Zuständigkeit der Schwurgerichte für schwere Strafsachen und die politischen, das heißt vor allem die sog. Preßvergehen (vgl. § 143 Abs. 3) festgelegt, die wegen der seit den Karlsbader Beschlüssen bestehenden scharfen Pressezensur besondere politische Tragweite

---

169 Noch 1843 formulierte die württembergische und 1845 die badische Strafprozeßordnung die Beweistheorie als eine negative, vgl. *Zachariae*, Handbuch II, S. 407; *Glaser*, Handbuch I, S. 128; *ders.*, Lehre, 12 ff.; *v. Kries*, S. 60; *Walter*, S. 66.

170 Zu Beginn des 19. Jahrhunderts hatte die gesetzliche Beweistheorie einen Wandel von einer positiven zu einer negativen Ausprägung erfahren, siehe *Zachariae*, Handbuch II, S. 406 f.; *Glaser*, Handbuch I, S. 127 ff.; *ders.*, Beweis, S. 10 ff.; *Gerland*, S. 25; *v. Kries*, S. 60 f.; *Walter*, S. 64 ff. Die ursprüngliche positive Beweistheorie nötigte den Richter, sein Urteil anhand zwingender Beweisregeln zu treffen, wonach bei Vorliegen der normierten Voraussetzungen eine Tatsache als bewiesen galt, ohne daß es auf eine entsprechende innere Überzeugung des Richters ankam, *Walther*, Rechtsmittel I, S. 85 f.; *Geyer*, in: *v. Holtzendorff*, Handbuch I, S. 195; *ders.*, S. 695; *Birkmeyer*, S. 83 f.; *Walter*, S. 63 (Anm. 18).

171 *Hepp*, S. 98; *Mittermaier*, Lehre, S. 93; *Zachariae*, Gebrechen, S. 211, 215; *v. Bertrab*, GA 1857, S. 192; *Walther*, Rechtsmittel I, S. 132, 134 f., der indes eine gesetzliche Beweistheorie überhaupt und damit auch die Abfassung von Entscheidungsgründen verwirft und mangels Prüfungsmaßstab so eine zweite Tatsacheninstanz ablehnt.

172 *Mittermaier*, ACR (NF) 1830, 500 f.; *Schwarze*, Schwurgericht, S. I; *Kern*, S. 59.

173 Abdruck bei *Huber*, Dokumente I, Nr. 101, S. 304-326.

hatten[174]. Schließlich war man der Meinung, daß das angewendete Strafgesetz vom Verurteilten verstanden worden sein müsse, und indem Seinesgleichen das Urteil sprechen, sei sicher gestellt, daß diese wie der Angeklagte die Vorschrift in ihrem Bedeutungsgehalt erfaßt hätten[175].

Im Hinblick auf das Rechtsmittelrecht war die Anfechtbarkeit des Urteils der Geschworenen, des sogenannten „Wahrspruchs", zweifelhaft. Gerade hier, wo die durch rechtsgelehrte Berufsrichter gewährten Verfahrensgarantien wegfielen, könnten Rechtsmittel, vor allem eine zweite Tatsacheninstanz in besonderem Maße erforderlich sein[176]. Dagegen wurde eingewandt, daß das Bürgerrecht der Mitwirkung an der Rechtsprechung entwertet werde, indem man den Wahrspruch einer höherinstanzlichen Überprüfung unterwirft[177]. Da die Geschworenen nur über die Tatfrage zu befinden hatten[178], ein Richterkollegium aber die Rechtsfrage entschied[179], ergab es sich, daß diese Bedenken zumindest teilweise ausgeräumt werden konnten. Die Tatfrageentscheidung der Geschworenen blieb unanfechtbar, eine zweite Tatsacheninstanz gab es nicht, wohingegen die Anfechtbarkeit der Rechtsfrageentscheidung der Berufsrichter die bürgerliche Autorität der Geschworenen nicht beschnitt.

---

174 Dieser Zuweisung wurde in den Einzelstaaten überwiegend entsprochen, vgl. *Kern*, S. 69 f.; *Landau*, in: *Schioppa*, S. 268 f., 284 ff.; *Huber*, Verfassungsgeschichte II, S. 779; *Sellert*, Schwurgericht, Geschworenengericht, in: HRG IV, Sp. 1586.

175 *Möser*, S. 417; *Götze*, in: *Götze-Keller*, S. 19; *Böttges*, S. 25 f.

176 Vgl. *Mittermaier*, Mündlichkeit, S. 199.

177 *Mittermaier*, Strafverfahren II, S. 605; *Temme*, S. 167.

178 Ausdruck des Mißtrauens gegenüber den Geschworenen ist auch, daß das Richterkollegium den Wahrspruch nach französischem Vorbild (Art. 342 *Code d'instruction criminelle*) kassieren und den Fall einer anderen Jury zur erneuten Entscheidung zuweisen konnte, wenn es einstimmig von dessen Fehlerhaftigkeit überzeugt war, vgl. *Schwarze*, Schwurgericht, S. VIII; ablehnend *Temme*, S. 143 ff.; siehe etwa § 102 Badisches Gesetz über die Einführung der Schwurgerichte vom 5. Februar 1851; § 146 Braunschweigische StPO von 1849.

179 Zu dieser Trennung vgl. *Abegg*, S. 99 f., 129; *Geib*, S. 133 f.; *Köstlin*, S. 121; ablehnend schon *Feuerbach*, S. 167 ff., 169; kritisch *Zachariae*, Handbuch I, S. 274 ff.; *Walther*, Rechtsmittel I, S. 110; siehe auch *Eb. Schmidt*, Geschichte, S. 326, 334; *Sellert*, Schwurgericht, Geschworenengericht, in: HRG IV, Sp. 1586. Als Abhilfe wurde die Beteiligung von dem Richter gleichgestellten Schöffen vorgeschlagen, die wie dieser über Tat- und Rechtsfrage zu entscheiden haben, vgl. *Schwarze*, Schwurgericht, S. 165 f., 171, 172; *Zachariae*, Schöffengericht, S. 36, 51 ff.; kritisch *Mittermaier*, Volksgericht, S. 33 ff.; siehe auch *Kern*, S. 76 f.; *Böttges*, S. 35 ff.; *Landau*, in: *Schioppa*, S. 242, 290 ff.; *Sellert*, Schwurgericht, Geschworenengericht, in: HRG IV, Sp. 1586.

c) Zweite Tatsacheninstanz und Staatsanwaltschaft sowie Anklageprinzip[180]

Die als solche erkannte Überforderung des Inquisiten mit der Rolle des Richters, der daneben Ankläger sein und als „Verteidiger" die zugunsten des Inquirenten streitenden Umstände berücksichtigen sollte[181], führte dazu, daß die Forderung nach einem Anklageorgan laut wurde, das ebenfalls eine staatliche Behörde sein mußte, weil man die Strafverfolgung einhellig als Sache des Staates ansah[182]. Als Gegengewicht dazu sollte dem Angeklagten ein Verteidiger zur Seite stehen können[183]. Dabei stellte sich die Frage, ob die Staatsanwaltschaft wie die Verteidigung[184] Partei bzw. Verfahrenssubjekt sein, oder ob ihr als objektive Wahrerin des Rechts eher eine Kontrollfunktion zukommen sollte[185].

Strittig war daher insbesondere die Rechtsmittelbefugnis, weil der Parteirolle ein Verfügungsrecht über prozessuale Handlungen eigen sei. Die Parteirolle der Staatsanwaltschaft wurde mit dem Argument bestritten, die Strafverfolgung sei staatliche Pflicht, kein disponibles Recht, so daß die Staatsanwaltschaft stets von Amts wegen tätig werden müsse, da sie den Staat insoweit vertrete[186]. Der Parteirolle der Staatsanwaltschaft entspreche es unter dem Gesichtspunkt der Waffengleichheit, ihr wie dem Angeklagten die Einlegung von Rechtsmittel zuzubilligen[187].

Faßte man die Staatsanwaltschaft als objektives Kontrollorgan auf, mußte auch die Einlegung von Rechtsmitteln zugunsten des Angeklagten zulässig, ge-

---

180 Daß mit dem Anklageprinzip die Einrichtung einer Staatsbehörde einhergehen mußte, war weitgehend anerkannt, siehe *Mittermaier*, Mündlichkeit, S. 197; *Walther*, Lehrbuch, S. 1 f., 5, 70; *Wohlers*, S. 88 f.

181 Vgl. hierzu *Mittermaier*, ACR (NF) 1842, S. 442 ff.; *Zachariae*, Gebrechen, S. 140, 265; *Walther*, Lehrbuch, S. 71; *Sundelin*, S. 27; *Eb. Schmidt*, Geschichte, S. 328; *Henkel*, S. 53; *Wohlers*; S. 55 f.

182 *Zachariae*, Gebrechen, S. 264, 272 f.; *Mittermaier*, Mündlichkeit, S. 319; *Planck*, S. 117 f.; *Walther*, Lehrbuch I, S. 1, 71; *Sundelin*, GA 1858, S. 624; *ders.*, S. 24, 84; *Graf zu Dohna*, S. 59; *Wohlers*, S. 89.

183 *Mittermaier*, Strafverfahren II, S. 254; *v. Holtzendorff*, in: *v. Holtzendorff*, Handbuch I, S. 389; *Graf zu Dohna*, S. 67; *Frommel*, Staatsanwaltschaft, in: HRG IV, Sp. 1809; *Roth*, Strafverteidigung, in: HRG V, Sp. 9.

184 So etwa *Zachariae*, Handbuch I, S. 421 f.; *Geib*, S. 101, 102 f.; *Temme*, S. 36 f.; *Degener*, Justizorganisationsgesetze II, S. 42; *Planck*, S. 36, 147; *Walther*, Lehrbuch, S. 71 f.

185 *Amann*, Gerichtsverfassung, S. 78; *Mittermaier*, Mündlichkeit, S. 319; *Sundelin*, GA 1858, S. 630; *Schwarze*, GS 11 (1859), S. 11, 14; *Haager*, GS 11 (1859), S. 352 f., 364 ff.

186 *Amann*, S. 78; *Sundelin*, GA 1858, S. 630; *Haager*, GS 11 (1859), S. 358.

187 Vgl. bei *Noellner*, ZStrV (NF) 2 (1844), S. 237, zum Rekursrecht; dazu auch *Gerau*, ZStrV (NF) 4 (1847), S. 252; *Geib*, S. 101.

gebenenfalls pflichtgemäß zu besorgen sein, wohingegen vor dem Hintergrund, daß jede Partei ihre Interessen selbst geltend machen muß, eine Rechtsmittelbefugnis nicht bestehen sollte[188]. Insbesondere soweit die Staatsanwaltschaft als objektive Wahrerin des Rechts angesehen wurde, sollte ihr einhellig die Anfechtungsbefugnis hinsichtlich der Rechtsfrage zustehen[189].

Die Berufung als Rechtsmittel gegen die tatsächlichen Feststellungen eines erstinstanzlichen Urteils wurde wegen der grundsätzlichen Bedenken gegen deren Vereinbarkeit mit dem Grundsatz der Mündlichkeit entsprechend kontrovers beurteilt[190]. Im Hinblick darauf war sie zum Teil ganz ausgeschlossen (wie auch die Berufung des Angeklagten)[191] oder sie wurde für unnötig gehalten, weil dem Staat mit dem Recht zur Organisation der Gerichte und der Benennung der Richter genügend Garantien für die Richtigkeit des Urteils zur Verfügung stünden[192] bzw. weil sie in ihrer Rolle als „Wächterin der Gesetze“ nur der Nichtigkeitsbeschwerde bedürfte[193].

Dagegen sahen andere Entwürfe bzw. Verfahrensordnungen die Berufung nur eingeschränkt vor, etwa dann, wenn sie sich auf neue Tatsachen bzw. Beweismittel stützte[194], oder sie sollte nur zu Lasten des Angeklagten eingelegt werden können, weil entsprechend der Rolle der Staatsanwaltschaft jede Partei ihre In-

---

188 *Wohlers*, S. 130, 170 (mit Beispielen).

189 Als besondere Nichtigkeitsbeschwerde zur Wahrung des Gesetzes oder später als erweiterte allgemeine Nichtigkeitsbeschwerde; vgl. die Übersicht bei *Sundelin*, S. 130 f.; siehe auch *Wohlers*, S. 169.

190 Überblick über die einzelnen Regelungen bei *Sundelin*, S. 131 f.; siehe weiter *Gerau*, ZStrV (NF) 4 (1847), S. 251 ff.; *Wohlers*, S. 98 f., 129 f., 170 f.

191 So etwa nach der Strafprozeßordnung für das Herzogtum Braunschweig vom 22.8.1849 (Abdruck bei *Haeberlin*, S. 724-750); vgl. *Walther*, Rechtsmittel I, S. 65; *Kintzi*, in: FS OLG Braunschweig, S. 117.

192 Verhandlungen der Stände-Versammlung des Großherzogthums Baden 1843/44, 2. Kammer, 11. Beilagenheft, S. 64, zitiert nach *Wohlers*, S. 98; vgl. den Bericht der Commission der 2. Kammer der Landstände zum Entwurf einer Strafprozeßordnung für das Großherzogthum Baden von 1843, bei *Noellner*, in: ZStrV (NF) 2 (1844), S. 236 f.

193 Verhandlungen der Stände-Versammlung des Großherzogthums Baden im Jahre 1843/44, Protokolle der 2. Kammer, 4. Protokollheft, S. 107, zitiert nach *Wohlers*, S. 99.

194 § 126 der Preußischen Verordnung vom 3.1.1849 (Abdruck bei *Haeberlin*, S. 194-229); vgl. Materialien, S. 33 f., 143 ff.

teressen selbst wahrzunehmen habe[195]. Das Argument der Waffengleichheit schließlich wurde für eine uneingeschränkte Berufungsbefugnis herangezogen[196].

II. Partikularstaatliche Regelungen der Abwesenheit des Angeklagten in der Berufungsverhandlung

Als nächstes sollen die verschiedenen Regelungsmodelle der partikularstaatlichen Strafverfahrensordnungen dargestellt werden, um so zu zeigen, aufgrund welcher Vorarbeiten die entsprechenden Vorschriften der Reichsstrafprozeßordnung und der geltenden Strafprozeßordnung geschaffen wurden.

1. Königreich Württemberg

Nachdem mehrere Gesetzentwürfe sich nicht hatten verwirklichen lassen, wurde 1843 eine Strafprozeßordnung in Kraft gesetzt, die freilich den Reformforderungen nicht allzu weit entgegen kam[197]. Sie behielt im wesentlichen das schriftliche Untersuchungsverfahren des gemeinen Inquisitionsprozesses bei und sah nur in schweren Strafsachen eine öffentliche Schlußverhandlung vor (vgl. Art. 279 StPO 1843)[198].

---

195 § 207 Abs. 4 der Strafprozeßordnung des Königreichs Hannover vom 8.11.1850 (Abdruck bei *Haeberlin*, S. 279-352); vgl. die Motive in: Acten-Stücke der elften allgemeinen Ständeversammlung des Königreichs Hannover, 1. Diät, 1. Theil, S. 304 f., zitiert nach *Wohlers*, S. 130.

196 Vgl. bei *Noellner*, in: ZStrV (NF) 2 (1844), S. 237.

197 Strafprocess-Ordnung vom 22. Juni 1843 (Abdruck bei *Haeberlin*, S. 525-599); vgl. *Mittermaier*, Mündlichkeit, S. 103 ff., *ders.*, ACR (NF) 1842, S. 270 ff.; *Wohlers*, S. 78 ff. Mit dem Gesetz über das Verfahren in Strafsachen, welche vor die Schwurgerichte gehören, vom 14. August 1849 (Abdruck bei *Haeberlin*, S. 600-636) wurden Geschworenengerichte eingeführt. Eingangsinstanzen waren die Bezirks- und die Kreisgerichte (Art. 9 ff. StPO 1843). Gegen die Strafurteile waren sowohl der sog. Recurs zum Kreisgericht bzw. zum Obertribunal als auch die Nichtigkeitsbeschwerde zu letzterem eröffnet (vgl. Art. 13, 397, 405, 406 StPO 1843).

198 Vgl. *Mittermaier*, Mündlichkeit, S. 107, 110; *Zachariae*, Handbuch I, S. 14 f.; *Planck*, S. XII f. Nach versuchsweiser Einführung wurde die Strafprozeßordnung dann durch das Gesetz, betreffend die fortdauernde Wirksamkeit der provisorischen Strafprocess-Ordnung vom 22. Juni 1843, vom 1. April 1852 (Abdruck bei *Sundelin*, S. 196) für dauerhaft geltend erklärt. Erst 1869 trat eine neue Strafprozeßordnung nebst Gerichtsverfassungsgesetz in Kraft, die den Grundsätzen des reformierten Strafprozesses Rechnung trug, die Strafprozeßordnung vom 17. April 1868 (Abdruck in: Die neue Justizgesetzgebung des Königreichs Württemberg, Amtliche

Für das Recursverfahren[199] vor dem Obertribunal galten gem. Art. 396 Hs. 1 StPO 1843 die erstinstanzlichen Vorschriften[200]. Im übrigen fanden Beratung und Entscheidung des Obertribunals in geheimer Sitzung (vgl. Art. 396 Hs. 2 StPO 1843) ohne den Angeklagten statt. Danach gingen *„die Erkenntnisse des Obertribunals dem betreffenden Kreisgericht zur weiteren Verfügung zu"*[201]. Schließlich wurde das Urteil dem Angeschuldigten durch den Untersuchungsrichter in Gegenwart zweier Gerichtszeugen eröffnet (vgl. Art. 367 StPO 1843). Indem so anhand der Akten entschieden wurde, blieb die Strafprozeßordnung von 1843 den Grundsätzen des Inquisitionsprozesses verhaftet. Eine An- bzw. Abwesenheitsregelung für den Angeklagten war entbehrlich, weil neue Beweise nicht zulässig waren.

2. Großherzogtum Baden

a) Die Strafprocessordnung vom 6. März 1845

Das Großherzogtum Baden tat sich bereits früh auf dem Gebiet der Reformgesetzgebung hervor[202]. Ein 1843 der Ständeversammlung vorgelegter Entwurf eines Gesetzes über Gerichtsverfassung und Strafverfahren[203] wurde 1845 unter

---

Handausgabe, III/1, 1869); vgl. *Wohlers*, S. 150; *Drews*, S. 62. Diese sah als Rechtsmittel nur noch die Nichtigkeitsbeschwerde zum Kassationshof vor (vgl. Art. 486 StPO 1869), ermöglichte allerdings dem Kassationshof die Wiederaufnahme des Verfahrens von Amts wegen ohne Bindung an die Wiederaufnahmegründe, wenn sich schwerwiegende, nicht durch Prüfung der Akten oder einzelne Erhebungen auszuräumende Bedenken gegen die Richtigkeit der erstinstanzlichen Feststellungen ergaben.

199 Gem. Art. 375 StPO 1843 unterlag das erstinstanzliche Urteil einer vollständigen Prüfung. Für das Rechtsmittel herrschte kein Begründungszwang. Das Vorbringen neuer Beweise war nicht zulässig. Hierfür war allein im Wiederaufnahmeverfahren Raum (vgl. Art. 416 Abs. 1 StPO 1843); siehe *Holzinger*, Anm. zu § 393, S. 891 ff.

200 Vgl. *Holzinger*, Anm. zu § 396, S. 899.

201 *Holzinger*, Anm. zu § 396, S. 899 f.

202 Indem es als erster deutscher Staat 1831 den Anklageprozeß mit Staatsanwaltschaft bei Beleidigungen von Staatsdienern und Preßvergehen einführte und den Aufgabenkreis der Staatsanwaltschaft 1836 noch einmal erweiterte. Schon 1819 und 1822/23 hatte man sich auf den Landtagen mit Fragen des Strafverfahrensrechts befaßt und Forderungen nach einem öffentlichen und mündlichen Verfahren sowie der Einführung von Geschworenengerichten formuliert, vgl. *Amann*, S. 5 f.; *Wohlers*, S. 69, 71; *Carsten*, S. 21, *Elling*, S. 68.

203 *Mittermaier*, Mündlichkeit S. 131 ff.; *Amann*, S. 7; *Wohlers*, S. 81. Dessen Grundlage war ein unter wesentlicher Mitarbeit *Mittermaiers* entstandener Entwurf von 1835, siehe *Elling*, S. 69.

Änderungen als Gesetz verkündet[204]. Zu dem wegen der Notwendigkeit, Bezirksstrafgerichte einzurichten, erst für 1849 vorgesehenen Inkrafttreten von Gerichtsverfassungsgesetz und Strafprozeßordnung kam es wegen der revolutionären Ereignisse 1848/49[205] nicht mehr[206].

§ 272 StPO 1845 eröffnete den Recurs gegen Urteile der Amts- und Bezirksgerichte zum Hofgericht und gegen dessen erstinstanzliche Urteile zum Oberhofgericht (vgl. § 69 GVG 1845)[207].

Für die Recursverhandlung[208] war dem Angeklagten mit der Eröffnung des Termins mitzuteilen, daß er selbst erscheinen oder sich vertreten lassen kann (vgl. § 285 Abs. 1 StPO 1845). Allerdings konnte das Gericht in gleicher Weise wie bei der Verhandlung erster Instanz das persönliche Erscheinen anordnen, wenn dies zur Ermittlung der Wahrheit zweckmäßig erschien (vgl. § 285 Abs. 2 S. 2 StPO 1845), so etwa wenn ein bestimmter Beschwerdepunkt nur durch erneute unmittelbare Vernehmung des Angeschuldigten aufzuklären war (vgl. § 288 StPO 1845). Außerdem war dem Angeklagten von Amts wegen ein Anwalt zu bestellen, der nötigenfalls auf Staatskosten tätig wurde, sofern er selbst keinen benannt hatte (vgl. § 286 StPO 1845). Der verhaftete Angeklagte hatte einen Anspruch auf Vorführung (vgl. § 285 Abs. 2 S. 1 StPO 1845).

Die badische Strafprozeßordnung von 1845 verzichtete grundsätzlich auf die persönliche Anwesenheit des Angeklagten, lediglich durch den notfalls von Amts wegen zu bestellenden Verteidiger wurde eine Sicherung seiner Rechtsposition

---

204 Gerichtsverfassung vom 6. März 1845, Strafprocessordnung vom selben Tag (Abdruck bei *Haeberlin*, S. 355-369, 370-421). Es gab drei erstinstanzliche Zuständigkeiten: Amtsgerichte, Bezirks(straf)gerichte und Hofgerichte (vgl. §§ 60 iVm. 56-59 GVG 1845). Die neue Strafprozeßordnung regelte indes nur das Verfahren vor den Bezirks- und Hofgerichten (vgl. §§ 224 ff. StPO 1845). Vor den Amtsgerichten galt das alte inquisitorische Verfahren weiter, vgl. *Thilo*, Anm. zu § 290; *Schall*, S. 62.

205 Ausführlich *Huber*, Verfassungsgeschichte II, S. 441 ff., 509 ff., 701 ff., 872 ff.; *ders.*, Verfassungsgeschichte III, S. 193 ff.

206 *Amann*, S. 9 ff.; *Schall*, S. 58, 62, 96; *Wohlers*, S. 81.

207 Gegen Recursurteile fand die Nichtigkeitsbeschwerde nur eingeschränkt wegen zweitinstanzlicher wesentlicher Verfahrensfehler statt (vgl. § 294 StPO 1845).

208 Der Recurs ermöglichte prinzipiell die volle Überprüfung des Urteils. Bezeichnete die Recursanzeige nicht bestimmte Beschwerdepunkte, wurde angenommen, daß sie gegen das Urteil insgesamt gerichtet ist (vgl. § 278 S. 2 StPO 1845). Neue Tatsachen oder Beweise waren zulässig, die Beweiserhebung oblag insoweit dem Gericht erster Instanz, das den Angeklagten hierüber dann erneut vernahm. Hielt es diese für offenbar unerheblich, blieb die Beweiserhebung dem Recursgericht vorbehalten (vgl. § 282 Abs. 1, 3, 4 StPO 1845). Eine Wiederholung der erstinstanzlichen Beweisaufnahme war nur eingeschränkt möglich (vgl. § 288 StPO 1845). Das Urteil erging nach Aktenlage auf einen Referentenvortrag hin (vgl. §§ 284, 287 StPO 1845).

bewirkt[209]. Dieser wurde dem Angeklagten unter Umständen sogar „aufgedrängt“, wenn er hinreichend vermögend war und der vom Gericht bestellte Verteidiger auf seine Kosten tätig wurde (vgl. § 286 Abs. 2 StPO 1845). Im Verfahren gegen amtsgerichtliche Urteile erfolgte hingegen keine amtswegige Bestellung, der Angeklagte mußte also entweder persönlich erscheinen oder eine Abwesenheitsverhandlung ohne jegliche eigene Einflußmöglichkeit oder die eines Verteidigers in Kauf nehmen.

Angesichts der Verfahrensgestaltung erscheint diese Regelung konsequent. In der Regel fand eine Beweisaufnahme nicht statt, diese erfolgte vor dem Gericht erster Instanz. In der Verhandlung wurde aufgrund eines Aktenvortrages entschieden, wenn nicht das Recursgericht ausnahmsweise eine eigene Beweisaufnahme durchführte. Unter dem Blickwinkel dieser dem Inquisitionsverfahren verhafteten Ausgestaltung kam es auf eine persönliche Anwesenheit des Angeklagten in der Regel gar nicht an.

b) Die Strafprozeßordnung vom 18. März 1864

Am 1. Oktober 1864[210] traten eine Strafprozeßordnung und ein Gerichtsverfassungsgesetz in Kraft, die das Strafverfahren umfassend regelten und sich auf dem Stand der damaligen Anforderungen der Reform des Strafverfahrens befanden[211].

Für die Anwesenheit des Angeklagten in der Recursverhandlung[212] bestimmte § 395 StPO 1864 ähnlich dem § 285 Abs. 1 StPO 1845, daß der Angeklagte

---

209 Diese Auslegung wird auch durch den begrifflichen Gegensatz der bloßen Mitteilung des Termins und der Anordnung des persönlichen Erscheinens gestützt (vgl. § 285 Abs. 1 bzw. Abs. 2 S. 2 StPO 1845).

210 Ohne die erforderliche Einrichtung der Bezirksgerichte verwirklicht zu haben, führte man zunächst 1851 ohne grundsätzliche Reform des Strafverfahrens Schwurgerichte ein, so daß zwei Verfahrensordnungen nebeneinander bestanden (Gesetz vom 5. Februar 1851 die Einführung des neuen Strafgesetzbuches, des neuen Strafverfahrens und der Schwurgerichte betreffend, Abdruck bei *Haeberlin*, S. 422-446; siehe *Drews*, S. 25). Dabei blieb die Einlegung von Rechtsmitteln gegen die Urteile der Amts- und Hofgerichte im wesentlichen unberührt.

211 Abdrucke bei *Amann*, S. 23-295; siehe dort auch S. 12 ff., sowie *Behr*, S. 149 ff.; *Drews*, S. 25 f. Kreis-/Hofgerichte waren Eingangsinstanzen, letzteres und das Oberhofgericht Rechtsmittelinstanzen (vgl. § 4 GVG 1864). Der Recurs war nur noch gegen Amtsgerichtsurteile zulässig, die erstinstanzlichen und Recursurteile des Kreis-/Hofgerichts waren mit der letzterenfalls eingeschränkten (vgl. §§ 398, 373 Nr. 1, 3, 5, 6 StPO 1864) Nichtigkeitsbeschwerde anfechtbar (vgl. §§ 26 Abs. 2 Nr. 2, 33 GVG 1864).

212 Der Recurs gewährte grundsätzlich die volle Überprüfbarkeit amtsgerichtlicher Urteile. Eine Wiederholung der Beweisaufnahme war anzuordnen, wenn sich wesentliche Bedenken gegen die Richtigkeit oder Vollständigkeit der erstinstanzlichen Tat-

selbst erscheinen oder sich durch einen Anwalt vertreten lassen kann und daß das Kreisgericht das persönliche Erscheinen anordnen kann, wo es nötig ist (vgl. § 395 Abs. 3 StPO 1864). Die Rechtsfolgen des Ausbleibens haben sich indes geändert. §§ 384 Abs. 1 iVm. 399 StPO 1864 ordneten an, daß das Rechtsmittel *„für aufgegeben"* gilt, wenn der Beschwerdeführer oder sein Anwalt nicht erscheint. Dieser Rechtsnachteil war in der Vorladung anzudrohen (vgl. § 384 Abs. 2 StPO 1864). Daraus folgt, daß das Gesetz von einer Pflicht des Angeklagten oder wenigstens seines ihn vertretenden Anwalts zur Anwesenheit ausgeht. Rechtsmittel gegen diese Art der Verfahrensbeendigung stehen dem Angeklagten konsequenterweise nicht zu, handelt es sich doch nicht um eine richterliche Entscheidung, sondern um eine Parteihandlung.

3. Kurhessen (Hessen-Kassel)

a) Das Gerichtseinrichtungsgesetz vom 31. October 1848

Mit verschiedenen Gesetzen vom 31. Oktober 1848 wurde in Kurhessen die Gerichtsorganisation geregelt und die Einrichtung von Schwurgerichten, einer Staatsanwaltschaft und eines Strafverfahrens nach französischem Vorbild vorgenommen[213].

---

sachenfeststellungen ergaben (vgl. § 393 Abs. 1 StPO 1864). Neue Beweise waren zu erheben, wenn sie geeignet erschienen, eine erstinstanzliche Tatsachenfeststellung zu widerlegen oder einen Strafmilderungsgrund darstellen konnten (vgl. § 393 Abs. 2 StPO 1864), siehe *Amann*, § 386 Anm. 1; *Behr*, S. 149 ff. *Drews*, S. 26 ff.

213 Gesetz vom 31. October 1848 betreffend die Einrichtung der Gerichte und der Staatsbehörde bei den Gerichten (abgekürzt GerEinrG); Gesetz vom gleichen Tage betreffend die Umbildung des Strafverfahrens (abgekürzt StrVerfG) (Abdrucke bei *Haeberlin*, S. 449-461, 462-511); vgl. *Planck*, S. IX; *Drews*, S. 44. Es gab drei erstinstanzliche Zuständigkeiten: Untergerichte, Obergericht und Schwurgerichte (vgl. §§ 1, 11, 24, 54 GerEinrG 1848). Gegen die erstinstanzlichen Urteile der Unter- und Obergerichte stand allein die Berufung im herkömmlichen Sinne, nicht auch noch die Nichtigkeitsbeschwerde zur Verfügung (vgl. § 344 Abs. 2 StrVerfG 1848). Hier war auf Antrag des Beschwerdeführers die Beweisaufnahme zu wiederholen bzw. die Beibringung neuer Beweismittel zulässig (vgl. § 380 StrVerfG 1848). Auch gegen Urteile der Schwurgerichte gab es das Rechtsmittel der Berufung, das allerdings nur auf Nichtigkeiten gestützt werden konnte und weder Wiederholung noch Neuvornahme der Beweisaufnahme zuließ, der Sache nach also eine Nichtigkeitsbeschwerde darstellte (vgl. § 355 StrVerfG 1848). Unter dem Begriff „Untergerichte" waren Justizämter, die in solche umzuwandelnden (vgl. § 14 GerEinrG 1848) Landgerichte und das Stadtgericht Kassel zusammengefaßt. Auf der Ebene der geringfügigen Strafsachen wurde die Trennung von Polizei- bzw. Verwaltungsbehörden und

Nach § 49 S. 2 StrVerfG 1848 konnte sich der Angeklagte in der zweiten Instanz vorbehaltlich der Anordnung des persönlichen Erscheinens durch einen Bevollmächtigten vertreten lassen. Gem. §§ 59, 389 StrVerfG 1848 wurde das Rechtsmittel zurückgewiesen, wenn weder der Beschwerdeführer noch sein Vertreter erschienen, im Falle des Ausbleibens seines Gegners wurde indessen unter dessen Ausschließung verhandelt[214].

b) Das Strafverfahrensgesetz vom 28. October 1863

1863 wurde ein neues Strafverfahrensgesetz nebst Gerichtsverfassungsgesetz erlassen[215]. Dabei blieb es hinsichtlich der Rechtsmittel bezüglich Zuständigkeit und Ausgestaltung im wesentlichen beim Regelungskonzept des Gesetzes von 1848[216]. Die Abwesenheitsregelung des § 190 Abs. 2 StrVerfG 1863 entsprach der Regelung des § 389 StrVerfG 1848.

Justiz erst nach 1848 voll verwirklicht, so daß die Polizei in geringen Fällen die Strafgerichtsbarkeit ausübte, etwa neben Kurhessen in Bayern, Art. 2 StGB (1813); siehe hierzu *Zachariae*, Handbuch I, S. 268; ausführlich *Heffter* ACR (NF) 1843, S. 113 ff.; *Zachariae*, Staatsrecht II, S. 286 ff.; *Kern*, S. 74. Auslöser des Meinungsumschwungs um die Mitte des 19. Jahrhunderts war unter anderem § 182 Abs. 2 der Paulskirchen-Verfassung, der bestimmte: *„Der Polizei steht keine Strafgerichtsbarkeit zu"* (Abdruck bei *Huber*, Dokumente I, Nr. 101, S. 304-326).

214 Angesichts der allgemeinen Formulierung und ihrer Rechtsmittelberechtigung (vgl. §§ 345 Nr. 1, 353 Nr. 2 StrVerfG 1848) muß dies auch für die Staatsanwaltschaft gelten .

215 Gesetz vom 28. October das Strafverfahren betreffend, Gesetz vom gleichen Tage die Gerichtsverfassung betreffend, Gesetzsammlung 1863, S. 97-106, 124-174.

216 Die Berufung gegen die Urteile der Unter- und Obergerichte wurde hinsichtlich des Angriffs auf die Tatsachenfeststellung und Beweiswürdigung in der ersten Instanz darauf beschränkt, daß dieser sich lediglich auf Beweismittel gründen darf, die dem oberen Gericht unmittelbar vorliegen, oder dieser mit erheblichen neuen, bisher ungeprüften Tatsachen oder Beweismitteln geführt wird oder wenn, ohne daß diese Voraussetzungen vorliegen, erhebliche Bedenken gegen die Vollständigkeit oder Richtigkeit der Feststellungen bzw. der daraus gezogenen Folgerungen begründet werden (vgl. § 181 StrVerfG 1863). Gegen Berufungsurteile war nunmehr die Nichtigkeitsbeschwerde zum Oberappellationsgericht zulässig, sofern sie auf eine Nichtigkeit im Sinne des § 180 StrVerfG 1863 in zweiter Instanz oder auf die fehlerhafte Anwendung des materiellen Rechts gestützt wurde (vgl. § 195 StrVerfG 1863); vgl. *Behr*, S. 146.

4. Königreich Bayern

Nachdem ein aus dem Jahre 1828 datierender, vom König in Auftrag gegebener Entwurf einer Verfahrensreform von einem Ausschuß der 2. Kammer 1831 abgelehnt worden und 1842/43 auf der Ständeversammlung erneut der Wunsch nach einer Verfahrensreform laut geworden war, wurde schließlich am 1. Januar 1849 eine neue Strafverfahrensordnung in Kraft gesetzt[217].

Für die Berufungsverhandlung[218] ordnete Art. 359 iVm. 345 StPG 1848 ein Ungehorsamsverfahren[219] an: „*Wenn der Angeschuldigte* (...) *nicht erscheint*",

---

217 Gesetz vom 10. November 1848 die Abänderung des zweiten Theiles des Strafgesetzbuches von 1813 betreffend (Abdruck bei *Haeberlin*, S. 233-278; abgekürzt StPG); siehe *Dollmann*, S. 13 ff.; *Walther*, Lehrbuch, S. 45 ff.; *Elling*, S. 74; *Drews*, S. 28; *Wohlers*, S. 114 f.; vgl. auch *Huber*, Verfassungsgeschichte II, S. 505 ff. Erstinstanzlich waren Landgerichte (etwa den heutigen Amtsgerichten vergleichbar), Kreis-/Stadtgerichte und Schwurgerichte zuständig (vgl. Art. 6 iVm. 51 StPG 1848). Gegen die Urteile der Kreis- bzw. Stadtgerichte (und zunächst auch der Landgerichte) war als Rechtsmittel die Berufung zum Appellationsgericht zulässig (vgl. Art. 11, 328 StPG 1848). In der bayrischen Rheinpfalz galt weiter französisches Recht, siehe *Zachariae*, Handbuch I, S. 20; *Walther*, Lehrbuch, S. 52; *Wohlers*, S. 73, 63. Sonst blieb die maßgeblich auf *Feuerbach* zurückgehende Strafverfahrensordnung von 1813 in Kraft (Abdruck bei *Kitt*, S. 197-335). Sie enthielt im ersten Teil materielles und im zweiten formelles Strafrecht, das wesentliche Härten des Inquisitionsprozesses vermied, vgl. *Walther*, Lehrbuch, S. 36 ff.; *Dollmann*, S. 5; *Geyer*, S. 153; *Elling*, S. 74; *Drews*, S. 28.

218 Die Berufung brauchte nicht begründet zu werden. Fehlte eine Begründung, war umfassend in tatsächlicher und rechtlicher Hinsicht zu prüfen, *Walther*, Lehrbuch, S. 496. Die Beweisaufnahme war in der Berufungsinstanz eingeschränkt. Gem. Art. 330 iVm. 129 Abs. 2 StPG 1848 war Anträgen auf Erhebung neuer Beweise und Wiederholung der erstinstanzliche Beweisaufnahme zu entsprechen, wenn dies der besseren Aufklärung diente. Ansonsten wurden die Ergebnisse der erstinstanzlichen Beweisaufnahme von einem Referenten vorgetragen oder wörtlich verlesen (vgl. Art. 333 StPG 1848); siehe *Walther*, Lehrbuch, S. 479 ff.

219 Grundlegend *Buchner*, GS 9 (1857) II, S. 51-78, 81-138; *Mayer*, Strafverfahren gegen Abwesende, 1869. Dieses die Rechtsfolgen des Ausbleibens des Angeklagten regelnde, auch Contumazialverfahren genannte Procedere war jedenfalls in der ersten Instanz Teil jeder Strafverfahrensordnung, wobei sich drei Regelungsmechanismen unterscheiden lassen. Zum einen gab es das Ruhen des Verfahrens bei nur ausnahmsweiser Einleitung des Abwesenheitsverfahrens, dann in den Fällen des Abwesenheitsurteils die Einleitung des ordentlichen Verfahrens automatisch bei Betreffen des Angeklagten oder auf dessen Antrag und schließlich das System, in dem dem Angeklagten nur die „normalen" Rechtsmittel zur Verfügung standen, vgl. *Planck*, S. 490 ff. Neben diesem Verfahren in der Sache selbst war vielfach noch ein Zwangsverfahren vorgesehen, das einmal die Ausübung direkten Zwangs in Form von Vorführung oder Verhaftung, andererseits aber auch in Gestalt der Vermögensbeschlagnahme einen indirekten Zwang vorsah, um die Gestellung des Abwesenden

wurde verhandelt und *„nach Anhörung der Anträge des Staatsanwalts und des etwa für den Beschuldigten aufgetretenen Vertheidigers das Urteil erlassen“* [220]. Die Vertretung durch einen Verteidiger sah das Gesetz nicht vor, es verlangte stets die persönliche Anwesenheit des Angeklagten. Der verhaftete Beschuldigte wurde zur Verhandlung über die Berufung vorgeführt (vgl. Art. 331 Abs. 2 StPG 1848).

Gegen dieses Urteil stand dem Verurteilten der Einspruch[221] zu, auf den hin ein neuer Verhandlungstermin anberaumt wurde (vgl. Art. 360 Abs. 1, 351 S. 1 StPG 1848). Der Verurteilte mußte seinen Einspruch begründen[222] und nach der Beweisaufnahme wurde von neuem erkannt (vgl. Art. 352 StPG 1848)[223].

Gegen das auf den Einspruch hin ergangene Urteil stand dem Verurteilten nur noch die auf die Verletzung wesentlicher Förmlichkeiten oder unrichtige Gesetzesanwendung zu stützende Nichtigkeitsbeschwerde zum obersten Gerichtshof zu (vgl. Art. 360 Abs. 2, 361, 363 iVm. 230 ff. StPG 1848)[224]. Wenn der Verurteilte

---

zu betreiben, siehe *Planck*, S. 479 ff. Zweifelhaft war vor allem die Grundlage bzw. Rechtfertigung des Verfahrens, ob das Ausbleiben also etwa ein selbständiges Delikt war und das Contumazialurteil bzw. die Nebenfolgen insoweit Strafcharakter hatten (so *Walther*, Lehrbuch, S. 511 ff.) oder ob es sich aus dem Inquisitions- oder dem Anklagegrundsatz (nach deren damaligen Verständnis) ergeben sollte, vgl. *Mayer*, S. 4 ff. Zum Teil wurde es insgesamt, abgesehen etwa von geringsten Straffällen, abgelehnt, so *Zachariae*, Handbuch II, S. 391 ff.; vgl. auch *Mayer*, S. 351 ff. Über alledem schwebte dabei die Problematik der Vollstreckbarkeit des Urteils, wenn man des Verurteilten nicht habhaft werden konnte, siehe dazu *Buchner*, GS 9 (1857) II, S. 120.

220 Der Verurteilte konnte eine Vertagung erwirken, wenn er die Unmöglichkeit des Erscheinens nachwies (vgl. Art. 339 iVm. 313 StPG 1848).

221 Nach Auffassung des bayrischen obersten Gerichtshofes war der Einspruch *„eigentlich kein Rechtsmittel, sondern das Mittel, ein ordentliches kontradiktorisches Verfahren herbeizuführen und sich hierdurch die für dieses Verfahren vorgesehenen Rechtsmittel zu sichern“*, vgl. Sitzungsberichte II, S. 446.

222 Obwohl nicht ausdrücklich angeordnet, muß darunter das Vorbringen von Gründen zu verstehen sein, die das Erscheinen unmöglich gemacht haben. Art. 283 StPG 1848 aus dem schwurgerichtlichen Ungehorsamsverfahren muß hier auch ohne Verweisung gegolten haben. Dem Angeklagten eine Berufungsbegründung vorzuschreiben, erschiene im Hinblick auf die nur fakultative Begründung bei der Einlegung der Berufung nicht angängig.

223 Dabei war die Rechtskraft hinsichtlich des Berufungsurteils durch die Nicht-Einlegung des Einspruchs auflösend bedingt (vgl. Art. 348 S. 1 StPG 1848). Hinsichtlich des auf den Einspruch hin ergehenden Urteils war das Gericht in keiner Weise an das Abwesenheitsurteil gebunden. Es entschied auf die Einspruchsverhandlung hin, als ob noch kein Urteil in der Sache ergangen wäre, siehe *Walther*, Lehrbuch, S. 525.

224 Der Angeklagte konnte nicht sofort Nichtigkeitsbeschwerde erheben, sondern mußte zunächst von der Einspruchsmöglichkeit Gebrauch machen, vgl. den auf die Beru-

in dem auf den Einspruch hin anberaumten Termin nicht erschien, wurde erkannt, daß es bei dem früheren Urteil sein Verbleiben habe[225] und der Verurteilte wurde zur Kostentragung verurteilt (vgl. Art. 354 StPG 1848).

5. Königreich Preußen

a) Die Verordnung vom 3. Januar 1849

In Preußen hatte es mit der Criminalordnung bereits 1805 eine Verfahrensordnung gegeben. Sie war zwar Niederschlag aufgeklärt-absolutistischer Ideen, behielt aber letztlich den gemeinen Strafprozeß bei[226]. 1846 schuf man darauf mit einem nur für das Kammer- und das Kriminalgericht zu Berlin geltenden Gesetz, das ein Strafverfahren mit Staatsanwaltschaft, Öffentlichkeit und Mündlichkeit einführte[227], nur eine begrenzte Regelung. Mit der Verordnung vom 3. Januar 1849[228] wurde schließlich das öffentliche mündliche Strafverfahren mit Schwurgerichten für ganz Preußen eingeführt[229].

---

fungsinstanz angewandten Rechtsgedanken des Art. 349 StPG 1848, wonach eine Nichtigkeitsbeschwerde, die der Staatsanwalt gegen ein Ungehorsamsurteil eingelegt hatte, gem. Art. 349 StPG 1848 bis zur Erledigung des Einspruchs des Beschuldigten zu ruhen hatte, woraus folgte, daß dieser nicht zuerst Nichtigkeitsbeschwerde einlegen konnte, vgl. Sitzungsberichte II, S. 445; *Walther*, Lehrbuch, S. 529.

225 Diese Wendung kann dahin ausgelegt werden, daß es zu einer Verwerfung des Einspruchs kam, ohne daß das Gericht in eine Sachprüfung hinsichtlich des erstinstanzlichen Urteils eintrat. Die der Regelung des Art. 348 S. 1 StPG 1848 zugrundeliegende Annahme, der Angeklagte wolle sich dem Urteil freiwillig unterwerfen, wenn er die Einspruchsfrist verstreichen ließ, galt wohl auch im Berufungsverfahren, vgl. hierzu Sitzungsberichte II, S. 445.

226 Zur Criminalordnung *Richter*, Handbuch, Band II-IV, 1830/31. Die Criminalordnung war der letzte Schritt der durch Friedrich den Großen eingeleiteten und von seinen Nachfolgern vollendeten Rechtsreform, vgl. *v. Stemann*, S. 4; *Löwe*, S. 2; *Huber*, Verfassungsgeschichte I, S. 105, 107.

227 Gesetz, betreffend das Verfahren in den bei dem Kammergericht und dem Criminalgericht zu führenden Untersuchungen vom 17. Juli 1846, Gesetz-Sammlung 1846, S. 267-290; vgl. *Abegg*, ACR (NF) 1847, S. 103 ff., 155 ff. Allerdings war das Gesetz alles andere als die Frucht liberalen Reformgeistes. Der Erlaß fand seinen Grund darin, daß man fürchtete, den sog. „Polen-Prozeß" vor dem Kammergericht gegen 254 wegen Hochverrats im Hinblick auf den Posener Aufstand angeklagte Personen im schriftliche Verfahren nicht bewältigen zu können, siehe *Elling*, S. 82 f.; *Kern*, S. 65; *Eb. Schmidt*, Geschichte, S. 330; *Wohlers*, S. 105 ff.; zum Aufstand *Huber*, Verfassungsgeschichte II, S. 469 f.

228 Verordnung vom 3. Januar 1849 über die Einführung des mündlichen und öffentlichen Verfahrens mit Geschworenen in Untersuchungssachen (Abdruck bei *Haeber-*

aa) Appellationsverfahren

Im Appellationsverfahren[230] konnte sich der Angeklagte vorbehaltlich der Anordnung des persönlichen Erscheinens und der Vorführung vertreten lassen (vgl. § 134 S. 3, 135 VO 1849). Eine Regelung, wie zu verfahren war, wenn weder der Angeklagte noch ein Vertreter erschien, enthielt der Abschnitt nicht. Gem. § 136 S. 4 VO 1849 waren allerdings die Vorschriften über die mündliche Verhandlung in erster Instanz anwendbar. Dort bestimmte § 56 VO 1849, daß das Gericht im Falle des Ausbleibens im Contumazial-Verfahren zu entscheiden hatte. Wenn es dieses aus besonderen Gründen nicht für angebracht hielt, mußte es die Verhandlung vertagen und die Vorführung oder Verhaftung des Angeklagten anordnen[231].

bb) Recursverfahren

Im Recursverfahren[232] stand es dem Angeschuldigten frei, sich von einem Bevollmächtigten vertreten zu lassen (vgl. § 164 S. 2 VO 1849). Für den Fall, daß

---

lin, S. 194-229). Polizeirichter (vgl. § 161 VO 1849), Einzelrichter (vgl. § 27 VO 1849), Gerichtsabteilung (vgl. § 38 VO 1849) und Schwurgericht (vgl. § 60 VO 1849) waren erstinstanzlich zuständig. Rechtsmittelgerichte waren das Appellationsgericht, das über Recurse gegen Polizeirichterurteile (vgl. § 168 VO 1849) und über Appellationen gegen Urteile der Einzelrichter und der Gerichtsabteilungen entschied (vgl. § 126 VO 1849) sowie das Obertribunal für Nichtigkeitsbeschwerden gegen die Appellations- und Schwurgerichtsurteile (vgl. §138 VO 1849).

229 Nicht so im Appellationsgerichtsbezirk Köln, wo der *Code d'instruction criminelle* von 1808 fortgalt. Daneben blieben jedoch die Vorschriften der Criminalordnung von 1805 in Kraft, soweit sie nicht ausdrücklich aufgehoben wurden oder mit den Bestimmungen der Verordnung im Widerspruch standen (vgl. § 183 VO 1849), was zu erheblichen Problemen führte; siehe *Forberg*, S. V ff.; *v. Stemann*, S. 5 f.; *Löwe*, S. 3; *Zachariae*, Handbuch I, S. 19. Zur staatsrechtlichen Problematik im Hinblick auf die oktroyierte Einführung auf dem Verordungswege und dem damit verbundenen Kompetenzkonflikt mit den Kammern siehe *Elling*, S. 85; *Huber*, Verfassungsgeschichte III, S. 40 ff.; *Drews*, S. 50 (Anm. 257).

230 Die tatsächlichen Feststellungen der ersten Instanz konnten nur mit vom Appellationsgericht für erheblich erachteten neuen Tatsachen oder Beweismitteln angegriffen werden (vgl. § 126 VO 1849).

231 Vgl. Materialien, S. 152; *Liman*, § 136 Anm. 4; Obertribunal GA 1856, 543; OTSt 1 (1861), 532 f.

232 Es erfolgte nur eine eingeschränkte Überprüfung der Tatfrage, weil neue Beweise über bereits angeführte Tatumstände gar nicht und neue Tatumstände nur geltend gemacht werden konnten, wenn sie zugleich bescheinigt wurden (vgl. § 166 VO 1849). Soweit er nur auf Verhandlungen der ersten Instanz gestützt war, wurde der Recurs bei Unzulässigkeit bzw. Unbegründetheit durch unanfechtbare Verfügung

der Angeklagte oder sein Bevollmächtigter nicht erschien, war keine Regelung getroffen. Da in der Recursinstanz auch ein mündliches Verfahren stattfand, erscheint es naheliegend, die §§ 32, 35 VO 1849 aus dem ersten und zweiten Abschnitt anzuwenden[233]. Danach war auf entsprechende Vorladung hin in Abwesenheit zu verhandeln.

b) Änderungen durch das Gesetz vom 3. Mai 1852

Durch das Gesetz vom 3. Mai 1852[234] wurde diese Verfahrensordnung erneut modifiziert[235].

Art. 23 ZusG 1852 ließ eine Vertretung des nicht erschienenen Angeklagten vorbehaltlich der Anordnung des persönlichen Erscheinens und der Vorführung nur bei Übertretungen oder solchen Vergehen zu, die mit Geldbuße bestraft wurden. Die Vorschrift des § 134 VO 1849 blieb unberührt.

Sowohl im Recursverfahren (bei Übertretungen) gem. Art. 23 Abs. 1 ZusG 1852 als auch im Appellationsverfahren (bei Vergehen und einfachen Verbrechen) gem. § 134 VO 1849 war die Vertretung also grundsätzlich zulässig[236].

---

nach Aktenlage zurückgewiesen (vgl. § 169 VO 1849). In allen anderen Fällen, wenn also der Recurs nach Aktenlage begründet war oder neue Tatumstände geltend gemacht wurden, wurde eine mündliche Verhandlung angesetzt (vgl. § 170 S. 1 VO 1849). Gegen das Recursurteil gab es kein weiteres Rechtsmittel (vgl. § 170 S. 2 VO 1849).

233 Daß es an einem ausdrücklichen Verweis wie für das Appellationsverfahren in § 136 S. 4 VO 1849 fehlte, kann nur ein redaktionelles Versehen sein, weil kein Grund erkennbar ist, aus dem in schwereren Fällen eine Regelung in Form der Anordnung eines Abwesenheitsverfahrens bzw. -urteils getroffen sein sollte (vgl. §§ 136 S. 4 iVm. 56 VO 1849), in leichteren dagegen keine solche Vorschrift bestand. Dem unterschiedlichen Gewicht der Delikte wurde ausreichend dadurch Rechnung getragen, daß § 35 VO 1849 anders als § 56 VO 1849 dem Gericht bei seiner Entscheidung, ob in Abwesenheit zu entscheiden ist, kein Ermessen einräumte.

234 Gesetz betreffend die Zusätze zu der Verordnung vom 3. Januar 1849 über die Einführung des mündlichen und öffentlichen Verfahrens mit Geschworenen vom 3. Mai 1852 (Abdruck bei *Haeberlin*, S. 233-257; abgekürzt ZusG). Daneben ist noch das Gesetz über die Einführung des Strafgesetzbuches für die Preussischen Staaten vom 14. April 1851 (Abdruck bei *Haeberlin*, S. 230-232) zu nennen, das unter anderem durch Art. XIII die erstinstanzlichen Zuständigkeiten dahingehend veränderte, daß die Gerichtsabteilung auch für Vergehen zuständig war (und nicht mehr der Einzelrichter, bei dem nur die Übertretungen verblieben), so daß auch in diesen Fällen die Appellation das zulässige Rechtsmittel war und nicht mehr der Recurs.

235 Vgl. *Forberg*, S. V; *Planck*, S. XI f.; *Löwe*, S. 2 f.

236 Die Vertretung wäre nach Art. 23 ZusG 1852 bei schwereren Vergehen nicht zulässig, ihre Zulässigkeit folgte aus dem Verweis auf § 134 VO 1849.

Für die Fälle der Anordnung des persönlichen Erscheinens bestimmte Art. 35 ZusG 1852, daß mit dem Verfahren inne zu halten sei, wenn der Angeklagte weder durch Vorladung noch Verhaftung zur Verhandlung gebracht werden konnte, es sei denn, die Staatsanwaltschaft trug aus besonderen Gründen auf öffentliche Vorladung und die Durchführung des Contumazialverfahrens an.

Nach Art. 101 ZusG 1852 war das Appellationsgericht an die tatsächlichen Feststellungen gebunden, soweit nicht neue Tatsachen bzw. Beweise oder eine (teilweise) Wiederholung der Beweisaufnahme abweichende tatsächliche Feststellungen begründeten. Eine solche Wiederholung war anzuordnen, wenn sich wesentliche und durch die bisherige Verhandlung nicht zu beseitigende Bedenken gegen die erstinstanzlichen Feststellungen ergaben oder sie mit Rücksicht auf die neuen Tatsachen oder Beweise notwendig erschien.

c) Die Strafprozeßordnung für die annektierten Gebiete vom 25. Juni 1867

Für die im Zuge des Krieges mit Österreich 1866 annektierten Gebiete[237] wurde am 25. Juni 1867 eine Strafprozeßordnung erlassen[238].

Im Berufungsverfahren[239] konnte sich der Angeklagte unbeschadet der gerichtlichen Anordnung der Vorführung und Vertagung der Sitzung grundsätzlich

---

237 Dies waren das Königreich Hannover, das Kurfürstentum Hessen, das Herzogtum Nassau und die Freie Stadt Frankfurt (mit der preußischen Monarchie vereinigt durch Gesetz vom 20. September 1866, Gesetz-Sammlung 1866, S. 556-558) sowie kleinere bayrische und großherzogtümlich-hessische Gebietsteile (Gesetz vom 24. December 1866, Gesetz-Sammlung 1867, S. 876), dazu *Huber*, Verfassungsgeschichte III, S. 577.

238 Strafprozeßordnung für die durch das Gesetz vom 20. September 1866 und die beiden Gesetze vom 24. Dezember 1866 mit der Monarchie vereinigten Landestheile usw., Gesetz-Sammlung 1867, S. 933-1056. Erstinstanzlich waren Polizeigerichte, Strafkammern und Schwurgerichtshöfe zuständig (vgl. §§ 11, 12, 13, 14 StPO 1867). Gegen alle erstinstanzlichen mit Ausnahme der Schurgerichtsurteile war die Berufung zur Strafkammer bzw. zum Appellationsgericht zulässig (vgl. § 15 StPO 1867). Gegen deren und die Schwurgerichtsurteile stand die Nichtigkeitsbeschwerden offen (vgl. § 364 Abs. 1 StPO 1867). Das galt nicht bei Übertretungen (vgl. § 392 StPO 1867).

239 Einer Begründung der Berufung bedurfte es nicht, sie wurde ggf. als umfassende Anfechtung des dem Appellanten nachteiligen Inhalts des Urteils aufgefaßt (vgl. § 374 Abs. 2 StPO 1867). Eine Überprüfung des erstinstanzlichen Urteils nach allen Seiten war also grundsätzlich möglich. Wurden neue Tatsachen oder Beweise angezeigt, hatte das Gericht eine Wiederaufnahme der Beweisaufnahme nur zu beschließen, wenn diese geeignet schienen, wesentliche Bedenken gegen die Richtigkeit der erstinstanzlichen Tatsachenfeststellungen hervorzurufen (vgl. § 377 Abs. 2 StPO 1867). Das Gericht war an die tatsächlichen Feststellungen des erstinstanzlichen Urteils gebunden, soweit nicht die Wiederaufnahme der Beweisaufnahme, die nur

in allen Fällen vertreten lassen (vgl. §§ 384, 351 iVm. 384, 388 StPO 1867). Erschien der ordnungsgemäß geladene, insbesondere auf die Folgen des Ausbleibens hingewiesene Angeklagte nicht, wurde zur Verhandlung geschritten (vgl. §§ 350 iVm. 388 StPO 1867).

Der verhaftete Angeklagte hatte grundsätzlich einen Vorführungsanspruch (vgl. § 382 S. 3 StPO 1867). Von Amts wegen sollte die Vorführung aber nur erfolgen, wenn eine Wiederholung der Beweisaufnahme erfolgte oder das Gericht seine Anwesenheit aus besonderen Gründen für notwendig erachtete. So oft indes eine Vorführung nicht erfolgte, war ihm auf Antrag von Amts wegen ein Verteidiger zu bestellen (vgl. § 383 StPO 1867).

6. Königreich Hannover

a) Die Strafprocessordnung vom 8. November 1850

Trotz der erzkonservativen und auf Restauration bedachten Einstellung König *Ernst Augusts*[240] wurde 1849/50 unter dem Eindruck der bürgerlichen Reformbewegung unter anderem auch eine Strafverfahrensordnung erlassen[241].

Die Berufungshauptverhandlung folgte im wesentlichen den allgemeinen Vorschriften für das Verfahren vor der Strafkammer (vgl. §§ 211 Abs. 1 iVm. 132 ff. StPO 1850)[242]. Eine Vertretung war gem. § 133 StPO 1850 in geringen

---

auf neue Tatsachen und Beweise gestützt werden konnte, etwas anderes ergab (vgl. § 377 Abs. 1 StPO 1867). Wurde die Berufung bei Übertretungen nicht auf neue Tatsachen oder Beweise gestützt, konnte das Gericht sie ohne Hauptverhandlung zurückweisen, wenn es der Auffassung war, daß die tatsächlichen Feststellungen und deren rechtliche Würdigung in der ersten Instanz keinen Bedenken unterlagen (vgl. § 381 StPO 1867).

240 Dies zeigte sich in aller Deutlichkeit im Vorgehen gegen die sog. „Göttinger Sieben“, siehe *Huber,* Verfassungsgeschichte II, S. 96 ff.

241 Strafprocessordnung für das Königreich Hannover vom 8. November 1850 (Abdruck bei *Haeberlin,* S. 279-352); zu den anderen Justizgesetzen vgl. *Huber,* Verfassungsgeschichte III, S. 209 (Anm. 50); *Knollmann,* S. 172 ff. Der Instanzenzug gliederte sich nach Amts-, Ober- und Schwurgerichten sowie dem Oberappellationsgericht (vgl. §§ 2, 5, 9, 16, 17 StPO 1850). Die Berufung gegen Urteile der Amtsgerichte war zur Strafkammer beim Obergericht, diejenige gegen Urteile der Strafkammern zu den dortigen Berufungskammern zulässig (vgl. §§ 17 Abs. 1, 2, 207 Abs. 1 StPO 1850). Gegen deren Urteile und die der Schwurgerichte stand die Nichtigkeitsbeschwerde offen (vgl. § 17 Abs. 3 StPO 1850).

242 Dies galt allerdings mit der Einschränkung, daß eine Wiederholung der erstinstanzlichen Beweisaufnahme im Ermessen des Gerichts lag und der Maßgabe, daß neue Zeugen geladen werden konnten (vgl. § 211 Abs. 4, 5 StPO 1850).

Straffällen vorgesehen, vorbehaltlich der Anordnung des persönlichen Erscheinens. § 160 Abs. 1 StPO 1850 ordnete an, daß bei Ausbleiben des ordnungsgemäß geladenen Beschuldigten oder seines Vertreters gegen ihn verfahren wurde[243].

Gegen das Abwesenheitsurteil konnte der Verurteilte Einspruch erheben[244], wenn die Ladung ihm unverschuldet unbekannt geblieben war oder seinem Erscheinen unüberwindliche Hindernisse entgegenstanden (vgl. § 163 Abs. 1 Nr. 2 StPO 1850). Im daraufhin anzuberaumenden Termin prüfte das Gericht, ob das Ausbleiben genügend entschuldigt war und ordnete gegebenenfalls die Wiederaufnahme des Verfahrens an. Die Entscheidung war unanfechtbar (vgl. § 164 Abs. 1 S. 3, Abs. 2, 5 StPO 1850). Bei erneutem Ausbleiben im Einspruchstermin fand ein weiterer Einspruch nicht statt (vgl. § 165 StPO 1850). Dieses Urteil war nur mit der Nichtigkeitsbeschwerde gem. §§ 215 ff. StPO 1850 anfechtbar.

b) Die Strafprocess-Ordnung vom 5. April 1859

Mit Inkrafttreten der Strafprozeßordnung von 1859[245] wurden die Regelungen für das Ausbleiben modifiziert. § 217 Abs. 10 StPO 1859 ordnete an, daß in Fällen, in denen der Beschuldigte oder sein Vertreter nicht erschien, die Berufung sofort zu verwerfen ist. Dagegen stand dem Verurteilten unverändert der Einspruch zu (vgl. §§ 217 Abs. 10 iVm. 169 ff. StPO 1859).

7. Thüringische Staaten

In den thüringischen Staaten[246] trat 1850 eine im wesentlichen in allen Staaten übereinstimmende Strafprozeßordnung in Kraft[247].

---

243 Die Vollstreckung des Urteils war durch die Nicht-Einlegung des Einspruchs aufschiebend bedingt (vgl. § 163 Abs. 1 Nr. 2 StPO 1850).

244 Dieser ging auch hier der Erhebung der Nichtigkeitsbeschwerde vor (vgl. § 166 StPO 1850).

245 Revidirte Strafprocess-Ordnung vom 5. April 1859 (Abdruck bei *Sundelin*, S. 117-190).

246 Dies waren Sachsen-Weimar, Sachsen-Meiningen, Schwarzburg-Rudolstadt/-Sondershausen, Anhalt-Dessau/-Köthen. 1816 wurde von den ernestinischen Staaten in Jena ein gemeinsames Oberappellationsgericht eingerichtet, vgl. *Lingelbach*, in: FS OLG Jena, S. 24 ff.

247 Strafprocessordnung vom 20. März, 21. Juni, 26. April, 25. März und 28. Mai 1850, gültig in Sachsen-Weimar und den beiden Schwarzburg vom 1. Juli, in den beiden Anhalt vom 1. October und in Sachsen Meiningen vom 1. December 1850 (Abdruck bei *Haeberlin*, S. 751-828). Erstinstanzlich waren Einzelrichter, Kreisgerichte und

Im vor dem Kreis- wie dem Appellationsgericht identischen (vgl. Art. 348 StPO 1850) Appellationsverfahren[248] war gem. Art. 325 Abs. 2 S. 2 Alt. 2 StPO 1850 die Vertretung durch einen Verteidiger zulässig. Der Angeklagte sollte nur dann persönlich geladen bzw. der verhaftete Angeklagte vorgeführt werden, wenn es das Gericht für angemessen erachtete oder der Angeklagte es ausdrücklich verlangte (vgl. Art. 325 Abs. 1 S. 1 StPO 1850). Erschien ein Beteiligter nicht, wurde dennoch verhandelt und entschieden, worauf in der Ladung hinzuweisen war (vgl. Art. 325 Abs. 4 StPO 1850). Gegen dieses Urteil stand nur die Nichtigkeitsbeschwerde zur Verfügung (vgl. Art. 348 Abs. 6, 332 StPO 1850).

8. Königreich Sachsen

a) Die Strafprocess-Ordnung vom 13. August 1855

Trotz des Scheiterns des Aufstandes von 1849 wurden 1855 die sächsischen Justizgesetze erlassen[249], und 1856 trat eine Strafprozeßordnung in Kraft[250].

Geschworenengerichte zuständig (vgl. Art. 90, 10 S. 3, 15 StPO 1850). Rechtsmittelgerichte waren die Kreisgerichte für Appellationen gegen Einzelrichterurteile (vgl. Art. 10 S. 1, 348 Abs. 1 StPO 1850), Appellationsgerichte für Appellationen gegen Urteile der Kreisgerichte (vgl. Art. 14, 317 StPO 1850) und das Oberappellationsgericht für Nichtigkeitsbeschwerde gegen Urteile der Geschworenengerichte (vgl. Art. 307 StPO 1850) und Appellationsurteile der Kreis- und Appellationsgerichte (vgl. Art. 348 Abs. 6 bzw. 332 StPO 1850).

248 Es ermöglichte eine Überprüfung des erstinstanzlichen Urteils nach allen Richtungen (vgl. Art. 317 S. 2 StPO 1850). Sowohl das Vorbringen neuer Beweismittel als auch die Wiederholung der erstinstanzlichen Beweisaufnahme war zulässig, letztere von Amts wegen (vgl. Art. 322 Abs. 1 S. 1, 325 Abs. 1 S. 2 StPO 1850). Nichtigkeitsgründe mußten, andere Beschwerdepunkte sollten in der Appellationsschrift angegeben werden, sonst wurde die Appellation als gegen alle dem Appellanten nachteiligen Punkte des Urteils gerichtet angesehen (vgl. Art. 320 Abs. 1 StPO 1850).

249 Siehe hierzu *Huber*, Verfassungsgeschichte III, S. 204 ff.

250 Strafprocess-Ordnung vom 13. August 1855 (Abdruck bei *Sundelin*, S. 637-750). Zunächst unter Verzicht auf die Einführung von Schwurgerichten (Eingeführt 1868, vgl. *Drews*, S. 56 f.) waren Einzelrichter und Bezirksgerichte in der ersten Instanz zuständig (vgl. Art. 44, 45 StPO 1856). Als Rechtsmittelgerichte waren das Bezirksgericht zuständig für den Einspruch gegen Einzelrichter-Urteile (vgl. Art. 377 ff. StPO 1856) und das Oberappellationsgericht für die Berufung gegen Bezirksgerichtsurteile (vgl. Art. 94 Abs. 1 S. 1, 338 ff. StPO 1856). Beide Rechtsbehelfe ermöglichten indes eine Überprüfung des erstinstanzlichen Urteils sowohl hinsichtlich der tatsächlichen als auch der rechtlichen Seite, siehe *Kritz*, S. 223 ff., 235.

aa) Einspruchsverfahren

In der Verhandlung über den Einspruch[251] wurde der Angeklagte vom Termin lediglich in Kenntnis gesetzt (vgl. § 380 Abs. 1 StPO 1856). Dementsprechend wurde auf Ausbleiben des Angeklagten verhandelt und entschieden, unabhängig davon, ob er Einspruchsführer war (vgl. Art. 381 Abs. 1 S. 2, 384 Abs. 1 StPO 1856)[252]. Obwohl gesetzlich nicht vorgesehen, sollte auch in diesen Fällen das Bezirksgericht die persönliche Vorladung des Angeklagten und gegebenenfalls die Vorführung gem. §§ 267 Abs. 5, 317 StPO 1856 anordnen, wenn es die Befragung des Angeklagten für erforderlich hielt[253]. Eine Vertretungsregelung war entbehrlich, weil in diesen Fällen allein die persönliche Anwesenheit entscheidend war, es sonst aber auf die Gegenwart oder Äußerungen des Angeklagten überhaupt nicht ankommen sollte. Dem ausgebliebenen[254] Angeklagten stand die Möglichkeit der Wiedereinsetzung wegen der Versäumung eines Termins offen (vgl. Art. § 384 Abs. 2 S. 1 StPO 1856), wobei es darauf ankam, daß der Antragsteller unabwendbare Umstände geltend machen konnte, die ihn am Erscheinen gehindert hatten (vgl. Art. 107 Abs. 1 StPO 1856).

bb) Berufungsverfahren

Auch im Berufungsverfahren[255] schloß die Abwesenheit des Angeklagten die Verhandlung und Entscheidung nicht aus (vgl. Art. 345 Abs. 5 StPO 1856)[256].

---

251 In dieser war eine wiederholte sowie eine neue Beweisaufnahme zulässig, es sei denn, die Beweismittel wären unerheblich, gegebenenfalls konnte eine Verlesung der erstinstanzlichen Aussagen erfolgen (vgl. Art. 382, 383 StPO 1856).

252 Das Abwesenheitsurteil konnte mit der auf die Rüge von Nichtigkeiten des Verfahrens oder der Entscheidung des Bezirksgerichts gestützten Nichtigkeitsbeschwerde angefochten werden (vgl. Art. 385 StPO 1856).

253 Vgl. *Schwarze*, Commentar II, Anm. zu § 380, S. 199.

254 Nach *Schwarze*, ebd., soll in dem Ausbleiben der Verzicht auf die nochmalige Vernehmung liegen.

255 Hier war eine mündliche Verhandlung im Gegensatz zum Einspruch die Ausnahme. Sie war nur vorgesehen, wenn auf die Todes- oder eine lebenslängliche Zuchthausstrafe erkannt worden war oder wenn eine neue Beweisaufnahme stattfinden sollte (vgl. Art. 341 Abs. 1 Nr. 2, 1 StPO 1856). Diese konnte das Gericht anordnen, wenn infolge der neuen Tatsachen oder Beweismittel erhebliche Zweifel gegen die tatsächlichen Feststellungen des erstinstanzlichen Urteils bestanden (vgl. Art. 342 Abs. 1 StPO 1856). Die Berufung mußte nicht begründet werden, gegebenenfalls galt sie als gegen den ganzen Inhalt der angefochtenen Entscheidung gerichtet (vgl. Art. 88 Abs. 2 StPO 1856).

256 In Kapitalsachen konnte ein Verteidiger die Rechte des nicht erschienenen Angeklagten wahrnehmen (vgl. Art. 345 Abs. 6 S. 2 StPO 1856).

Dabei stand sowohl die Vorführung des verhafteten als auch die Anordnung des persönlichen Erscheinens (unter Vertagung der Verhandlung bei Ausbleiben[257]) des auf freiem Fuß befindlichen Angeklagten im Ermessen des Gerichts (vgl. Art. 343 Abs. 2, 345 Abs. 7 StPO 1856).

Das Oberappellationsgericht entschied über Berufungen gegen Urteile der Bezirksgerichte letztinstanzlich (vgl. Art. 94 Abs. 3 StPO 1856). Vor diesem Hintergrund verwundert, daß anders als im Einspruchsverfahren (mit dem Wiedereinsetzungsgesuch) kein weiterer Rechtsbehelf bestand. Dort war neben der Wiedereinsetzung auch die (beschränkte) Nichtigkeitsbeschwerde zulässig.

b) Die Revidierte Strafprozeßordnung vom 1. October 1868

1868 erhielt das Königreich Sachsen eine neue Strafprozeßordnung[258], die die Urteile des Einzelrichters unverändert dem Einspruch unterwarf.

Die Berufungsmöglichkeit gegen Urteile der Bezirksgerichte bestand zwar fort (vgl. Art. 338a Nr. 1 StPO 1868), war aber erheblich eingeschränkt. Sie war nur noch als Strafmaßberufung zulässig (vgl. Art. 338b Abs. 1 StPO 1868). Darüber hinaus war das Oberappellationsgericht bei seiner Entscheidung an die tatsächlichen Feststellungen der ersten Instanz gebunden, eine Prüfung der Beweisaufnahme wie auch der Beweiswürdigung war ihm versagt (vgl. Art. 338b Abs. 3 StPO 1868). Entschied das Oberappellationsgericht nunmehr nur noch über die Strafzumessung und war es dabei unter jedem tatsächlichen Gesichtspunkt gebunden, erschien die Anwesenheit des Angeklagten entbehrlich.

9. Freie Stadt Frankfurt

Im Jahre 1856 wurde in Frankfurt/Main das öffentliche und mündliche Strafverfahren eingeführt[259].

---

257 Auch hier mußte dann die Vorführung gem. §§ 267 Abs. 5, 317 StPO 1856 bewirkt werden können.

258 Revidierte Strafprozeßordnung für das Königreich Sachsen vom 1. October 1868 (Abdruck bei *Schwarze*, Strafprozeßgesetze I, S. 7-205).

259 Gesetz über das Verfahren in Strafsachen vom 15. Mai 1856 (Abdruck bei *Sundelin*, S. 584-625; abgekürzt StrVerfG); vgl. *Zachariae*, Handbuch I, S. 22 f., *Drews*, S. 37. Erstinstanzlich zuständig waren Rügegericht, Zuchtpolizeigericht und Assisenhof (Schwurgericht) (vgl. Art. 2 iVm. 1, 37, 36, 35 StrVerfG 1856). Rechtsmittelinstanzen waren das Zuchtpolizeigericht für Berufungen gegen Urteile des Rügegerichts (vgl. Art. 4, 307 ff. StrVerfG 1856), das Appellationsgericht für Berufungen gegen erstinstanzliche Urteile des Zuchtpolizeigerichts (vgl. Art. 6, 295 ff. StrVerfG 1856) und der Cassationshof für Nichtigkeitsklagen gegen Urteile des Appellations-

Im vor Zuchtpolizei- und Appellationsgericht weitgehend identischen (vgl. Art. 317 iVm. 300-304 StrVerfG 1856) Berufungsverfahren[260] konnte sich der Beschuldigte in Fällen, die keine Freiheitsstrafe nach sich zogen, von einem Anwalt vertreten lassen, aber es konnte auch hier das persönliche Erscheinen angeordnet werden (vgl. Art. 318, 306 iVm. 280 StrVerfG 1856).

Die Regelung des Nichterscheinens des Angeklagten bzw. auch seines Vertreters differierte danach, wer Rechtsmittelführer war. Handelte es sich dabei um den nicht erschienenen Beschuldigten, so wurde seine Berufung *„für verfallen erklärt"* und das erstinstanzliche Erkenntnis bestätigt, wenn die Staatsanwaltschaft einen entsprechenden Antrag stellte (vgl. Art. 302 Abs. 1 StrVerfG 1856). Hatte dagegen die Staatsanwaltschaft Berufung eingelegt, wurde in Abwesenheit des Angeklagten verhandelt und ein Urteil gefällt (vgl. Art. 302 Abs. 2 StrVerfG 1856). Da aber nur Art. 302 Abs. 2 StrVerfG 1856 vom Ausbleiben sowohl des Beschuldigten wie auch des Vertreters sprach, Abs. 1 hingegen nicht, war die Anwesenheitsregelung hier modifiziert. Führte der Beschuldigte das Rechtsmittel, wurde ihm vom Gesetz angesonnen, persönlich zu erscheinen. Die Vertretungsregelung der Art. 280 iVm. 318, 306 StrVerfG 1856 galt hier nicht.

In beiden Fällen konnte der Beschuldigte Einspruch einlegen, (vgl. Art. 303 iVm. 282, 283 StrVerfG 1856). Erschien dieser in der neuen Verhandlung, wurde das Abwesenheitsurteil als nicht ergangen betrachtet und neu verhandelt. Blieb er wiederum aus, wurde sein Einspruch verworfen und das Ungehorsamsurteil für wiederhergestellt erklärt, ohne daß ein nochmaliger Einspruch gegen das zweite Urteil zulässig war (vgl. Art. 283 Abs. 3, 4 StrVerfG 1856)[261]. Die Wirkung des Einspruchs war dabei nicht an besondere Voraussetzungen gebunden, wie etwa eine genügende Entschuldigung für das Ausbleiben wegen Krankheit oder höherer Gewalt.

---

gerichts und des Assisenhofs (vgl. Art. 327 ff. StrVerfG 1856). Cassationshof war das Oberappellationsgericht der freien Städte in Lübeck (vgl. Art. 13 StrVerfG 1856). Das Recht, ein gemeinsames oberstes Gericht zu bilden, folgte aus Art. 12 der Deutschen Bundesakte von 1815 (Abdruck bei *Huber*, Dokumente I, Nr. 29 S. 75-81). Zur Gründung des Oberappellationsgerichts in Lübeck kam es schon 1820, vgl. *Kern*, S. 67.

260 Neue Beweismittel waren zugelassen, während eine Wiederholung der Beweisaufnahme in der Regel nicht stattfinden sollte (vgl. Art. 300 StrVerfG 1856).

261 Es gab also nur die Nichtigkeitsklage (vgl. Art. 328 StrVerfG 1856).

Schon in der Verfassung von 1848 und im diese ändernden Staatsgrundgesetz von 1852 waren Anklageprinzip, Öffentlichkeit und Mündlichkeit des Strafverfahrens verbürgt worden. Erst am 6. Oktober 1858 traten indes die Strafprozeßordnung vom 2. November 1857 sowie das Gerichtsverfassungsgesetz vom 29. August 1857 in Kraft[262].

In der Berufungsinstanz[263] konnte sich der Angeklagte vertreten lassen (vgl. Art. 183/§ 1 StPO 1858). Dem Gericht stand es allerdings frei, das persönliche Erscheinen des Angeklagten anzuordnen und gegebenenfalls auch einen Vorführungsbefehl zu erlassen (vgl. Art. 183/§ 3 iVm. 182/§ 3 StPO 1858). Gem. Art. 185 StPO 1858 konnte in diesen Fällen für den nicht erschienenen Angeklagten ein Vertreter oder Verteidiger nur auftreten, um über die Gründe des Nichterscheinens Auskunft zu geben. Der verhaftete Angeklagte hatte Anspruch auf Vorführung (vgl. Art. 183/§ 2 StPO 1858).

Erschienen weder der Angeklagte noch ein Vertreter, fand zunächst kein Abwesenheitsverfahren statt. Das Gericht hatte die Vorführung anzuordnen und die Verhandlung zu vertagen (vgl. Art. 415 iVm. 363/§ 1, 2 StPO 1858). Gelang die Vorführung nicht, war das Verfahren auszusetzen oder aus besonderem Grund auf Antrag der Staatsanwaltschaft das Ungehorsamsverfahren einzuleiten. Der

---

262 Strafprozessordnung vom 2. November 1857, Gesetz vom 29. August 1857, betreffend die Gerichtsverfassung (Abdrucke bei *Sundelin*, S. 494-573, 573-578); siehe *Achenbach*, in: FS OLG Oldenburg, S. 177 ff.; *Huber*, Verfassungsgeschichte II, S. 540 f.; *Wohlers*, S. 140. Erstinstanzlich zuständig waren Amts-/Polizeigerichte, Ober-/Strafgerichte und das Schwurgericht (vgl. Art. 7, Art. 11/§ 1; Art. 14; 22 GVG 1858). Als Rechtsmittelgerichte waren das Obergericht für Berufungen gegen Urteile der Amts- und Polizeigerichte zuständig, beschränkt allerdings auf Streitigkeiten um die Zuständigkeit des Gerichts oder geknüpft an die Verurteilung zu einer Mindeststrafe. Das Appellationsgericht für Berufungen gegen Urteile der Strafgerichte (vgl. Art. 18 Nr. 3 GVG 1858, Art. 402 StPO 1858) und das Oberappellationsgericht für Nichtigkeitsbeschwerden gegen Berufungsurteile des Appellationsgerichts und Schwurgerichtsurteile zuständig (vgl. Art. 25 Nr. 3 GVG 1858, Art. 416/§ 1 StPO 1858). Schon die Regierungsmotive zum Entwurf der StPO von 1857 hatten zum Ausdruck gebracht, daß eine Berufung nur aus praktischen Gründen entgegen ihrer Unvereinbarkeit mit dem mündlichen Strafverfahren eingeführt werden sollte. Mit dem Gesetz vom 10. September 1868, betreffend neue Bestimmungen zur Strafprozeß-Ordnung, wurde die Berufung abgeschafft, vgl. *Hahn*, Materialien zur StPO, Erste Abth., S. 332 ff.; *Behr*, S. 151 ff. m. w. N.

263 Grundsätzlich war eine volle Überprüfung des angefochtenen Urteils gewährleistet. Es konnten neue Tatsachen und Beweise vorgebracht und auf Wiederholung der Beweisaufnahme angetragen werden, wobei diese in der Regel jedoch nicht stattfand, sondern nur, wenn sie geeignet erschien, die erstinstanzlichen Tatsachenfeststellungen zu widerlegen (vgl. Art. 407, 410 StPO 1858).

Angeklagte wurde dann unter Fristsetzung öffentlich vorgeladen. Blieb er aus, wurde ein Abwesenheitsurteil gefällt (vgl. Art. 363/§ 2 iVm. 436/§1, 2, 439 StPO 1858). Dagegen stand nur der Staatsanwaltschaft die Nichtigkeitsbeschwerde zu (vgl. Art. 441 StPO 1858). Erschien in dieser Verhandlung indes, wie in Art. 185 StPO 1858 vorgesehen, ein Dritter und entschuldigte den ausgebliebenen Beschuldigten und hielt das Gericht die geltend gemachten Gründe für genügend, wurde eine weitere Frist bestimmt und gegen den Beschuldigten, sofern er sich stellte, erneut verhandelt (vgl. Art. 440/§ 1, 2 StPO 1858).

11. Freie und Hansestadt Lübeck

In der Freien und Hansestadt Lübeck folgte dem 1860 erlassenen Gerichtsverfassungsgesetz 1862 eine Strafprozeßordnung[264].

In der Appellationsinstanz[265] konnte sich der Angeklagte vertreten lassen, allerdings war das Gericht befugt, das persönliche Erscheinen anzuordnen und gegebenenfalls einen Vorführungsbefehl zu erlassen (vgl. §§ 127 iVm. 126 Abs. 2 StPO 1862). Erschien weder der auf freiem Fuß befindliche Angeklagte noch ein Vertreter, wurde unter Vertagung der Vorführungsbefehl erlassen (vgl. §§ 24, 27 Abs. 1 Nr. 1 StPO 1862). Erwies sich der Vorführungsbefehl als nicht vollstreckbar, wurde dennoch nicht in Abwesenheit verhandelt. War das persönliche Er-

---

264 Gesetz über die Gerichtsverfassung der Freien und Hansestadt Lübeck, Amtliche Sammlung, 27. Band, 1860, S. 88-99; Strafproceß-Ordnung für die freie und Hansestadt Lübeck, ebd., 29. Band, 1862, S. 253-314. Beide Gesetze traten erst am 1. März 1864 in Kraft, vgl. das Gesetz, die Einführung der neuen Gerichtsverfassung betreffend vom 11. November 1863, Amtliche Sammlung, 30. Band, 1863, S. 239-247. Erste Instanz war das Stadt- und Landgericht (vgl. § 20 Nr. 3 GVG 1860), gegen dessen Urteile die Appellation zum Obergericht zulässig war (vgl. §§ 23 Abs. 2 Nr. 1 GVG 1860, 233 Abs. 1 StPO 1862), dessen Urteile wiederum im Wege der Nichtigkeitsbeschwerde zum Oberappellationsgericht der vier freien Städte Lübeck, Frankfurt, Bremen und Hamburg anfechtbar waren (vgl. §§ 10 Nr. GVG 1860, 250, 256 Abs. 2, 3 StPO 1862).

265 Diese ermöglichte nur eine eingeschränkte Überprüfung der erstinstanzlichen Entscheidung hinsichtlich der Tatfrage. Unterließ es der Angeklagte, einzelne Beschwerdepunkte anzugeben, so wurde die Appellation als umfassend gegen alle nachteiligen Bestandteile des angefochtenen Urteils eingelegt angesehen (vgl. § 237 StPO 1862). Eine Wiederholung der erstinstanzlichen Beweisaufnahme sollte in der Regel nicht stattfinden, es sei denn, sie erschien wegen wesentlicher Bedenken gegen die Richtigkeit der erstinstanzlichen Feststellungen notwendig. Neue Beweise sollten nur erhoben werden, wenn sie geeignet erschienen, die erstinstanzlich als bewiesen angenommenen Tatsachen als unrichtig erscheinen zu lassen (vgl. § 243 StPO 1862).

scheinen angeordnet, konnten Dritte nur auftreten, um über die Gründe des Nichterscheinens Aufklärung zu geben (vgl. § 129 StPO 1862).

12. Freie Hansestadt Bremen

Obwohl im Gefolge der Revolutionsbewegung in Bremen 1849 in enger Anlehnung an die Frankfurter Reichsverfassung eine Verfassung verabschiedet worden war, in der sich die strafprozessualen Reformforderungen der Zeit niedergeschlagen hatten, wurde erst 1863 eine Strafprozeßordnung erlassen[266].

In der Berufungsverhandlung[267] konnte sich der Beschuldigte von einem mit einer Spezialvollmacht versehenen Bevollmächtigten vertreten lassen (vgl. §§ 278, 280 StPO 1863). Das Gericht konnte das persönliche Erscheinen anordnen und gegebenenfalls einen Vorführungsbefehl erlassen (vgl. § 282 StPO 1863). War er verhaftet, hatte der Beschuldigte einen Vorführungsanspruch (vgl. § 279 StPO 1863). In allen Fällen, in denen das persönliche Erscheinen angeordnet war, konnte für den Beschuldigten ein Vertreter oder Verteidiger auftreten

---

266 Provisorische Strafproceßordnung der freien Hansestadt Bremen vom 30. Juli 1863, Gesetzblatt 1863, S. 136-226, siehe hierzu *Hiemsch*, S. 104 ff., 116 ff. Am 26. Dezember 1870 wurde im Hinblick auf die Einführung des Allgemeinen Strafgesetzbuches für den Norddeutschen Bund, dem Bremen 1866 beigetreten war, eine revidierte Strafprozeßordnung erlassen (Gesetzblatt 1870, S. 143-232), die die hier interessierenden Vorschriften unverändert ließ und vor allem die Zuständigkeiten anpaßte, vgl. *Hiemsch*, S. 123 f. Schwurgericht, Strafgericht und Polizeigericht waren erstinstanzlich zuständig (vgl. §§ 12 Abs.1, 19 StPO 1863). Als Rechtsmittelinstanzen bestanden das Obergericht für Berufungen gegen Urteile des Polizei- und Strafgerichts (vgl. §§ 12 Abs. 1 Nr. 2, 594, 595 StPO 1863) sowie das Oberappellationsgericht für die Nichtigkeitsbeschwerde gegen Obergerichts- und Schwurgerichtsurteile (vgl. §§ 12 Abs. 1 Nr. 1, 13 StPO 1863). Hinsichtlich des Oberappellationsgerichts zogen sich die Verhandlungen mit den anderen freien Städten Hamburg, Lübeck und Frankfurt bis zu einer Einigung 1865 hin, so daß man stattdessen das Spruchcollegium der Universität Göttingen als letzte Instanz wählte, siehe *Hiemsch*, S. 120. Bezüglich des Verfahrens vor dem Oberappellationsgericht waren die *„Bestimmungen über die Competenz des Ober-Appellationsgerichts u. s. w. in Strafsachen"* maßgeblich (Gesetzblatt 1865, S. 93-99).

267 Wurden keine Beschwerdepunkte angegeben, galt das ganze Urteil, soweit nachteilig, als angefochten (vgl. § 599 StPO 1863), so daß grundsätzlich die volle Überprüfung des erstinstanzlichen Urteils gesichert war. Allerdings sollte die Beweisaufnahme nicht wiederholt, vielmehr konnten nur neue Tatsachen und Beweise zugelassen werden, wenn sie sich auf wesentliche Tatumstände bezogen. Das Gericht konnte indes eine Wiederholung anordnen, wenn dies wegen wesentlicher Bedenken gegen die Richtigkeit der dem angefochtenen Urteil zugrunde liegenden Tatsachenfeststellungen notwendig erschien (vgl. §§ 605, 601 StPO 1863).

und über die Gründe des Nichterscheinens Auskunft geben (vgl. § 284 StPO 1863).

§ 607 Abs. 1 StPO 1863 bestimmte, daß der *„Appellant als auf die Berufung verzichtend angenommen"* wurde, wenn er in der Verhandlung nicht erschien und auch kein Vertreter auftrat. Erschien der Beschuldigte nicht in einer auf Berufung der Staatsanwaltschaft hin terminierten Verhandlung, so konnte das Gericht in Abwesenheit verhandeln oder unter Aussetzung des Verfahren seine Vorführung anordnen (vgl. § 607 Abs. 2 StPO 1863)[268]. Dagegen war einzig die Nichtigkeitsbeschwerde zum Oberappellationsgericht zulässig.

13. Großherzogtum Hessen

Im Großherzogtum Hessen kam es erst 1865 aufgrund eines Entwurfs aus dem Jahre 1860[269] zu einer umfassenden Regelung des Strafverfahrens[270].

Auch wenn der geladene Beschuldigte oder dessen Vertreter[271] in der Verhandlung über die Appellation[272] nicht erschien, fand diese statt. Allerdings

---

[268] Aus dieser Gegenüberstellung und dem allgemein gehaltenen Begriff des Appellanten ergibt sich, daß hier die Annahme des Verzichts auch für das Nichterscheinen der Staatsanwaltschaft galt, die aufgrund der allgemeinen Vorschrift des § 396 S. 2 StPO 1863 zur dauernden Anwesenheit in der Verhandlung verpflichtet war (zur Rechtsmittelbefugnis der Staatsanwaltschaft siehe § 594 StPO 1863).

[269] Abgedruckt bei *Sundelin*, S. 204-267. Die spätere Strafprozeßordnung entspricht dem Entwurf, *Drews*, S. 42 (Anm. 241), ist aber als Quelle nicht greifbar.

[270] Strafproceßordnung für die Provinzen Starkenburg und Oberhessen vom 13. September 1865, in Kraft getreten am 1. Oktober 1865, Amtliche Handausgabe, Darmstadt 1865. Erstinstanzlich vorgesehen waren die den heutigen Amtsgerichten vergleichbaren (vgl. Art. 9 StPO-E 1860) Landgerichte, Bezirkstrafgerichte, das Hofgericht als Strafgericht sowie Schwurgerichtshöfe (vgl. Art. 7 StPO-E 1860). Gegen die Urteile der Land- und Bezirksstrafgerichte sowie die erstinstanzlichen Hofgerichtsurteile war die Appellation zum Hofgericht bzw. Oberappellationsgericht zulässig (vgl. Art. 16/B, 28, 418 StPO-E 1860). Das Oberappellationsgericht war auch für die Nichtigkeitsbeschwerden gegen die Urteile des Hofgerichts und der Schwurgerichtshöfe zuständig (vgl. Art. 28, 433 StPO-E 1860).

[271] Die Vertretung war zulässig, wenn das Urteil nur auf Geld- oder Gefängnisstrafe lautete, sofern nicht das persönliche Erscheinen angeordnet war und keine Beweisaufnahme stattfand (vgl. Art. 427 StPO-E 1860).

[272] Dabei war die Zulässigkeit an die Überschreitung eines bestimmten Strafmaßes im erstinstanzlichen Urteil gebunden (vgl. Art. 419 StPO-E 1860). Im Verfahren sollte eine Wiederholung der Zeugenaussagen in der Regel nicht stattfinden, die Aussagen wurden verlesen. Die Vernehmung neuer Zeugen stand im Ermessen des Gerichts (vgl. Art. 425 Abs. 1 S. 2 StPO-E 1860). Diese Vorschrift wurde indes nicht Gesetz, siehe *Behr*, S. 147.

konnte das persönliche Erscheinen angeordnet und gegebenenfalls ein Vorführungsbefehl erlassen werden (vgl. Art. 426, 427 iVm. 207 Abs. 2 StPO-E 1860). Gegen das in Abwesenheit ergangene Urteil stand nur die Nichtigkeitsbeschwerde zu Gebote (vgl. Art. 28, 433 StPO-E 1860)[273]. Der verhaftete Beschuldigte hatte Anspruch auf Vorführung (vgl. Art. 428 StPO-E 1860).

14. Freie und Hansestadt Hamburg

In der freien und Hansestadt Hamburg wurde erst 1869 das öffentliche und mündliche Anklageverfahren in Strafsachen eingeführt[274].

Hinsichtlich der Anwesenheit des Angeklagten in der Appellationsverhandlung[275] bestimmte einerseits § 267 Abs. 1 S. 1 StPO, daß die Beteiligten unter der Androhung vorzuladen seien, daß „*der Ausbleibende des Rechtsmittels, beziehungsweise der Vernehmung auf dasselbe werde verlustig erklärt werden*". Andererseits ordnete aber § 269 StPO 1869 an: „*Ist eine der Parteien ausgeblieben, so geht die Verhandlung dennoch vor sich, und sind durch ein Gerichtsmitglied für den Ausgebliebenen die etwa nöthigen Mittheilungen aus den Akten zu ma-*

---

273 Diese konnte nur auf die Verletzung des Gesetzes gestützt werden. Wurden noch tatsächliche Ermittlungen für notwendig erachtet, erfolgte die Zurückverweisung an das Hofgericht (vgl. Art. 434 Abs. 1, 438 Abs. 1 StPO-E 1860).

274 Strafproceßordnung vom 30. April 1869, Gesetz betreffend die Aenderungen in der Gerichtsverfassung behufs Einführung des öffentlich-mündlichen Anklageverfahrens in Strafsachen vom selben Tage, Gesetzsammlung 1869, S. 55-131, 45-54. Erstinstanzlich waren Polizeirichter, Strafgericht und Geschworenengericht zuständig (vgl. §§ 8, 12, 24 GVG 1869). Die Urteile des Polizeirichters und die Urteile der Strafgerichte in erster Instanz konnten im Wege der Appellation zum Strafgericht (vgl. §§ 13 GVG 1869, 251 Abs. 1 Hs. 2 StPO 1869) bzw. Obergericht (vgl. §§ 14, 25 GVG 1869, 251 Abs. 1 Hs. 2 StPO 1869) angefochten werden. Gegen Urteile des Geschworenengerichts stand nur die Nichtigkeitsbeschwerde zum Oberappellationsgericht zur Verfügung (vgl. § 28 GVG 1869). Die von Straf- und Appellationsgericht in zweiter Instanz gefällten Urteile waren mit der Nichtigkeitsbeschwerde zum Obergericht (vgl. § 25 Nr. 3 GVG 1869) bzw. Oberappellationsgericht (vgl. § 28 GVG 1869) anfechtbar.

275 Die Appellation war zu begründen. Anders als bei der Nichtigkeitsbeschwerde mußten die Beschwerdegründe hier nicht einzeln und bestimmt angegeben werden (vgl. § 263 Abs. 4 S. 2 StPO 1869). Eine umfassende Prüfung war aber nur hinsichtlich der Urteile des Polizeirichters gewährleistet. Hier waren sowohl das Vorbringen neuer Beweise als auch die Wiederholung der Beweisaufnahme auf Antrag des Angeklagten, letztere aber auch von Amts wegen, vorgesehen (vgl. § 264, 266 Abs. 2, 3 StPO 1869). Ansonsten war das Obergericht bei seiner Entscheidung an die tatsächlichen Feststellungen des Strafgerichts gebunden (vgl. § 261 Abs. 2 StPO 1869).

chen". Der sich hier zeigende Widerspruch ist wohl dahingehend aufzulösen, daß die ausbleibenden Parteien lediglich das Recht, sich persönlich zu dem Rechtsmittel zu äußern, verlor, die Verhandlung aber im übrigen durchgeführt wurde. Dies erklärt sich auch aus dem Verlust der „*Vernehmung auf das Rechtsmittel*", den § 268 Abs. S. 1 StPO 1869 anordnete[276].

Wenn § 268 Abs. 2 StPO 1869 von der Anhörung des Angeklagten, „ ...*falls er selbst oder durch einen Vertheidiger anwesend ist, ...*" sprach, so läßt sich daraus schließen, daß eine Vertretung grundsätzlich zulässig war. Das Ausbleiben im Sinne des § 269 StPO 1869 ist dann so zu verstehen, daß weder der Angeklagte noch ein Verteidiger erschienen waren.

Hatte der verhaftete Angeklagte früher einen Verteidiger, so war auch dieser unter der Ankündigung vorzuladen, daß im Falle seines Nichterscheinens gleichwohl verhandelt und erkannt werde (vgl. § 267 Abs. 1 S. 2 StPO 1869). Einen Vorführungsanspruch des verhafteten Angeklagten gab es nicht.

15. Gruppenbildung, Periodisierung und Bewertung

Nimmt man noch einmal alle Strafverfahrensordnungen in den Blick, so zeigt sich, daß das Problem der Anwesenheit des Angeklagten in der Berufungs- oder Appellationsinstanz allgemein erfaßt wurde. Dabei wird deutlich, daß es im Ergebnis meist trotz Abwesenheit des Angeklagten zu einem Urteil kam.

So uneinheitlich im Grunde die Regelungen selbst waren, so stellt sich auch der Grund für die Zulässigkeit des Urteils in Abwesenheit dar. Mochte im eigentlichen Verfahren gegen Abwesende (im Sinne einer besonderen Verfahrensart) die Berechtigung wie auch in der ersten Instanz darin gelegen haben, daß das Ausbleiben als eigenes strafbewehrtes Delikt galt und sich das Abwesenheitsurteil somit als strafrechtliche Sanktion *sui generis* darstellte[277], so blieb andererseits auch in den Gesetzen, die sich von diesem überkommenen Institut lösten, offen, ob die Entscheidung in der Rechtsmittelinstanz ihren Grund in einer Verwirkung oder in einer Aufgabe bzw. einem Verzicht hinsichtlich des Rechtsmittels haben sollte.

Angesichts der weit verbreiteten durchgreifenden dogmatischen Zweifel an der zweiten Tatsacheninstanz vor allem im Hinblick auf das Prinzip der Münd-

---

276 Die Formulierungen in §§ 267, 269 StPO 1869 („...*die am Rechtsmittel Betheiligten* ..." und „... *Parteien* ...") machen jedenfalls deutlich, daß die Regelungen für den Angeklagten und den Staatsanwalt gleichermaßen galten. Für das Verfahren vor dem Strafgericht erster Instanz war hingegen angeordnet, daß bei Nichterscheinen des Staatsanwaltes die Verhandlung zu vertragen ist (vgl. § 151 StPO 1869).

277 Siehe dazu schon *Walther*, Lehrbuch, S. 529.

lichkeit einerseits und seiner noch nicht vollkommenen Durchdringung und Ausprägung andererseits[278] verwundert es nicht, wenn viele Prozeßordnungen die persönliche Anwesenheit des Angeklagten im Ergebnis doch für entbehrlich hielten und es allenfalls, wenn nicht auch so verhandelt und entschieden werden sollte, dabei bewenden ließen, das Erscheinen eines Vertreters zu verlangen, dessen Nutzen sich vor allem hinsichtlich des Schwerpunktes im Bereich der rechtlichen Erörterungen erwies. Andererseits war doch eine Öffnung dieser Position insoweit zu beobachten, als die Möglichkeit zur Anordnung des persönlichen Erscheinens eingeräumt wurde, dies vor allem dann, wenn doch eine Beweisaufnahme erfolgen sollte.

a) Gruppenbildung: Regelungsmodelle

Im wesentlichen lassen sich drei Regelungsmodelle für das Ausbleiben des Angeklagten, für den nicht das persönliche Erscheinen angeordnet oder zulässigerweise ein Vertreter erschienen war, unterscheiden.

aa) Contumazial-Modelle

Die meisten Verfahrensordnungen orientierten sich am überkommenen Inquisitionsprozeß, wenn sie ein Abwesenheitsverfahren anordneten, in dem dann ohne den Angeklagten oder einen Vertreter verhandelt und entschieden wurde[279].

Die Anfechtung der Erledigung der Strafsache in der Rechtsmittelinstanz, sei es durch richterliche Entscheidung oder in Anknüpfung an Fiktionen bzw. Vermutungen, orientierte sich dabei an der Art der Erledigung. Wurde ein Abwesenheitsverfahren durchgeführt und die Strafsache durch Urteil erledigt, waren nur die ordentlichen Rechtsmittel eingeräumt[280] oder es wurde ein vorrangiger besonderer Rechtsbehelf zugelassen, der den Wiedereintritt in das ordentliche Ver-

278 Über den Vortrag eines Berichterstatters hinaus war die Verlesung von Schriftstükken in erheblichem Umfang zulässig, siehe z. B. Hannover §§ 211 Abs. 2 StPO 1850; 217 Abs. 4 StPO 1859; Großherzogtum Hessen § 425 Abs. 1 StPO-E 1860. Teilweise wurden regelrechte Aktenlageentscheidungen getroffen, so etwa in Baden (vgl. §§ 284, 287 StPO 1845). Insoweit ging es darum, die Wiederholung der Beweisaufnahme zu ersetzen, die an besondere Voraussetzungen geknüpft war.

279 Baden (1845), Bayern (1848), Preußen (1849), Hannover (1850), Thüringen (1850), Sachsen (1855), das Großherzogtum Hessen (1865), Preußen (1867) und Hamburg (1869).

280 Baden (1845), Preußen (1848), Thüringen (1850), Sachsen (1856), Hessen (1865), Preußen (1867) und Hamburg (1869).

fahren ermöglichte[281]. Dieser besondere Rechtsbehelf wies bereits Ähnlichkeiten mit der heutigen Wiedereinsetzung in den vorigen Stand auf, indem er dem Betreffenden nur zum Erfolg verhalf, wenn er unüberwindliche Hindernisse oder sonst außerhalb seines Verantwortungsbereiches liegende Umstände geltend machen konnte, die ihn am Erscheinen gehindert hatten[282].

bb) Vertagungs-Modelle

Die entgegengesetzte Position nahmen die Verfahrensordnungen ein, die zunächst kein Abwesenheitsverfahren vorsahen, sondern in jedem Fall darauf angelegt waren, die Anwesenheit des Angeklagten herbeizuführen, indem sie unter Vertagung die Vorführung vorschrieben und erst, wenn sich dies als unmöglich erwies, zum Abwesenheitsverfahren schritten[283].

Eine Besonderheit bildete die verschiedentlich vorgesehene Möglichkeit einer Entschuldigung des Ausbleibens durch Dritte. Während diese nach den Verfahrensordnungen, denen es vorrangig auf die Gestellung des Angeklagten ankam und die zunächst keine Abwesenheitsverhandlung vorsahen, lediglich dazu diente, dem Angeklagten das Ordnungsgeld zu ersparen[284], eröffnete diese Art der Entschuldigung nach der bremischen Strafprozeßordnung von 1863 dem Angeklagten neben dem Rechtsmittel der Nichtigkeitsbeschwerde die Möglichkeit, eine Verhandlung auf das Rechtsmittel der Staatsanwaltschaft hin zu verhindern[285].

cc) Rechtsmittelverlust-Modelle

Neuland schließlich betraten jene Prozeßordnungen, die dem Verhalten des Ausbleibenden einen bestimmten Erklärungswert zuwiesen und daran den Verlust des Rechtsmittels knüpften, teilweise aber gleichzeitig unter bestimmten Vorausset-

---

281 Einspruch in Bayern (1848), Hannover (1850) und Frankfurt (1856) sowie Wiedereinsetzung im Einspruchsverfahren über Urteile des Einzelrichters in Sachsen (1856).

282 Ohne solche Voraussetzungen lediglich Frankfurt (1856); zweifelhaft in Bayern (1848).

283 Oldenburg (1857) und Lübeck (1862).

284 Oldenburg (1857) und Lübeck (1862).

285 Heute ergibt sich diese Möglichkeit schon aus der richterlichen Aufklärungspflicht gem. § 244 Abs. 2 StPO, wonach das Gericht im Wege des Freibeweises von Amts wegen prüfen muß, ob eine genügende Entschuldigung im Sinne des § 329 Abs. 1 S. 1 StPO vorliegt, HK-*Rautenberg*, § 329 Rn. 20; *Meyer-Goßner*, § 329 Rn 18 f.

zungen und unter Umständen bei Einräumung eines besonderen Rechtsbehelfs die Verhandlung in Abwesenheit des Ausgebliebenen vorsahen[286].

Festzuhalten sind dabei die Differenzierungen danach, ob es der Rechtsmittelführer war, der nicht erschien oder dessen Gegner. Während dann ersterenfalls dieser des Rechtsmittels verlustig ging, kam es sonst zur Verhandlung[287], dies jedenfalls dann, wenn es der Angeklagte war, der im Termin auf das Rechtsmittel der Staatsanwaltschaft hin nicht erschien[288]. Hier wird eine Verknüpfung der Rechtsfolgen des Ausbleibens mit der Rolle des Betreffenden im Verfahren deutlich, die an anderer Stelle darin gipfelte, daß auf das Ausbleiben des Angeklagten grundsätzlich der „Rechtsmittelverlust" folgte[289].

Worauf dieser in den verschiedenen Fällen letztlich zurückzuführen sein sollte und wie er ausgesprochen wurde, war nicht einheitlich geregelt. Während die Formulierungen *„Zurückweisung"* und *„sofortige Verwerfung"*[290] auf eine Erledigung der Sache durch richterliches Urteil schließen lassen, ohne erkennen zu lassen, worauf sich dieses stützte, konstruierten andere Verfahrensordnungen eine Erledigung, indem einem Verhalten des Angeklagten ein bestimmter Erklärungswert beigelegt wird. Daraus werden bestimmte Vermutungen abgeleitet, so etwa, wenn darin zum Ausdruck kommen sollte, daß der Angeklagte sein Rechtsmittel aufgab oder darauf verzichtete[291]. Dazwischen scheint die Annahme einer Verwirkung zu stehen, wenn davon die Rede ist, daß das Rechtsmittel im Wege wiederum richterlicher Entscheidung für verfallen erklärt wird[292].

---

286 Frankfurt (1856), Kurhessen (1848, 1863), Bremen (1863), Hannover (1859) und Baden (1864).

287 Kurhessen (1848, 1863).

288 Frankfurt (1856) und Bremen (1863).

289 Dahinter stand die Ansicht, daß an bestimmte Rollen im Verfahren bestimmte Pflichten geknüpft sind. So wurde dem Rechtsmittelführer angesonnen, in bestimmten Fällen seine Sache persönlich zu vertreten, wollte er sein in der Einräumung eines Rechtsmittels manifestiertes Recht nicht verlieren. Oder man war der Auffassung, daß der Angeklagte sich dem staatlichen Strafverfolgungsanspruch auch in der Rechtsmittelinstanz nicht soll entziehen dürfen. So formuliert z. B. *Walther*: *„Es ist eine allgemeine Bürgerpflicht, sich der rechtmäßigen Ausübung der Gerichtsbarkeit oder des Gerichtszwanges durch den zuständigen Richter zu unterwerfen und insbesondere den Ladungen desselben Folge zu leisten. Die Verletzung dieser Pflicht berechtigt den Staat nicht nur zu Maßregeln, um die Erfüllung derselben zu erzwingen, sondern bildet auch für sich allein ein mit Strafe zu bedrohendes selbständiges Delikt – die contumacia, der Ungehorsam"*, Lehrbuch, S. 551.

290 Kurhessen (1848, 1863), bei Nichterscheinen des Rechtsmittelführers und bei Nichterscheinen des Angeklagten überhaupt Hannover (1859).

291 Bremen (1863) und Baden (1864).

292 Frankfurt (1856), wenn der ausgebliebene Angeklagte Rechtsmittelführer war.

b) Periodisierung

Die im Zuge der Entwicklung zum reformierten Strafprozeß erlassenen Verfahrensordnungen können in zeitlicher Hinsicht in drei Hauptgruppen eingeteilt werden. Zum einen lassen sich diejenigen Verfahrensordnungen ausmachen, die im Zuge der revolutionären Ereignisse der Jahre 1848 und 1849 entstanden [293]. Dann gibt es eine Gruppe von Gesetzen die Mitte bzw. Ende der fünfziger Jahre erlassen wurden[294]. Schließlich erfuhr die Strafprozeßreform in den sechziger Jahren noch einmal einen bedeutenden Antrieb, als zum einen mehrere Staaten, die kein oder kaum ein Strafverfahren reformierter Prägung kannten, das Strafverfahrensrecht erstmalig kodifizierten[295] und andererseits eine große Zahl von Staaten, die mit ihren Prozeßordnungen den Ausgangspunkt der gesetzgeberischen Reaktion auf die Reformforderungen markiert hatten, ihre Strafverfahrensgesetze noch einmal revidierten[296].

Dabei lassen sich jedoch keine Entwicklungslinien ausmachen, etwa in dem Sinne, daß ein besonderes Verfahren gegen Abwesende als überholtes Institut erkannt worden wäre, das sich nur in den frühen Verfahrensordnungen findet und später zugunsten ausgereifterer Mechanismen verschwunden wäre. Vielfach ist zwar dieser Weg eingeschlagen worden[297], zugleich finden sich aber gerade unter den letzten vor Beginn der Arbeiten zur Reichsstrafprozeßordnung erlassenen Gesetzen einzelne, die noch dem Abwesenheitsverfahren alter Prägung verhaftet sind[298].

Andererseits finden sich die Elemente moderner Prägung, wie beispielsweise der Verlust des Rechtsmittels für den Ausbleibenden mit Verhandlung in bestimmten Konstellationen und Gewährung eines meist von bestimmten Voraussetzungen abhängigen Rechtsbehelfs in Verfahrensordnungen der fünfziger wie der sechziger Jahre des neunzehnten Jahrhunderts[299].

---

293 Kurhessen (1848) und Bayern (1848), Preußen und Braunschweig (1849), Hannover und die thüringischen Staaten (1850).

294 Sachsen (1855), Frankfurt (1856) und Oldenburg (1857).

295 Lübeck (1862), Bremen (1863), das Großherzogtum Hessen (1865), die von Preußen 1866 annektierten Gebiete (1867) und Hamburg (1869).

296 Braunschweig (1858), Hannover (1859), Kurhessen (1863), Baden (1864), Frankfurt (1867), Württemberg (1868), Sachsen (1868) und Bremen (1870).

297 Baden (1845), Bayern (1848), Preußen (1849), die thüringischen Staaten (1850) und Hannover (1850).

298 Preußen (1867) und Hamburg (1869), wobei es hier nur noch der Sache nach um ein Abwesenheitsverfahren alter Prägung handelt.

299 Am nächsten kam der modernen Regelung noch Bremen (1863), indem hier einerseits eine Verzichtsfiktion griff, zum anderen aber eine Verhandlung bei Ausbleiben

c) Bewertung

Zum einen steht die Vielfalt der Abwesenheitsregelungen beispielhaft für die Rechtszersplitterung in den deutschen Partikularstaaten und den auch bei Beginn der Vorarbeiten zur Reichsstrafprozeßordnung noch unterschiedlichen Entwicklungsstand des Strafverfahrens im Hinblick auf die Umsetzung der im Zuge der Auseinandersetzung um eine Reform erhobenen Forderungen.

Folgerichtig erweist sich auch, daß keine Verfahrensordnung auszumachen ist, die für die in der Reichsstrafprozeßordnung Gesetz gewordene Regelung als alleiniges Vorbild zu qualifizieren wäre. Im Ergebnis finden sich einzelne Elemente der verschiedenen Modelle in der Regelung des § 370 RStPO wieder[300].

Andererseits bediente man sich des Vermutungs-Modells, indem auf das unentschuldigte Ausbleiben des Angeklagte auf seine Berufung hin mit der Verwerfung reagiert wurde. Die entsprechenden nach der Person des Rechtsmittelführers differenzierenden Regelungen finden sich wieder, indem bei Ausbleiben des Angeklagten auf die Berufung der Staatsanwaltschaft hin verhandelt werden darf. Wenn nach §§ 370 Abs. 2 iVm. 44, 45 RStPO schließlich die Wiedereinsetzung bei Naturereignissen oder anderen unabwendbaren Zufällen eingeräumt wird, so findet dies seine Vorläufer in den meisten genannten besonderen Rechtsbehelfen.

III. Die Reichsstrafprozeßordnung und diesbezügliche Reformen

1. Die Reichsstrafprozeßordnung vom 1. Februar 1877

a) Der Gang des parlamentarischen Verfahrens

Die Entstehung[301] der Reichsstrafprozeßordnung vom 1. Februar 1877 nahm ihren Ausgang noch bei einem Entwurf für eine Strafprozeßordnung für den Norddeutschen Bund von 1870[302], in dessen Gefolge dann schnell nacheinander drei

---

des Angeklagten auf eine Berufung der Staatsanwaltschaft hin möglich war und gleichzeitig Dritte das Ausbleiben bis zur Urteilsfällung entschuldigen konnten.

300 Dazu im einzelnen sogleich.

301 Ausführlich *Dochow, in : v. Holtzendorff*, Handbuch I, S. 104 ff.; *Geyer*, S. 169 ff.; *Glaser*, Handbuch I, S. 188 ff.

302 Zu dem nach dem bearbeitenden Referenten im preußischen Justizministerium benannten sog. *„Friedberg'sche Entwurf"* (abgedruckt bei *Schubert/Regge*, S. 48-110) siehe *Geyer*, S. 169 f.; *Glaser*, Handbuch I, S. 190; *v. Kries*, S. 63. Erstinstanzlich zuständig waren Schwurgerichte (vgl. § 228) sowie große und kleine Schöffengerichte (vgl. §§ 265, 272), gegen deren Urteile allein die Nichtigkeitsbeschwerde zu-

Entwürfe entstanden[303]. Deren letzter wurde schließlich nach intensiver Beratung vor allem durch die vom Reichstag eingesetzte sog. „Reichsjustizkommission"[304] nach zweiter und dritter Lesung im Reichstag[305] am 1. Februar 1877 als Reichsstrafprozeßordnung verkündet und trat am 1. Oktober 1879 in Kraft[306].

b) Das Ausbleiben des Angeklagten in der Berufungshauptverhandlung

Nachdem keiner der Entwürfe eine zweite Tatsacheninstanz vorgesehen hatte[307], wurde dennoch in der Reichsjustizkommission zunächst ein Antrag auf Zulassung

---

lässig war (vgl. § 331). Zu einem Entwurf eines Gerichtsverfassungsgesetzes kam es zunächst nicht, vgl. *v. Kries*, S. 63.

303 Zum ersten Entwurf vom Januar 1873 (Abdruck bei *Schubert/Regge*, S. 113-147) vgl. *Schubert*, in: *Schubert/Regge*, S. 4 ff.; *Dochow*, in: *v. Holtzendorff*, Handbuch I, S. 105 ff. Der Entwurf basierte unter Verzicht auf Schwurgerichte auf einer Schöffengerichtsverfassung, derzufolge erstinstanzlich kleine, mittlere und große Schöffengerichte tätig werden sollten. Als einziges Rechtsmittel war die auf die Verletzung des Gesetzes zu stützende Revision vorgesehen, siehe *Eb. Schmidt*, Geschichte, S. 345; *Behr*, S. 165. Im Vorfeld hatte das federführende preußische Justizministerium zu besonders strittigen Fragen, unter anderem auch zu der einer zweiten Tatsacheninstanz, von den Regierungen der deutschen Staaten Stellungnahmen eingeholt (abgedruckt bei *Hahn*, Materialien zur StPO, Erste Abth., S. 326 ff.), vgl. *Dochow*, in: *v. Holtzendorff*, Handbuch I, S. 107 f. Zum zweiten Entwurf vom Oktober 1873 (Abdruck bei *Schubert/Regge*, S. 293-362) siehe *Dochow*, in: *v. Holtzendorff*, Handbuch I, S. 110 ff.; *Geyer*, S. 172 ff. Auch dieser Entwurf basierte auf einer Schöffengerichtsverfassung und kannte lediglich die Revision als Rechtsmittel, siehe *Eb. Schmidt*, Geschichte, S. 345; *Behr*, S. 166. Zum dritten Entwurf vom Juni 1876 (Abdruck bei *Hahn*, Materialien zur StPO, Erste Abth., S. 4-55) vgl. *Geyer*, S. 175 ff.; *Dochow*, in: *v. Holtzendorff*, Handbuch I, S. 112 ff. Der dritte Entwurf ersetzte die großen Schöffengerichte durch Schwurgerichte, setzte statt der mittleren Schöffengerichte die nur mit Berufsrichtern besetzte Strafkammer ein und sah bei den Amtsgerichten ausschließlich Schöffengerichte vor, siehe *Eb. Schmidt*, Geschichte, S. 346; *Behr*, S. 166.

304 Vgl. *Hahn*, Materialien zur StPO, Erste Abth., S. 497 ff. Die Kommission bestand aus 28 Mitgliedern des Reichstages, die *Schubert*, in: *Schubert/Regge*, S. 20 ff., mit kurzen Biographien vorstellt. Siehe auch *Geyer*, S. 178 f.; *Glaser*, Handbuch I, S. 193; Protokolle der Kommission, Erste Lesung, *Hahn*, Materialien zur StPO, Erste Abth., S. 551-1180; Zweite Lesung, ebd., Zweite Abth., S. 1181-1508; Bericht der Kommission ebd., S. 1509-1595.

305 *Hahn*, Materialien zur StPO, Zweite Abth., S. 1671-1990, 1997-2114; vgl. *Dochow*, in: *v. Holtzendorff*, Handbuch I, S. 124 ff.; *Geyer*, S. 181 ff.

306 RGBl. 1877, Nr. 8, S. 253-348.

307 Vgl. die Regierungsvoten sowie die Motive zum StPO-E I, *Hahn*, Materialien zur StPO, Erste Abth., S. 242 ff., und den Bericht der Reichsjustizkommission, ebd., Zweite Abth., S. 1509 ff., 1576 ff.

der Berufung gegen Urteile der Schöffengerichte und der Strafkammern[308], auf Intervention des Bundesrates nur noch gegen erstere, angenommen[309], worauf sich auch der Reichstag in diesem Sinn entschied[310].

Hinsichtlich des unentschuldigten Ausbleibens des Angeklagten hatte der Antrag in der Kommission in § n die folgenden Bestimmung enthalten:

> (1) Hat der Angeklagte die Berufung eingelegt und erscheint derselbe in der anberaumten Sitzung weder persönlich, noch in den Fällen, wo solches zulässig, dessen Vertreter, so ist die Berufung sofort zu verwerfen.
> (2) Die in § 195 gedachten Fälle begründen keine Ausnahme[311].

Die Aussprache in der Reichsjustizkommission verlief kontrovers. Die Berufung wurde von ihren Anhängern als Wohltat für den Angeklagten verstanden. Mit diesem Gedanken sei es nicht zu vereinbaren, wenn die Berufung des Angeklagten verworfen werde, wenn dieser vielleicht in der Überzeugung seiner Unschuld der Verhandlung fernbleibe. Auch werde dem Gericht jede Sachprüfung abgeschnitten, selbst wenn es das Urteil erster Instanz für unrichtig halte[312]. Daneben wurde vor allem bemängelt, daß die Norm nicht erkennen lasse, ob die Verwerfung durch Urteil oder Beschluß erfolge[313]. Zum Teil wurde in dieser Regelung auch ein Widerspruch zu derjenigen bezüglich der Revision gesehen, weil

---

308 Siehe Protokolle der Kommission, Erste Lesung, *Hahn*, Materialien zur StPO, Erste Abth., S. 991 ff., 1009. Einzelne Beschwerdepunkte mußten nicht angegeben sein, im Zweifel galt das ganze Urteil als angefochten (vgl. § e Abs. 1). Die Ladung von bereits vernommenen Zeugen oder Sachverständigen durfte nur unterbleiben, wenn eine erneute Vernehmung zur Aufklärung der Sache nicht erforderlich erschien, neue Beweismittel waren hingegen uneingeschränkt zulässig (vgl. § h Abs. 1, 2). Allerdings war die Regelung zur Wiederholung der Beweisaufnahme hoch umstritten, wurde aber schließlich angenommen, weil zweifelhaft erschien, wonach der Richter deren Erforderlichkeit bestimmen könnte, siehe *Hahn*, Materialien zur StPO, Erste Abth., Protokolle der Kommission, Erste Lesung, S. 1016-1020.

309 *Hahn*, Materialien zur StPO, Erste Abth., S. 1385 f.; vgl. auch den Kommissionsbericht ebd., Zweite Abth., S. 1576 ff.

310 *Hahn*, Materialien zur StPO, Zweite Abth., S. 1963 ff.; siehe auch die ausführliche Behandlung dieser Frage durch den Abgeordneten Windthorst, ebd., S. 1922 ff.

311 § 195 StPO-E III bestimmte, daß in geringen Fällen in der ersten Instanz bei Ausbleiben des Angeklagten zur Hauptverhandlung und Urteilsfällung geschritten werden konnte.

312 So der Abgeordnete Herz, *Hahn*, Materialien zur StPO, Erste Abth., S. 1026. Diesen Gedanken führt der Abgeordnete Thilo weiter, indem er darauf hinweist, daß dem Gericht so das mündliche Verhör des Angeklagten abgeschnitten sei, ebd.

313 Einwand des Abgeordneten Thilo, *Hahn*, ebd.

die Berufung auch dann abgewiesen werde, wenn nur die Verletzung von Rechtsnormen gerügt werde[314].

Daraufhin wurde die Zulassung der Wiedereinsetzung in den vorigen Stand beschlossen, um etwaigen Härten vorzubeugen[315]. Da die Verwerfung unzweifelhaft in einer Hauptverhandlung erfolge, sei klar, daß dies durch Urteil und nicht durch Beschluß geschehe[316]. Dies sei vollauf dadurch gerechtfertigt, daß in dem Nichterscheinen des Angeklagten sein Verzicht auf das Rechtsmittel zu sehen sei, was alles andere als unbillig sei, weil die Ladung einen entsprechenden Hinweis auf diese Rechtsfolge enthalte[317].

Dem Wertungswiderspruch zu den Vorschriften über die Revision wurde mit dem Hinweis darauf begegnet, daß Revision und Berufung grundverschiedene Verfahren darstellen. Die Berufung solle kein rein schriftliches Verfahren sein und erfordere daher die Bezeichnung von Beschwerdepunkten in einer Beschwerdeschrift nicht, wohingegen die Revision auf reiner Schriftlichkeit beruhe und deswegen die Einreichung einer die Beschwerdepunkte bezeichnenden Beschwerdeschrift unbedingt erforderlich sei[318].

Auf eine Stellungnahme des Bundesrates zu den Änderungsbeschlüssen der Reichsjustizkommission hin[319] erfolgte die zweite Erörterung in der Kommission. Dieser wurde aber nicht lediglich die um die genannten Änderungen ergänzte Fassung der Vorschrift zu Grunde gelegt. Die Aussprache ging vielmehr von einer neuen erweiterten Fassung[320] aus, die ohne weitere Diskussion von der Kommission angenommen wurde[321] und auch die zweite und dritte Lesung im Reichstag unverändert passierte. Deren § 0 wurde so als § 370 RStPO Gesetz[322].

(1) Ist bei der Hauptverhandlung weder der Angeklagte, noch in den Fällen, wo solches zulässig, ein Vertreter desselben erschienen und das Ausbleiben nicht genügend entschuldigt, so ist, insoweit der Angeklagte die Berufung eingelegt hat, dieselbe sofort zu verwerfen, insoweit die Staatsanwaltschaft die Berufung eingelegt hat, über diese zu verhandeln oder die Vorführung oder Verhaftung des Angeklagten anzuordnen[323].

---

314 So die Abgeordneten Becker und von Schwarze, *Hahn*, ebd.

315 So die Abgeordneten Pfafferoth und Klotz, siehe *Hahn*, ebd., S. 1026.

316 Abgeordnete Pfafferoth und Reichensberger, ebd.

317 Abgeordnete Pfafferoth und Krätzer, *Hahn*, ebd.

318 So der Abgeordnete Struckmann in Verteidigung seines eigenen Antrages, *Hahn*, ebd.

319 *Glaser*, Handbuch I, S. 194; *Schubert* in: *Schubert/Regge*, S. 26.

320 Protokolle der Kommission, Zweite Lesung, *Hahn*, Materialien zur StPO, Zweite Abth., S. 1387.

321 Ebd., S. 1391.

322 Ebd., S. 1972, 2096.

323 Dies im Hinblick auf die zweifelhafte Beweislage oder die zu erwartende schwerere Strafe, LR[19]-*Niethammer*, § 329 Anm. 9, S. 894.

(2) Der Angeklagte kann binnen zwei Wochen nach der Zustellung des Urtheils die Wiedereinsetzung in den vorigen Stand unter den in den §§ 37, 38[324] bezeichneten Voraussetzungen beanspruchen.

2. *Reformen der Reichsstrafprozeßordnung*

Trotz der Herstellung der Rechtseinheit im Reich auf dem Gebiet des Strafverfahrens durch die Kodifizierung des Gerichtsverfassungs- und des Strafverfahrensrechts kam die Diskussion um die zentralen Probleme des Strafverfahrens nicht zum Stillstand. Unter anderem um die Einrichtung des Rechtsmittelwesens, vor allem der Berufung, wurde weiter gestritten. Sehr bald wurde der Ruf nach einer Reform erhoben[325].

a) Die Entwürfe von 1894 und 1895

Die Entwürfe der Reichsregierung von 1894 und 1895[326] sahen übereinstimmend eine Änderung des § 370 RStPO vor, wonach nunmehr dem Angeklagten die Möglichkeit der Entbindung von der persönlichen Anwesenheit und somit der Durchführung der Verhandlung in Abwesenheit seiner Person auf seinen Antrag hin gegeben wurde, wenn das Erscheinen wegen der großen Entfernung seines Aufenthaltsortes erschwert war oder er sich in Haft befand. Sonst war die vom Angeklagten eingelegte Berufung zu verwerfen, wenn nicht er selbst oder, wo dies zulässig war, sein Vertreter für ihn erschienen und das Ausbleiben nicht genügend entschuldigt war (vgl. § 370 Abs. 1 StPO-E 1894/95). Dies sei durch die Annahme gerechtfertigt, daß der nicht erschienene Angeklagte solchermaßen sein Rechtsmittel zurückgenommen habe[327]. Bei unentschuldigtem Ausbleiben auf die von der Staatsanwaltschaft eingelegte Berufung hin bzw. ausdrücklichem Verzicht auf die Vorführung seitens des nicht auf freiem Fuß befindlichen Angeklagten war zu verhandeln (vgl. § 370 Abs. 2 StPO-E 1894/95). Sofern der aus-

---

324 In der endgültigen Fassung §§ 44, 45 StPO, wonach die Wiedereinsetzung bei Naturereignissen oder anderen unabwendbare Zufällen gewährt wurde.

325 Zu früheren Initiativen im Reichstag diesbezüglich siehe die Begründung zum StPO-E 1908/09, Sp. 135; LR[19]-*Niethammer*, Einleitung S. 11 ff. m. w. N.

326 RT-Verh., IX. Legislaturperiode, III. Session 1894/95, 1. Anlagenband, Nr. 15, S. 55 ff. und RT-Verh., IX. Legislaturperiode, IV. Session 1895/97, 1. Anlagenband, Nr. 73, S. 341 ff. Die Berufung sollte auch gegen Strafkammerurteile zulässig sein, vgl. Begründung zum StPO-E 1908/09, Sp. 137 f.; LR[19]-*Niethammer*, Einleitung S. 13 m. w. N.

327 Einzelbegründung zu § 370, RT-Verh., IX. Legislaturperiode, III. Session 1894/95, 1. Anlagenband, Nr. 15, S. 80.

gebliebene Angeklagte nicht auf die Abwesenheitsverhandlung angetragen hatte, bestand die Möglichkeit der Wiedereinsetzung in den vorigen Stand (vgl. §§ 370 Abs. 3 StPO-E 1894/95 iVm. 44, 45 RStPO). Diese Regelung sollte zum einen die mißbräuchliche Einlegung des Rechtsmittels verhindern, indem an der Rücknahmevermutung bei Ausbleiben des Angeklagten festgehalten wurde. Andererseits sollten die Härten[328] abgemildert werden, die dem Angeklagten nicht zuzumuten seien, indem verlangt wurde, daß er sich zum Gerichtsort begebe, auch wenn sich dieser in erheblicher Entfernung vom Wohnort befinde[329].

Letztendlich wurde der StPO-E 1894/95 aber nicht weiter verfolgt[330].

b) Der Entwurf von 1905

1902 forderte der Reichstag die Länder auf, baldmöglichst einen Entwurf zur Änderung des Gerichtsverfassungsgesetzes und der Strafprozeßordnung vorzulegen, der die Berufung auch gegen Strafkammerurteile eröffnen sollte. Das Reichsjustizamt bildete daraufhin eine Kommission, die vom 16. Februar 1903 bis zum 1. April 1905 tagte und deren Protokolle nebst den gefaßten Beschlüssen 1905 veröffentlicht wurden[331].

Obwohl sich die Kommission im Hinblick auf § 370 RStPO im Ergebnis lediglich für die Möglichkeit einer Entbindung von der Anwesenheit bei besonderen Erschwernissen aussprach[332], war die diesbezüglich kontroverse Debatte von einem sehr viel weiter gehenden Antrag eingeleitet worden. Danach sollte das Gericht in allen Fällen entweder in Abwesenheit verhandeln bzw. die Vorführung oder Verhaftung des unentschuldigt ausgebliebenen Angeklagten anordnen[333].

Ausgangspunkt der Diskussion waren die allzu großen Härten der bestehenden Regelung. Die als Rechtfertigungsgrund für den Erlaß des Verwerfungsurteils angeführte Begründung, es sei hier zu vermuten, daß der Angeklagte auf die eingelegte Berufung verzichte, sei zu unsicher, als daß darauf der Verlust eines Rechtsmittels zu gründen sei. Oft liege kein Verzicht vor, sondern es sei das Ausbleiben auf Unkenntnis des Gesetzes oder zufällige Umstände wie Verfehlung des Sitzungszimmers oder Verspätung zurückzuführen.

---

328 Zu den mit § 370 RStPO verbundenen Zweifelsfragen siehe *Voitus*, S. 61 ff.; *Kleinfeller*, GS 46 (1892), S. 373 ff.

329 Vgl. Begründung zu StPO-E § 370, RT-Verh., IX. Legislaturperiode, III. Session 1894/95, 1. Anlagenband, Nr. 15, S. 80.

330 Begründung StPO-E 1908, Sp. 137; LR[19]-*Niethammer*, Einleitung S. 13 f.

331 Vgl. Begründung StPO-E 1908, Sp. 140; LR[19]-*Niethammer*, Einleitung S. 14.

332 Siehe Protokolle der Kommission, Zweiter Band, S. 535.

333 Siehe Protokolle der Kommission, Erster Band, S. 485.

Auch bedeute die geltende Regelung eine Schlechterstellung des Angeklagten im Verhältnis zur ausbleibenden Partei im Zivilprozeß. Dieser stehe gegen das Versäumnisurteil der Einspruch zu, ohne daß das Ausbleiben irgendwie entschuldigt werden müßte (vgl. §§ 304, 307 RZPO). Die insoweit bestehenden Bedenken gegen das geltende Recht müßten vollends unerträglich werden, wenn die Berufung nicht mehr nur für verhältnismäßig geringfügige Strafsachen zulässig sei, sondern auf schwerere Sachen ausgedehnt werde. Die Wiedereinsetzung in den vorigen Stand biete demgegenüber keinen ausreichenden Schutz, da das Ausbleiben häufig entschuldbar sei, ohne auf einem Naturereignis oder einem anderen unabwendbaren Zufall zu beruhen, wie § 44 RStPO fordere.

Es empfehle sich daher, in weiterem Umfang als bisher in der Berufungsinstanz eine Verhandlung in Abwesenheit des Angeklagten zuzulassen. Dies sei unbedenklich, weil dieser in der ersten Instanz schon gehört worden und eine wiederholte Anwesenheit vielfach entbehrlich sei. Auch das geltende Recht erlaube in einschlägigen Fällen die Verhandlung in Abwesenheit, soweit die Staatsanwaltschaft Berufung eingelegt habe[334].

Während die Möglichkeit der Entbindung vom persönlichen Erscheinen bei besonderen Erschwernissen nicht auf nennenswerte Gegenrede stieß, war die grundsätzliche Abschaffung des Verwerfungsurteils scharfer Kritik ausgesetzt[335]. Es wurde an der Richtigkeit der Verzichtsvermutung festgehalten, die sich nur deswegen nicht auf eine ausdrückliche Erklärung stützen lasse, weil der Angeklagte diese unterließe, um eine weitere Hinausschiebung der Strafvollstreckung zu erreichen[336]. Darüber hinaus unterscheide sich die Stellung des Angeklagten in der zweiten Instanz von derjenigen in der ersten erheblich. Werde er dort im öffentlichen Interesse angegriffen und könne er deswegen alle Garantien für ein richtiges Urteil in Anspruch nehmen, werde er mit Einlegung der Berufung selbst zum Angreifer. Diesem sei anzusinnen, die nötige Sorgfalt anzuwenden, um das Gericht zu erreichen und das Urteil anzufechten. Andernfalls dürfe er sich nicht beklagen, wenn sein unentschuldigtes Ausbleiben ohne weiteres die Zurückweisung seines Rechtsmittel nach sich ziehe. Es sei angesichts der bestehenden Verkehrsverhältnisse meistens möglich, rechtzeitig eine Entschuldigung vorzubringen. Sei dies ausnahmsweise nicht der Fall, sei in der Regel ein Antrag auf Wiedereinsetzung in den vorigen Stand zu begründen. Versäumnisse, die auf Verfehlung des Sitzungszimmers, Verspätung und dergleichen beruhten, müsse der Gesetzgeber nicht berücksichtigen. Wenn sich aber herausstelle, daß die Beru-

---

334 Vgl. die Protokolle der Kommission, Erster Band, S. 485 f.

335 Siehe hierzu ebd., S. 487 ff.

336 Mit dieser Argumentation wird allerdings die Basis des Verzichtsvermutung verlassen. Es klingt hier der Gedanke des Rechtsmißbrauchs an, der dem Rechtsmittelverlust durch Verwirkung näher steht.

fung des Angeklagten offensichtlich begründet sei, könne die Staatsanwaltschaft im Wege der zu empfehlenden Anschlußberufung auf eine Abänderung des erstinstanzlichen Urteils zugunsten des Angeklagten hinwirken.

Teilweise wurde die Abschaffung des Verwerfungsurteils und die sich daraus ergebende Abwesenheitsverhandlung nicht als Vergünstigung, sondern als Härte angesehen, weil es oft nur ein geringes Versehen sei, das den Angeklagten den Termin versäumen lasse und nun zu einer Verhandlung in Abwesenheit führen solle. Gelinge es dem Angeklagten mit einem Antrag auf Wiedereinsetzung in den vorigen Stand durchzudringen, müsse die ganze Verhandlung wiederholt werden, so daß die erste Verhandlung die Arbeitskraft und Zeit der Beteiligten ganz umsonst in Anspruch genommen habe. Die bestehenden Härten könnten durch eine Milderung der Bedingungen für die Wiedereinsetzung ausgeglichen werden, indem man dort jede unverschuldete Säumnis genügen lasse[337].

Im Ergebnis schlug sich dann nieder, daß die Problematik der Abwesenheit des Angeklagten eng mit der der Wiedereinsetzung in den vorigen Stand verknüpft war. Eine Milderung der mit den Regelungen des § 370 RStPO verbundenen Härten hätte demnach weniger bei diesem selbst anzusetzen, als es vielmehr genüge, die als zu eng empfundenen Wiedereinsetzungsgründe (Naturereignisse bzw. andere unabwendbare Zufälle) weiter zu fassen[338]. So wurde lediglich eine Änderung des § 44 RStPO dahingehend empfohlen, daß nicht jede unverschuldete Säumnis ausreichen sollte, sondern es auf ein unabwendbares Ereignis ankommen sollte[339].

Nach teils abfälliger Kritik wurden die Kommissionsvorschläge nicht weiterverfolgt[340], und es war die Reichsregierung, die 1908 erneut einen Entwurf für eine Strafprozeßordnung und ein Gerichtsverfassungsgesetz veröffentlichte.

c) Die Entwürfe von 1908 und 1909

Dieser Entwurf kam im Zuge des parlamentarischen Verfahrens 1909 sachlich unverändert zur Vorlage im Reichstag[341].

---

337 Siehe ebd., S. 487 f., 476 f.

338 Vgl. hierzu ebd., S. 507 ff. Einige Kommissionsmitglieder hatte ihre Zustimmung zu den Anträgen zu § 370 RStPO ausdrücklich davon abhängig gemacht, daß der § 44 RStPO eine Erweiterung erfahre, siehe Protokolle der Kommission, Erster Band, S. 489.

339 Vgl. Protokolle der Kommission, Zweiter Band, S. 231 ff., 509.

340 Begründung StPO-E 1908, Sp. 141; LR[19]-*Niethammer*, Einleitung S. 14 m. w. N.

341 Entwurf einer Strafprozeßordnung und Novelle zum Gerichtsverfassungsgesetze nebst Begründung, Berlin 1908; vgl. umfassend *v. Lilienthal*, ZStW 29 (1909), S. 1 ff., 188 ff., 414 ff., 549 ff., 737 ff.; zur Berufung gegen Strafkammerurteile siehe die Begründung StPO-E 1908, Sp. 145 ff.

Für die Berufungsinstanz[342] sah § 325 StPO-E 1908/09 wiederum die Möglichkeit der Entbindung von der persönlichen Anwesenheit vor. War die Berufung vom Angeklagten oder zu dessen Gunsten eingelegt, konnte das Gericht auf seinen Antrag beschließen, daß ohne diesen verhandelt wurde, wenn er sich nicht auf freiem Fuß befand oder das Erscheinen ihm nicht möglich oder besonders erschwert war.

Je nach dem, ob die Staatsanwaltschaft oder der nicht erschienene Angeklagte Berufungsführer war, bestimmte § 326 Abs. 1 StPO-E 1908/09, daß bei nicht genügend entschuldigtem Ausbleiben ersterenfalls ohne den Angeklagten verhandelt werden *„kann"*. Abs. 2 der Vorschrift ordnete in S. 1 an, daß über eine vom Angeklagten eingelegte Berufung verhandelt werden konnte, wenn gem. § 225 StPO-E 1908/09 in Abwesenheit verhandelt werden durfte und ein Verteidiger erschienen war[343]. Abs. 2 S. 2 ordnete andernfalls die sofortige Verwerfung der Berufung an und hielt an der Verzichtsvermutung fest[344]. Diese strenge Position wurde allerdings durch die Befugnis des Gerichts zur Aussetzung, wenn diese *„nach Lage der Sache angemessen erscheint"*, aufgebrochen[345]. Das Gericht konnte von der Verwerfung absehen, wenn sich aus den Berufungsanträgen Zweifel ergaben, ob die Annahme eines Verzichts tatsächlich begründet war. Der Sache nach wurde hier die bisherige unwiderlegliche Vermutung (des Verzichts bzw. der Rücknahme) in eine widerlegliche umgestaltet.

Auch der Entwurf von 1908/09 blieb im parlamentarischen Verfahren stecken und wurde schließlich durch den Ausbruch des Ersten Weltkrieges und dem mit

---

342 Aus der obligatorischen Begründung mußte hervorgehen, ob die Berufung sich gegen die Tatsachenfeststellung oder ihre rechtliche Bewertung richtete (vgl. § 317 StPO-E 1908/09). Anders als nach § 364 Abs. 2 RStPO sollte stets eine volle Wiederholung der Beweisaufnahme erfolgen können, um die Grundsätze der Unmittelbarkeit und der Mündlichkeit auch in der Berufungsinstanz voll zum Tragen zu bringen, damit diese nicht ihren Wert überhaupt verliere, vgl. die Begründung StPO-E 1908, Sp. 306 f.

343 Danach war in Erweiterung des bisherigen Kontumazialverfahrens gem. § 231 RStPO in allen vor den Amts- und Landgerichten zu verhandelnden Sachen gegen den unentschuldigt ausgebliebenen Angeklagte in Abwesenheit zu verhandeln, wenn das Gericht annahm, daß eine bestimmte Strafgrenze nicht überschritten werden wird. Andernfalls mußte die Verhandlung ausgesetzt werden.

344 Vgl. die Begründung zu § 326 StPO-E 1908/09, Sp. 309.

345 Die bisherige Regelung habe zu besonderen Härten geführt, zumal die Wiedereinsetzung nur in engen Grenzen zugelassen sei. Zwar solle die Wiedereinsetzung bei fehlendem Verschulden möglich werden (vgl. die Begründung zu § 39 StPO-E 1908, Sp. 205 ff.), trotzdem sollten auch die Rechtsfolgen des Ausbleibens selbst gemildert werden, siehe die Begründung zu § 326 StPO-E 1908, Sp. 319.

der Niederlage des Deutschen Reiches im November 1918 verbundenen Sturz der Monarchie und aller Bundesregierungen endgültig hinfällig[346].

d) Der Entwurf von 1919/20

Trotz des politischen Umsturzes im November 1918 wurde schon im Januar 1920 ein Entwurf zur Änderung des Gerichtsverfassungsgesetzes und für ein neues Strafverfahrensgesetz veröffentlicht[347].

Dieser sog. „*Goldschmidt-Entwurf*" ging hinsichtlich der Vorschriften über die Anwesenheit des Angeklagten in der Berufungsinstanz über die Vorschläge des Entwurfs von 1908/09 hinaus. Blieb dieser auf ordnungsgemäße Ladung ohne genügende Entschuldigung aus, konnte das Gericht in Abwesenheit des Angeklagten verhandeln[348], sofern die Verhandlung nicht ausgesetzt und der Angeklagte vorgeführt oder bei Berufung der Staatsanwaltschaft sogar verhaftet wurde (vgl. § 316 Abs. 1, 3 StPO-E 1920). Es fand also ein reines Abwesenheitsverfahren statt[349], das durch die Möglichkeit der Wiedereinsetzung in den vorigen Stand bei fehlendem Verschulden (vgl. §§ 316 Abs. 4 iVm. 229 StPO-E 1920) gemildert wurde.

Zweck dieser Regelung sei es, die Härten der bisherigen Regelung zu vermeiden, die sich insbesondere daraus ergaben, daß in dem Ausbleiben ohne weiteres ein Verzicht auf das Rechtsmittel vermutet wurde. Auch gehe es darum, die Regelung zu vereinfachen, die bisher danach unterschied, ob die Berufung vom Angeklagten oder von der Staatsanwaltschaft eingelegt worden war[350].

Dem scheint die Grundauffassung zugrunde zu liegen, daß ein Verfahren in Abwesenheit nicht ohne weiteres eine Härte darstellt. Dies konnte natürlich vor allem, wenn nicht ausschließlich, dort gelten, wo das Urteil nur vom Angeklagten oder zu dessen Gunsten angefochten war, weil hier das Verbot der *reformatio in peius* galt (vgl. § 320 StPO-E 1920). Indem aber der Staatsanwaltschaft die An-

---

346 LR[19]-*Niethammer*, Einleitung S. 15; Begründung StPO-E 1920, S. 1.

347 Entwurf eines Gesetzes zur Änderung des Gerichtsverfassungsgesetzes und Entwurf eines Gesetzes über den Rechtsgang in Strafsachen nebst Begründung, Berlin 1920. Der Entwurf sah wiederum die Einführung der Berufung in allen Strafsachen vor, vgl. LR[19]-*Niethammer*, Einleitung S. 15; *Eb. Schmidt*, Geschichte, S. 416 f. Er ging im wesentlichen auf den bedeutenden liberalen Prozessualisten *Goldschmidt* zurück. Umfassend zum Entwurf und zu dessen Person und Mitwirkung siehe *Rentzel-Rothe*, S. 56 ff.

348 Und zwar ohne an die Beschränkungen des § 227 StPO-E 1920 gebunden zu sein, der dies in der ersten Instanz nur bei geringfügigen Strafsachen zuließ (vgl. § 316 Abs. 1 StPO-E 1920).

349 So auch die Begründung StPO-E 1920, S. 24.

350 Begründung zu § 316 StPO-E 1920, S. 63.

schlußberufung eingeräumt wurde (vgl. § 312 Abs. 2 S. 1 StPO-E 1920), wurde diese Vergünstigung wieder in Frage gestellt, wenngleich damit die Möglichkeit eröffnet wurde, eine offensichtlich begründete Berufung der Entscheidung zuzuführen[351].

Angesichts einer allgemeinen politischen Orientierung nach rechts war dem Entwurf, der die Interessen des Beschuldigten, so die Kritiker[352], vor die einer effektiven Strafrechtspflege stellte, kein Erfolg beschieden. Er kam schon über die ersten Stufen des parlamentarischen Verfahrens nicht hinaus und wurde nicht weiter verfolgt[353].

e) Der Entwurf einer Strafverfahrensordnung vom 1. Mai 1939

Schon unmittelbar nach der sog. „Machtergreifung" im Januar 1933[354] nahmen die neuen Machthaber eine Gesamtreform des Strafverfahrensrechts im nationalsozialistischen Sinne in Angriff[355]. Am Ende der im Herbst 1933 einsetzenden

---

351 Zwar konnte die Staatsanwaltschaft zuungunsten des Angeklagten nur Berufung einlegen, wenn sich das Urteil als offensichtlich fehlsam darstellte, dies galt indes nicht, wenn der Angeklagte Berufung eingelegt hatte (vgl. § 307 StPO-E 1920), mithin dann, wenn eine Anschlußberufung in Betracht kam. Damit sollte der mißbräuchlichen Einlegung seitens des Angeklagten entgegengewirkt werden, siehe die Begründung StPO-E 1920, S. 23.

352 Siehe *v. Hippel*, ZStW 41 (1920), S. 32 f.; *v. Staff*, DStrZ 7 (1920), Sp. 3 f., 6; *R. Schmidt*, JW 1920, S. 20, 22; zusammenfassend *Goldschmidt*, ZStW 41 (1920), S. 569 ff.; *Rentzel-Rothe*, S. 212 ff.

353 *Rentzel-Rothe*, S. 185 ff., 195 ff.; *R. Schmidt*, JW 1920, Ss. 22.

354 Die sog. „Emminger-Verordnung" vom 4. Januar 1924 (RGBl. I 1924, S. 15-28) brachte keine Änderungen der hier interessierenden Vorschriften, bewirkte aber eine Zuständigkeitskonzentration bei den unteren Gerichten. Da gegen Urteile der Amts- und Schöffengerichte die Berufung zum Landgericht als bloßem Rechtsmittelgericht zulässig war (vgl. § 11 VO) wurde diese erheblich aufgewertet, soweit § 33 VO sie, wenn bei Übertretungen und Privatklagen auf Freispruch oder Geldstrafe erkannt worden war, nicht ausschloß, siehe *Kronecker*, ZStW 45 (1924), S. 433; *Gerland*, S. 29. Der bisherige § 370 RStPO wurde im Zuge der folgenden Neubekanntmachung von GVG und StPO am 24. März 1924 bei unverändertem Wortlaut zu § 329 RStPO, RGBl. I 1924, S. 355; ausführlich *Vormbaum*, Die Lex Emminger vom 4. Januar 1924, 1985, sowie zur sonstigen Rechtsentwicklung während der Weimarer Republik *Drews*; S. 105 ff.; AK-*Schreiber*, Einl. I Rn. 4 ff.; LR[25]-*Rieß*, Einl. Abschn. E Rn. 25 ff.; *Schubert*, Quellen zur Reform des Straf- und Strafprozeßrechts, 1. Abt., Band 4, 1999.

355 So wurde das Strafverfahrensänderungsgesetz von 1935 bereits als *„das erste bewußt vorweggenommene Stück aus der nationalsozialistischen Strafprozeßreform"* bezeichnet, siehe Kommentierung der Reichsregierung, RGBl. I, 1935, S. 844-850; LR[25]-*Rieß*, Einl. Abschn. E Rn. 62 ff.

Vorarbeiten stand schließlich der Entwurf einer Strafverfahrensordnung und einer Friedensrichter- und Schiedsmannordnung vom 1. Mai 1939[356].

Gem. § 328 Abs. 1 S. 1 StrVO-E 1939 mußte der Angeklagte in der Berufungshauptverhandlung[357] in jedem Fall persönlich erscheinen. Er konnte allerdings bei geringfügigen Strafsachen von der Pflicht zum Erscheinen befreit werden (vgl. §§ 330 Abs. 1, 48 StrVO-E 1939). Die Möglichkeit einer Vertretung war beseitigt[358]. Hatte der Angeklagte allein die Berufung eingelegt und blieb er unentschuldigt aus, wurde durch Urteil festgestellt, daß die Berufung als zurückgenommen gilt[359]. Gem. S. 2 sollte sonst, also wenn die Staatsanwaltschaft allein oder neben dem Angeklagten die Berufung eingelegt hatte, in der Sache verhandelt oder seine Vorführung angeordnet werden. War insoweit ein Urteil ergangen[360], konnte der Angeklagte die *„Wiederholung der versäumten Hauptverhandlung"* erreichen, wenn die Versäumung ohne sein Verschulden eingetreten war (vgl. §§ 328 Abs. 2 iVm. 58, 351 ff. StrVO-E 1939).

Mit Kriegsbeginn wurde jedoch jede systematische Reformarbeit eingestellt, so daß der Entwurf keine Wirkung mehr entfaltete[361].

---

356 Abdruck bei *Schubert*, Entwürfe, S. 297-361. Dort finden sich auch die vorangegangen Entwürfe. Zu den Protokollen der Großen Strafrechtskommission siehe *Schubert*, Quellen zur Reform des Straf- und Strafprozeßrechts, III. Abt., Band 2/1; umfassend *Koch*, Die Reform des Strafverfahrensrechts im „Dritten Reich", 1972.

357 Insgesamt hatte der Beschwerdeführer nur noch ein Rechtsmittel. Das war einmal gegen erstinstanzliche Urteile des Schöffen- oder des Schwurgerichts die sog. Urteilsrüge, die grundsätzlich nur auf Rechtsfehler gestützt werden konnte, es sei denn, es bestanden so schwere Bedenken gegen die Richtigkeit der tatsächlichen Feststellungen, daß eine neue Entscheidung notwendig war (vgl. § 331 StrVO-E 1939). Gegen Urteile des Amtsrichters war die Berufung zulässig; vgl. die Begründung StrVO-E 1939, *Schubert*, Entwürfe, S. 374. Dabei war eine uneingeschränkte Neuverhandlung vorgesehen (vgl. § 319 StrVO-E 1939). Allerdings konnte das Gericht von einer Beweisaufnahme absehen, wenn es die entsprechenden Tatsachen im erstinstanzlichen Urteil für einwandfrei festgestellt hielt und diese Feststellungen weder vom Staatsanwalt noch vom Angeklagten beanstandet wurden (vgl. § 325 Abs. 2 S. 2 StrVO-E 1939).

358 Vgl. die Begründung StrVO-E 1939, *Schubert*, Entwürfe, S. 376.

359 Laut Begründung wollte der Entwurf insoweit am bisherigen Recht festhalten und sich andere Auffassungen, wonach das Ausbleiben den Schluß auf die Unbegründetheit rechtfertige oder die Verwerfung den Charakter einer Strafe für das Nichterscheinen habe, gerade nicht zu eigen machen, vgl. die Begründung zu § 328 StrVO-E 1939, *Schubert*, Entwürfe, S. 525.

360 Die Feststellung erging in Urteilsform, weil es sich um eine das Verfahren in der Hauptverhandlung abschließende Entscheidung handelte, Begründung zu § 328 StrVO-E 1939, *Schubert*, Entwürfe, S. 525.

361 *Koch*, S. 209; zur sonstigen Rechtsentwicklung seit 1933 *Drews*, S. 122 f.; LR[25]-*Rieß*, Einl. Abschn. E Rn. 46 ff.

3. Zusammenfassung

Nachdem mit § 370 RStPO schließlich eine recht rigide Regelung für das unentschuldigte Ausbleiben des Angeklagten in der Berufungshauptverhandlung gefunden worden war, zeigte sich, daß die mit der Vorschrift verbundenen Rechtsfolgen vielfach als übergroße Härte für den Angeklagten empfunden wurden[362]. Ging es den verschiedenen Ansätzen zwar vornehmlich um eine umfassende Reform der Rechtsmittel in Strafsachen, so wäre doch damit nicht notwendig eine inhaltliche Änderung der Vorschriften über das Ausbleiben zu verbinden gewesen. Wäre man allgemein von der Richtigkeit dieser Regelungen überzeugt gewesen, hätte man sie nicht in den Kreis der änderungsbedürftigen Vorschriften einbeziehen müssen.

Stattdessen war jedes umfangreichere Reformvorhaben im Gefolge der Reichsstrafprozeßordnung bestrebt, § 370 RStPO zu modifizieren. Dabei war zum Teil ausdrücklich von einer Milderung der Härten die Rede, andererseits wurde auch die Verfahrensbeschleunigung in den Vordergrund gestellt. Dabei zeigte sich die Tendenz, die Handlungsmöglichkeiten des Gerichts offener zu gestalten, das heißt weniger, auf zwingende Regelungen aufzubauen, als vielmehr dem richterlichen Ermessen mehr Spielraum zu verschaffen. Gleichzeitig wurde klar, wie sehr die Problematik des unentschuldigten Ausbleibens des Angeklagten in der Berufungshauptverhandlung mit den Voraussetzungen der Wiedereinsetzung in den vorigen Stand verbunden ist. Während zum einen deutlich wird, daß deren Erleichterung als ausreichend empfunden wurde, um auch den Rechtsfolgen des unentschuldigten Ausbleibens die Spitze zu nehmen, wurde an anderer Stelle eine Änderung der problematischen Vorschrift selbst für sachgerecht gehalten.

Daneben hatten die Änderungsansätze auch die Beschleunigung des Verfahrens im Auge, indem sie dem Angeklagten die Möglichkeit abschneiden wollten, dieses rechtsmißbräuchlich zu verzögern. Dazu ließen sie in verstärktem Maß eine Verhandlung und Entscheidung in Abwesenheit zu, was im Ergebnis auch dem Angeklagten nutzen sollte.

Auch wie der „Verlust“ des Rechtsmittels gegebenenfalls zu begründen sein sollte, wurde nach wie vor nicht einhellig beantwortet. Nachdem in den Verhandlungen der Reichsjustizkommission die Rede davon gewesen war, der Angeklagte verzichte durch sein unentschuldigtes Ausbleiben auf sein Rechtsmittel, wollte der Entwurf von 1894/95 die Verwerfung auf eine Rücknahmevermutung stützen. Obwohl die Entwürfe von 1905 und 1908/09 zu der Verzichtsvermutung

---

362 *Alsberg*, JW 1929, S. 1105; *Stern*, JW 1932, S. 1781; RGSt 61, 278 (280): *„sehr gefährliche“ Regelung“.*

zurückgekehrt waren, wollte der Entwurf von 1939 die in dem Ausbleiben zum Ausdruck kommende Rücknahme durch Urteil feststellen.

Damit deutet sich nicht zuletzt auch eine gewisse begriffliche Unsicherheit an, wenn einmal dem ungenügend entschuldigten Ausbleiben der Erklärungswert eines Verzichts auf das Rechtsmittel zukommen, dann aber die gleiche Handlung die Vermutung der Rücknahme stützen soll. Schließlich klingt verschiedentlich bereits ein ganz anderer Ansatz an. Soll der Angeklagte von der mißbräuchlichen Einlegung des Rechtsmittels abgehalten werden, legt die Verwerfung des Rechtsmittels nahe, daß von einer Verwirkung ausgegangen werden soll.

IV. Die geltende Strafprozeßordnung und diesbezügliche Reformen

Die im Zuge der alliierten Besatzung entstandene Rechtszersplitterung[363] machte es erforderlich, das Recht der gerade gegründeten Bundesrepublik zu vereinheitlichen. Durch das Rechtsvereinheitlichungsgesetz vom 12. September 1950[364] wurde der vormalige § 329 RStPO als § 329 StPO wortgleich in bundesrepublikanisches Recht übernommen[365].

1. Das Erste Strafverfahrensreformgesetz von 1974

Erst das Erste Strafverfahrensreformgesetz (1. StVRG) von 1974 brachte in Art. 1 Nr. 87 eine Änderung des § 329 StPO, der damit seine heutige Fassung er-

---

363 Nach dem Zusammenbruch des sog. „Dritten Reiches“ im Mai 1945 lagen Regierungsgewalt und Justizhoheit zunächst in den Händen der Alliierten, die sie durch den alliierten Kontrollrat, die alliierte Militärregierung und die Oberbefehlshaber der einzelnen Besatzungszonen wahrnahmen. Nach Bildung der Länder übten diese Justizhoheit und Gesetzgebung innerhalb der besatzungsrechtlichen Ermächtigungen aus. Trotzdem entwickelte sich der Rechtszustand zonal unterschiedlich, siehe *Drews*, S. 148 f.; LR[25]-*Rieß*, Einl. Abschn. E Rn. 74 f.

364 Gesetz zur Wiederherstellung der Rechtseinheit auf dem Gebiete der Gerichtsverfassung, der bürgerlichen Rechtspflege, des Strafverfahrens und des Kostenrechts vom 12. September 1950, BGBl. I, 1950, S. 455-512, das in dem Bestreben, ein rechtsstaatliches Strafverfahren aufzubauen, die entgegenstehenden Vorschriften aus der Feder des nationalsozialistischen Gesetzgebers beseitigte und so weitgehend den Rechtszustand des Jahres 1933 wieder herstellte, siehe *Gerner*, NJW 1950, S. 722 f.; AK-*Schreiber*, Einl. I Rn. 8; LR[25]-*Rieß*, Einl. Abschn. E Rn. 81 ff.

365 Siehe zur Übernahme in das zu schaffenden Recht *Niethammer*, in: FS Rosenfeld, S. 130 ff.

hielt[366]. Abs. 1 stellt jetzt klar, daß die Verwerfung[367] *„ohne Verhandlung zur Sache"* (früher *„sofort"*) auch bei Ausbleiben in einer wiederholten Hauptverhandlung zulässig ist, da S. 1 nunmehr auch von *„einer"* statt wie bisher von *„der"* Hauptverhandlung spricht[368]. Neu eingefügt wurden Abs. 1 S. 2, 3. Abs. 2 regelt nunmehr die bisher in Abs. 1 S. 2 getroffene Regelung für das Ausbleiben bei Berufung der Staatsanwaltschaft. Der bisherige Abs. 2 wurde zu Abs. 3, neu eingefügt wurde Abs. 4, der die Verhaftung und Vorführung regelt[369].

Insgesamt wurden Wortlaut und Aufbau der Vorschrift zwar erheblich geändert. Substantielle Neuerungen waren damit indes nicht verbunden. Es ging dabei vor allem um eine Klarstellung bzw. Entscheidung im Hinblick auf strittige Einzelfragen, die im Ergebnis zu einer Erweiterung des Anwendungsbereichs des § 329 StPO zugunsten der Verfahrensbeschleunigung[370] und zulasten des Angeklagten führte. Das Grundkonzept der Verwerfung der Berufung des Angeklagten bzw. Abwesenheitsverhandlung auf die staatsanwaltliche Berufung hin erfuhr keine Modifikation.

---

366 Erstes Gesetz zur Reform des Strafverfahrensrechts vom 9. Dezember 1974, BGBl. I, 1974, S. 3393-3421.

367 Der damit verbundenen Gefahr für den Angeklagten sollte aber durch sorgfältige Prüfung und großzügige Gewährung der Wiedereinsetzung in den vorigen Stand begegnet werden, die erneut erleichtert wurde (unverschuldete Versäumung als Wiedereinsetzungsgrund), siehe Art. 1, Nr. 8, 9 1. StVRG; *Rieß*, NJW 1975, S. 83; vgl. auch die Begründung des Reg.-Entw. zu Art. 91 (Änderung des § 329 StPO), BT-Drucks. 7/551, S. 86.

368 Nach herrschender Auffassung war die Anwendung des § 329 StPO auf den Beginn der ersten Hauptverhandlung in der Berufungsinstanz beschränkt, vgl. BGHSt 17, 188 m. w. N. (Bestätigung von RGSt 61, 278 [280]; 63, 10 [11]); anders OLG Köln NJW 1973, 2310 mit Anm. *Dahs (sen.)*, NJW 1974, S. 467 f., wenn in der früheren Hauptverhandlung noch nicht zur Sache verhandelt worden war; für eine Anwendung in der wiederholten Hauptverhandlung *Schneidewin*, NJW 1961, S. 841 ff.; *Ungewitter*, NJW 1962, S. 2144; *Sax*, JR 1967, S. 41 ff.; *Barth*, NJW 1958, S. 373; und in der früheren Rechtsprechung OLG Hamm JW 1931, 2862; OLG Breslau HRR 1932, 807; LG Köln NJW 1961, 841; siehe auch die Begründung des Reg.-Entw. BT-Drucks. 7/551, S. 50.

369 LR^{24}-*Gollwitzer*, § 329 vor Rn. 1; zu den Änderungen vgl. die Begründung des Reg.-Entw., BT-Drucks. 7/551, S. 50, 86 ff.; *Rieß*, NJW 1975, S. 89.

370 Vgl. *Rieß*, NJW 1975, S. 81.

2. Der Diskussionsentwurf eines Rechtsmittelgesetzes von 1975

Obwohl man zunächst eine Gesamtreform ins Auge gefaßt hatte, ist die Zeit seit 1950 lediglich geprägt geblieben von einer „Reform in Teilgesetzen"[371]. Erwähnenswert im vorliegenden Zusammenhang ist zunächst der im Gefolge des Referentenentwurfes eines Ersten Justizreformgesetzes von 1971[372] entstandene Entwurf eines Gesetzes für eine Reform der Rechtsmittel in Strafsachen von 1975[373].

Kernpunkt dieses Entwurfes war die Einführung eines Einheitsrechtsmittels, das sich materiell als erweiterte Revision darstellte[374]. Im Verfahren dieser Urteilsrüge bestimmte § 331 Abs. 1 S. 2, 3 DE, daß auf eine bloße Mitteilung hin der Angeklagte erscheinen oder sich vertreten lassen konnte[375]. Der verhaftete

---

371 In Anlehnung an *Rieß*, ZRP 1977, S. 67 ff. kann von fünf Phasen der Entwicklung gesprochen werden, siehe auch AK-*Schreiber*, Einl. I Rn. 3 ff.; zur Strafverfahrensgesetzgebung in dieser Zeit LR[25]-*Rieß*, Einl. Abschn. E Rn. 88 ff.

372 Gesetz zur Neugliederung der ordentlichen Gerichtsbarkeit, hrsg. vom Bundesministerium der Justiz, 1971, mit dem vor allem die Ablösung des bestehenden vierstufigen Aufbaus der ordentlichen Gerichtsbarkeit zugunsten der Dreistufigkeit angestrebt wurde, vgl. *Kissel*, Einl. Rn. 126 f. m. w. N.; zum Schicksal des Entwurfs *Jahn*, FS Wassermann, S. 99 ff.

373 Die Reform des Rechtsmittelwesens insbesondere durch Einführung eines Einheitsrechtsmittel war Thema der Abteilung Strafprozeß auf dem 52. DJT in Wiesbaden 1978; vgl. hierzu das Gutachten von *Peters*, in: Verhandlungen des 52. DJT, Band I, Abschn. C, sowie die Referate von *Rieß*, ebd. Band II, Abschn. L 8-34, und *Sarstedt*, ebd., Band II, Abschn. L 35-49.

374 Siehe die Begründung DE, S. 32, 34. Der bisherige alleinige Revisionsgrund der Gesetzesverletzung mit seinen Unterformen der Sachrüge und der Verfahrensrüge wurde nach dem DE um einen weiteren Urteilsrügegrund der schwerwiegenden Bedenken gegen die Richtigkeit erheblicher Feststellungen oder die Auswahl und Zumessung der Rechtsfolgen erweitert (vgl. § 314 Abs. 2 S. 1 DE). Auf neue Tatsachen und Beweise, die im Verfahren des ersten Rechtszuges nicht zu berücksichtigen waren, sollten die Bedenken nicht gestützt werden können (vgl. § 314 Abs. 2 S. 2 DE). Zur Überprüfung und Ergänzung einzelner Feststellungen, die schwerwiegenden Bedenken unterliegen, lückenhaft oder widersprüchlich waren oder auf Verfahrensfehlern beruhten, erhob das Gericht Beweise, wenn ihm hierdurch eine abschließende Entscheidung ermöglicht und das Verfahren beschleunigt werden konnte (vgl. § 330 Abs. 1 DE). Die ergänzende Beweisaufnahme sollte an die Stelle der erneuerten tatrichterlichen Hauptverhandlung nach Zurückverweisung treten (vgl. Begründung DE, S. 36). Mit dieser Regelung sollte das Verfahren beschleunigt werden, indem die Zahl der Zurückverweisungen reduziert wurde, siehe die Einzelbegründung zu § 330 DE, S. 95 f. Zu den Schwierigkeiten der ergänzenden Beweisaufnahme vgl. die Referate von *Sarstedt*, in: Verhandlungen des 52. DJT, Band II, Abschn. L 42 ff. und *Peters*, ebd., Band I, Abschn. C 32 ff., 78 ff.

375 Damit war eine Änderung des geltenden § 350 StPO nicht vorgesehen, vgl. die Einzelbegründung zu §§ 331, 332 DE, S. 99.

Angeklagte hatte keinen Anspruch auf Anwesenheit. Wurde er nicht vorgeführt, wurde ihm gem. S. 4 gegebenenfalls ein Verteidiger bestellt. Fand aber eine Beweisaufnahme gem. § 330 DE statt, konnte das Rügegericht ohne den Angeklagten verhandeln, wenn sein Ausbleiben nicht genügend entschuldigt war. Allerdings wurde ein Verteidiger für die mündliche Verhandlung bestellt (vgl. § 331 Abs. 2 S. 2 Hs. 1, 3 DE). Die Anordnung des persönlichen Erscheinens und dessen Erzwingung durch Haft- oder Vorführungsbefehl gem. § 236 StPO blieben dabei dem Gericht unbenommen (vgl. § 331 Abs. 2 S. 2 HS. 2 DE).

Der Entwurf konnte es bei der Regelung des geltenden § 350 StPO belassen, soweit in der Hauptverhandlung eine Beweisaufnahme unterblieb. Wurde indes eine die erstinstanzlichen Feststellungen ergänzende Beweisaufnahme gem. § 330 DE zur Schuldfrage vorgenommen[376], sah man sich mit einer Situation konfrontiert, die der Berufung eigen ist und orientierte sich an den entsprechenden Regelungen des geltenden § 329 StPO. Insoweit wurde aber nicht die in den Rechtsfolgen nach der Person des Berufungsführers differenzierende Regelung übernommen, sondern lediglich diejenige für die staatsanwaltliche Berufung. Bei der ergänzenden Beweisaufnahme fanden keine so umfassenden Erörterungen zur Sache statt wie in der Hauptverhandlung. Der Anwesenheit des Angeklagten zur Sachaufklärung werde es nicht immer bedürfen, auch sei der Angeklagte bereits in der Hauptverhandlung des ersten Rechtszuges zur Sache vernommen worden[377].

376 Diese ist dem Revisionsgericht nach geltendem Recht versagt. Zulässig ist lediglich der Freibeweis hinsichtlich tatsächlicher Umstände, von denen die Prozeßvoraussetzungen oder die Verfahrensrügen abhängen, vgl. HK-*Temming*, § 351 Rn. 6; *Meyer-Goßner*, § 351 Rn. 3; LR^{25}-*Hanack*, § 351 Rn. 5. Die Rechtsprechung der Revisionsgerichte hat jedoch die hier angesprochene Grenze der Bindung an die tatsächlichen Feststellungen des Tatrichters längst an vielerlei Stellen durchbrochen. So kann eine Verletzung der Pflicht zur vollständigen Wahrheitsermittlung gem. § 244 Abs. 2 StPO mit der sog. „Aufklärungsrüge" als Form der Verfahrensrüge angegriffen werden, siehe *Dahs/Dahs*, Rn. 475 ff.; *Sarstedt/Hamm*, Rn. 513 ff. Daneben wird geprüft, ob der festgestellte Sachverhalt die rechtliche Prüfung überhaupt zuläßt, also ob er mit Denkgesetzen und Erfahrungssätzen im Einklang steht, und ob er widersprüchlich oder lückenhaft dargestellt ist (sog. „Darstellungsrüge" als Unterform der Sachrüge), siehe AK-*Maiwald*, vor § 333 Rn. 5 f.; zum Begriff LR^{25}-*Hanack*, Vor § 333 Rn. 4, sowie § 337 Rn. 121 ff., § 351 Rn. 5. Diese Entwicklung nimmt der DE in Anknüpfung an die bisherige Rechtsprechung ausdrücklich zum Anlaß für die diesbezüglichen Erweiterungen, siehe Begründung DE, S. 29, 31, 36; Einzelbegründung zu § 330 DE, S. 96.

377 Einzelbegründung zu § 331 DE, S. 100.

3. Jüngste Reformbestrebungen

Auch in jüngster Zeit hat die Frage nach einer Reform der Rechtsmittel in Strafsachen nichts an Aktualität eingebüßt. Nach der Koalitionsvereinbarung[378] strebt die jetzige Bundesregierung eine umfassende Rechtsmittelreform an, die beim Zivilprozeß ihren Ausgang nehmen und schließlich dort wie auch im Strafverfahren in die Einführung eines insgesamt nur noch dreistufigen Gerichtsaufbaus münden soll[379].

Dazu wurde die Große Strafrechtskommission des Deutschen Richterbundes am 12.2.1999 mit der Erstellung eines Gutachtens zum Thema „Reform der Rechtsmittel im Strafverfahren" beauftragt[380], das Rechtsmittel für einen dreigliedrigen Gerichtsaufbau entwerfen soll[381]. Das Gutachten beschränkt sich indes auf einführende Grundüberlegungen und fünfundvierzig Leitsätze, die noch keine Formulierungsvorschläge einzelner Vorschriften enthalten[382]. Auch auf dem 63. Deutschen Juristentag in Leipzig 2000 war die Reform des strafverfahrens-

---

378 Vgl. die Koalitionsvereinbarung zwischen SPD und Bündnis 90/Die Grünen vom 20. 10. 1998, S. 40 (Punkt IX, 12. Justizreform), http://bundesregierung.de/02/0203/020200/00.html.

379 *Däubler-Gmelin*, ZRP 1999, S. 82.

380 Große Strafrechtskommission des Deutschen Richterbundes, Gutachten zum Thema „Reform der Rechtsmittel im Strafverfahren". Im Auftrag des Bundesministeriums der Justiz, Ergebnisse der Sitzung vom 26.07. bis 31.07.1999 in Berlin.

381 Die anzustrebende Reform sollte nach Vorgabe des Bundesjustizministeriums einen unumkehrbaren Einstieg in die Dreistufigkeit mit sich bringen, vgl. hierzu und zum Inhalt des Gutachtens *Kintzi*, DRiZ 2000, S. 187 ff.; siehe auch den Artikel von *Prantl*, Süddeutsche Zeitung Nr. 126 vom 2.6.2000, S. 14, aus Anlaß des 51. Deutschen Anwaltstages in Berlin.

382 Hauptpunkt des Gutachtens ist ein Rechtsmittel gegen Urteile des Amtsgerichts, das nicht als eingeschränkte Berufung oder erweiterte Revision zu charakterisieren, sondern vielmehr von neuer Art sei. Das Rechtsmittel dürfe zwar nicht auf die bloße Rechtskontrolle beschränkt werden, die Prüfung müsse in tatsächlicher Hinsicht indes eingeschränkt und eine vollständige neue Beweisaufnahme in der zweiten Instanz die Ausnahme sein. Die Hauptverhandlung solle sich nicht am formalen Beweisantragsrecht ausrichten, vielmehr soll allein das Gericht den Umfang der Beweisaufnahme nach pflichtgemäßem Ermessen gem. § 244 Abs. 2 StPO bestimmen. Ziel sei eine abschließende Entscheidung in der zweiten Instanz, gegen die grundsätzlich kein weiteres Rechtsmittel, sondern nur ein Rechtsbehelf ohne aufschiebende Wirkung zuzulassen sei, der vor allem die Rüge schwerer, insbesondere verfassungsrechtlich relevanter Verfahrensverstöße ermöglichen soll, vgl. *Kintzi*, DRiZ 2000, S. 189 ff.

rechtlichen Rechtsmittelwesens erneut Thema, ohne allerdings zu im vorliegenden Zusammenhang relevanten Einzelvorschlägen zu führen[383].

4. Zusammenfassung

Obwohl § 329 StPO auch in neuerer Zeit Gegenstand von Gesetzesänderungen oder Reformversuchen war, haben sich grundlegende Änderungen nicht eingestellt. Auch soweit ein im wesentlichen aus dem geltenden Revisionsrecht entwickeltes Einheitsrechtsmittel in Aussicht genommen wurde, sah man keinen Anlaß, im Falle des Ausbleibens des Angeklagten vom etablierten Regelungsmechanismus des § 329 StPO abzugehen, soweit sich die Situation als der einer Berufungshauptverhandlung vergleichbar darstellt. An der Richtigkeit und Zweckmäßigkeit einer Verwerfung der Berufung und der Möglichkeit der Verhandlung in Abwesenheit des Angeklagten scheinen demnach keine Zweifel mehr zu bestehen.

War, solange eine Gesamtreform des Rechtsmittelwesens in Strafsachen angestrebt wurde, mit dieser eine Lockerung der Rechtsfolgen des unentschuldigten Ausbleibens verbunden, stellte sich mit der einzigen verwirklichten Änderung des § 329 StPO durch das 1. StVRG 1974 eine Verschlechterung der Rechtsposition des Angeklagten ein. Dieses Gesetz nahm aber schon nicht mehr eine Rechtsmittelreform bzw. eine Gesamtreform der StPO in Angriff, sondern verstand sich nurmehr als einzelnen Schritt einer mehrere Legislaturperioden beanspruchenden umfassenden Überprüfung des Strafverfahrensrechts, die in einer Reihe aufeinander abgestimmter Teilgesetze verwirklicht werden sollte[384].

Festzuhalten ist an dieser Stelle schließlich eine Verschiebung des Reformansatzes hinsichtlich der Ausgestaltung des Rechtsmittelwesens. Ging es unmittelbar nach Inkrafttreten der Reichsstrafprozeßordnung bis in die zwanziger Jahre hinein darum, die Berufung in ihrer bestehenden Form auf alle Strafsachen, also vor allem auch auf die landgerichtlichen Strafkammersachen auszudehnen[385], wechselte später der Blickwinkel. Über die Einführung eines Wahlrechtsmittels[386] ging es nun eher darum, aus den bestehenden Rechtsmitteln der Berufung und der Revision einen neuen Typus zu konstruieren, der entweder aus dem einen oder dem anderen bestehenden Rechtsmittel abgeleitet werden sollte, ergänzt je-

---

383 Siehe umfassend zu den neuesten Entwicklungen das Gutachten für den 63. Deutschen Juristentag von *Lilie*, in: Verhandlungen des 63. DJT, Band I, Abschnitt D.

384 Vgl. die Begründung des Reg.-Entw., BT-Drucks. 7/551, S. 33 f.

385 So die StPO-E 1894/95, 1905, 1908/09, 1919/20 und die sog. „Emminger-Verordnung“ von 1924.

386 Nach dem StrVerfO-E 1939.

weils um Vorschriften für das andere Rechtsmittel. Insoweit geht es nun um eine „eingeschränkte Berufung"[387] bzw. „erweiterte Revision"[388], deren Unterschiede sich aus einer Einschränkung bzw. Ausdehnung der Möglichkeit zu tatsächlichen Feststellung ergeben[389].

---

387 So der Referentenentwurf eines Gesetzes zur Neugliederung der ordentlichen Gerichtsbarkeit, herausgegeben vom Bundesjustizministerium, 1971, S. 34 ff. sowie der von der Gewerkschaft ÖTV 1971 herausgegebene Vorschlag: Die Reform der ordentlichen Gerichtsbarkeit, S. 7, 9, 22; siehe auch *Kullmann*, ZRP 1972, S. 231 f.

388 So der DE 1975 und das Gutachten der Großen Strafrechtskommission des DRiB.

389 Vgl. *Rieß*, Referat, in: Verhandlungen des 52. DJT, Band II, Abschn. L 9, 10 f.

3. Teil: § 329 Abs. 1, 2 StPO und der Anspruch auf rechtliches Gehör gem. Art. 103 Abs. 1 GG

I. Problematik

Die Regelungen des § 329 Abs. 1, 2 StPO sehen besondere, der Strafprozeßordnung an sich fremde Rechtsfolgen einer Verletzung der den Angeklagten treffenden strafprozessualen Anwesenheitspflicht im Berufungsrechtszug vor: die Verwerfung der Berufung bzw. die Verhandlung in Abwesenheit des Angeklagten.

Ist eine Verhandlung in Abwesenheit nur in engen Ausnahmen und nur unter bestimmten strengen Voraussetzungen zulässig und liegt in der Verletzung der Vorschriften über die Anwesenheit ein absoluter Revisionsgrund (vgl. § 338 Nr. 5 StPO), folgt daraus *de lege lata*, daß die Anwesenheit für den Angeklagten nicht aus eigenem Entschluß verzichtbar ist. An der Unzulässigkeit der Verhandlung in Abwesenheit ändert dann auch eine eventuelle Zustimmung oder Duldung durch das Gericht und der Staatsanwaltschaft nichts, wenn nicht die Voraussetzungen einer der gesetzlichen Ausnahmeregelungen (vgl. etwa §§ 231 Abs. 2, 232, 233, 247, 329 Abs. 2 S. 1, 411 Abs. 2 S. 1 StPO) gegeben sind, deren Katalog insofern abschließend ist[390].

Nach herrschender Auffassung findet das solchermaßen vor allem durch sein Pflichtelement konstituierte Anwesenheitsprinzip seine Rechtfertigung darin, daß der Angeklagte nicht verurteilt werden darf, ohne rechtliches Gehör gefunden zu haben. Daneben soll seine Gegenwart für die Ermittlung der Wahrheit unerläßlich sein[391].

Schon die Motive betonen im Hinblick auf das im Entwurf herausgearbeitete Anwesenheitsprinzip die Notwendigkeit, die Verteidigung des Angeklagten zu sichern. Die Anwesenheitspflicht soll demnach gewährleisten, daß der Ange-

---

390 Siehe etwa RGSt 42, 197 (198); 58, 149 (150); BGHSt 3, 187 (191); 22, 18 (20); 25, 317 (318); 30, 74 (75 ff.) m. Anm. *Maiwald*, JR 1981, S. 34 ff.; BGH NJW 1973, 522; BGH NStZ 1993, 198; LR[24]-*Schäfer*, Einl. Kap. 12 Rn. 107; LR[25]-*Gollwitzer*, § 230 Rn. 1; *Meyer-Goßner*, § 230 Rn. 2; *Pfeiffer*, § 230 Rn. 1; *Roxin*, Strafverfahrensrecht, § 42 Rn. 51; *Schlüchter*, Rn. 449; *Rieß*, JZ 1975, S. 267; *ders.*, ZStW 90 (1978), Beiheft, S. 184; *Hassemer*, JuS 1986, S. 28; *Krüger*, in: *Jung/Müller-Dietz*, S. 90; *Maatz*, DRiZ 1991, S. 201; *Eisenberg*, Rn. 755 f.

391 *Kleinfeller*, GS 46 (1892), S. 340; *Rieß*, ZStW 90 (1978), Beiheft, S. 183 f.; *ders.*, JZ 1975, S. 267; *Krüger*, in: *Jung/Müller-Dietz*, S. 90 ff.; *Eisenberg*, Rn. 735 m. w. N.; *Meyer-Goßner*, § 230 Rn. 3.

klagte nicht ungehört verurteilt wird. Die persönliche Anwesenheit und die damit einhergehende Möglichkeit des Angeklagten, jederzeit zu seiner Verteidigung in den Gang der Hauptverhandlung eingreifen zu können, stelle eine Garantie für die Zuverlässigkeit des Verfahrens dar[392].

Dabei soll der Anwesenheit des Angeklagten eine zentrale Bedeutung zukommen, weil sie die Möglichkeit einräumt, alle Verfahrensvorgänge wahrzunehmen. Sie bildet die Grundlage für die Wahrnehmung der dem Angeklagten eingeräumten Äußerungs-, Verteidigungs- und Mitwirkungsrechte[393]. Angesichts der Bedeutung der das Verfahren prägenden Grundsätze von Mündlichkeit und Unmittelbarkeit liegt es auf der Hand, daß die persönliche Anwesenheit die beste Sicherung des Anspruchs auf rechtliches Gehör gem. Art. 103 Abs. 1 GG darstellt. Der Angeklagte hat so die Möglichkeit, persönlich alles gegen (und für) ihn in das Verfahren Eingeführte unmittelbar aus eigener Anschauung wahrzunehmen und darauf zu reagieren[394].

Nach einer verbreiteten Auffassung[395] handelt es sich bei der Verwerfung der Berufung gem. § 329 Abs. 1 S. 1 StPO um eine Ausprägung des Verwirkungsgedankens[396]. Diesem Ansatz liegt folgende Überlegung zugrunde. Der Angeklagte könne auf seine Anwesenheit nicht verzichten. Bleibe er dennoch ohne genügende Entschuldigung der Hauptverhandlung fern, mißbrauche er das ihm vom Gesetz zugestandene Recht, das erstinstanzliche Urteil überprüfen zu lassen, weil er in Anbetracht der Tatsache, daß das Gesetz vom Anwesenheitserfordernis ausgehe, das Verfahren verzögere und eine Entscheidung und damit den Eintritt der Rechtskraft hinausschiebe, schlimmstenfalls unmöglich mache. Grundsätzlich müßte seine Anwesenheit nämlich im Wege der Vorführung oder Verhaftung erzwungen werden (vgl. § 230 Abs. 2 StPO). Diese für die erste Instanz nur mit geringen, streng begrenzten Einschränkungen (vgl. §§ 231 Abs. 2, 232, 233 StPO) geltende Maßgabe wird in der Berufungsinstanz für entbehrlich gehalten, weil in einer ersten Instanz über den Anklagevorwurf bereits unter Wahrung rechtsstaatlicher Garantien verhandelt und entschieden wurde.

---

392 *Hahn*, Materialien zur StPO, Erste Abth., S. 185, 187. Wenn dort von der „Zulässigkeit des Verfahrens" die Rede ist, handelt es sich wohl um einen redaktionellen Fehler; so auch *Stein*, ZStW 97 (1985), S. 304 (Anm. 6).

393 Siehe die Nachweise bei Anm. 106.

394 *Rieß*, in: FS BMJ, S. 390.

395 Zu abweichenden Erklärungsmodellen sogleich.

396 So schon *Oetker*, JW 1932, S. 511; siehe auch *Busch*, JZ 1963, S. 458; *Eb. Schmidt*, Nachtragsband I, § 329 Erl. 6; *Hanack*, JZ 1973, S. 694; *Schroeder*, NJW 1973, S. 309; *Küper*, JuS 1972, S. 128; *Schlüchter*, Rn. 682.1; LR[24]-*Gollwitzer*, § 329 Rn. 77; SK/StPO-*Frisch*, § 329 Rn. 2.

Gegen die These von der Unverzichtbarkeit der Anwesenheit kann indes hier schon eingewendet werden, daß die Annahme, ein Recht sei einerseits nicht verzichtbar, dennoch aber verwirkbar, widersprüchlich ist. Die jeweils zugrunde liegenden Handlungen ähneln einander zu sehr, als daß man differenzieren könnte. Das nicht verzichtbare Recht dürfte danach auch unverwirkbar sein[397].

Kann in den Fällen des Abs. 1 der Anknüpfungspunkt der Verwirkung die Berufung als solche sein, mit der Folge, daß der Angeklagte sein Recht, das Urteil überprüfen zu lassen, bei verschuldetem Nichterscheinen verliert, er also des Rechtsmittels *in toto* verlustig geht, kann sich Abs. 2 darauf nicht stützen, weil hier die Staatsanwaltschaft Berufungsführer ist. Dennoch sind beide Alternativen im Hinblick auf einen Rechtsverlust durch Verwirkung gleich zu behandeln. In beiden Fällen sind es Mitwirkungs- und Gestaltungsrechte, die der Angeklagte nach der Auslegung der herrschenden Auffassung mißbraucht, sei es nun das Berufungsrecht, das ein weiteres Verfahren, in dem ihm wiederum Mitwirkungs- und Beteiligungsrechte zukommen, erst eröffnet, oder seien es dieselben Rechte in einem Verfahren, das nicht auf sein Betreiben hin, sondern auf das der Staatsanwaltschaft in Gang kommt. Der Rechtsverlust sanktioniert stets denselben Verstoß, die Verfahrensverzögerung durch deren schuldhafte Nichtausübung. Denn auch im Fall des Abs. 2 manifestiert sich der Mißbrauch wie in Abs. 1 im Nichterscheinen. Konsequenterweise erfaßt der Rechtsverlust die Rechtspositionen des Angeklagten, soweit sie ihm zustehen, so daß er einmal das Recht auf erneute Verhandlung, zum anderen seine Möglichkeiten zur Mitwirkung und Gestaltung in einem von der Staatsanwaltschaft betriebenen Verfahren einbüßt[398]. Die Frage nach der Berechtigung der Verwirkung stellt sich für beide Regelungen in gleichem Maße und wird deswegen hier einheitlich behandelt.

Nach der herrschenden Auslegung wird nicht nur die Berufungsverwerfung gem. § 329 Abs. 1 S. 1 StPO als Rechtsnachteil angesehen, was unmittelbar einleuchtet, sondern auch die Verhandlung in Abwesenheit nach § 329 Abs. 2 S. 1 StPO. Auch dies hat auf den ersten Blick vieles für sich, kann doch der Angeklagte hier nicht auf das Verfahren und die Urteilsfindung einwirken. Auch gilt das Verbot der *reformatio in peius* nicht, wenn die Staatsanwaltschaft zu Ungunsten des Angeklagten Berufung eingelegt hat (vgl. § 331 Abs. 1 StPO). Es ist jedoch augenfällig, daß diese Annahme im Hinblick auf Abs. 2 nicht mit dieser Absolutheit zutrifft, weil die Anwesenheit in der Hauptverhandlung auch Rechtsgüter des Angeklagten betrifft und gefährdet, deren Erhaltung durch Fernbleiben

---

397 Vgl. *Stein*, ZStW 97 (1985), S. 310; *Bernsmann*, in: FS Kriele, S. 706; siehe auch *Erichsen*, Allgemeines Verwaltungsrecht, § 11 Rn. 55; *Wolff/Bachof/Stober*, § 37 Rn. 17.

398 Siehe auch SK/StPO-*Frisch*, § 329 Rn. 2.

von der Hauptverhandlung durchaus eine nachvollziehbare Entscheidung darstellen kann.

Dient die Anwesenheit auch dazu, dem Angeklagten seinen Anspruch auf rechtliches Gehör gem. Art. 103 Abs. 1 GG zu sichern, könnte die Anordnung der Verwerfung der Berufung bzw. die Verhandlung in Abwesenheit gem. § 329 Abs. 1 S. 1, Abs. 2 S. 1 StPO eine Verletzung des Grundrechts auf rechtliches Gehör darstellen, weil die Vorschrift dem Angeklagten den Verzicht auf dieses Grundrecht verbietet[399]. Ist der Anspruch auf rechtliches Gehör erfüllt, wenn der Berechtigte die Möglichkeit hatte, sich Gehör zu verschaffen, so daß es auf das tatsächliche Vorliegen einer entsprechenden Einflußnahme auf das prozessuale Geschehen nicht ankommt, und soll das im Hinblick auf die Besonderheiten des mündlichen und unmittelbaren Strafverfahrens nur sinnvoll möglich sein, wenn der Angeklagten anwesend ist, liegt in der Anwesenheitspflicht ein Zwang zur Rechtsausübung. Der Einwand, der Angeklagte werde ja nicht zu einer Aussage gezwungen, geht in soweit an der Sache vorbei.

Dies setzt voraus, daß ein Grundrechtsverzicht grundsätzlich zulässig und vom Schutzbereich des Art. 103 Abs. 1 GG umfaßt ist und nicht konfligierende Rechtsgüter oder Grundsätze einen Verzicht ausschließen oder beschränken. Umgekehrt müßte vom Standpunkt der die Vorschrift des § 329 StPO auf einen Verwirkungsgedanken stützenden Ansicht das Rechtsinstitut der Verwirkung im Strafverfahren anwendbar und der Grundrechtsverzicht jedenfalls im Hinblick auf das rechtliche Gehör gem. Art. 103 Abs. 1 GG ausgeschlossen sein.

Es käme allerdings auf die Frage nach der Anwendbarkeit des Instituts der Verwirkung und der Zulässigkeit des Grundrechtsverzichts gar nicht an, wenn sich eines der Erklärungsmodelle als das richtige erwiese, die die Literatur auf einfachrechtlicher Grundlage erarbeitet hat. Diskutiert wird hier einmal, ob die Rechtsnatur des Verwerfungsurteils gem. § 329 Abs. 1 S. 1 StPO durch einen Vergleich mit dem zivilprozessualen Versäumnisurteils zutreffend erklärt werden kann. Spezifisch strafprozessual ausgerichtet ist dagegen der Ansatz, wonach der Vorschrift die Vermutung bzw. Fiktion eines Rechtsmittelverzichts oder einer Rechtsmittelrücknahme zugrunde liegt.

II. Einfachrechtliche Erklärungsmodelle

Die Sonderstellung, die § 329 StPO mit seinen Regelungen einnimmt, die ihn im Gefüge der strafprozessualen Verfahrensgrundsätze zu einem „Fremdkörper" macht, läßt sich bereits an der Tatsache verdeutlichen, wie weit gespannt das

---

399 So ausdrücklich *Rieß*, JZ 1975, S. 267; *ders.*, ZStW 90 (1978), Beiheft, S. 184.

Spektrum der Deutungen der Rechtsnatur bzw. der dogmatischen Grundlage der Urteile nach § 329 ist[400].

Der Wortlaut des § 329 Abs. 1 S. 1 StPO erweist sich im Hinblick auf diese Frage als unergiebig. Das Gericht hat die Berufung des Angeklagten *„ohne Verhandlung zur Sache zu verwerfen"*. Zunächst legt diese Formulierung nur nahe, daß es sich bei dem Verwerfungsurteil um ein Prozeßurteil handelt. Und selbst diese Erkenntnis läßt sich dem Gesetz erst seit 1974 entnehmen, als das 1. StVRG den früheren Wortlaut (*„sofort"*) durch die heutige Formulierung ersetzte[401]. Angesichts dieses „offenen" Wortlautes überrascht die Heterogenität der Deutungsversuche nicht.

1. Die Urteile nach § 329 StPO als Versäumnisurteile

Obwohl die Begriffe des Versäumnisverfahrens und des Versäumnisurteils der Strafprozeßordnung fremd sind, ist die Bezeichnung jedenfalls des Urteils nach § 329 Abs. 1 S. 1 StPO als Versäumnisurteil bzw. der Vergleich mit diesem oder dem zivilprozessualen Versäumnisverfahren in Schrifttum und Rechtsprechung immer noch weit verbreitet[402].

---

400 Verschiedentlich wird diese Frage als dogmatische ohne praktischen Wert bezeichnet, siehe etwa KMR-*Paulus*, § 329 Rn. 3; *Hohendorf*, GA 1979, S. 415. Es sind jedoch prozessuale Konstellationen denkbar, bei denen es auf den Rechtscharakter des Verwerfungsurteils nach § 329 Abs. 1 S. 1 StPO ankommt, etwa wenn es in § 335 Abs. 3 S. 1 StPO um die Konkurrenz von Berufung des Angeklagte und Revision der Staatsanwaltschaft geht, vgl. *Schroeder*, NJW 1973, S. 308 f.; *ders./Mendl*, S. 175; gegen die „Verharmlosung" als akademische Streitigkeit jüngst auch *Rosenau*, JR 2000, S. 82. LG Göttingen NdsRpfl. 1990, 11 (12), zieht den Vergleich zum zivilprozessualen Versäumnisverfahren für die Beantwortung der Frage heran, ob die Wiedereinsetzung gem. §§ 329 Abs. 3 iVm. 44, 45 StPO von Amts wegen zu gewähren ist.

401 Siehe BGBl. I, 1974, S. 3393-3415.

402 Siehe etwa *Kleinfeller*, GS 46 (1892), S. 375; *Beling*, S. 404; *Gerland*, S. 413; *v. Hippel*, S. 580 Fn. 6; *Henkel*[1], S. 430; *Eb. Schmidt*, Lehrkommentar II, § 329 Erl. 13 (anders in Nachtragsband I, § 329 Erl. 6); *Schroeder*, Rn. 315; KK-*Treier*, § 230 Rn. 1; LR[24]-*Schäfer*, Einl. Kap. 13; Rn. 49; *Busch*, JZ 1963, S. 457; *Preiser*, GA 1965, S. 366; *Küper*, GA 1971, S. 292; *ders.*, JZ 1977, S. 205, 207; *ders.*, NJW 1977, S. 1275; *ders.*, JZ 1978, S. 207; *Peters*, S. 630; *Kühne*, Strafverfahrensrecht, Rn. 1050; *Beulke*, Rn. 556; *Roxin*, Strafverfahrensrecht, § 52 Rn. 22, 24; *Volk*, § 35 Rn. 13; siehe auch BGHSt 15, 287 (291); BayObLG NJW 1999, 3424 mit insoweit krit. Anm. *Rosenau*, JR 2000, S. 82.

Die Zivilprozeßordnung enthält in den §§ 330-347 ZPO eine umfangreiche Regelung dieser besonderen Verfahrensart[403]. Mit der Übernahme des Terminus ist zugleich die Frage aufgeworfen, ob sich dessen Verwendung angesichts seiner zivilprozessualen Ausformung im Hinblick auf das diesbezügliche Verfahren und seine Grundsätze auch im Strafprozeß rechtfertigen läßt und er die Regelung des § 329 Abs. 1, 2 StPO zutreffend charakterisiert. Dazu ist zunächst das zivilprozessuale Versäumnisverfahren gem. §§ 330 ff. ZPO darzustellen.

a) Grundzüge des Versäumnisverfahrens im Zivilprozeß

Auf die Frage, wie zu reagieren ist, wenn ein Prozeßbeteiligter zur Verhandlung nicht erscheint, antwortet die Zivilprozeßordnung nicht mit einer erzwingbaren Anwesenheitspflicht, wie sie die Strafprozeßordnung jedenfalls für die ersten Instanz kennt (vgl. § 230 Abs. 1, 2 StPO). Vielmehr ist ein besonderes Verfahren in Abwesenheit des jeweiligen Beteiligten vorgesehen, dessen Rechtsfolgen sich danach unterschieden, ob der Kläger oder der Beklagte säumig ist. Ersterenfalls wird die Klage zurückgewiesen (vgl. § 330 ZPO), ansonsten ergeht gegen den Beklagten Versäumnisurteil (vgl. § 331 Abs. 1, 2 ZPO).

Die Notwendigkeit eines Versäumnisverfahrens ergibt sich aus dem Mündlichkeitsprinzip und der Verhandlungsmaxime. Zum einen darf das Gericht nur das in der mündlichen Verhandlung Vorgetragene dem Urteil zugrunde legen, zum anderen ist ihm eine Aufklärung des Sachverhalts von Amts wegen versagt. Beließe man es dabei, drohte die Gefahr, daß eine Partei das Verfahren dadurch blockieren könnte, daß sie in der mündlichen Verhandlung ausbliebe bzw. nicht verhandelte (vgl. § 333 ZPO), so daß es an einem entscheidungserheblichen Vortrag fehlte. Da aber ein Zwang der Partei zum Erscheinen und zum Vortrag mit der das Verfahren bestimmenden Parteiherrschaft nicht zu vereinbaren wäre, bleibt nur, an die Terminsversäumnis für die säumige Partei nachteilige Rechtsfolgen zu knüpfen und sie so (mittelbar) dazu zu veranlassen, in der mündlichen Verhandlung aufzutreten[404].

---

403 Die zum 1.1.2002 in Kraft getretenen Gesetze zur Reform der Zivilprozeßordnung (vgl. dazu *Vollkommer*, in: *Zöller*, Einleitung Rn. 12 ff.) haben im vorliegenden Zusammenhang nur zu einer Verschiebung der Vorschriften, nicht aber zu inhaltlichen Änderungen geführt.

404 Vgl. *Grunsky*, in: *Stein/Jonas*, vor § 330 Rn. 1; MK/ZPO-*Prütting*, § 330 Rn. 1. Folgerichtig kommt das Versäumnisverfahren in Verfahren, die dem Untersuchungsgrundsatz unterfallen, nicht (§§ 102 Abs. 2 VwGO, 91 Abs. 2 FGO, 110 Abs. 1 S. 1 SGG) und in Ehe-, Familien- und Kindschaftssachen in nur sehr begrenztem Umfang zur Anwendung, siehe MK/ZPO-*Prütting*, § 330 Rn. 4, 6; *Stadler*, in: *Musielak*, vor §§ 330 Rn. 3.

Voraussetzung des Versäumnisverfahrens ist zunächst, daß die Parteien ordnungsgemäß zu einem Termin zur obligatorischen mündlichen Verhandlung geladen worden sind (vgl. § 335 Abs. 1 Nr. 2 ZPO). Dabei kann es sich um den ersten oder einen späteren handeln (vgl. § 332 ZPO)[405]. Weiter muß der betreffende Verfahrensbeteiligte säumig sein. Dies ist der Fall, wenn weder er selbst noch ein Vertreter bis zum Ende der mündlichen Verhandlung erscheint oder verhandelt (vgl. §§ 220, 333 ZPO)[406].

Hier schon wird ein wesentlicher Unterschied zum Strafverfahren deutlich. Im Hinblick auf den Parteibetrieb bzw. die Verhandlungsmaxime ist im Zivilprozeß ein Antrag der Partei erforderlich. Der Angeklagte indes muß nicht aussagen (vgl. § 243 Abs. 4 S. 1 StPO). Unter der Geltung des Untersuchungsgrundsatzes muß ihm seine Schuld nachgewiesen werden.

Liegen keine Gründe für eine Zurückweisung des Antrags auf Erlaß des Versäumnisurteils oder eine Vertagung der Verhandlung von Amts wegen vor (vgl. §§ 335, 337 ZPO) und hat die erschienene Partei einen entsprechenden Antrag gestellt, erläßt das Gericht das Versäumnisurteil[407].

Hervorhebung verdient vor dem Hintergrund der Regelungen des § 329 StPO noch die Bedeutung des Verschuldens hinsichtlich des Nichterscheinens im Versäumnisverfahren. Wie das Vorgehen nach § 329 Abs. 1, 2 StPO ist der Erlaß eines Versäumnisurteils gem. § 337 ZPO nicht zulässig, wenn das Gericht der Auffassung ist, daß die Partei ohne ihr Verschulden am Erscheinen gehindert gewesen ist. Die Verhandlung ist dann von Amts wegen zu vertagen. Erschwerend für das Zivilgericht kommt jedoch hinzu, daß es im Hinblick auf die Verhandlungsmaxime gehindert ist, den Sachverhalt bezüglich etwaiger Entschuldigungsgründe von Amts wegen aufzuklären.

Vor Erlaß des Versäumnisurteils hat das Gericht allerdings von Amts wegen die Zulässigkeit der Klage zu prüfen, denn wie das klageabweisende Urteil ist das Versäumnisurteil Sachurteil und darf nur ergehen, wenn die Prozeßvoraussetzungen vorliegen. Fehlt es endgültig daran, muß das Gericht die Klage durch Prozeßurteil abweisen. Bei diesem Urteil handelt es sich um ein sog. „unechtes“ Versäumnisurteil, das heißt um ein kontradiktorisches Urteil, weil nicht die Säumnis, sondern das Fehlen einer Prozeßvoraussetzung entscheidend ist[408]. Andernfalls

---

405 *Lüke*, Rn. 372; *Stadler*, in: *Musielak*, vor § 330, Rn. 5 f.

406 MK/ZPO-*Prütting*, § 330 Rn. 13; *Stadler*, in: *Musielak*, vor § 330, Rn. 7.

407 Darunter versteht man das Urteil, das gegen die säumige Partei gerade wegen und aufgrund der Säumnis ergeht, *Lüke*, Rn. 372; *Stadler*, in: *Musielak*, vor § 330, Rn. 10.

408 Vgl. MK/ZPO-*Prütting*, § 330 Rn. 129 ff.; *Grunsky*, in: *Stein/Jonas*, vor § 330 Rn. 23 ff. Von Bedeutung ist diese Unterscheidung, weil nur die Versäumnisurteile mit dem besonderen Rechtsbehelf des Einspruchs angreifbar sind, wohingegen kon-

wird das tatsächliche mündliche Vorbringen des Klägers als (vom Beklagten) zugestanden angenommen und soweit es den Klageantrag rechtfertigt, ist danach zu erkennen. Ist dies nicht der Fall, ist die Klage abzuweisen, § 331 Abs. 1 S. 1, Abs. 2 ZPO.

Da der Grundsatz, wonach nur Prozeßstoff werden kann, worüber die Parteien vor dem erkennenden Gericht mündlich verhandelt haben, im Versäumnisverfahren nahezu unverändert aufrechterhalten wird, ist der Schluß gerechtfertigt, daß der ausgebliebene Beklagte nichts vom Vortrag des Klägers bestreiten kann, was immer er in vorbereitenden Schriftsätzen auch vorgebracht haben mag. Diese kann er ja auch nicht gem. § 137 Abs. 3 ZPO durch Bezugnahme zum Teil der mündlichen Verhandlung machen. Tatsachen aber, die nicht ausdrücklich bestritten werden, sind als zugestanden anzusehen (vgl. § 138 Abs. 3 ZPO) und gem. § 288 Abs. 1 ZPO nicht beweisbedürftig.

Obwohl das Geständnis des Beklagten, das tatsächliche Vorbringen des Klägers sei wahr, gem. § 331 Abs. 1 S. 1 ZPO fingiert wird und damit nach § 288 Abs. 1 ZPO nicht mehr bewiesen werden muß ist, bleibt das Gericht in seiner rechtlichen Würdigung frei. Gem. § 331 Abs. 2 ZPO muß es im Wege einer Schlüssigkeitsprüfung feststellen, ob der als wahr unterstellte klägerische Tatsachenvortrag den Klageantrag rechtfertigt[409]. Dabei handelt es sich um eine beschränkte Sachprüfung im Sinne einer einseitigen Subsumtion allein des klägerischen Tatsachenvortrages unter die Rechtsnormen[410]. Fehlt es an einem schlüssigen Vorbringen, ist die Klage als unbegründet abzuweisen und zwar nicht durch Versäumnisurteil, sondern durch kontradiktorisches Urteil (sog. „unechtes" Versäumnisurteil")[411].

Während §§ 329 Abs. 3 iVm. 44, 45 StPO die Wiedereinsetzung in den vorigen Stand von fehlendem Verschulden abhängig macht, sieht die Zivilprozeßordnung mit dem besonderen Rechtsbehelf des Einspruchs eine Anfechtungsmöglichkeit vor, die eine Zurückversetzung des Prozesses in die Lage vor Eintritt der Säumnis ermöglicht (vgl. § 342 ZPO), ohne daß es einer Begründung in dem Sinne bedürfte, ein Verschulden habe nicht vorgelegen, denn die Nachprüfung des Versäumnisurteils wird ja nicht angestrebt. Gem. § 341 Abs. 1 ZPO hat das Gericht nur zu prüfen, ob der Einspruch an sich statthaft ist und form- und frist-

---

tradiktorische Urteile nur den Rechtsmitteln der Berufung bzw. der Revision unterliegen, *Stadler*, in: *Musielak*, vor § 330 Rn. 13; *Rosenberg/Schwab/Gottwald*, S. 615.

409 Vgl. MK/ZPO-*Prütting*, § 331 Rn. 10; *Rosenberg/Schwab/Gottwald*, S. 615.

410 Vgl. MK/ZPO-*Prütting*, § 331 Rn. 10; *Stadler*, in *Musielak*, § 331 Rn. 7.

411 *Lüke*, Rn. 373; *Rosenberg/Schwab/Gottwald*, S. 615.

gerecht eingelegt wurde[412]. Anders als der Angeklagte hat aber die Partei, gegen die Versäumnisurteil ergangen ist, nur den Einspruch, die Berufung ist gem. § 514 Abs. 1 ZPO ausgeschlossen. Eine Wiedereinsetzungsmöglichkeit ist neben dem Einspruch nicht vorgesehen, der Zivilprozeß kennt diese nur bei Fristversäumung (vgl. § 233 ZPO).

Bedeutung hat die Frage des Verschuldens lediglich im Hinblick auf die Kostenentscheidung. Gem. § 344 ZPO fallen die Kosten der säumigen Partei anheim, wenn das Versäumnisurteil in gesetzlicher Weise ergangen ist. Wie sich aus § 337 ZPO ergibt, fehlt es daran, wenn die Partei insoweit kein Verschulden trifft. Daneben spielt das Verschulden eine Rolle für die Berufungsfähigkeit des sog. „zweiten" Versäumnisurteils (vgl. § 345 ZPO) gem. § 513 Abs. 1 ZPO[413]

b) Versäumnisverfahren im Strafprozeß

Das zivilprozessuale Versäumnisurteil stellt sich also vereinfacht ausgedrückt als Entscheidung aufgrund der Säumnis einer Partei auf der Basis einseitigen Parteiantrags und einseitigen Tatsachenvortrags dar. Das „echte" Versäumnisurteil ist demnach immer Sachurteil. Übertrüge man diesen Entscheidungsprozeß auf das Strafverfahren, müßte ein strafprozessuales Versäumnisurteil die Verurteilung des ausgebliebenen Angeklagten ohne Beweisaufnahme auf die Anklage hin aussprechen. Dabei müßte es sich um Sachurteil handeln, weil über die Schuld- und Straffrage entschieden würde.

aa) Das Verwerfungsurteil gem. § 329 Abs. 1 S. 1 StPO als Versäumnisurteil

Das Verwerfungsurteil gem. § 329 Abs. 1 S. 1 StPO stellt schon deswegen kein Versäumnisurteil dar, weil es ein Prozeßurteil ist. Eine Sachprüfung (*scil.* des Anklagevorwurfes oder im Hinblick auf eine eventuell vorhandene Berufungsbegründung), wie sie das zivilprozessuale Versäumnisverfahren in Gestalt der Schlüssigkeitsprüfung in beschränkter Form kennt, findet nicht statt.

Die früher zum Teil vertretene Ansicht, wonach das Ausbleiben des Angeklagten die Vermutung der Unbegründetheit des Rechtsmittels, mithin der Schuld des Angeklagten, rechtfertige[414], wird heute zu Recht nicht mehr vertreten. Kon-

---

412 War das fehlende Verschulden dem Gericht unbekannt, ist der Einspruch dennoch wirksam, vgl. MK/ZPO-*Prütting*, § 337 Rn. 1; *Grunsky*, in: *Stein/Jonas*, § 513 Rn. 6.

413 Dazu sogleich.

414 Vgl. *Beling*, S. 404 (Anm. 4); LR[19]-*Niethammer*, § 329 Anm. 8; siehe auch *Niethammer*, in: FS Rosenfeld, S. 130 f.; LR[24]-*Gollwitzer*, § 329 Rn. 76, beide im Ergebnis indes anderer Auffassung; siehe auch *Schroeder*, NJW 1973, S. 309.

sequenterweise müßte hier ein Sachurteil ergehen. Gestützt wurde diese Auffassung auf eine Stelle in den Motiven zu § 412 RStPO, wonach bei Ausbleiben auf den Einspruch hin die Annahme greife, der Angeklagte bezwecke nur den Aufschub der Strafvollstreckung[415]. Angesichts des früheren Wortlautes des § 329 Abs. 1 S. 1 StPO, wonach die Berufung sofort zu verwerfen war, mag eine solche Auslegung nicht von vornherein ausgeschlossen gewesen sein. Die heutige Formulierung („*ohne Verhandlung zur Sache*") baut insoweit allerdings eine durch Auslegung nicht zu überwindende Hürde auf.

Die frühere Auffassung wäre auch mit dem Grundsatz, daß niemand sich selbst belasten muß („*nemo tenetur se ipsum accusare*"), nicht zu vereinbaren. Danach darf aus dem Schweigen des Angeklagten keine für ihn nachteilige Folgerung gezogen werden[416]. Dem widerspräche es, das Nichterscheinen als Eingeständnis der Schuld zu werten und dieses „Geständnis" zur Grundlage des Urteils zu machen, das das Rechtsmittel verwirft. Auch liefe diese Konstruktion auf eine „Geständnisfiktion" hinaus, wie sie die Grundlage des zivilprozessualen Versäumnisurteils bildet (vgl. § 331 Abs. 1 S. 1 ZPO). Diese rechtfertigt sich dort aber nur im Hinblick auf die den Zivilprozeß beherrschende Verhandlungsmaxime.

bb) Das Verwerfungsurteil gem. § 329 Abs. 1 S. 1 StPO als sog. „zweites" Versäumnisurteil

Eine genauere Bestimmung der Parallelität zwischen dem zivilprozessualen Versäumnisverfahren und der Regelung des § 329 Abs. 1 S. 1 StPO versucht *Roxin.* Ein dem „*zivilrechtlichen Versäumnisurteil ähnelndes Urteil*" finde sich in § 329 StPO. Diese Aussage wird im weiteren Verlauf der Darstellung dahin präzisiert, daß das Verwerfungsurteil nach § 329 Abs. 1 S. 1 StPO in Gestalt des Rechtsmittelverlustes eine „*scharfe prozessuale Sanktion*" anordne, „*die in ihren Wirkungen mit dem sog. zweiten Versäumisurteil im Zivilprozeß verglichen werden kann (siehe §§ 542, 345, 566, 513 II)*"[417]. Um diese angebliche Vergleichbarkeit beurteilen zu können, muß zunächst auf den Begriff des sog. „zweiten" Versäumnisurteils eingegangen werden.

Auf den zulässigen Einspruch hin bestimmt das Gericht einen Termin zur mündlichen Verhandlung über den Einspruch[418] und die Hauptsache (vgl. § 341a

---

415 Vgl. *Hahn*, Materialien zur StPO, Erste Abth., S. 287.

416 KK-*Engelhardt*, § 261 Rn. 39; *Meyer-Goßner*, § 261 Rn. 16 ff. m. w. N.

417 *Roxin*, Strafverfahrensrecht, § 52 Rn. 22, 24.

418 Gemeint ist hier die mündliche Verhandlung über die Zulässigkeit des Einspruchs (vgl. § 146 ZPO), wenn das Gericht nicht nach § 341 Abs. 1 S. 2, Abs. 2 S. 1 ZPO

ZPO). Ist die einspruchsführende Partei in diesem Termin erneut säumig, wird der Einspruch durch das sog. „zweite" Versäumnisurteil verworfen, gegen das der Partei ein weiterer Einspruch nicht zusteht (vgl. § 345 ZPO).

Aus § 514 Abs. 1 ZPO ergibt sich, daß das („erste") Versäumnisurteil nur mit dem Einspruch, nicht mit der Berufung angefochten werden kann. Ein Versäumnisurteil, gegen das der Einspruch nicht statthaft ist, unterliegt grundsätzlich der Berufung (vgl. § 514 Abs. 2 S. 1 ZPO). Um ein solches handelt es sich bei dem sog. „zweiten" Versäumnisurteil gem. § 345 ZPO[419]. Allerdings kann die Berufung nur darauf gestützt werden, daß ein Fall der schuldhaften Versäumung nicht vorgelegen habe[420]. Ergeht das sog. „zweite" Versäumnisurteil gem. §§ 345, 539 Abs. 3 ZPO in der Berufungsinstanz, so gilt die Einschränkung des § 514 Abs. 2 ZPO gem. § 565 ZPO auch bezüglich der Statthaftigkeit der Revision[421].

Eine Parallelität zwischen dem sog. „zweiten" Versäumnisurteil in der Berufungsinstanz und dem Verwerfungsurteil gem. § 329 Abs. 1 S. 1 StPO scheint also hinsichtlich der Anfechtbarkeit insoweit zu bestehen, als sich der Angriff jeweils nur darauf stützen kann, ein Verschulden hinsichtlich des Nichterscheinens habe nicht vorgelegen. Dies ist im Strafprozeß im Wege des Antrags auf Wiedereinsetzung in den vorigen Stand gem. §§ 329 Abs. 3 iVm. 44, 45 StPO geltend zu machen.

Da aber das Verfahren durch den zulässigen Einspruch in die Lage vor Eintritt der („ersten") Säumnis zurückversetzt wurde (vgl. § 342 ZPO), muß nach richtiger Auffassung das Gericht im Einspruchstermin prüfen, ob das „erste" Versäumnisurteil in gesetzmäßiger Weise ergangen ist. Es müssen die Voraussetzungen des § 331 ZPO vorliegen. Die Klage muß daher zulässig und schlüssig sein[422]. Es findet auch in diesem Termin eine auf die Geständnisfiktion gestützte begrenzte Sachprüfung statt. Gerade diese aber ist dem Gericht durch die Regelung des § 329 Abs. 1 S. 1 StPO untersagt. Die Verwerfung erfolgt ohne Verhandlung zur Sache.

Der von *Roxin* angestellte Vergleich des Verwerfungsurteils gem. § 329 Abs. 1 S. 1 StPO mit dem sog. „zweiten" Versäumnisurteil gem. § 345 ZPO in der Be-

---

vorgeht und den Einspruch ohne mündliche Verhandlung durch Beschluß als unzulässig verwirft, siehe *Grunsky*, in: *Stein/Jonas*, § 341a Rn. 1, § 341 Rn. 9.

419 Ausführlich *Braun*, ZZP 93 (1980), S. 443 ff.

420 *Reichold*, in: *Thomas/Putzo*, § 514 Rn. 4; *Herget*, in: *Zöller*, § 514 Rn. 6.

421 Vgl. *Grunsky*, in: *Stein/Jonas*, § 566 Rn. 2; *Reichold*, in: *Thomas/Putzo*, § 565 Rn. 2.

422 *Grunsky*, in: *Stein/Jonas*, § 345 Rn. 7 f. m. w. N. auch für die Gegenmeinung (für diese ausführlich MK/ZPO-*Prütting*, § 345 9 ff. m. w. N.); so auch BGHZ 112, 367 (371 ff.); BAG NJW 1971, 1198 (1199); OLG Celle FamRZ 1993, 1220; *Lüke*, Rn. 376; *Rosenberg/Schwab/Gottwald*, S. 619 f.; *Reichold*, in: *Thomas/Putzo*, § 345 Rn. 4; *Herget*, in: *Zöller*, § 345 Rn. 4; *Braun*, ZZP 93 (1980), S. 460.

rufungsinstanz orientiert sich lediglich am äußeren Verfahrensablauf, wenn er die Tatsache, daß die jeweiligen Entscheidungen nur unter Berufung auf fehlendes Verschulden bezüglich des Nichterscheinens angegriffen werden können, als Anknüpfungspunkt wählt. Der Vergleich hängt damit zu sehr an Begrifflichkeiten, verkennt aber, daß die Verfahrensgestaltung in der zivilprozessualen Berufungs- bzw. Revisionsinstanz im Hinblick auf die Schlüssigkeitsprüfung und die Geständnisfiktion wie auch das Versäumnisverfahren der ersten Instanz ganz den verfahrenstypischen Grundsätzen des Zivilprozesses (Mündlichkeitsgrundsatz und Verhandlungsmaxime) verhaftet ist und sich nicht über eine terminologische Ebene hinaus auf das Strafverfahren übertragen läßt. Der Vergleich verhüllt daher mehr als er erklärt.

cc) Das Verwerfungsurteil gem. § 329 Abs. 1 S. 1 StPO: Vergleich mit dem Versäumnisurteil gegen den Kläger gem. § 330 ZPO

Wird in Rechtsprechung und Literatur im Zusammenhang mit § 329 StPO auf die besondere zivilprozessuale Verfahrensgestaltung der Säumnis in einem Termin rekurriert, ist schlicht von Versäumnisverfahren bzw. Versäumnisurteil die Rede. Auf den ersten Blick erscheint es naheliegend, hierdurch das Urteil gem. § 331 ZPO gegen den Beklagten als in Bezug genommen anzusehen[423]: scheint doch die Stellung des Angeklagten im Strafverfahren als desjenigen, der sich gegen den Anklagevorwurf verteidigt, derjenigen des Beklagten, der den klägerischen Anspruch bestreitet, zu ähneln.

Nimmt man aber das Versäumnisurteil gegen den Kläger gem. § 330 ZPO in den Blick, könnte man die Bezeichnung des Verwerfungsurteils gem. § 329 Abs. 1 S. 1 StPO als „Versäumnisurteil" erwägen. Ist der Kläger im Termin säumig, wird er durch Versäumnisurteil mit der Klage gem. § 330 ZPO abgewiesen. Dem soll nach den Motiven der Gedanke des Verzichts zugrunde liegen[424], jedenfalls trete dieselbe Rechtsfolge wie bei einem Verzicht (vgl. § 306 ZPO) ein (ohne daß die Säumnisfolge auf einer Verzichtsfiktion beruhen muß)[425].

Führt man sich vor Augen, daß das Verwerfungsurteil gem. § 329 Abs. 1 S. 1 StPO nach einer verbreiteten Auffassung auf der Annahme beruht, der Angeklagte verzichte auf das Rechtsmittel oder die Durchführung der Berufung, so könnte man in Betracht ziehen, im Hinblick auf die den beiden Entscheidungen zugrunde liegende Verzichtskonstruktion auch von dem Urteil nach § 329 Abs. 1 S. 1 StPO als einem Versäumnisurteil zu sprechen.

---

[423] So ausdrücklich BayObLG NJW 1999, 3424.
[424] *Hahn*, Materialien zur CPO, Erste Abth., S. 293.
[425] *Grunsky*, in: *Stein/Jonas*, § 330 Rn. 1.

Die Klageabweisung gem. § 330 ZPO erfolgt aber als unbegründet, das Urteil erkennt den Anspruch ohne Sachprüfung ab, es handelt sich daher wie bei jedem „echten" Versäumnisurteil um ein Sachurteil[426]. Der säumige Beklagte wird vom Gesetz besser gestellt als der Kläger. Es wird lediglich angenommen, er wolle dem klägerischen Vorbringen in tatsächlicher Hinsicht nichts entgegensetzen, wohingegen dem Kläger unterstellt wird, seine Säumnis bedeute ein völliges Desinteresse am Verfahren[427].

Entscheidet das Urteil hier über den prozessualen Anspruch, wird deutlich, daß die Bezeichnung „Versäumnisurteil" den Charakter der Entscheidung nach § 329 Abs. 1 S. 1 StPO auch bei einem Vergleich mit dem Fall der klägerischen Säumnis nicht zutreffend wiedergibt, weil dort eine materielle Entscheidung über die Schuld- und Straffrage nicht getroffen wird. Es handelt sich um ein Prozeßurteil.

Auch der Eindruck, Kläger und Angeklagter seien durch eine ähnliche Rolle im Prozeß verbunden, weil sie als dessen Initiator jeweils der „Motor" des Verfahrens sind, täuscht. Der Kläger ist Anspruchsteller, der Angeklagte war jedenfalls in der ersten Instanz der „Angegriffene", er wird mit einem von staatlicher Seite initiierten Strafverfahren überzogen. Stand an dessen Ende eine Verurteilung und wehrt er sich mit der Berufung dagegen, veranlaßt er zwar den Fortgang des Verfahrens. In der Sache sieht er sich aber immer noch dem Vorwurf aus der Anklageschrift gegenüber, gegen den er sich mit der Berufung verteidigt. Die Rolle gleicht materiell immer noch derjenigen in der ersten Instanz.

Vollends erhellt schließlich die Fehlsamkeit des Vergleichs des Verwerfungsurteils gem. § 329 Abs.1 S. 1 StPO mit dem Versäumnisurteil gegen den Kläger, wenn man die Verfahrensgrundsätze einander gegenüberstellt, die den Entscheidungen zugrunde liegen. Wirkt sich die Säumnis des Klägers nach § 330 ZPO so aus, als habe der Kläger gem. § 306 ZPO verzichtet, trifft diese Rechtsfolge den prozessualen Anspruch und nicht wie bei § 329 Abs. 1 S. 1 StPO das Rechtsmittel als solches. Klagerücknahme bzw. Rechtsmittelverzicht und -rücknahme sind in §§ 269, 515, 51 (iVm. 565) ZPO separat geregelt. Daß der Kläger im Wege des Verzichts bzw. der Säumnis über den prozessualen Anspruch verfügen kann, findet seine Grundlage nicht nur in der Verhandlungsmaxime und dem Prinzip der Mündlichkeit, sondern daneben auch im Dispositionsgrundsatz. Das Versäumnisurteil gegen den Beklagten orientiert sich durch die Zugrundelegung der Geständnisfiktion eher am Verhandlungs-, als am Dispositionsgrundsatz. Die Parteien haben es in der Hand, durch ihre Anträge das Verfahren für das Gericht

426 *Stadler*, in: *Musielak*, §§ 330 Rn. 4; *Grunsky*, in: *Stein/Jonas*, § 330 Rn. 1; *Rosenberg/Schwab/Gottwald*, S. 612.

427 MK/ZPO-*Prütting*, § 331 Rn. 3; *Schlosser*, Rn. 178.

bindend zu beginnen und zu beenden, sowie den prozessualen Streitgegenstand zu beeinflussen[428].

Mag der Strafprozeßordnung mit der Möglichkeit des Verzichts und der Rücknahme hinsichtlich der Rechtsmittel gem. § 302 StPO eine eingeschränkte Dispositionsbefugnis nicht fremd sein, so ist doch das Verfahren grundsätzlich vom Offizialgrundsatz geprägt, wonach Beginn und Beendigung des Verfahrens vor allem der Staatsanwaltschaft und dem Gericht obliegen[429]. Diese Befugnis ist jedoch lediglich formeller Natur, weil sie sich nur auf das Rechtsmittel bezieht. Die in § 330 ZPO zum Ausdruck kommende Verfügungsbefugnis ist dagegen eine materielle, weil sie den prozessualen Anspruch zum Gegenstand hat.

dd) Das Abwesenheitsurteil gem. § 329 Abs. 2 S. 1 StPO

Nimmt man das die Verhandlung in Abwesenheit des Angeklagten gem. § 329 Abs. 2 S. 1 StPO abschließende Urteil in den Blick, so ist die Bezeichnung als Versäumnisurteil zweifelhaft, weil sie weder allein auf Grundlage der Anklage ergeht, noch mit einer Geständnisfiktion gearbeitet wird. Vielmehr steht das Urteil am Ende einer Hauptverhandlung, die, abgesehen von der Abwesenheit des Angeklagten, jedenfalls insoweit als eine „vollwertige“ zu bezeichnen ist, als sie nach den entsprechenden Vorschriften der Strafprozeßordnung abläuft, also insbesondere eine Beweisaufnahme stattfindet.

c) Ergebnis

Schließlich läßt sich aber mit der Verhinderung einer Verfahrensobstruktion eine dem Versäumnisverfahren des Zivilprozesses und den Entscheidungen gem. § 329 Abs. 1 S. 1, Abs. 2 S. 1 StPO gemeinsame Zielsetzung konstatieren. Das Zivilverfahren sieht sich durch die grundsätzliche Entscheidung für die Beibehaltung seiner Verfahrensgrundsätze (Mündlichkeitsgrundsatz, Verhandlungsmaxime) genötigt, einer bei konsequenter Durchführung dieser Prinzipien drohenden Blockade des Verfahrens zu begegnen, indem es mit dem (sog. „echten“) Versäumnisurteil eine Sachentscheidung in Abwesenheit vorsieht.

Die Strafprozeßordnung hat der Anwesenheit des Angeklagten zentrale Bedeutung eingeräumt, indem es ohne diesen eine Hauptverhandlung grundsätzlich nicht erlaubt und Zwangsmittel zu seiner Gestellung vorsieht (vgl. § 230 Abs. 1, 2 StPO).

---

428 MK/ZPO-*Lüke*, Einleitung Rn. 167 ff., 172; *Greger*, in: *Zöller*, Vor § 128 Rn. 9.

429 Siehe HK-*Krehl*, Einl. Rn. 22; KK-*Pfeiffer*, Einleitung Rn. 4.

Die hier geltende Inquisitionsmaxime, wonach das Gericht die materielle Wahrheit zu erforschen hat, verbietet es, die Verfahrensgestaltung von den Beteiligten, deren „Partei"-Herrschaft das Verfahren gerade nicht unterworfen ist, diktieren zu lassen. Anders als im Zivilprozeß ist im strafprozessualen Verfahren im Hinblick auf den Untersuchungsgrundsatz ein Geständnis des Angeklagten nicht bindend, es unterliegt der freien richterlichen Beweiswürdigung im Sinne des § 261 StPO[430]. Eine für das Gericht bindende Dispositionsmöglichkeit über die prozessuale Tatsachengrundlage wie sie sich im Zivilverfahren aus §§ 138 Abs. 3, 288 Abs. 1 ZPO ergibt, kann es unter diesem Blickwinkel im Strafverfahren nicht geben. Insoweit muß ein Versäumnisverfahren zivilprozessualer Prägung dem Strafprozeß geradezu wesensfremd bleiben, weil dessen wesentliche Grundlage, die Verhandlungsmaxime, nicht gilt.

Der Untersuchungsgrundsatz führt aber im Verbund mit dem Prinzip der Mündlichkeit und Unmittelbarkeit zu einer ähnlichen Situation wie im Zivilprozeß. Führen beide zu der Annahme, die Anwesenheit des Angeklagten sei notwendige Voraussetzung einer Entscheidung, so droht für den Fall, daß der Angeklagte nicht erscheint, der Stillstand des Verfahrens, wenn nicht das Instrumentarium bereit gestellt wird, dessen Fortgang zu gewährleisten. Unter der Geltung des Inquisitionsprinzips spricht daher nichts dagegen, die Anwesenheit des Angeklagten mit Zwangsmitteln (vgl. § 230 Abs. 2 StPO) herbeizuführen und von einer Verhandlung solange abzusehen.

In der zweiten Instanz bleibt es zwar bei der Bedeutung des Anwesenheitsprinzips, doch meinte der Gesetzgeber, im Hinblick auf die Tatsache, daß bereits eine „vollwertige" Hauptverhandlung erster Instanz stattgefunden hat, im Einklang mit dem Rechtsstaatsprinzip eine Durchbrechung der Regel des § 230 StPO anordnen und mit § 329 Abs. 1, 2 StPO andere Rechtsfolgen an das Ausbleiben knüpfen zu können. Die Problemlage ist aber dieselbe: Bei konsequenter Durchführung der Verfahrensgrundsätze droht die Verschleppung des Verfahrens.

Die Rechtsnachteile im Versäumnisverfahren und nach § 329 Abs. 1, 2 StPO unterscheiden sich erheblich. Während die zivilprozessualen Versäumnisurteile stets als Sachurteile ergehen, handelt es sich bei dem Verwerfungsurteil nach § 329 Abs. 1 S. 1 StPO um ein Prozeßurteil. Zwar wird im Falle des § 329 Abs. 2 StPO über die Schuld- und Straffrage entschieden, dies jedoch nicht wie nach § 331 ZPO aufgrund einseitigen Vortrags, sondern aufgrund einer „vollwertigen" Hauptverhandlung.

Anhand der Anfechtungsmöglichkeiten wird die unterschiedliche Schwere der jeweiligen Rechtsfolgen deutlich. Während das zivilprozessuale Versäumnisurteil

---

430 Vgl. *Roxin*, Strafverfahrensrecht, § 15 Rn. 19; *Kühne*, Strafverfahrensrecht, Rn. 300.

aufgrund des verschuldensunabhängigen Einspruchs im Grunde nur vorläufigen Charakter hat, droht dem Rechtsmittelführer im Strafprozeß gem. § 329 Abs. 1 S. 1 StPO bei Verschulden der Verlust einer Instanz. Wie das zivilprozessuale Versäumnisurteil (vgl. § 337 ZPO) darf zwar auch das Urteil nach § 329 Abs. 1 S. 1 bzw. Abs. 2 S. 1 StPO nicht ergehen, wenn das Nichterscheinen unverschuldet war. Anders als im Strafverfahren spielt das Verschulden aber im Hinblick auf die Anfechtbarkeit mit dem jeweils vorgesehenen besonderen Rechtsbehelf im Zivilprozeß keine Rolle. Der Einspruch ist hinsichtlich seines Erfolges davon unabhängig (vgl. § 342 ZPO).

Der sich an der Frage des Verschuldens orientierende Vergleich *Roxins* mit dem sog. „(technisch) zweiten Versäumnisurteil" verkennt neben dessen Charakter als Sachurteil auch, daß eine Schlüssigkeitsprüfung stattfindet, eine beschränkte Sachprüfung also, und sich auch hier die unterschiedlichen Verfahrensgrundsätze auswirken. Das zivilprozessuale Versäumnisverfahren erweist sich im Hinblick auf die ihm zugrundeliegende Geständnisfiktion stets als Folge der für den Zivilprozeß konstituierenden Grundsätze der Mündlichkeit und der Verhandlungsmaxime. Gerade letztere ist dem Strafverfahren aber wesensfremd. Das gleiche gilt auch von dem Urteil gegen den säumigen Kläger gem. § 330 ZPO, dessen Stellung sich trotz einer *prima facie* bestehenden Ähnlichkeit in der Sache doch erheblich von der des berufungsführenden Angeklagten unterschiedet. Im übrigen stellt dieses Urteil auch ein Sachurteil dar.

Wie wenig das zivilprozessuale Versäumnisverfahren und die ihm zugrunde liegenden Verfahrensgrundsätze sich zur Übertragung auf den Strafprozeß, und sei es nur als Erklärungsmuster, eignen, zeigt auch die Zulässigkeit der sog. „Flucht in die Säumnis". Bringt eine Partei Angriffs- oder Verteidigungsmittel schuldhaft bzw. grob nachlässig nicht fristgerecht vor, ist sie mit diesem Vorbringen präkludiert, es sei denn, die Zulassung verzögert den Rechtsstreit nicht (vgl. § 296 Abs. 1, 2 ZPO). Der drohenden Präklusion kann die Partei entgehen, indem sie im Termin zur mündlichen Verhandlung nicht erscheint bzw. nicht verhandelt und Versäumnisurteil gegen sich ergehen läßt. Die von der Präklusion bedrohten Angriffs- und Verteidigungsmittel kann sie nunmehr mit dem Einspruch gem. § 340 Abs. 3 S. 1 ZPO vortragen, ohne daß sie ein fehlendes Verschulden hinsichtlich der Säumnis dartun müßte[431].

Alle Prägnanz des Vergleichs mit dem zivilprozessualen Versäumnisverfahren und -urteil kann nicht über die erheblichen materiellen Unterschiede zum Verfahren gem. § 329 Abs. 1, 2 StPO hinwegtäuschen. Es besteht die Gefahr, daß im Hinblick auf die trennenden Verfahrensgrundsätze durch die beständige Ver-

---

431 Vgl. *Herget*, in: *Zöller*, § 296 Rn. 40, § 340 Rn. 7; *Huber*, in: *Musielak*, § 296 Rn. 40 f.

wendung der Termini zu Vergleichs- oder Verdeutlichungszwecken fälschlich der Eindruck auch materieller Übereinstimmungen hervorgerufen wird. Die zivilprozessualen Bezeichnungen sollten daher im Strafverfahren trotz gewisser formaler bzw. äußerlicher Gemeinsamkeiten weder erklärend noch begriffsstiftend verwendet werden.

2. Das Rechtsmittel-Verzichts-Modell

Traditionell wurde im Nichterscheinen des Angeklagten der Verzicht auf das Rechtsmittel gesehen. Diesem Verständnis des § 329 Abs. 1 S. 1 StPO ist das Reichsgericht und mit ihm die Rechtsprechung gefolgt[432].

a) Begriffliche Unklarheiten

Der Bundesgerichtshof hat diesen Ansatz aufgegriffen und bekräftigt, daß die von § 329 Abs. 1. S. 1 StPO aufgestellte Ausnahme von dem Grundsatz, daß gegen einen abwesenden Angeklagten kein Urteil erlassen werden darf, auf der Unterstellung beruht, daß der Berufungsführer, der zu Beginn der Hauptverhandlung ausbleibt, auf das Rechtsmittel und damit auf eine sachliche Überprüfung des angefochtenen Urteils verzichtet. Diese „Fiktion" fuße auf der Vorstellung, daß der Angeklagte weitgehend über sein Rechtsmittel soll verfügen können. Es sei seiner Entschließung anheim gestellt, ob er Berufung einlegen will oder nicht, und er könne die einmal eingelegte Berufung bis zum Beginn der Urteilsverkündung (nach Beginn der Hauptverhandlung mit Zustimmung des Gegners) zurücknehmen. Diese Einflußnahme des Angeklagten auf das Berufungsverfahren sei mit rechtsstaatlichen Grundsätzen vereinbar, weil es in diesem Verfahren nicht um die erstmalige Prüfung der Schuldfrage, sondern um die Überprüfung eines schon vorliegenden Erkenntnisses (des ersten Rechtszuges) gehe, das aufgrund einer erschöpfenden, durch die Verfahrensvorschriften der Strafprozeßordnung gesicherten sachlichen Verhandlung ergangen sei[433]. Daran hat der Bundesgerichtshof später festgehalten und die Rechtsprechung ist ihm gefolgt[434]. Dabei beginnt die Terminologie indes zu verschwimmen. Ist einerseits

---

432 Siehe *Hahn*, Materialien zur StPO, Erste Abth., S. 182, 1026; RGSt 61, 278 (280); 64, 239 (246); 66, 76 (79); OLG Dresden HRR 1930 Nr. 1186; JW 1932, 1781.

433 BGHSt 15, 287 (289) unter Verweis auf die Materialien und die Rechtsprechung des Reichsgerichts.

434 Vgl. etwa BGHSt 24, 143 (150); BayObLG MDR 1963, 700; KG NJW 1969, 475; OLG Düsseldorf StV 1982, 127 (128); OLG Koblenz NJW 1975, 322. Die Ver-

nicht mehr nur von Verzicht, sondern auch von Rücknahme des Rechtsmittels die Rede[435], tritt neben den Begriff der Fiktion[436] bald der der Vermutung[437]. Zusätzliche Verwirrung tritt ein, wenn verschiedentlich das Kriterium der Widerleglichkeit eingeführt wird[438].

Die Erklärung, an der Durchführung eines Rechtsmittels bzw. der sachlichen Überprüfung des erstinstanzlichen Urteils nicht (mehr) interessiert zu sein, kann sich nach Ablauf der Einlegungsfrist nur noch als Rücknahmeerklärung darstellen, denn der Verzicht setzt voraus, daß das Recht zur Einlegung des Rechtsmittels noch besteht[439]. Umgekehrt erfordert die Rücknahme, daß ein Rechtsmittel tatsächlich eingelegt wurde[440]. Angesichts der Terminologie des § 302 StPO kann der Vorgang also, wenn überhaupt, nur unter dem Begriff der Rücknahme des Rechtsmittels gefaßt werden[441].

Und auch die Verwendung der Begriffe Vermutung und Fiktion unterliegt keiner Beliebigkeit[442]. Bei der Vermutung wird ein Umstand, dessen Vorliegen unsicher ist, als vorliegend, bei der Fiktion wird ein sicher nicht vorliegender Umstand als vorliegend angenommen[443]. Fraglich ist also, für welchen Umstand hier eine Regelung getroffen werden soll.

Die wirksame Rücknahme des Rechtsmittels setzt als prozessuale Willenserklärung einen entsprechenden eindeutigen Erklärungstatbestand voraus[444]. Diesen Umstand will § 329 Abs. 1 S. 1 StPO regeln. Einziger insoweit in Betracht

---

zichtslösung wird heute aber nur noch vereinzelt vertreten, so etwa von *Meyer-Goßner*, § 329 Rn. 2; *Volk*, § 35 Rn. 13, *Rosenau*, JR 2000, S. 82.

435 Siehe *Alsberg*, JW 1926, S. 1105; *Sax*, JR 1967, S. 43; *Schroeder*, NJW 1973, S. 308; *Meyer-Goßner*, § 329 Rn. 2.

436 So auch RGSt 61, 278 (280); 64, 239 (246); RG JW 1931, 1616 m. Anm. *Alsberg*, JW 1931, 1616; OLG Dresden JW 1931, 1781; OLG Königsberg JW 1932, 2990 m. Anm. *Mamroth*; BGHSt 15, 287 (289); OLG Köln NJW 1953, 1036; OLG Celle GA 1960, 316 (317); *Volk*, § 35 Rn. 13 („Unterstellung").

437 Siehe etwa *Henkel*, S. 373 (Fn. 9); BGHSt 24, 143 (150); OLG Dresden HRR 1930, Nr. 1186.

438 OLG Dresden HRR 1930 Nr. 1186; JW 1932, 1781 (widerlegliche Vermutung, denn die Vermutung des Verzichts könne nicht aufrechterhalten werden, wenn der ausbleibende Angeklagte schriftlich mitgeteilt habe, daß er auf der Berufung bestehe); *Alsberg*, JW 1926, S. 1105 (unwiderlegliche Fiktion); vgl. auch LR[24]-*Gollwitzer*, § 329 Rn. 76.

439 LR[25]-*Hanack*, § 302 Rn 1; AK-*Achenbach*, § 302 Rn. 16 ff.

440 LR[25]-*Hanack*, § 302 Rn 3; KK-*Ruß*, § 302 Rn. 4, 6.

441 Siehe schon *Alsberg*, JW 1926, S. 1105; sowie *Sax*, JR 1967, S. 43; *Schroeder*, NJW 1973, S. 308; *Meyer-Goßner*, § 329 Rn. 2.

442 Vielfach werden beide Begriffe dennoch vermengt, siehe *Barth*, NJW 1958, S. 373; *Rosenau*, JR 2000, S. 82; *Sax*, JR 1967, S. 42.

443 *Baumann*, Einführung, S. 85 f.; *Zippelius*, S. 36; *Larenz*, Methodenlehre, S. 262 ff.

444 Siehe *Roxin*, Strafverfahrensrecht, § 52 Rn. 23; *Beulke*, Rn. 298.

kommender Anknüpfungspunkt ist das Nichterscheinen des Angeklagten. Dieses ist aber erklärungsneutral. Es läßt sich nicht ohne weiteres sagen, welche Motivation den Angeklagten umtreibt: ob er ohne sein Zutun am Kommen verhindert ist oder meint, so seine Verurteilung verzögern zu können oder aber sein Desinteresse an dem Rechtsmittel zum Ausdruck bringen will. Ist aber zweifelhaft, ob ein hinreichender Rücknahmewillen vorliegt, scheidet eine Klassifizierung der Regelung des § 329 Abs. 1 S. 1 StPO als Fiktion aus. Daß der Rücknahmewillen des Angeklagten sicher nicht vorliegt, läßt sich ebensowenig behaupten, wie sein Vorliegen. Es könnte also allenfalls davon gesprochen werden, daß § 329 Abs. 1 S. 1 StPO auf einer Vermutung der Rücknahme beruht. Diese stellt sich angesichts eines fehlenden Verwerfungsermessens des Gerichts als eine unwiderlegliche dar.

b) Der vermeintliche „Wille" des Angeklagten

Fraglich ist auch, ob sich dem unentschuldigten Ausbleiben des Angeklagten widerspruchsfrei ein auf die Rücknahme des Rechtsmittels gerichteter Erklärungswert beimessen läßt.

Vielfach sind im Zuge der Vorbereitung der Hauptverhandlung Erklärungen des Angeklagten aktenkundig geworden, die angesichts des Ausbleibens der Annahme, er wolle das Rechtsmittel zurücknehmen, widersprechen. Erklärt der Angeklagte etwa, er wolle seine Berufung aufrechterhalten, fehlt es an der Unsicherheit hinsichtlich des Rücknahmewillens, die unwiderlegliche Vermutung des § 329 Abs. 1 S. 1 StPO geht dann an der Sachlage evident vorbei[445]. Tatsächlich kann die Motivation für das Ausbleiben vielschichtig sein. In den wenigsten Fällen wird tatsächlich ein Rücknahmewillen bestehen[446].

Dies gilt namentlich in den Fällen, in denen der Angeklagte Entschuldigungsvorbringen an das Gericht richtet, dieses die Entschuldigung aber für nicht genügend erachtet und die Berufung deswegen nach § 329 Abs. 1 S. 1 StPO verwirft. Der Angeklagte bringt hier zum Ausdruck, die Berufung weiter verfolgen zu wollen, nur eben nicht zum terminierten Zeitpunkt, weil er sich hier verhindert glaubt und meint, einen hinreichenden Grund zum Fernbleiben zu haben.

Auch in den Fällen der Verhandlungsunfähigkeit infolge etwa von Trunkenheit oder der Einnahme von Rauschmitteln bzw. Medikamenten, die dem Ausbleiben ohne genügende Entschuldigung im Sinne des § 329 StPO gleich stehen

---

445 Vgl. schon OLG Dresden HRR 1930 Nr. 1186; JW 1932, 1781, die § 329 Abs. 1 S. 1 StPO in diesen Fällen für unanwendbar hielten und von einer widerleglichen Vermutung ausgingen.

446 LR[24]-*Gollwitzer*, § 329 Rn. 77; siehe auch schon die Protokolle der Kommission, Zweiter Band, S. 485 (zum Entwurf von 1905).

sollen, wird man angesichts der Tatsache, daß der Angeklagte jedenfalls erschienen ist, keinen Rücknahmewillen konstruieren können[447]. Vielfach werden die Fälle hier so gelagert sein, daß der Angeklagte meint, sich mit ein wenig Alkohol oder anderen Mitteln angesichts der bevorstehenden Hauptverhandlung und den mit dieser verbundenen Belastungen beruhigen zu können bzw. zu müssen, ohne dabei abzusehen, wieviel er letztlich konsumieren wird und welche Wirkung in welcher Zeit eintritt. Erscheint er dann in der Hauptverhandlung, muß dies als Indiz dafür gelten, daß er trotz allem, solchermaßen „gefestigt", sein Rechtsmittel verhandelt sehen will.

Neben diesen, die „Lebensnähe" der Vermutung, der ausbleibende Angeklagte wolle sein Rechtsmittel zurücknehmen, betreffenden Argumenten sprechen auch gesetzessystematische Gründe gegen die Auffassung der Rechtsprechung.

Zunächst spricht die Regelung der Vertretung gegen die Annahme der Rechtsprechung. Das Verwerfungsurteil ergeht auch dann, wenn zwar ein Vertreter erschienen, die Vertretung aber unzulässig ist (vgl. §§ 234 iVm. 332 StPO). Entsendet der Angeklagte einen Vertreter, so bringt er damit aber doch deutlich seinen Willen zur Durchführung des Rechtsmittels zum Ausdruck. Sonst würde bei unzulässiger Vertretung der Rücknahmewillen unterstellt, bei zulässiger hingegen nicht, was nicht im Sinne des Gesetzes sein kann[448].

Es ist auch festzuhalten, daß der ausdrückliche Verzicht auf ein Rechtsmittel bzw. dessen Rücknahme in § 302 StPO gesetzlich geregelt ist. Mit dem Verzicht auf das Rechtsmittel bzw. dessen Rücknahme tritt dessen endgültiger Verlust ein. Das Urteil wird rechtskräftig, und eine erneute Einlegung wäre unzulässig[449]. Angesichts dieser für den Angeklagten einschneidenden Wirkungen ist die Wirksamkeit der entsprechenden Prozeßhandlung an strenge Anforderungen geknüpft.

Die Verzichts- bzw. Rücknahmeerklärung muß eindeutig und zweifelsfrei sein, das heißt der Wille zur Rücknahme bzw. zum Verzicht muß der Erklärung klar zu entnehmen sein. Notfalls ist er im Freibeweisverfahren zu ermitteln. Lassen sich Zweifel nicht ausräumen, fehlt es an einer wirksamen Erklärung[450]. Die Annahme einer schlüssigen Verzichts- bzw. Rücknahmeerklärung im Rahmen des § 329 Abs. S. 1 StPO dürfte vor diesem Hintergrund kaum jemals in Betracht

---

447 *Kaiser*, NJW 1968, S. 186.

448 *Küper*, JuS 1972, S. 128.

449 KK-*Ruß*, § 302 Rn. 1, 14; *Pfeiffer*, § 302 Rn. 6.

450 LR[25]-*Hanack*, § 302 Rn. 2, 21; KK-*Ruß*, § 302 Rn. 11; AK-*Achenbach*, § 302 Rn. 11.

kommen. Weiter muß für die Rücknahme die Form der Einlegung des Rechtsmittels, mithin die Schriftform (vgl. § 314 Abs. 1 StPO), gewahrt sein[451].

Angesichts dieser Anforderungen spricht einiges dafür, die Regelung des § 302 StPO als abschließend und anderweitige Verzichts-„Erklärungen" ausschließend anzusehen[452].

Da schließlich die Rücknahmevermutung nach Beginn der Hauptverhandlung (vgl. § 243 Abs. 1 S. 1 StPO) eingreift, könnte der Angeklagte durch schlüssiges Verhalten (sein Ausbleiben) mehr erreichen, als durch ausdrückliche Erklärung. Diese wäre nämlich nach Beginn der mündlichen Verhandlung hinsichtlich ihres Erfolges gem. § 303 S. 1 StPO an die Zustimmung der Staatsanwaltschaft gebunden.

Gegen die Auffassung der Rechtsprechung läßt sich auch die in den Fällen der Rücknahme und der Verwerfung der Berufung unterschiedliche Form der Erledigung des Verfahrens anführen. Unbestritten erfolgt die Verwerfung gem. § 329 Abs. 1 S. 1 StPO durch Urteil[453]. Führt das unentschuldigte Ausbleiben des Angeklagten aber zur Rücknahme der Berufung, ist diese nicht mehr existent, sie kann nicht mehr verworfen werden, vielmehr stellt das Gericht die Erledigung fest. Da die Rücknahme eine prozessuale Bewirkungshandlung darstellt, ist für ein verwerfendes Urteil kein Raum mehr, sondern allenfalls für eine -deklaratorische- Erledigungserklärung[454].

c) Vergleich mit § 391 Abs. 2 StPO im Privatklageverfahren

Meyer-Goßner stützt die Annahme, dem Verwerfungsurteil nach § 329 Abs. 1 S. 1 StPO läge eine Rücknahmefiktion zugrunde, mit dem Hinweis auf den *„rechtsähnlichen Fall"* des § 391 Abs. 2 StPO[455]. Danach gilt es als Zurücknahme der

---

451 BGHSt 18, 257 (260); BGH NJW 1984, 1974; RGSt 32, 277 (279); OLG Düsseldorf JZ 1985, 300; OLG Hamburg MDR 1981, 424; *Schlüchter*, Rn. 647; *Roxin*, Strafverfahrensrecht, § 51 Rn. 23.

452 Diese Rechtslage bestand auch so unter der Geltung der Reichsstrafprozeßordnung, siehe *v. Kries*, S. 639, 642 ff.; *v. Schwarze*, in: *v. Holtzendorff*, Handbuch II, S. 253 f.

453 *Eb. Schmidt*, Lehrkommentar II, § 329 Erl. 13; *Schlüchter*, Rn. 682.3; KK-*Ruß*, § 329 Rn. 13.

454 So schon *Oetker*, JW 1932, S. 512; *Küper*, JuS 1972, S. 128; siehe auch *Henkel*, S. 373 (Anm. 9); zur Erledigterklärung durch Beschluß, wenn eine Feststellung der Rücknahmewirkung angezeigt ist vgl. RGSt 55, 213 (214); BayObLG DRiZ 1931 Nr. 786; KG JR 1981, 480 (481); OLG Düsseldorf MDR 1985, 429 (430); BGH NStZ-RR 1998, 60; SK/StPO-*Frisch*, § 302 Rn. 78; *Meyer-Goßner*, § 302 Rn 11a.

455 *Meyer-Goßner*, § 329 Rn. 2; ähnlich auch schon LR[24]-*Schäfer*, Einl. Kap. 13 Rn. 49. *Bloy*, GA 1980, S. 171, spricht auch im Zusammenhang mit dieser Vor-

Privatklage, wenn der Privatkläger in der Hauptverhandlung weder erscheint noch durch einen Rechtsanwalt vertreten wird oder er trotz der Anordnung des persönlichen Erscheinens nicht erscheint oder eine Frist nicht einhält (vgl. Alt. 1)[456]. In der Berufungsinstanz gilt dies nur, soweit der Angeklagte -auch neben dem Privatkläger[457]- Berufung eingelegt hat (vgl. Alt. 2).

Mögen sich beide Vorschriften auch insoweit ähneln, als sie Rechtsfolgen an das unentschuldigte Ausbleiben eines Prozeßbeteiligten knüpfen, sind doch die Unterschiede erheblich. Insofern sind über die bereits dargestellten Bedenken hinaus, daß sich die Vermutung der Rücknahme bzw. des entsprechenden Willens in vielen Fällen als wenig lebensnah erweist, weitere Einwände zu erheben.

Zunächst ist der Bezugspunkt bzw. das Regelungsobjekt des § 391 Abs. 2 StPO ein anderer bzw. ein anderes. Die dortige Rücknahmefiktion[458] erfaßt nicht das Rechtsmittel des Privatklägers gegen ein auf seine Privatklage hin ergangenes Urteil, sondern die Privatklage als solche. Dies gilt auch in der Berufungsinstanz, soweit der Angeklagte Berufung eingelegt hat (§ 391 Abs. 2 Alt. 2 StPO).

Der Privatkläger übernimmt im Privatklageverfahren die Funktion der Staatsanwaltschaft (vgl. §§ 385 Abs. 1 S. 1, 390 Abs. 1 S. 1 StPO). Daher ist die Rolle des Privatklägers als eine „angreifende" zu charakterisieren, er wird aktiv, ergreift die Initiative und überzieht den Angeklagten mit einem Strafverfahren, wo der Staat bzw. die Staatsanwaltschaft (zunächst) kein öffentliches Interesse an der Strafverfolgung bejaht hat (vgl. §§ 376, 377 StPO)[459]. Insoweit wird vom Gesetz ein Vergeltungs- bzw. Genugtuungsinteresse anerkannt, wo öffentliches Strafverfolgungsinteresse nicht besteht. Dementsprechend braucht der Privatkläger keine Ermittlungen anzustellen, insbesondere nicht wie die Staatsanwaltschaft nach § 160 Abs. 2 StPO den Angeklagten entlastende Umstände zu ermitteln, auch ist er nicht zur Objektivität verpflichtet, sondern unterliegt nur der Pflicht, wahr-

---

schrift von einem „Versäumnisverfahren"; ähnlich schon *Beling*, S. 455 („Versäumnisurteil").

456 Wie auch die Wiedereinsetzungsmöglichkeit gem. §§ 391 Abs. 4 iVm. 44, 45 StPO zeigt, ist hier das untentschuldigte Ausbleiben gemeint, dessen Vorliegen sich wie bei § 329 StPO bestimmt, vgl. *Rieß*, NStZ 2000, S. 120 m. w. N.

457 KK-*Pelchen*, § 391 Rn. 11; LR[25]-*Wendisch*, § 391 Rn. 38.

458 So die allenthalben vorzufindende Bezeichnung, vgl. etwa HK-*Kurth*, § 391 Rn. 9; KK-*Pelchen*, § 391 Rn. 11; *Pfeiffer*, § 391 Rn. 3; *Gerland*, S. 128; *Henkel*, S. 411 (Anm. 6); *Schlüchter*, Rn. 826.2. Richtiger wäre es, auch hier von einer Vermutung zu sprechen.

459 Siehe schon die Motive, *Hahn*, Materialien zur StPO, Erste Abth., S. 269 f.; vgl. auch *Eb. Schmidt*, Lehrkommentar II, § 385 Erl. 1; LR[24]-*Wendisch*, Vor § 374 Rn. 25; *Meyer-Goßner*, § 385 Rn. 1, *Pfeiffer*, § 385 Rn. 1; *Gerland*, S. 122 f.; *Roxin*, Strafverfahrensrecht, § 61 Rn. 7 f.

heitsgemäße Angaben zu machen[460]. Demgegenüber ist die Rolle des Angeklagten eine passive, er wird in ein Strafverfahren verwickelt, und auch wenn er Rechtsmittel einlegt, ist dies Rolle eine aktive nur im formalen Sinne, weil es ihm immer noch um die Verteidigung gegen den Anklagevorwurf zu tun ist[461].

Auch im Hinblick auf die Gesetzessystematik erweckt der Vergleich mit § 391 Abs. 2 StPO Zweifel. Hat der Gesetzgeber in § 391 Abs. 2 StPO eine Rücknahmefiktion fixiert, an anderer Stelle aber für das Ausbleiben anderer Verfahrensbeteiligter die Verwerfung des Rechtsmittels angeordnet (vgl. §§ 391 Abs. 3, 329 Abs. 1 S. 1, 401 Abs. 3 StPO), spricht einiges dafür, daß hier die Erledigungsarten bewußt differenziert worden sind, also nicht von einer Fiktion gesprochen werden kann, wo das Gesetz eine andere Formulierung wählt. Diese Annahme wird erhärtet durch den Umstand, daß gerade in der Vorschrift, die das Ausbleiben des Privatklägers regelt (vgl. § 391 StPO), beide Erledigungsformen vorkommen, wobei für die der Konstellation des § 329 Abs. 1 S. 1 StPO am nächsten kommende Situation die Verwerfung angeordnet wird (vgl. § 391 Abs. 3 StPO).

Insgesamt sind Fiktionen der Strafprozeßordnung im Hinblick auf seinen Gegenstand, die Klärung des Anklagevorwurfes und der damit möglicherweise verbundenen schweren Folgen für den Angeklagten fremd[462]. Hat der Gesetzgeber sie daher an einer Stelle ausdrücklich angeordnet, verbietet es sich, in eine andere Vorschrift, die sich dem Wortlaut nach nicht deutlich als solche darstellt, eine Fiktion „hineinzulesen". Daran mag auch die singuläre Meinung zweier an der Gesetzgebung beteiligten Personen nichts zu ändern. Hätte die Kommissionsmehrheit diese Ansicht für zutreffend gehalten, hätte eine entsprechende Fassung der Vorschrift des § 370 RStPO, heute § 329 StPO, nahegelegen. Von einem entsprechenden Willen des historischen Gesetzgebers kann also keine Rede sein[463].

Schließlich wird auch anhand der Art der Erledigung des Verfahrens gem. § 391 Abs. 2 StPO deutlich, wie wenig diese Vorschrift mit der des § 329 Abs. 1 S. 1 StPO zu tun hat. Erscheint der Privatkläger ohne genügende Entschuldigung in der Verhandlung über die Berufung des Angeklagten nicht, wird das Verfahren durch Urteil gem. § 260 Abs. 3 StPO eingestellt, da es an der Prozeßvoraussetzung einer wirksam erhobenen Privatklage fehlt[464]. Das Urteil gem. § 329 Abs. 1 S. 1 StPO ist aber kein Einstellungs- sondern ein Verwerfungsurteil.

---

460 *Meyer-Goßner*, § 385 Rn. 2; *Pfeiffer*, § 385 Rn. 2.

461 Siehe zu diesem Gesichtspunkt schon oben, S. 123.

462 Siehe auch *Eb. Schmidt*, Lehrkommentar II, § 329 Erl. 6.

463 Zur sog. „historischen Auslegung" siehe *Larenz*, Methodenlehre, S. 316 ff., 328 ff.

464 *Rieß*, NStZ 2000, 120; *Gerland*, S. 455; *Meyer-Goßner*, § 391 Rn. 16. Gegen die Vergleichbarkeit von § 329 Abs. 1 S. 1 StPO und § 391 Abs. 2 StPO schon *Oetker*, JW 1932, S. 512. Nach anderer Auffassung hat ein Einstellungsbeschluß zu ergehen,

d) *Zusammenfassung*

Richtig ist zwar, daß mit § 302 StPO dem Angeklagten eine gewisse Dispositionsbefugnis über sein Rechtsmittel eingeräumt wird. Dieses Recht wird allerdings durch das Erfordernis der Zustimmung des Gegners gem. § 303 StPO mit Beginn der Hauptverhandlung erheblich relativiert.

Weiter wird in der Vielzahl der denkbaren Fälle ein entsprechender Wille des Angeklagten nicht zu vermuten sein, weil sich aus den Umständen ergibt, daß er an der Berufung festhalten will.

Schließlich kann auch der Vergleich mit der Vorschrift des § 391 Abs. 2 StPO die Rechtsmittel-Verzichts-Lösung nicht stützen, weil die behauptete Rechtsähnlichkeit nicht vorliegt. Einmal unterscheiden sich die Rollen von Privatkläger und Angeklagtem. Dann legt die Tatsache, daß § 391 Abs. 2 StPO eine Rücknahmefiktion tatsächlich enthält, der Wortlaut des § 329 Abs. 1 S. 1 StPO aber nicht, den Schluß nahe, daß der Gesetzgeber hier bewußt differenzierend eine andere Formulierung gewählt hat.

Neben den die Ablehnung dieses Ansatzes begründenden Argumenten ist der genannten Auffassung auch entgegenzuhalten, daß sie die Regelung des § 329 Abs. 2 S. 1 StPO nicht zu erklären vermag. In jedem Fall ist es dasselbe Verhalten, das unentschuldigte Ausbleiben, das die entsprechenden Rechtsfolgen nach sich zieht. Es ist insoweit naheliegend, beide Absätze auf einen einheitlichen Rechtsgrund zurückzuführen[465].

3. *Zwischenergebnis*

Die einfachrechtlichen Erklärungsmodelle der Regelungen des § 329 Abs. 1, 2 StPO haben sich damit als nicht stichhaltig erwiesen. Es bleibt zu prüfen, ob sich die Verwerfung der Berufung und die Verhandlung in Abwesenheit als Ausprägungen eines Verwirkungsgedankens deuten lassen. Dieser beruht auf der Annahme, daß der Angeklagte nicht aus eigenem Entschluß auf die Anwesenheit soll verzichten dürfen. Bleibe er trotzdem ohne genügende Entschuldigung aus, verwirke er seine Mitwirkungs- und Gestaltungsrechte und verliere das Recht, das erstinstanzliche Urteil im Wege der Berufung überprüfen zu lassen (vgl. § 329 Abs. 1 S. 1 StPO) bzw. seine durch die Anwesenheit verbürgten Rechtspo-

---

siehe AK-*Rössner*, § 391 Rn. 7; LR[25]-*Hilger*, § 391 Rn. 10 ff. Damit unterschiede sich die Erledigung aber immer noch signifikant von der im Fall des § 329 Abs. 1 S. 1 StPO.

465 Siehe auch SK/StPO-*Frisch*, § 329 Rn. 2.

sitionen (vgl. § 329 Abs. 2 S. 1 StPO). Da das Anwesenheitsprinzip unter anderem auch dem verfassungsmäßig verbürgten Anspruch auf rechtliches Gehör dienen soll, scheint § 329 StPO eine Regelung getroffen zu haben, die einen Verzicht auf Rechte aus Art. 103 Abs. 1 GG für unzulässig erklärt und Sanktionen für den Fall anordnet, daß sich der Angeklagte über dieses Verbot hinwegsetzt.

III. § 329 Abs. 1, 2 StPO und Art. 103 Abs. 1 GG: Grundrechtsverzicht und Äußerungsmöglichkeit

Gem. Art. 103 Abs. 1 GG hat jedermann vor Gericht Anspruch auf rechtliches Gehör[466]. Man könnte daher in Frage stellen, daß § 329 Abs. 1 S. 1, Abs. 2 S. 1 StPO den verfassungsrechtlichen Anforderungen genügt, weil die Berufung des Angeklagten verworfen bzw. auf die Berufung der Staatsanwaltschaft hin in seiner Abwesenheit verhandelt wird, ohne daß der Angeklagte sich tatsächlich zum Anklagevorwurf geäußert hat.

Erweist sich, daß die einfachrechtlichen Regelungen insoweit den verfassungsrechtlichen Vorgaben genügen, stellt sich die Frage, inwieweit die Folgen, die die Strafprozeßordnung mit § 329 StPO an ein Verstreichenlassen dieser Äußerungsmöglichkeit knüpft, indem sie den Angeklagten durch die Pflicht zur Anwesenheit dazu zwingt, seinen Anspruch auf rechtliches Gehör wahrzunehmen und ihm so die Möglichkeit eines Grundrechtsverzichts abschneidet, einen gerechtfertigten Eingriff in Art. 103 Abs. 1 GG darstellen.

1. Verfassungsrechtlicher Hintergrund des Anspruchs auf rechtliches Gehör

Angesichts einer traditionsreichen einfachrechtlichen Verankerung[467] des Anspruchs auf rechtliches Gehör in den einzelnen Verfahrensordnungen stellt sich

466 Uneinheitlich insoweit die Bezeichnung etwa als *„prozessuales Urrecht"* (BVerfGE 55, 1 [6]; 70, 180 [188]; *Kopp*, AöR 106 [1981], S. 606; *Schulze-Fielitz*, in: *Dreier*, Art. 103 Abs. 1 Rn. 12), dann als *„grundrechtsgleiches"* (*Arndt*, NJW 1959, S. 6; *Stern*, in: FS Ule, S. 371; *Pieroth*, in: *Jarass/Pieroth*, Art. 103 Rn. 1) oder *„-ähnliches Recht"* (BVerfGE 61, 82 [104]; 75, 192 [200]) bzw. als *„Prozeßgrundrecht"* (BVerfGE 53, 219 [222]; 58, 353 [356]; MD-*Schmidt-Aßmann*, Art. 103 Abs. 1 Rn. 4; *Kunig*, in: *v. Münch/Kunig*, Art. 103 Rn. 2) oder einfach nur als *„Grundrecht"* (BVerfGE 19, 93 [99]; 36, 92 [97]; 54, 117 [123]; 74, 1 [4 f.]; *Knemeyer*, in: HdbStR VI, § 155 Rn. 14); *Henkel*, S. 245; *Eb. Schmidt*, Lehrkommentar I, Nr. 335; *Roxin*, Strafverfahrensrecht, § 18 Rn. 3.

467 Das Bundesverfassungsgericht betont in ständiger Rechtsprechung, die bei Inkrafttreten des Grundgesetzes geltenden Verfahrensordnungen genügten allgemeinen

die Frage, worauf dieser durch Art. 103 Abs. 1 GG in Verfassungsrang erhobene Anspruch aufbaut bzw. woher er heute seinen Geltungsgrund bezieht. Im wesentlichen werden vier Begründungsansätze erwogen: der allgemeine Gleichheitssatz, Prozeßmaximen und Einzelnormen des einfachen Rechts, die Sachgerechtigkeit sowie der Grundsatz der Menschenwürde in Verbindung mit dem Rechtsstaatsprinzip.

a) Begründung aus dem allgemeinen Gleichheitssatz

Wenn insbesondere im Hinblick auf den Zivilprozeß davon die Rede ist, beide Parteien hätten gleichermaßen Anspruch auf Gehör, könnte man annehmen, mit der Gewährung des rechtlichen Gehörs solle dem Gebot, Gleiches gleich zu behandeln, wie es der allgemeine Gleichheitssatz aufstellt, Genüge getan werden[468].

Eine solche Orientierung am Grundsatz des *„audiatur et altera pars"* hat aber zu sehr die Modalität der gleichmäßigen Gewährung im Auge. Diese setzt die Geltung des Prinzips schon voraus[469]. Auch wäre dem Prinzip der formalen Gleichheit auch genügt, wenn den Parteien das Gehör gleichermaßen versagt würde[470].

b) Begründung aus Prozeßmaximen und Einzelnormen

Denkbar erscheint auch eine Ableitung des Gehöranspruchs aus Prozeßmaximen und diese konkretisierenden Einzelnormen. Angesichts des Gesetzeswortlautes (*„Gehör"*) ist dabei vor allem an den Mündlichkeitsgrundsatz (vgl. etwa §§ 137 ZPO, 243 StPO, 103 VwGO) zu denken[471].

Entscheidender Gesichtspunkt des Gehöranspruchs ist aber die Möglichkeit des Beteiligten, auf die gerichtliche Entscheidung einzuwirken. Die Art der Gewährung spielt dabei keine Rolle. Ein mündliches Verfahren mag die beste Form der Gehörgewährung darstellen, die einzig denkbare ist sie nicht. Rechtliches

---

rechtsstaatlichen Anforderungen hinsichtlich der Gewährung des rechtlichen Gehörs, so daß bei der Auslegung des Art. 103 Abs. 1 GG in aller Regel vom vorverfassungsrechtlichen Gesamtbild des Prozeßrechts ausgegangen werden könne, BVerfGE 9, 89 (95 f.); 17, 356 (361); 74, 1 (5); 81, 123 (129); siehe auch *Kopp*, AöR 106 (1981), S. 605. Zur geschichtlichen Entwicklung des Grundsatzes siehe *Schulze-Fielitz*, in: *Dreier*, Art. 103 Abs. 1 Rn. 1 ff.; *Knemeyer*, in: HdbStR VI, § 155 Rn. 6 ff.; ausführlich *Rüping*, S. 12 ff.

468 In diesem Sinne *v. Mangoldt*, Art. 3 Anm. 3; *Barwinski*, in: *Zinn/Stein*, Art. 131-133, Abschn. B IV Anm. 9, S. 26.

469 *Baur*, AcP 153 (1954), S. 403; *Rüping*, S. 114.

470 *Bröll*, S. 8 f.; *Rüping*, S. 114; *Knemeyer*, in: HdbStR VI, § 155 Rn. 18.

471 So früher *v. Kries*, S. 429; *Gerland*, S. 282.

Gehör muß auch in schriftlichen Verfahren gewährt werden (vgl. etwa § 201 Abs. 1 StPO)[472]. Auch auf die Verhandlungsmaxime wird sich die Gewährleistung nicht stützen lassen. Da der Anspruch auf rechtliches Gehör in allen gerichtlichen Verfahren gilt, greift er über die einzelnen Verfahrensordnungen hinaus und ist nicht aus einzelnen Verfahrensvorschriften ableitbar[473].

Überhaupt scheint dieser Weg der Herleitung dem Gedanken der Normenhierarchie zu widersprechen[474]. Steht die Verfassung an deren Spitze, können Verfassungsgrundsätze schwerlich aus einfachrechtlichen Vorschriften oder Verfahrensmaximen abgeleitet werden.

c) Begründung aus dem Gedanken der Sachgerechtigkeit

Gelegentlich wurde auch versucht, den Anspruch auf rechtliches Gehör mit dem Gedanken der Sachgerechtigkeit zu begründen. Soll der Streit gerecht entschieden werden, setzt dies eine vollständige Sachaufklärung voraus. Der Richter kann widerstreitende Interessen nur richtig abwägen, wenn er über sie hinreichend unterrichtet ist. Die Ergänzung des gegenseitigen Vorbringens steht insoweit im Dienst der Wahrheitsermittlung[475]. Insbesondere für den Strafprozeß scheint der Zusammenhang zwischen Wahrheitsermittlung und rechtlichem Gehör schon in den Motiven anzuklingen. Die Anhörung des Angeklagten sei die Voraussetzung für die vollkommene Erforschung der Wahrheit[476].

Zwar wird vielfach nur über die Mitwirkung aller Beteiligten zu einer hinreichend sicheren Entscheidungsgrundlage zu gelangen sein. In der Konsequenz bedeutet dieser Ansatz aber eine Reduzierung des Anspruchs auf rechtliches Gehör zu einem bloßen Mittel der Sachaufklärung, das seinen Sinn verliert, wenn sich die Sachverhaltsermittlung auf andere Weise als durch Mitwirkung der Betroffenen bewerkstelligen läßt[477]. Auch würde die Anordnung der Gehörgewährung in

---

472 *Bröll*, S. 10; *Rüping*, S. 112; MD-*Schmidt-Aßmann*, Art. 103 Abs. 1 Rn. 84 m. w. N.; *Degenhart*, in: *Sachs*, Art. 103 Rn. 23 m. w. N.

473 *Rüping*, S. 113; *Knemeyer*, in: HdbStR VI, § 155 Rn. 19.

474 Siehe hierzu *Larenz*, Methodenlehre, S. 267; *Rüthers*, Rn. 272 ff.; *Stern*, Staatsrecht I, S. 80 ff., 105 ff.; *Katz*, Rn. 8.

475 *Wolff*, in: GedS Jellinek, S. 37 f., 41; *Blomeyer*, S. 100 f.; siehe auch *Rüping*, S. 118 (Anm. 73 m. w. N.).

476 Vgl. *Hahn*, Materialien zur StPO, Erste Abth., S. 185 ff.; so auch *Glaser*, Handbuch I, S. 6 ff.; KK-*Pfeiffer*, Einleitung Rn. 26.

477 *Rüping*, S. 119 f.; *Knemeyer*, in: HdbStR VI, § 155 Rn. 17.

Verfahren zweifelhaft, in denen der Untersuchungsgrundsatz gilt, wo der Grundsatz des rechtlichen Gehörs aber unbestritten Geltung beansprucht[478].

d) Begründung aus dem Grundsatz der Menschenwürde und dem Rechtsstaatsprinzip

Nach herrschender Auffassung wurzelt der Anspruch auf rechtliches Gehör einerseits im Rechtsstaatsprinzip und zum anderen im Prinzip der Menschenwürde[479].

Zum einen bezweckt die Gewährung rechtlichen Gehörs die Sicherung objektiver elementarer rechtsstaatlicher Standards des gerichtlichen Verfahrens[480]. Dabei dient die Teilhabe der Betroffenen der bestmöglichen Wahrheitsgewinnung und Rechtsfindung als objektiv-rechtsstaatlicher Funktion der Gehörgewährung. Prägend ist insoweit die Ausrichtung des Rechtsstaatsprinzips gegen den Staat in seiner negativen bzw. Abwehrfunktion. Um unzulässige Eingriffe in den Freiheitsraum des Betroffenen abzuwehren, wird diesem als Kehrseite des an den Staat gerichteten Verbots ein Recht auf Beteiligung am Prozeßgeschehen zugebilligt.

Eine von dieser freiheitssichernden Abwehrfunktion ausgehende Fundierung im Rechtsstaatsprinzip gerät jedoch in die Gefahr einer perspektivischen Verengung auf die passive Funktion des Gerichts. Dieses ist zwar dazu verpflichtet, den Beteiligten die Gelegenheit zur Stellungnahme einzuräumen. Die Frage nach weitergehenden Forderungen, wie etwa der nach der Berücksichtigung bzw. Verwertung des Vorbringens der Beteiligten, bleibt dabei offen[481].

„Die Strenge, mit der das Bundesverfassungsgericht den Grundsatz des rechtlichen Gehörs vor Gericht immer wieder betont, beruht nicht nur darauf, daß die Anhörung der Beteiligten für eine allseitige Aufklärung des Sachverhalts

---

478 BVerfGE 7, 53 (57); 7, 275 (281); 9, 256 (259); 75, 201 (215); 89, 381 (390); BK-*Rüping*, Art. 103 Rn. 5 m. w. N.; ähnlich *Degenhart*, in: HdbStR III, § 76 Rn. 21; *Leipold*, in: *Stein/Jonas*, vor § 128 Rn. 20.

479 Siehe etwa BVerfGE 9, 89 (95); 39, 156 (168); 74, 228 (233); 84, 188 (190); 86, 133 (144); MD-*Schmidt-Aßmann*, Art. 103 Abs. 1 Rn. 2 ff.; *Kunig*, in: *v. Münch/Kunig*, Art. 103 Rn. 3; *Jarass/Pieroth*, Art. 103 Rn. 1; *Degenhart*, in: *Sachs*, Art. 103 Rn. 2; *Schulze-Fielitz*, in: *Dreier*, Art. 103 Rn. 12 f.; *Degenhart*, in: HdbStR III, § 76 Rn. 12 f.; *Knemeyer*, in: HdbStR VI, § 155 Rn. 16; *Leipold*, in: *Stein/Jonas*, vor § 128 Rn. 12 f.; *Kopp*, AöR 106 (1981), S. 606 f.; *Niemöller/Schuppert*, AöR 107 (1982), S. 475; *Dahs (jr.)*, S. 2 f.; *Rüping*, S. 122 ff. m. w. N.; LR[25]-*Rieß*, Einl. Abschn. H Rn. 71; *Meyer-Goßner*, Einl. Rn. 24.

480 *Degenhart*, in: HdbStR III, § 76 Rn. 13; MD-*Schmidt-Aßmann*, Art. 103 Abs. 1 Rn. 2; *Schulze-Fielitz*, in: *Dreier*, Art. 103 Abs. 1 Rn. 13; *Jarass/Pieroth*, Art. 103 Rn. 1.

481 *Rüping*, S. 124; *Knemeyer*, in: HdbStR VI, § 155 Rn. 16.

in der Regel unumgänglich ist [...]; neben dem Interesse an der Aufklärung der Tatsachen fordert dies die Würde des Menschen". Diese verlangt, „*daß über sein Recht nicht einfach von Obrigkeits wegen verfügt wird; der einzelne soll nicht nur Objekt der richterlichen Entscheidung sein, sondern er soll vor der Entscheidung, die seine Rechte betrifft, zu Wort kommen, um Einfluß auf das Verfahren und sein Ergebnis nehmen zu können*"[482].

Nach richtiger Auffassung vereinigen sich also Rechtstaats- und Menschenwürdeprinzip zu einem „*doppelten Geltungsgrund*"[483]. Einmal beinhaltet Art. 103 Abs. 1 GG ein subjektives Recht[484] bzw. ein subjektiv-personales Element[485], zum anderen statuiert es ein objektiv-rechtliches Prinzip[486] oder objektiv-institutionelles Element[487]. Insofern trifft Art. 103 Abs. 1 GG Aussagen über Anforderungen an die grundsätzliche Ausgestaltung des Verfahrensrechts und die Anwendung des Prozeßrechts im konkreten Einzelfall sowie über die Rechtsstellung der Verfahrensbeteiligten[488].

Soll Art. 103 Abs. 1 GG der Subjektstellung und der Wahrheitsermittlung dienen, ist zunächst die Position des Individuums als Berechtigtem und damit die Funktion der grundrechtlichen Gewährleistung in Abwehrrichtung gegen den Staat gemeint. Hier geht es aber vor allem um die Frage, inwieweit im Hinblick auf diese Elemente eine pflichtbegründende Funktion anzunehmen ist, die Verpflichtung nämlich, in der Hauptverhandlung anwesend zu sein.

2. Gewährleistungsgehalt des Art. 103 Abs. 1 GG

Die Gewährleistung des Art. 103 Abs. 1 GG setzt sich aus drei aufeinander bezogenen Komponenten zusammen. Auf einer ersten Stufe begründet sie eine Mitteilungs- und Informationspflicht des Gerichts hinsichtlich des Verfahrensstoffes,

---

482 BVerfGE 7, 275 (278); ähnlich E 9, 89 (95); 39, 156 (168); 55, 1 (6): „*Art. 103 Abs. 1 GG verwehrt es, daß mit dem Menschen ‚kurzer Prozeß' gemacht wird*"; 63, 332 (337); 84, 188 (190); 86, 133 (144); BGHZ 48, 327 (333); 118, 312 (321); zur Fundierung des Anspruchs auf rechtliches Gehör im Menschenwürdeprinzip siehe *Dürig*, AöR 81 (1956), S. 129; siehe auch *Arndt*, NJW 1959, S. 6; *Schulze-Fielitz*, in: *Dreier*, Art. 103 Abs. 1 Rn. 12 (Anm. 53).

483 MD-*Schmidt-Aßmann*, Art. 103 Abs. 1 Rn. 2.

484 *Schulze-Fielitz*, in: *Dreier*, Art. 103 Abs. 1 Rn. 12; ähnlich *Knemeyer*, in: HdbStR VI, § 155 Rn. 16.

485 MD-*Schmidt-Aßmann*, Art. 103 Abs. 1 Rn. 2.

486 BVerfGE 55, 1 (6); E 61, 82 (104); *Jarass/Pieroth*, Art. 103 Rn. 1; *Kunig*, in: *v. Münch/Kunig*, Art. 103 Rn. 3.

487 MD-*Schmidt-Aßmann*, Art. 103 Abs. 1 Rn. 2.

488 Vgl. *Degenhart*, in: HdbStR III, § 76 Rn. 12.

weiter das Recht der Verfahrensbeteiligten auf Stellungnahme bzw. Äußerung und schließlich auf Berücksichtigung des Vorbringens durch das Gericht[489].

a) Garantie einer Äußerungsmöglichkeit

Indem § 329 Abs. 1 S. 1, Abs. 2 S. 1 StPO bei unentschuldigtem Ausbleiben die Verwerfung der Berufung des Angeklagte bzw. die Verhandlung in dessen Abwesenheit anordnet, scheint die Vorschrift mit der zweiten Realisationsstufe des Gehöranspruchs zu konfligieren, denn die Rechtsfolgen des § 329 Abs. 1, 2 StPO treten ein, ohne daß der Angeklagte in der Berufungshauptverhandlung zum Anklagevorwurf Stellung bezogen hat.

Art. 103 Abs. 1 GG garantiert indes nur das Recht, nicht auch die Pflicht zur Äußerung. Der verfassungsrechtlichen Garantie ist entsprochen, wenn das jeweilige Verfahren dem Beteiligten die Möglichkeit bietet, sich zu äußern. Darauf, daß er sich tatsächlich geäußert hat, kommt es nicht an[490]. An der Einräumung einer solchen Möglichkeit fehlt es aber, wenn der Berechtigte ohne sein Verschulden an der Wahrnehmung seines Rechts gehindert war. Dann wird eine Verletzung des Anspruchs auf rechtliches Gehör durch die Einräumung der Wiedereinsetzung in den vorigen Stand vermieden, deren Anforderungen wiederum im Hinblick auf den Gehöranspruch nicht überspannt werden dürfen[491].

Da der Anspruch auf rechtliches Gehör seine Wirkkraft in allen gerichtlichen Verfahren entfaltet[492], deren Prozeßgesetze aber jeweils unterschiedliche Problemstellungen zu bewältigen haben, kann Art. 103 Abs. 1 GG nur einen allgemeinen Aussagegehalt haben, den die einzelnen Verfahrensordnungen im Hinblick auf die ihnen eigene Systematik mit ihren spezifischen verfahrensrechtlich

---

489 Vgl. BK-*Rüping*, Art. 103 Abs. 1 Rn. 24; MD-*Schmidt-Aßmann*, Art. 103 Abs. 1 Rn. 69 ff.; *Degenhart*, in: *Sachs*, Art. 103 Rn. 8 f.; *Schulze-Fielitz*, in: *Dreier*; Art. 103 Abs. 1 Rn. 19; *Kunig*, in: *v. Münch/Kunig* Art. 103 Rn. 9 f.; *Röhl*, NJW 1953, S. 1532 f.; *Baur*, AcP 153 (1954), S. 408; *Dahs (jr.)*, S. 46; *Niemöller/Schuppert*, AöR 107 (1982), S. 476.

490 Vgl. BVerfGE 5, 9 (10); 15, 256 (267); 41, 246 (249); BK-*Rüping*, Art. 103 Abs. 1 Rn. 35; *Schulze-Fielitz*, in: *Dreier*, Art. 103 Abs. 1 Rn. 54; MD-*Schmidt-Aßmann*, Art. 103 Abs. 1. Rn. 81; *Kunig*, in: *v. Münch/Kunig*, Art. 103 Rn. 9; *Röhl*, NJW 1953, S. 1533; *Baur*, AcP 153 (1954), S. 408; LR[25]-*Rieß*, Einl. Abschn. H Rn. 84; *Roxin*, Strafverfahrensrecht, § 18 Rn. 5.

491 BVerfGE 25, 148 (166); 26, 315 (318); 31, 388 (390); 34, 154 (156); 38, 35 (38); BVerfG NJW 1995, 2545 f.; 1997, 1770 (1771); MD-*Schmidt-Aßmann*, Art. 103 Abs. 1 Rn. 125; *Degenhart*, in: *Sachs*, Art. 103 Rn. 37; LR[24]-*Gollwitzer*, § 329 Rn. 115; OLG Karlsruhe NJW 1974, 1152.

492 *Schulze-Fielitz*, in: *Dreier*, Art. 103 Abs. 1 Rn. 16; MD-*Schmidt-Aßmann*, Art. 103 Abs. 1 Rn. 57; *Degenhart*, in: *Sachs*, Art. 103 Rn. 1; *Knemeyer*, in: HdbStR VI, § 155 Rn. 22.

zu lösenden Konfliktlagen näher ausgestalten müssen. Er beinhaltet lediglich eine „Minimal-", oder besser: „Basisgarantie", die wohl die wesentliche inhaltliche Struktur, nicht aber eine bestimmte Art und Weise der Gehörgewährung verfassungsrechtlich verbürgt. Soweit der Gesetzgeber diesen Mindeststandard nicht unterschreitet, ist er in der Ausgestaltung und Konkretisierung des Gehöranspruchs frei. Er darf im Rahmen seines Gestaltungsermessens den Rechtsanspruch auf tatsächlich wirksames rechtliches Gehör nach Maßgabe der Effektivität des Rechtsschutzes verfahrensrechtlich ausgestalten[493]. Dabei können die einfachrechtlichen Gewährleistungen über die des Art. 103 Abs. 1 GG hinausgehen[494].

Aus dieser Gestaltungsverpflichtung des Gesetzgebers ergibt sich eine besondere Normgeprägtheit des Schutzbereiches des Art. 103 Abs. 1 GG[495]. Von norm- oder rechtsgeprägten Schutzbereichen spricht man, wenn angesichts des Wortlauts des betreffenden Grundrechts der Gesetzgeber in besonderem Maße aufgerufen ist, die Gewährleistung durch einfachgesetzliche Regelungen auszuformen, weil die grundrechtstatbestandlichen Merkmale ihrerseits eine bedeutungsmäßige Weite beinhalten und so ein bestimmtes rechtliches Gefüge, eine rechtliche Ordnung, voraussetzen, die dem Grundrecht tatbestandliche Schärfe verleiht und deren Bestehen dem Bürger die Ausübung bzw. Inanspruchnahme des betreffenden Rechts erst ermöglicht.

Hier geht es nicht darum, dem Bürger ein Verhalten oder Recht, das vom Schutzbereich umfaßt ist, (wieder) zu entziehen, sondern darum, daß dem Bürger bestimmte Handlungsweisen oder Rechte erst eröffnet werden[496]. Es sind beim Anspruch auf rechtliches Gehör vor allem die Begriffe des „rechtlichen Gehörs" und des „Gerichts", die in diesem Sinne einer rechtlichen Ordnung bedürfen, mit der sie das einfache Recht zu unterlegen hat, um sie handhabbar zu machen. Es bedarf demnach einer rechtlich verfaßten Organisation und eines entsprechenden

---

493 Vgl. *Schulze-Fielitz*, in: *Dreier*, Art. 103 Rn 26; MD-*Schmidt-Aßmann*, Art. 103 Abs. 1 Rn. 21.

494 BVerfGE 18, 399 (405); 74, 1 (5); 81, 123 (129 f.); 89, 28 (36); *Degenhardt*, in: *Sachs*, Art. 103 Rn. 11.

495 MD-*Schmidt-Aßmann*, Art. 103 Abs. 1 Rn. 15, 21 f.; *Schulze-Fielitz*, in: *Dreier*, Art. 103 Abs. 1 Rn. 26.

496 So formt erst die Rechtsordnung aus *irgendeinem* Zusammenleben von Mann und Frau die Ehe (Art. 6 Abs. 1 GG) und aus *irgendeinem* Haben das Eigentum (Art. 14 Abs. 1 GG), *Pieroth/Schlink*, Rn. 209; siehe weiter *Katz*, Rn. 636; *Hesse*, Rn. 303 ff.; *Lerche*, HdbStR V, § 121 Rn. 38 ff.; *Stern*, Staatsrecht III/1, S. 595 f. m. w. N., 1297 ff.; *ders.*, Staatsrecht III/2, S. 1717 f., 1720 ff.; *Alexy*, S. 302 ff.

Verfahrens[497]. Dies sind Eingrenzungen, die sich nach Maßgabe des einfachen Prozeßrechts ergeben[498].

Indem der Gesetzgeber es in bestimmten Verfahren bei der Einräumung einer Möglichkeit zur Äußerung beläßt, trifft er eine solche Ausgestaltung, die die grundrechtliche Gewährung letztlich erst handhabbar macht und bewegt sich im Rahmen der verfassungsrechtlich gebotenen Mindeststandards.

§ 329 Abs. 1, 2 StPO scheint also den verfassungsrechtlichen Vorgaben zu genügen, denn die Möglichkeit, sich zum Anklagevorwurf zu äußern, ist dem Angeklagte eröffnet und für die Fälle, in denen er die Äußerungsmöglichkeit unverschuldete nicht wahrnimmt, ist mit der Möglichkeit der Wiedereinsetzung Vorsorge getroffen. Auch die prozessualen Nachteile scheinen keinen Bedenken zu unterliegen[499]. Obliegt es dem Gesetzgeber, den Anspruch auf rechtliches Ge-

---

497 Vgl. MD-*Schmidt-Aßmann*, Art. 103 Abs. 1 Rn. 15.

498 So sind etwa die Einschränkungen, daß nicht buchstäblich *„jedermann"* Gehör erhält, sondern dafür eine Beteiligtenrolle Voraussetzung ist, oder daß nur Vorbringen, daß in irgendeiner Weise entscheidungserheblich sein kann, gehört wird, als in Art. 103 Abs. 1 GG „mitgeschrieben" anzusehen, ohne daß es dazu einer besonderen materiellen Legitimation bedürfte, MD-*Schmidt-Aßmann*, Art. 103 Abs. 1 Rn. 15; siehe auch *Kunig*, in: *v. Münch/Kunig*, Art. 103 Rn. 3c.

499 Allerdings haben sich weder die verfassungsrechtliche Literatur noch die Rechtsprechung des Bundesverfassungsgerichts ausdrücklich zur Vorschrift des § 329 StPO geäußert. Ist insoweit vom Abwesenheitsverfahren im Strafprozeß die Rede, geht es um ein Verfahren im Sinne der §§ 276 ff. StPO (BVerfGE 1, 332 [346 f.]) bzw. die Verfassungsmäßigkeit des § 231a StPO (BVerfGE 41, 246 [249]); siehe BK-*Rüping*, Art. 103 Abs. 1 Rn. 35; MD-*Schmidt-Aßmann*, Art. 103 Abs. 1 Rn. 81. Lediglich BVerfGE 1, 12 (13) spricht im Hinblick auf die Verwerfung des Einspruchs gegen einen Strafbefehl gem. § 412 StPO ohne weitere Ausführungen von einem allgemeinen Rechtsgrundsatz des Prozeßrechts, wonach sein Recht verliert, wer die gerichtliche Ladung nicht beachtet. Im strafprozessualen Schrifttum stellt *Seidel*, S. 97, lapidar fest, daß der Angeklagte, der nicht zur Berufungsverhandlung erscheint, auf eine Nachprüfung des Urteils *„verzichtet"* und im Hinblick auf Art. 103 Abs. 1 GG keine Bedenken bestünden. *Dahs (jr.)*, S. 46, behandelt §§ 329, 412 StPO, indem er schlicht feststellt, da dem Angeklagten Gelegenheit zur Äußerung gegeben worden sei, sei der Forderung des Art. 103 Abs. 1 GG Genüge getan. Durch sein Nichterscheinen habe der Angeklagte auf den Gehöranspruch in der Instanz *„verzichtet"*. *Hohendorf*, GA 1979, S. 415 meint, das rechtliche Gehör werde *„tangiert"*. *Röhl*, NJW 1953, S. 1532 f., verneint eine Verletzung des Art. 103 Abs. 1 G, weil der Angeklagte sein Recht *„verwirkt"*; allgemeiner *Baur*, AcP 153 (1954), S. 408: *„...der Angeklagte, der stumm bleibt, kann verurteilt werden"*. Dagegen meint *Eb. Schmidt*, Lehrkommentar II, § 231 Erl. 11, unter dem Blickwinkel der Fortführung der Hauptverhandlung nach § 231 Abs. 2 StPO: *„Eigenmächtiges Ausbleiben bedeutet Verwirkung prozessualer Möglichkeiten, sofern nur die vollständige Vernehmung zur Sache erfolgt ist. Eine Verwirkung des rechtlichen Gehörs als solchen kann nicht in Betracht kommen"*. Lediglich *Busch*, JZ 1963, S. 457, deutet

hör verfahrensrechtlich handhabbar zu machen und seine Gewährung einfachrechtlich zu regeln, muß er auch die Folgen der Nichtwahrnehmung der Gehörmöglichkeit regeln und darf prozessuale Nachteile vorsehen[500].

b) Grundrechtsverzicht

§ 329 StPO beschränkt sich nicht darauf, dem Angeklagten eine Äußerungsmöglichkeit zu eröffnen, sondern zwingt ihn mit der Pflicht zur Anwesenheit dazu, seinen Anspruch auf rechtliches Gehör wahrzunehmen oder geht mit anderen Worten von der Unverzichtbarkeit dieser Grundrechtsposition aus. Wäre auch der Verzicht auf ein Grundrecht von dessen Schutzbereich umfaßt, läge insoweit ein rechtfertigungsbedürftiger Eingriff vor.

Art. 103 Abs. 1 GG ist normtextlich vorbehaltlos gewährleistet. Er enthält keinen ausdrücklichen Gesetzesvorbehalt, so daß unter diesem Blickwinkel die Funktion des § 329 StPO erläuterungsbedürftig ist. Schon aus dem Gedanken heraus, daß kein (Freiheitsrecht-) Recht gänzlich vorbehaltlos gewährleistet sein kann, weil es sonst zu einem nur vom Recht des Stärkeren „reglementierten", anarchisch-chaotischen Zusammenleben käme, das letztlich den Freiheitsgedanken pervertieren würde, ergibt sich, daß auch solchermaßen scheinbar unbeschränkbare Rechte Einschränkungen unterliegen müssen. Ausgehend von der Erkenntnis, daß die Grenzen grundrechtlicher Gewährleistungen nur in der Verfassung selbst gefunden werden können, weil sie dort statuiert sind[501], wird heute allgemein angenommen, daß vorbehaltlos gewährleistete Grundrechte durch sog. kollidierendes Verfassungsrecht, nämlich Grundrechte Dritter sowie sonstige mit Verfassungsrang ausgestattete Rechtsgüter, eingeschränkt werden können[502]. Da-

---

eine andere (Verfassungswidrigkeit des § 329 StPO Abs. 1 S. 1 StPO?) Sichtweise an, wenn es dort heißt, der Angeklagte gehe seines Rechtsmittels verlustig, *„ohne daß ihm rechtliches Gehör gewährt und ohne daß es zu einer Prüfung der Schuld- und Straffrage kommt, wie es sonst der Fall wäre"*. Vielmehr steht der Gegensatz zwischen der Verfahrensbeschleunigung als dem erklärten Ziel des Gesetzgebers und einer möglichst gerechten Entscheidung als eigentliche Konfliktlage im Vordergrund, allerdings auch ohne Gegenstand breiterer Erörterungen zu sein, vgl. *Peters*, S. 630; KMR-*Paulus*, § 329 Rn. 2; LR[24]-*Gollwitzer*, § 329 Rn. 2; KK-*Ruß*, § 329 Rn. 1.

500 MD-*Schmidt-Aßmann*, Art. 103 Abs. 1 Rn. 81 m. w. N.; *Schulze-Fielitz*, in: *Dreier*, Art. 103 Abs.1 Rn. 55 m. w. N.

501 BVerfGE 30, 173 (193); *Hesse*, Rn. 309; *Schnapp*, JuS 1978, S. 729 f.; *Alexy*, S. 258 f.

502 BVerfGE 28, 243 (261); 30, 173 (193); 44, 59 (67); 57, 70 (99); 67, 213 (228); 77, 240 (253); 81, 278 (292); 83, 130 (139); 84, 212 (228); 92, 26 (41); 94, 268 (284); *Dreier*, in: *Dreier*, Vorb. Rn. 88; *Sachs*, in: *Sachs*, Vor Art. 1 Rn. 120 m. w. N.;

bei erfolgt die Einschränkung durch einfaches Gesetz, sofern dieses die kollidierenden Verfassungsrechtsgüter konkretisiert[503]. Verzichtet wird lediglich auf den (ausdrücklichen) Gesetzesvorbehalt, nicht auf das für den Eingriff notwendige ermächtigende Gesetz[504].

Darf der Gesetzgeber aber an die Nichtwahrnehmung der Äußerungsmöglichkeit prozessuale Nachteile knüpfen, so dürfen diese im Hinblick auf den Rang der verfassungsrechtlichen Garantie des Art. 103 Abs. 1 GG und die Systematik der Grundrechtsschranken nicht Selbstzweck sein, sondern müssen sich durch gegenläufige Verfahrensinteressen verfassungsrechtlich legitimieren lassen. Dafür kommt die vom Rechtsstaatsprinzip gebotene Verfahrensbeschleunigung bzw. das Gebot der Wahrung einer funktionstüchtigen Strafrechtspflege in Betracht, auf die die Regelung des § 329 StPO auch gestützt wird[505].

aa) Geltung des Grundsatzes von Treu und Glauben im Strafverfahrensrecht

Den einfachrechtlichen Erklärungsmodellen wird in der Literatur ohne eine nähere Begründung vorwiegend der Gedanke entgegengesetzt, der Angeklagte habe die Berufung durch die schuldhafte Säumnis verwirkt. Dem liegt die Annahme zugrunde, daß das durch die Anwesenheit verbürgte rechtliche Gehör nicht zur Disposition des Angeklagten stehe[506].

Erläuterungsbedürftig ist dieser Ansatz zunächst schon deswegen, weil das Rechtsinstitut der Verwirkung seinen Ursprung im materiellen Zivilrecht hat, wo es als Ausprägung des Grundsatzes von Treu und Glauben nach § 242 BGB als Unterfall der unzulässigen Rechtsausübung entwickelt worden ist[507].

Angesichts der erheblichen strukturellen und funktionellen Unterschiede zwischen Zivilrecht und Zivilprozeßrecht auf der einen und dem Strafprozeßrecht auf der anderen Seite[508], ist Voraussetzung dieses Erklärungsmodells daher zu-

---

Lerche, HdbStR V, § 122 Rn. 14, 23 f.; *Stern*, Staatsrecht III/2, S. 663 ff.; *Alexy*, S. 262 f.; *Katz*, Rn. 643; *Hesse*, Rn. 312; *Schnapp*, JuS 1978, S. 733 ff.

503 *Dreier*, in: *Dreier*, Vorb. Rn. 89; *Kunig*, in: *v. Münch/Kunig*, Art. 103 Rn. 3c; *Sachs*, in: *Sachs*, Vor Art. 1 Rn. 120 ff.; *Hesse*, Rn. 312; *Alexy*, S. 262 f.

504 Vgl. BVerwGE 90, 112 (122); *v. Münch*, in: *v. Münch/Kunig*, Vorb. Art. 1-19 Rn. 58; *Sachs*, in: *Sachs*, Vor Art. 1 Rn. 125; *Dreier*, in: *Dreier*, Vorb. Rn. 89; *Hesse*, Rn. 312.

505 Siehe oben, S. 47 sowie ausführlich unten, S. 271 ff.

506 Dasselbe hat für die Mitwirkungs- und Beteiligungsrechte im Verfahren auf die Berufung der Staatsanwaltschaft hin zu gelten, siehe oben, S. 153 f.

507 *Weber*, GA 1975, S. 298 ff.; *Schlüchter*, in: GedS Meyer, S. 451 ff.; ausführlich zur Verwirkung *Teichmann*, in: *Soergel*, § 242 Rn. 322 ff.

508 Siehe hierzu LR[25]-*Schäfer*, Einl. Abschn. B Rn. 16; *Roxin*, Strafverfahrensrecht, § 1 Rn. 11.

nächst, daß der Grundsatz von Treu und Glauben auch im Strafverfahren gilt, jedenfalls in einer Ausprägung, die es erlaubt, dem Angeklagten seine Rechte im Sinne des § 329 StPO unter dem Gesichtspunkt der mißbräuchlichen Rechtsausübung als verwirkt abzusprechen.

Nimmt man das zivilrechtliche bzw. zivilprozessuale Schrifttum und die entsprechende Rechtsprechung in den Blick, so soll es sich bei dem Grundsatz von Treu und Glauben um einen das gesamte Rechtsleben beherrschenden Grundsatz handeln. Rechtsgebiete, in denen er generell ausgeschlossen wäre, gebe es nicht[509]. Er soll insbesondere auch im öffentlichen Recht gelten[510].

Hinsichtlich der Vorschrift des § 329 StPO und auch der anderen Regelungen des Anwesenheitsprinzips, die zum Teil auf den Rechtsgedanken der Verwirkung gestützt werden, wird die Frage einer Übertragbarkeit des Grundsatzes von Treu und Glauben auf das Strafverfahren nicht problematisiert.

Lediglich *Küper* führt im Hinblick auf § 329 Abs. 1 S. 1 StPO den Gedanken weiter aus[511]. Er sieht die Verwirkung als Ausprägung zweier aus dem Grundsatz von Treu und Glauben fließender Prinzipien: des Gebots loyalen Verhaltens und des Verbots mißbräuchlicher Rechtsausübung. Diese würden als immanente Rechtsbeschränkungen auch im Strafprozeßrecht gelten. Die Gründe für die Verwirkung des Rechts auf Berufung ergäben sich zum einen aus dem Initiativcharakter des Rechtsmittels und zum anderen aus dem Grundsatz des § 230 Abs. 1 StPO. Nehme der Rechtsmittelberechtigte die ihm eingeräumte Möglichkeit der Berufung wahr und richte sich das Berufungsgericht darauf ein, indem es die Hauptverhandlung anberaumt und vorbereitet, gebiete es das Gebot loyaler Rechtsausübung, daß der Angeklagte die an seine Mitwirkung gebundenen Voraussetzungen für die weitere Durchführung des Berufungsverfahrens schafft. Da das Gericht grundsätzlich nicht ohne ihn verhandeln könne (vgl. § 230 Abs. 1 StPO), gehöre dazu, daß er der Verhandlung nicht ohne triftigen Grund fernbleibe. Ansonsten verliere er wegen mißbräuchlicher Rechtsausübung sein Recht zur Berufung. § 329 Abs. 1 S. 1 StPO ordne daher eine Unzulässigkeitsverwerfung besonderer Art an.

Kontrovers behandelt wird die Frage der Geltung des Grundsatzes von Treu und Glauben im Zusammenhang mit dem Verlust von Revisionsrügen. Hier soll der Angeklagte, der in der Tatsacheninstanz einen Verfahrensfehler erkennt bzw. selbst herbeiführt, um dann darauf gestützt Revision einzulegen, und nicht sofort

---

509 BGHZ 68, 299 (304); 85, 39 (48); 118, 182 (191); *Vollkommer*, in: *Jauernig*, § 242 Rn. 10; MK/BGB-*Roth*, § 242 Rn. 77; *Heinrichs*, in: *Palandt*, § 242 Rn. 1.

510 BVerfGE 59, 128 (167); BGHZ 95, 109 (113 f.); BVerwG NJW 1998, 329; *Vollkommer*, in: *Jauernig*, § 242 Rn. 11; MK/BGB-*Roth*, § 242 Rn. 72; *Heinrichs*, in: *Palandt*, § 242 Rn. 17.

511 JuS 1972, S. 128 f.

rügt, die diesbezügliche Revisionsrüge verwirkt haben[512]. Dabei wird die Anwendbarkeit des Verwirkungsgedankens bzw. die Geltung des Grundsatzes von Treu und Glauben vielfach ohne weiteres bejaht[513]. *„Die Frage* [*scil.* nach der Geltung des Satzes von Treu und Glauben] *muß (fast möchte man sagen: selbstverständlich) bejaht werden. Der Satz von Treu und Glauben ist zwar Grundelement des Bürgerlichen Rechts und dort auch zuerst ausgeformt und rechtstheoretisch präzisiert worden. Es ist jedoch keine spezifische Eigentümlichkeit des Bürgerlichen Rechts, sondern überall wirksam, wo sich ein gegenseitiges Sichverhalten im Rahmen bestimmter, von Rechten und Pflichten, Lasten, Möglichkeiten und Aussichten begleiteter und gefolgter Regeln abspielt"*[514].

Obwohl der Grundsatz von Treu und Glauben auch im Zivilprozeßrecht Geltung hat[515], kann die zivil(prozessuale) Dogmatik nicht unbesehen auf das Straf- und Strafprozeßrecht übertragen werden, weil die Beziehungen zwischen den Beteiligten hier nicht in gleichem Maße von vertragsähnlichen bzw. Treuepflichten geprägt sind. Der Angeklagte „kämpft“ gegen den Anklagevorwurf und eine Pflicht zu irgendwie loyalem Verhalten soll ihm nicht anzusinnen sein, da er nicht verpflichtet ist, die Strafverfolgung durch eigene Mitwirkung effektiver zu gestalten[516].

aaa) Voraussetzungen des Grundsatzes von Treu und Glauben

Bevor die Geltung des Grundsatzes von Treu und Glauben und deren Reichweite im Strafverfahrensrecht untersucht werden kann, gilt es zunächst, die für den zivilrechtlichen Kernbereich der Anwendung erarbeiteten Voraussetzungen festzuhalten.

---

512 Siehe etwa HK-*Temming*, § 337 Rn. 13; *Meyer-Goßner*, § 337 Rn. 47; LR[25]-*Hanack*, § 337 Rn. 281 ff.; *Jescheck*, JZ 1952, S. 400 ff.; *Kiderlen*, S. 57 ff.; *Schmid*, S. 297 ff.; *Schlüchter*, in: GedS Meyer, S. 445 ff.; *Lang*, S. 96 ff.; *Erker*, S. 158 ff.; *Momsen*, S.104 ff.; *Heinrich*, ZStW 112 (2000), S. 398 ff.

513 Vgl. *Beling*, S. 172; *Jescheck*, JZ 1952, S. 402; *Bohne*, JZ 1957, S. 589; *Fuhrmann*, NJW 1963, S. 1232; *Krey*, Strafverfahrensrecht II, Rn. 260; BGHSt 3, 368 (369); OLG Bremen GA 1953, 87 (88); OLG Frankfurt/M. JR 1987, 81; OLG Hamm, VRS 20, 68 (69); für die Anwendbarkeit im Strafprozeß auch *Teichmann*, in: *Soergel*, § 242 Rn. 92 (einschränkend: Bedeutung *„hauptsächlich für das Verhalten des Hoheitsträgers gegenüber dem Bürger“*); MK/BGB-*Roth*, § 242 Rn. 93; auch *Küper*, JuS 1972, S. 128 f., zieht die Anwendbarkeit des Grundsatzes von Treu und Glauben im Strafverfahren mit keinem Wort in Zweifel.

514 *Schmid*, S. 303; *Mattil*, GA 77 (1933), S. 1.

515 *Baumgärtel*, ZZP 67 (1954), S. 423 ff.; *ders.*, ZZP 69 (1956), S. 89 ff.; *Weber*, GA 1975, S. 291; *Schlüchter*, in: GedS Meyer, S. 452.

516 KMR-*Sax*, Einl. X Rn. 77 f.; vgl. auch *Weber*, GA 1975, S. 292; *Kindhäuser*, NStZ 1987, S. 532, *Lang*, S. 104 f.

Erforderlich ist, daß zwischen den Beteiligten eine rechtliche Sonderverbindung besteht, wobei der Begriff der Sonderverbindung im weitesten Sinne zu verstehen ist. Es genügt jeder qualifizierte soziale Kontakt[517]. Dieses Rechtsverhältnis muß Anlaß für ein an Treu und Glauben ausgerichtetes Verhalten geben. Treue bedeutet eine auf Zuverlässigkeit, Aufrichtigkeit und Rücksichtnahme beruhende äußere und innere Haltung gegenüber einem anderen. Glauben meint das Vertrauen auch eine solche Haltung[518].

Die Intensität, mit der sich der Grundsatz von Treu und Glauben auf das Rechtsverhältnis auswirkt, ist vergleichsweise am geringsten bei Rechtsbeziehungen, denen gegensätzliche Interessen zugrunde liegen, am stärksten bei solchen, die auf einverständliches Zusammenwirken gerichtet sind[519].

Schließlich erfordert die Anwendung des Prinzips von Treu und Glauben die umfassende Abwägung der beteiligten Interessen[520].

bbb) Übertragung auf das Strafverfahren

Bei dem Verhältnis zwischen Angeklagtem und Gericht bzw. der dahinter stehenden staatlichen Rechtspflege[521] müßte es sich um ein Sonderrechtsverhältnis handeln, das heißt, das Strafverfahren müßte zwischen Angeklagtem und Gericht einen qualifizierten sozialen Kontakt begründen.

Indem sich das Strafverfahren nach einer Prozeßordnung richtet, die für den Angeklagten wie für das Gericht bestimmte Rechte und Pflichten statuiert, liegt ein solches, gegenüber allgemeinen gesellschaftlichen Bindungen qualifiziertes Verhältnis vor.

Dieses Sonderrechtsverhältnis müßte für den Angeklagten zu einem an Treu und Glauben orientierten Verhalten Anlaß gegen. Zweifelhaft ist dies insofern, als sich die Prozeßsituation allgemein als eine von Interessengegensätzen geprägte darstellt. Dies gilt für Strafprozeß um so mehr, als der Angeklagte sich meist der Bedrohung eines ganz existentiellen Interesses, seiner persönlichen Freiheit, ausgesetzt sieht. Insoweit ist seine Neigung verständlich, den Anklagevorwurf mit allen, auch mißbräuchlichen Mitteln zu „bekämpfen"[522].

---

517 MK/BGB-*Roth*, § 242 Rn. 72 ff.; *Heinrichs*, in: *Palandt*, § 242 Rn. 6.
518 *Vollkommer*, in: *Jauernig*, § 242 Rn. 3; *Heinrichs*, in: *Palandt*, § 242 Rn. 3.
519 *Teichmann*, in: *Soergel*, § 242 Rn. 40 f.; *Heinrichs*, in: *Palandt*, § 242 Rn. 4.
520 BGHZ 49, 148 (153); MK/BGB-*Roth*, § 242 Rn. 45.
521 Die Protagonisten der „Gegenseite" (Staatsanwaltschaft, Privat- und Nebenkläger) scheiden als Beteiligte eines hier in Frage stehenden Sonderrechtsverhältnisses aus, vgl. *Momsen*, S. 109; *Schmid*, S. 305, 311.
522 Vgl. *Schmid*, S. 305; siehe auch *Weber*, GA 1975, S. 292; *Kindhäuser*, NStZ 1987, S. 532.

Der Charakter des Prozesses als von Interessengegensätzen geprägter „Kampf“ soll nach Meinung der Kritiker dazu führen, daß für eine Anwendung des Grundsatzes von Treu und Glauben im Strafprozeß kein Raum ist[523]. Zudem habe sich der Angeklagte dem Verfahren nicht freiwillig unterworfen. Anders als im Zivilverfahren, wo häufig um ein freiwillig eingegangenes materielles Rechtsverhältnis gestritten werde, dessen vertragliche Natur ein eher einverständliches Zusammenwirken beinhalte, handele es sich beim Strafverfahren um einen Prozeß, mit dem der Angeklagte gegen seinen Willen überzogen werde. Der systematische Standort (*scil.* im allgemeinen Teil des Schuldrechts) der Vorschrift des § 242 BGB lasse erkennen, daß er idealtypisch auf die freiwillig eingegangenen Vertragsbeziehungen zugeschnitten sei. Dementsprechend solle bei deliktischen Ansprüchen (§§ 823 ff. BGB) ein Rückgriff auf den Verwirkungsgedanken ausgeschlossen sein[524].

Zunächst vermag ein prozessualer Interessengegensatz allein die Geltung des Grundsatzes von Treu und Glauben und damit des Verwirkungsgedankens seiner Geltung im Strafverfahren nicht auszuschließen. Auch im Zivilprozeß ist die Verfahrenssituation als „Kampfsituation“ zu beschreiben, weil es nicht immer um einen auf Vertrauen beruhendem Interessenausgleich geht. Dies führt dort aber lediglich dazu, daß der Grundsatz von Treu und Glauben jedenfalls eingeschränkt gilt[525].

Zunächst ist der Rückschluß, die Anwendung des Grundsatzes im Verfahrensrecht habe dessen Geltung im materiellen Recht zur Voraussetzung, falsch. Zwar können sich materielles und formelles Recht insoweit beeinflussen, als aus der materiell-rechtlichen Sonderbeziehung prozessuale Verpflichtungen folgen[526]. Ansonsten können aber auch rein prozessuale Befugnisse ohne materiellrechtliche Fundierung in Rede stehen, so daß materielles und Verfahrensrecht im Hinblick auf den Verwirkungsgedanken unabhängig sind.

Daraus folgt, daß es auch im Zivilprozeß auf die Freiwilligkeit nicht ankommen kann, denn der Beklagte wird mit dem Prozeß stets gegen seinen Willen überzogen. Die Behauptung, die Geltung des Grundsatzes von Treu und Glauben bei deliktischen Ansprüchen gem. §§ 823 ff. BGB werde wegen der mangelnden Freiwilligkeit der Begründung des materiellen Rechtsverhältnisses abgelehnt, trifft auch nicht zu. In den zitierten Entscheidungen[527] geht es um die Frage, inwieweit der Gedanke der Verwirkung in seiner Ausprägung als illoyale Verspä-

---

523 KMR-*Sax*, Einl. X Rn. 77; *Lang*, S. 104; *Momsen*, S. 112 f.; ähnlich auch *Weber*, GA 1975, S. 292.

524 Vgl. *Momsen*, S. 133 f.

525 Siehe *Teichmann*, in: *Soergel*, § 242 Rn. 83 f. m. w. N.

526 *Konzen*, S. 85 ff., 172 f.

527 BGH DB 1992, 2294; OLG Köln VersR 1996, 240.

tung neben § 852 BGB, der die Verjährung deliktischer Ansprüche regelt, zur Anwendung kommt. Die Gerichte lehnen dies ab, weil der Gesetzgeber mit der kurzen Verjährungsfrist des § 852 BGB eine abschließende Regelung getroffen habe, die einen Rückgriff auf § 242 BGB unter dem genannten Gesichtspunkt ausschließt[528]. Um mangelnde Freiwilligkeit bei der Begründung des materiellen Rechtsverhältnisses als Ausschlußgrund geht es hier gar nicht.

Auch die Annahme, nur die Verfahrenssituation des Strafprozesses sei in besonderem Maße eine „Kampfsituation“, weil existenzielle Interessen des Angeklagten bedroht seien, trifft nur eingeschränkt zu. Nimmt man die Freiheitsstrafe in den Blick, sicher die schwerwiegendste Bedrohung der persönlichen Freiheit des Angeklagten, so ist offenkundig, daß im Zivilverfahren keine solche Sanktion im Raume steht, die die Freiheitsrechte des Angeklagten in ähnlichem Maße bedrohen würde. Die Freiheitsstrafe ist indes nicht die einzige Rechtsfolge, oft wird sie auch zur Bewährung ausgesetzt. Auch kommt es häufig nur zur Verhängung einer Geldstrafe. Heute wird in der Gesellschaft und auch vom Angeklagten selbst jedenfalls eine Verurteilung zu einer Bewährungs- oder Geldstrafe vielfach nur noch in schwächerem Maße als früher als soziale Stigmatisierung empfunden als früher. Schließlich orientiert sich die Höhe der Geldstrafe im Strafprozeß an den wirtschaftlichen Verhältnissen des Angeklagten (vgl. § 40 Abs. 2 S. 1 StGB). Demgegenüber stellt die Verurteilung zur Zahlung im Zivilprozeß oftmals eine veritable Existenzbedrohung dar, da sie sich an den vom Beklagten eingegangenen Verpflichtungen orientiert, die sich im Hinblick auf den Grundsatz der Vertragsfreiheit nicht an den wirtschaftlichen Möglichkeiten des Betreffenden orientieren muß.

Den Unterschieden zwischen Zivil- und Strafverfahren kann im Rahmen der bei der Anwendung des Grundsatzes von Treu und Glauben erforderlichen Interessenabwägung Rechnung getragen werden[529]. Die unterschiedlichen Wesensmerkmale der beiden Prozeßarten schließen eine Geltung des Grundsatzes daher nicht aus, sondern erfordern allenfalls eine Modifikation für das Strafverfahren.

Das Strafverfahrensrecht enthält verschiedentlich Vorschriften, die für bestimmte Einzelfälle unter dem Gesichtspunkt des Rechtsmißbrauchs bzw. des Verbots treuwidriger Verhaltensweisen als Folgerung des allgemeinen Rechtsgrundsatzes der Wahrung von Treu und Glauben einen Rechtsverlust des Angeklagten anordnen (§§ 244 Abs. 3 S. 2, 245 Abs. 2 S. 3, 266 Abs. 3 S. 1 StPO: Verbot der Prozeßverschleppung)[530].

---

528 Siehe dazu auch *Henckel*, S. 114 f.

529 Vgl. zur Berücksichtigung der Besonderheiten des jeweiligen Rechtsgebietes MK/BGB-*Roth*, § 242 Rn. 51, 578 ff.; BFH DB 1984, 332.

530 Siehe *Jescheck*, JZ 1952, S. 402.

Zuzugeben ist den Kritikern indes, daß jedenfalls in der von ihnen behandelten Frage einer Rügepflicht für Verfahrensfehler und der bei deren Verletzung eintretenden Rechtsfolge des Rügeverlustes die aus der Geltung des Grundsatzes von Treu und Glauben abgeleitete Rechtsfolge zweifelhaft ist. Grundsätzlich treffen den Angeklagten im Strafverfahren keine Mitwirkungspflichten. Er kann zum Anklagevorwurf schweigen, und sagt er aus, ist er nicht zur Wahrheit verpflichtet. Er hat einzig zur Verhandlung zu erscheinen und darf sich aus dieser nicht entfernen.

Indem nun aber der Angeklagte zur rechtzeitigen Rüge des Verfahrensfehlers verpflichtet wird, wird eine Handlungspflicht festgeschrieben, die dem Strafverfahren fremd ist und mit deren Erfüllung der Angeklagte letztlich selbst zur eigenen Verurteilung beiträgt. Eine solche Pflicht verstößt zudem gegen die dem Strafverfahren immanente Rollen- und Verantwortungsteilung. Indem man dem Angeklagte auf diese Weise ansinnt, an der Einhaltung der Verfahrensvorschriften, das heißt der Wahrung der Justizförmigkeit des Verfahrens mitzuwirken, belastet man ihn mit Aufgaben, die dem Gericht obliegen[531].

Mag man die hier von der herrschenden Auffassung aus dem Grundsatz von Treu und Glauben abgeleiteten Rechtsfolgen bezweifeln, liegt die zu untersuchende Konstellation doch anders. Die herrschende Auffassung steht vor dem Problem, eine an sich gesetzesfremde Mitwirkungspflicht des Angeklagte begründen zu müssen. Bei § 329 StPO und auch den verschiedenen Normen, die ansonsten das Anwesenheitsprinzip regeln, geht es aber um die Erklärung bestehender Vorschriften. Hier geht es nicht darum, den Angeklagten zur Mitwirkung an der Wahrung der Justizförmigkeit des Verfahrens anzuhalten, sondern darum, ihm die Möglichkeit zu nehmen, durch aktives Tun das Verfahren zu verzögern bzw. im Ergebnis unmöglich zu machen, kurz: zu verhindern, daß der Angeklagte sein Anwesenheitsrecht mißbraucht. Eine solche Wirkungsweise des Grundsatzes von Treu und Glauben ist aber im Hinblick auf eine mögliche modifizierte bzw. abgeschwächte Geltung mit diesem zu erklären.

Die hier zu erörternde Einschränkung ergibt sich im übrigen schon aus einer Einschränkung der subjektiven Rechte selbst, die allgemein gelten muß, ohne Ansehen des Rechtsgebietes, dem das jeweilige Recht zuzuordnen ist.

Das subjektive Recht ist eine von der Rechtsordnung dem Einzelnen verliehene, zur Befriedigung menschlicher Interessen dienende und insoweit ethisch-soziale Funktion erfüllende rechtliche Macht. Aus dieser Funktion ergibt sich zugleich, daß jedes Recht seine Grenzen an den höheren Normen der Sittlichkeit und des Gemeinwohls finden muß. Eine zweckfremde, funktionswidrige Aus-

---

531 *Meyer-Goßner*, § 337 Rn. 47; *Momsen*, S. 109 f. m. w. N.; *Heinrich*, ZStW 112 (2000), S. 404; siehe auch *Kindhäuser*, NStZ 1987, S. 532.

übung wird daher vom Inhalt des Rechts nicht mehr gedeckt. Es liegt dann nur noch scheinbar ein Rechtsgebrauch, tatsächlich aber ein Mißbrauch vor. Insoweit werden die Grenzen in erster Linie durch den Inhalt des Rechts selbst bestimmt und es reicht seinem Inhalt nach nur soweit, wie die guten Sitten und Treu und Glauben dies gestatten[532]. Der Grundsatz von Treu und Glauben stellt ein rechtsethisches Prinzip dar, das zu einer immanenten Rechtsbeschränkung führt und das den in der Gemeinschaft herrschenden sozialethischen Wertvorstellungen Eingang in das Recht verschaffen soll[533].

Daß es für das Bestehen einer solchen rechts- oder sozialethischen immanenten Rechtsbeschränkung nicht auf das Merkmal der Freiwilligkeit des Zustandekommens des zugrunde liegenden Rechtsverhältnisses ankommt, läßt sich auch an einer Rechtsbeschränkung zeigen, die das materielle Strafrecht kennt.

Gem. § 32 Abs. 1 StGB handelt nicht rechtswidrig, wer eine Tat begeht, die durch Notwehr geboten ist. Obwohl bei der Ausübung der Notwehr das Recht dem Unrecht nicht zu weichen braucht und auch keine Güterabwägung zwischen dem verteidigten und dem durch die Notwehrhandlung beeinträchtigten Rechtsgut stattfindet[534], unterliegt der Angegriffene bei der Wahl seiner Abwehrmittel bestimmten Einschränkungen.

Das Notwehrrecht ruht auf zwei Säulen: dem Schutzprinzip, wonach der Angegriffene seine eigenen Rechtsgüter schützen darf, und dem Rechtsbewährungsprinzip, wonach derjenige, der einen rechtswidrigen Angriff im Rahmen des § 32 StGB abwehrt, nicht nur das betroffene einzelne Angriffsobjekt schützt, sondern auch verhindert, daß die überpersönliche Rechtsordnung als solche verletzt wird[535]. Können diese Prinzipien durch die Notwehrhandlung nicht mit Erfolg realisiert werden, handelt der Angegriffene rechtsmißbräuchlich, die Abwehr ist dann nicht geboten[536]. Auslöser des Rechtsverlustes ist die Tatsache, daß das Notwehrrecht seiner durch Schutz- und Rechtsbewährungsprinzip definierten Funktion zuwider ausgeübt wird. Insoweit handelt es sich um rechts- bzw. sozialethisch begründete immanente Rechtsbeschränkungen[537].

---

532 Vgl. *Enneccerus-Nipperdey*, Allgemeiner Teil I, S. 1441 f.; ähnlich *Stern*, Staatsrecht III/2, S. 955.

533 Vgl. MK/BGB-*Roth*, § 242 Rn. 9 ff.; *Heinrichs*, in: *Palandt*, § 242 Rn. 38; *Larenz*, Methodenlehre, S. 421 ff.

534 *Lenckner*, in: *Schönke-Schröder*, § 32 Rn. 1; *Jescheck/Weigend*, S. 337; *Wessels/Beulke*, Rn. 339.

535 *Lenckner*, in: *Schönke/Schröder*, § 32 Rn. 1; *Roxin*, ZStW 93 (1981), S. 70.

536 Vgl. *Lenckner*, in: *Schönke/Schröder*, § 32 Rn. 48 ff.; *Wessels/Beulke*, Rn. 342; *Roxin*, ZStW 93 (1981), S. 78.

537 Siehe *Lenckner*, in: *Schönke/Schröder*, § 32 Rn. 43; *Jescheck/Weigend*, S. 345; *Wessels/Beulke*, Rn. 342.

Der Angriff begründet ein Rechtsverhältnis zwischen dem Angegriffenen und dem Angreifer, in welchem dem einen Teil Rechte zuwachsen, eben zur Verteidigung, und dem anderen Pflichten entstehen. Er muß die Verteidigungshandlung dulden, ohne seinerseits Notwehr dagegen üben zu können. Bei der Begründung dieses Rechtsverhältnisses spielt Freiwilligkeit keine Rolle, im Gegenteil: Der Angegriffene wird gewaltsam involviert und obwohl er, anders als meist der Angeklagte, durch sein Vorverhalten keinen Anlaß zur Entstehung des Rechtsverhältnisses gegeben hat, sind seinem Recht Schranken gesetzt. Zu deren Begründung wird zwar nicht ausdrücklich auf den Grundsatz von Treu und Glauben abgestellt. Indem aber die mißbräuchliche Ausübung als immanente Schranke des Rechts angesehen wird, finden die entscheidenden Elemente jenes Prinzips Anwendung.

Trotz allen „Kampfes um das Recht" würde daher ein rücksichts- und regelloser Kampf mit allen lauteren wie unlauteren Mittel dem Grundgedanken zuwiderlaufen, den das Gesetz mit der Bereitstellung des kostspieligen Justizapparates verfolgt. Dieser soll die Selbsthilfe im weitesten Sinne ausschließen und dem wahren Berechtigten, nicht dem Stärkeren und Skrupelloseren, zum Sieg verhelfen[538].

Schließlich zeigt auch ein Blick an die Spitze der Normenhierarchie, daß der Rechtsordnung insgesamt ein Rechtsmißbrauchsgedanke nicht fremd ist. Gem. Art. 18 GG kann das Bundesverfassungsgericht aussprechen, daß der Bürger bestimmte Grundrechte verwirkt, wenn er sie zum Kampf gegen die freiheitliche demokratische Grundordnung gebraucht[539]. Die Vorschrift trägt der Erkenntnis Rechnung, daß es zu den Grundprinzipien der Rechtskultur der Gegenwart gehört, daß ein *„abus des droits"* unzulässig ist, eine zweckfremde, funktionswidrige Ausübung also nur scheinbarer Rechtsgebrauch ist, der gegen die immanente Schranke des Rechts verstößt und keinen Rechtsschutz verdient[540].

Grundrechte haben in erster Linie die Funktion von Freiheitsrechten, die die Sphäre des Bürgers gegen Eingriffe des Staates schützen sollen[541]. Sie gelten also zunächst und in erster Linie, wenn sich der Bürger der staatlichen Gewalt in einem Über- und Unterordnungsverhältnis gegenüber sieht. Übt der Bürger seine Rechte aus, um die freiheitliche demokratische Grundordnung zu beseitigen, gebraucht er das Recht funktionswidrig, weil es gerade die freiheitlich-demokratische Grundordnung ist, die den Bestand der Grundrechte garantiert.

---

538 *Schmid*, S. 304 m. w. N.

539 Ausführlich *Stern*, Staatsrecht III/2, S. 929 ff.

540 Vgl. *Stern*, Staatsrecht III/2, S. 955 m. w. N.

541 Siehe etwa BVerfGE 7, 198 (204 f.); 24, 367 (389); 50, 290 (337); *v. Münch*, in: *v. Münch*, Vorb. Art. 1-19 Rn. 16 f.; *Pieroth/Schlink*, Rn. 87; *Ossenbühl*, NJW 1976, S. 2100 f.; *Schmitt Glaeser*, DÖV 1980, S. 6; *Starck*, JuS 1981, S. 238 f.

Unterliegen also sogar bestimmte Grundrechte, die gleichsam die Quintessenz der Rechtspositionen des Einzelnen darstellen und die Freiheitsausübung in existenziellen Lebensbereichen schützen, der Verwirkung, so will nicht einleuchten, daß prozessuale Befugnisse nicht verwirkbar sein sollen in einem Verfahren, in dem sich der Angeklagte dem Staat als Ankläger gegenüber sieht und mit dem Richter ein staatliches Organ über ihn ein Urteil fällt, stellen doch die prozessualen Befugnisse des Angeklagten ihrerseits Ausprägungen bzw. Konkretisierungen grundrechtlicher Gewährleistungen dar.

Die Zusammenschau dieser Argumente läßt einen weiteren wichtigen Gesichtspunkt durchscheinen: die Einheit der Rechtsordnung[542]. Läßt sich ein allgemeiner Rechtsgrundsatz ausmachen, wonach die funktionswidrige Rechtsausübung mißbräuchlich und somit unzulässig ist, der Berechtigte also die entsprechende Befugnis verwirkt, muß das auch im Strafverfahren gelten, jedenfalls mit der Maßgabe, daß den insoweit bestehenden Eigenheiten Rechnung getragen wird. Dies läßt der Grundsatz von Treu und Glauben indes wie gezeigt zu.

Schließlich sind noch methodische Einwände angezeigt. Die Kritik einer Geltung des Grundsatzes von Treu und Glauben im Strafverfahren im Zusammenhang mit dem Verlust von Verfahrensrügen zieht aus den möglichen, in einem bestimmten Einzelfall fragwürdigen Konsequenzen den Schluß, daß der Grundsatz überhaupt nicht gelten kann. Die Einwände können zunächst jedoch lediglich dazu führen, daß der Grundsatz wegen der Besonderheiten des Strafverfahrens nicht zu diesen Konsequenzen führen kann. Insoweit kann sich die Offenheit bzw. Flexibilität des Grundsatzes im Hinblick auf die Prinzipien des jeweiligen Rechtsgebietes auswirken. In diesem Fall führen die Besonderheiten des Strafverfahrens dazu, daß eine Rügeverwirkung wegen eines Verstoßes gegen die von Treu und Glauben diktierten Verhaltensanforderungen nicht in Betracht kommt. Die Kritik aber zieht den sinnwidrigen Schluß: Eine Rechtsfolge soll nicht eintreten dürfen - daher darf ihre Voraussetzung nicht gelten. Nur weil der Grundsatz nicht zu bestimmten Folgen führen darf, heißt das nicht, daß er nicht gilt. An anderer Stelle bzw. in anderen verfahrensrechtlichen Konstellationen kann er dennoch Geltung beanspruchen.

ccc) Zusammenfassung

Insgesamt schlagen also die Bedenken, die im Zusammenhang mit der Begründung einer Rügepflicht des Angeklagten im Hinblick auf den Grundsatz von Treu und Glauben gegen dessen Geltung im Strafverfahren geäußert worden sind, nicht durch. Mag auch bezweifelt werden, daß der Grundsatz aktive Mitwir-

---

542 So auch *Schmid*, 303 ff.; *Schlüchter*, in: GedS Meyer, S. 453.

kungspflichten des Angeklagten bezüglich der Einhaltung der Verfahrensvorschriften hervorbringen kann, so steht doch einer grundsätzlichen Anwendbarkeit nichts im Wege, weil der Grundsatz es zuläßt, die Verhaltenspflichten der Beteiligten in jedem Rechtsgebiet gesondert unter dem Blickwinkel der dortigen Besonderheiten zu bestimmen.

bb) Zulässigkeit des Grundrechtsverzicht im Allgemeinen

Nachdem sich das Modell, wonach der Angeklagte seine Mitwirkungs- und Gestaltungsrechte im weitesten Sinne verwirke, nicht schon bei der Frage nach der Geltung des Grundsatzes von Treu und Glauben im Strafverfahren erschüttern läßt, kommt es auf die Zulässigkeit eines Grundrechtsverzichts an.

Soll der Angeklagte nicht auf seine Anwesenheit verzichten dürfen, weil diese unter anderem seinen Anspruch auf rechtliches Gehör sichert, ist damit zugleich die Problematik des Grundrechtsverzichts angesprochen. Der Angeklagte soll nicht auf sein Grundrecht auf rechtliches Gehör verzichten dürfen, ein Grundrechtsverzicht soll jedenfalls bezüglich Art. 103 Abs. 1 GG unzulässig sein.

In der physischen und psychischen Zwangslage des Prozesses sind Grundrechte des Angeklagten in vielfacher Weise betroffen: sein Recht auf körperliche Unversehrtheit (vgl. Art. 2 Abs. 1 S. 1 GG), seine Fortbewegungsfreiheit (vgl. Art. 2 Abs. 2 S. 1 GG), die allgemeine Handlungsfreiheit (vgl. Art. 2 Abs. 1 GG), das Recht auf Eigentum (vgl. Art. 14 Abs. 1 GG) und schließlich der Anspruch auf rechtliches Gehör (Art. 103 Abs. 1 GG)[543]. Insofern unterscheidet sich die Situation, in der der Angeklagte sich befindet, wenn er im Strafverfahren vor Gericht steht, nicht von anderen des täglichen Lebens. Auch dort sind in jeder Lebenslage die verschiedensten Grundrechte tangiert, weil der Mensch stets vor unterschiedlichen Handlungsalternativen steht, die er aber nicht alle gleichzeitig und in gleichem Maße realisieren kann. Er muß entscheiden, wie er sich verhält, welche grundrechtlichen Verbürgungen er damit für sich in Anspruch nimmt. Damit einher geht stets auch die Entscheidung, andere Rechte zurückzustellen[544].

Darin aber unterschiedet sich die strafverfahrensrechtliche Prozeßsituation von anderen des täglichen Lebens. Indem der Gesetzgeber mit der Anwesenheitspflicht den Angeklagten zwingt, sein rechtliches Gehör wahrzunehmen, hat er ihm die Entscheidung, welchem seiner Rechte er den Vorzug geben und welches er zurückstellen will, entzogen. Der Gesetzgeber maßt sich also an, die Art und Weise der Freiheitsausübung des Einzelnen präsumtiv zu definieren. Mit dem Problem der Grundlage dieser Definitionsmacht ist die Frage nach Wesen

543 Siehe *Hess*, S. 49; *Stein*, ZStW 97 (1985), S. 303 m. w. N.

544 Vgl. *Stein*, ZStW 97 (1985), S. 315; siehe auch *Hess*, S. 51, 53.

und Funktion der Grundrechte aufgeworfen. Verkörpern diese nur subjektive Berechtigungen im Sinne von Abwehrrechten und Unterlassungsansprüchen gegenüber dem Staat oder verbürgen sie auch überindiviuelle, über den Schutz des Einzelnen hinausgehende vom Gesetzgeber zu definierende und zu konkretisierende Werte oder Garantien[545]?

Die Auslegung der herrschenden Auffassung führt dahin, daß man den Anspruch auf rechtliches Gehör gem. Art. 103 Abs. 1 GG, in der Form, wie er seine Ausgestaltung durch das strafprozessuale Anwesenheitsprinzip gefunden hat, als auf eine optimale Verteidigung hin ausgerichtet ansieht.

Die Frage der Zulässigkeit eines Grundrechtsverzichts ist in der Staatsrechtslehre umstritten. Es ist also zunächst die Zulässigkeit einer Verfügung über Grundrechte allgemein und dann über den Anspruch auf rechtliches Gehör gem. Art. 103 Abs. 1 GG im Besonderen zu erörtern.

Einen allgemeinen ersten Anhalt für diese Frage könnte man Art. 1 Abs. 2 GG entnehmen, wonach sich das deutsche Volk zu den unverletzlichen und unveräußerlichen Menschenrechten bekennt. Unterfielen die Grundrechte den Menschenrechte, könnten sie in dem Sinne unveräußerlich sein, daß dem Einzelnen jede Verfügungsbefugnis entzogen ist[546].

Andererseits enthält das Grundgesetz selbst Normen, die Aussagen über die Zulässigkeit des Verzichts bzw. der Verfügung über Grundrechtspositionen treffen. So wird in Art. 16 Abs. 1 GG die Schutzwirkung ausdrücklich vom Willen des Bürgers abhängig gemacht, und in Art. 9 Abs. 3 S. 2 GG werden die Koalitionsfreiheit einschränkende Abreden für unwirksam erklärt[547].

Auch die Strafprozeßordnung läßt einen Verzicht des Angeklagten auf bestimmte Rechtspositionen teilweise zu (vgl. § 217 Abs. 3 StPO oder den auf richterlicher Rechtsfortbildung beruhenden Rügeverzicht), schließt ihn andererseits aber auch aus (vgl. §§ 81d Abs. 2 136a Abs. 3 StPO).

Angesichts der sprachlichen Kargheit der Grundrechtsbestimmungen, die sich vielfach als Lapidarformeln und Grundsatzbestimmungen darstellen, sind an die Auslegung der Grundrechte besonders hohe Anforderungen gestellt. Diese findet in Wortfassung, Sprachsinn und Regelungszusammenhang vielfach keinen hinreichenden Anhaltspunkt und wird daher von einer bestimmten Grundrechtstheorie bestimmt, verstanden als systematisch orientierte Auffassung über den allgemeinen Charakter, die normative Zielrichtung und die inhaltliche Reichweite der

---

545 So auch *Robbers*, JuS 1985, S. 927; *Hess*, S. 56 ff.; siehe auch *Pietzcker*, Der Staat 17 (1978), S. 540 ff.; *Höfling*, NJW 1983, S. 1584; *Bleckmann*, JZ 1988, S. 58 f.

546 Siehe hierzu *Pietzcker*, Der Staat 17 (1978), S. 538; *Sturm*, in: FS Geiger, S. 188 f.; *Bleckmann*, JZ 1988, S. 58; *Höfling*, in: *Sachs*, Art. 1 Rn. 71.

547 *Pieroth/Schlink*, Rn. 134; siehe auch *Stern*, Staatsrecht, III/2, S. 890 ff.

Grundrechte[548]. In einem noch heute einflußreichen Aufsatz macht *Böckenförde* fünf Theorien aus[549].

aaa) Die liberale (bürgerlich-rechtsstaatliche) Grundrechtstheorie

Nach dieser Auffassung sind die Grundrechte Freiheitsrechte des Einzelnen gegenüber dem Staat, die dazu bestimmt sind, wichtige Bereiche der individuellen und gesellschaftlichen Freiheit, die nach der geschichtlichen Erfahrung der Bedrohung durch die Staatsmacht besonders ausgesetzt sind, vor eben dieser Bedrohung zu sichern[550]. Die Grundrechte finden ihre Wurzeln damit in dem für den bürgerlichen Rechtsstaat konstituierenden Verteilungsprinzip, wonach die Freiheitssphäre des Einzelnen prinzipiell unbegrenzt, die Befugnis des Staates zu Eingriffen hingegen prinzipiell begrenzt ist[551]. Die insoweit unbegrenzte Freiheit ist zu verstehen als die Freiheit subjektiven Beliebens[552].

Die Freiheit liegt dabei dem Staat voraus, er schafft sie nicht, sondern hat sie nur zu garantieren[553]. Der Inhalt der Freiheit und die Bestimmung ihres Gebrauchs liegt außerhalb seiner Regelungskompetenz, sie ist demnach eine Freiheit *schlechthin*, keine Freiheit zu bestimmten Zielen oder Zwecken[554]. „*Was Freiheit ist, kann nämlich in letzter Instanz nur derjenige entscheiden, der frei sein soll. Sonst hat es nach allen menschlichen Erfahrungen mit der Freiheit schnell ein Ende*“[555].

Kann der Einzelne danach Inhalt und Zweck, das heißt auch die Art und Weise des Freiheitsgebrauchs frei von staatlicher Präsumtion selbst bestimmen, muß er auch den Freiheitsgebrauch „Verzicht“ wählen können. Ein Grundrechtsverzicht müßte zulässig sein[556].

---

548 *Böckenförde*, NJW 1974, S. 1529; vgl. zum Problem der Verfassungsauslegung *ders.*, NJW 1976, S. 2089 ff.

549 NJW 1974, S. 1529 ff.; zu anderen Kategorisierungen *Höfling*, S. 50 ff.

550 *Böckenförde*, NJW 1974, S. 1530; *Merten*, VerwArch 73 (1982), S. 113.

551 *Schmitt*, Verfassungslehre, S. 126 f., 158 f.; siehe auch *Ossenbühl*, NJW 1976, S. 2101.

552 *Höfling*, S. 55; *Merten*, VerwArch 73 (1982), S. 104 f.

553 *Böckenförde*, NJW 1974, S. 1530; *Höfling*, S. 65.

554 *Klein*, Der Staat 10 (1971), S. 164; *Böckenförde*, NJW 1974, S. 1530; *Höfling*, S. 55.

555 *Schmitt*, Verfassungsrechtliche Aufsätze, S. 167; siehe auch *Klein*, Der Staat (1971), S. 165 f.

556 Vgl. *Dürig*, AöR 81 (1956), S. 152; *Bleckmann*, JZ 1988, S. 58.

bbb) Die institutionelle Grundrechtstheorie

Hiernach haben die Grundrechte nicht primär den Charakter subjektiver Abwehrrechte zum Schutz individueller Beliebigkeit des Handelns. Sie sind vielmehr objektive Ordnungsprinzipien für die von ihnen geschützten Lebensbereiche, die sich in normativen Regelungen institutioneller Art entfalten, die von der Ordnungsidee des Grundrechtes getragen sind und als solche die Lebensbereiche prägen, zugleich aber die Sachgegebenheiten der Lebensverhältnisse, für die sie gelten, in sich aufnehmen und ihnen normative Relevanz verleihen[557]. Die individuelle Freiheit bedarf der institutionell gewährleisteten Lebensverhältnisse, der institutionellen Seite der Grundrechte sowie der diese anreichernden Normkomplexe, die ihr Richtung und Maß, Sicherheit und Geborgenheit, Inhalt und Aufgabe geben. Sie findet die Freiheit als Institut vor, das ihr entsprechend der Eigenart des jeweiligen Lebensgebietes objektiviert als etwas Gegebenes und Ausgestaltetes gegenübertritt[558]. Jede rechtsnormative Regelung im Grundrechtsbereich erscheint damit nicht primär als Beschränkung und Eingriff in die grundrechtliche Freiheit, sondern als Ermöglichung und Verwirklichung dieser Freiheit[559].

Damit ist keine rechtlich undefinierte liberale Freiheit, sondern eine objektivierte, normativ und institutionell bereits gestaltete und geordnete Freiheit gemeint. Sie erfährt eine Zielorientierung hin auf die Realisierung des institutionell-objektiven Sinns der Freiheitsgewährleistung[560]. Die institutionelle Freiheitsgewährleistung entwickelt damit unter anderem die Tendenz, zu einer Einbindung der subjektiven Freiheit in grundrechtsbezogene institutionelle Rahmenordnungen und rechtlich gestaltete Lebensverhältnisse zu führen, weil diese zum „Inhalt“ der institutionellen Freiheit gehören. Sie beschreitet damit den Weg von der Freiheit über die institutionelle Sinnerfüllung der Freiheit zur Pflicht[561].

Ist die Freiheit nicht wie im Sinne einer liberalen Grundrechtstheorie die rechtlich undefinierte Freiheit einer subjektiven Beliebigkeit des Handelns, sondern hat sie den vorgegebenen institutionell-objektiven Sinn ihrer Gewährleistung zu realisieren, definiert sie sich über einen überindividuell-gesellschaft-

---

557 *Häberle*, S. 104 ff.

558 *Häberle*, S. 98 f.

559 *Häberle*, S. 180 ff.

560 *Böckenförde*, NJW 1974, S. 1532; kritisch zu einer institutionellen Grundrechtstheorie auch *Höfling*, NJW 1983, S. 1584; *Stern*, Staatsrecht III/1, S. 912; *v. Münch*, in: *v. Münch/Kunig*, Vorb. Art. 1-19, Rn. 17, 23 f.

561 *Böckenförde*, NJW 1974, S. 1533; *Ossenbühl*, NJW 1976, S. 2103; *Merten*, VerwArch 73 (1982), S. 112.

lichen Bezug und kann damit nicht für den jeweiligen Grundrechtsträger disponibel sein.

ccc) Die Werttheorie der Grundrechte

Die Werttheorie steht in der Tradition[562] der Integrationslehre *Smends*, wonach der Staat sich in seinem sozialen Sein als beständiger Integrationsvorgang zu einer Erlebnis-, Kultur- und Wertgemeinschaft darstellt. Die Grundrechte sind konstituierende Faktoren dieses Vorganges. Sie legen die grundlegenden Gemeinschaftswerte fest, normieren ein Wert- oder Güter-, ein Kultursystem, das der staatlichen Integration dienen soll[563]. Sie sind damit in erster Linie objektive Normen, nicht subjektive Ansprüche, Ausdruck einer Wertentscheidung, die die verfaßte Gemeinschaft für sich selbst trifft[564]. Die grundrechtliche Freiheit ist die Freiheit zur Realisierung der in den Grundrechten jeweils ausgedrückten Werte im Rahmen der durch die Grundrechte insgesamt aufgerichteten Werteordnung[565].

Ist der Freiheitsgebrauch aber determiniert durch die Wertbeziehung der Grundrechte und geht es um die Verwirklichung und Erfüllung der Werteordnung, die sich das Gemeinwesen als Grundlage staatlicher Integration gegeben hat, ist dem Individuum die Art seines Freiheitsgebrauchs vorgegeben. Über dessen Werthaltigkeit könnte und müßte der Gesetzgeber entscheiden[566]. Eine Disposition über solchermaßen gemeinwesenbezogene Güter kann nicht in Betracht kommen.

ddd) Die demokratisch-funktionale Grundrechtstheorie

Nach dieser Auffassung sind die Grundrechte primär um des Bestandes des demokratischen Prozesses willen gewährleistet[567]. Sie finden ihre prinzipielle Bedeutung als konstituierende Faktoren eines freien Prozesses demokratischer, das heißt von unten nach oben verlaufender Staatshervorbringung[568]. Die Grundrechte sind dem Einzelnen nicht zur freien Verfügung eingeräumt, sondern in

---

562 *Böckenförde*, NJW 1974, S. 1533; *Merten*, VerwArch 73 (1982), S. 113; *Stern*, Staatsrecht III/2, S. 1685; *ders.*, Staatsrecht III/1, S. 126 f.

563 Siehe *Smend*, S. 187 ff., 260 ff.; siehe auch *Krüger*, S. 540 f.

564 Vgl. *Smend*, S. 265 f.; *Krüger*, S. 542.

565 *Böckenförde*, NJW 1974, S. 1533; siehe auch *Merten*, VerwArch 73 (1982), S. 114 f.

566 Siehe auch *Starck*, in: *v. Mangoldt/Klein/Starck*, Art. 1 Abs. 3 Rn. 180.

567 *Robbers*, JuS 1985, S. 926.

568 *Böckenförde*, NJW 1974, S. 1534.

seiner Eigenschaft als Glied der Gemeinschaft und damit auch im öffentlichen Interesse[569].

Ist die Freiheit aber um der Ermöglichung und Sicherung einer öffentlichen, politisch notwendigen Funktion willen gewährleistet, kann ihre Ausübung nicht im subjektiven Belieben liegen. Sie wird ein Amt und zur Pflicht[570].

Von der Basis einer demokratischen Grundrechtstheorie aus hatte man sich schon in der Weimarer Republik gegen die Zulässigkeit eines Verzichts auf Grundrechte gewandt[571]. Die Grundrechte seien Gemeinwohlkonkretisierungen, in denen überwiegend öffentliche Interessen zum Ausdruck kommen. Im Hinblick auf diese integrative, staatskonstitutive Funktion fehle es dem einzelnen an der Dispositionsmacht[572]. Hingewiesen wird auch auf den sog. „Grundrechts-Kompetenz-Zusammenhang", wonach die Grundrechte „negative Kompetenznormen" darstellen und deshalb der individuellen, gesetzesfreien Disposition des Einzelnen entzogen sind[573]. Regeln die Grundrechte in dieser Weise die Eingriffsbefugnis des Gesetzgebers, würde ein Grundrechtsverzicht die Handlungsbefugnisse des Staates ohne gesetzliche Grundlage erweitern. Dies würde aber die Kompetenz des parlamentarischen Gesetzgebers untergraben[574].

eee) Die sozialstaatliche Grundrechtstheorie

Die sozialstaatliche Grundrechtstheorie versucht, der Tatsache Rechnung zu tragen, daß einer wachsenden Zahl von Menschen die sozialen Voraussetzungen zur Realisierung der rechtlichen Freiheitsgewährleistungen fehlen. Dieses Auseinanderfallen von rechtlicher und realer grundrechtlicher Freiheit soll dadurch ausgeglichen werden, daß die Grundrechte nicht nur in einer negativ-ausgrenzenden Funktion verstanden werden, sondern zugleich soziale Leistungsansprüche vermitteln sollen. Dem Staat obliegt es dabei, die Voraussetzungen für die Realisierung der grundrechtlichen Freiheit zu schaffen[575].

Im Hinblick auf den Charakter der grundrechtlichen Freiheitsgewährleistung im übrigen sagt die sozialstaatliche Theorie nichts aus. Jedenfalls führen die Lei-

---

569 Vgl. BVerwGE 14, 21 (25); siehe auch *Krüger*, S. 542; *Klein*, S. 27 ff.

570 *Böckenförde*, NJW 1974, S. 1535; *Ossenbühl*, NJW 1976, S. 2104; *Merten*, VerwArch 73 (1982), S. 112; siehe auch *Krüger*, S. 538, 542; kritisch *Starck*, in: *v. Mangoldt/Klein/Starck*, Art. 1 Abs. 3 Rn. 180.

571 Siehe etwa *Ernst*, Der Verzicht auf subjektive öffentliche Rechte, 1933.

572 *Koellreuther*, S. 52; *Maunz*, S. 96; *Sturm*, in: FS Geiger, S. 197f.; *Malorny*, JA 1974, S. 477 f.; *Erichsen*, Staatsrecht I, S. 162.

573 *Erichsen*, Staatsrecht I, S. 161.

574 Ähnlich *Robbers*, JuS 1985, S. 929.

575 *Böckenförde*, NJW 1974, S. 1535 f.; siehe auch *Häberle*, VVDStRL 30 (1972), S. 69 ff., 135.

stungsansprüche nicht unmittelbar dazu, daß es eine Komponente der Freiheitsgewährleistung gibt, die einer Disposition des Berechtigten entgegen stünde oder zu einer bestimmten Ausrichtung der Freiheitsausübung führte. Vielmehr kann sie sich mit jeder der anderen Auffassungen verbinden und die jeweilige Theorie sozialstaatlich fortentwickeln bzw. umbilden[576].

fff) Stellungnahme

Nachdem allein auf der Grundlage einer liberal-rechtsstaatlichen Grundrechtsauffassung eine Verfügung über Grundrechtspositionen zulässig ist, muß geklärt werden, ob es diese Auffassung ist, die dem Grundgesetz oder doch wenigstens seinem Grundrechtsteil zugrunde liegt.

Vielfach wird allerdings schon bestritten, daß es überhaupt eine bestimmte Grundrechtstheorie geben könnte, die als ein einheitliches Vorverständnis vom Begriff der Freiheit die Auslegung und Anwendung der Grundrechte bestimmen könnte. Der Bestand an Grundrechten stelle sich im Hinblick auf ihre historisch und systematisch bedingten Funktionen als zu heterogen dar, als daß es eine alleinige maßgebliche Grundrechtstheorie geben könne[577]. Auch berge die Annahme einer Grundrechtstheorie als interpretationsleitendes Vorverständnis die Gefahr, daß ein Einfallstor für das subjektive Belieben des Interpreten geöffnet wird und die Auslegung nicht von einem Vorverständnis , sondern einem „Vor-Urteil" gesteuert wird[578].

Andererseits erscheint es zweifelhaft, daß eine Verfassung wie das Grundgesetz, das über einen ausgeprägten Grundrechtsteil und Staatszielbestimmungen verfügt, nicht von einer bestimmten Staatsauffassung ausgehen soll, deren Natur es ist, zu bestimmten Grundrechtsauffassungen zu führen[579]. Grundrechte regeln die Kernbereiche menschlicher Existenz und Persönlichkeitsentfaltung. Es ist kaum anzunehmen, daß solch eine Sicherung existenzieller Lebensbereiche nicht von einer bestimmten Staatsauffassung getragen sein soll[580].

Es spricht demnach neben den oben schon gegen die anderen Auffassungen gemachten Einwände einiges dafür, daß der Freiheitsbegriff des Grundgesetzes ein individueller ist, der seinen Ursprung auf dem Boden einer liberal-rechtsstaatlichen Grundrechtstheorie hat. Zunächst weist schon die Entstehungs-

---

576 *Böckenförde*, NJW 1974, S. 1536.

577 Vgl. *Pietzcker*, Der Staat 17 (1978), S. 542; *Robbers*, JuS 1985, S. 927.

578 Siehe *Stern*, Staatsrecht III/2, S. 1691.

579 Siehe *Böckenförde*, NJW 1974, S. 1537; *Kröger*, S. 33 f.; *Starck*, JuS 1981, S. 239; *Rhinow*, in: FS Huber, S. 428 ff.; *Hess*, S. 60 ff.

580 Für eine Grundrechtsauffassung mit (gewissem) Verbindlichkeitsanspruch auch *Höfling*, NJW 1983, S. 1583; *ders.*, S. 48, 71 ff.

situation des Grundgesetzes diesen Weg. Als Antwort auf die elementaren Freiheitsverletzungen in der Zeit der nationalsozialistischen Diktatur stellt sich die normative Grundintention als Rückgriff auf das Freiheitsprinzip des liberalen Rechtsstaates dar[581]. Gerade diktatorischen bzw. totalitären Regierungsformen ist die Hinordnung der „Freiheit" auf die Verwirklichung bestimmter Volks- oder Gemeinschaftswerte eigen[582].

Auch der Wortlaut der Freiheitsrechte läßt nicht erkennen, daß etwas anderes gemeint ist, als die Freiheit subjektiven Beliebens. Stets ist nur von der Freiheit schlechthin die Rede, ohne diesen Begriff an Attribute inhaltlicher Art zu knüpfen, und auch über den Freiheitsgebrauch determinierende Werte oder eine Wertordnung schweigt sich die Verfassung aus[583]. Im Gegenteil hatte die ursprüngliche Fassung des Art. 2 Abs. 1 GG als „Prototyp" einer Freiheitsgewährleistung den denkbar weitesten und unbestimmtesten Freiheitsbegriff im Auge, wenn sie jedermann zubilligen wollte, alles zu tun und zu lassen, was die Rechte anderer nicht verletzt. Noch heute spricht der Wortlaut nicht von einer bestimmten zweckbestimmten Freiheit, sondern schlicht von der *freien* Entfaltung der Persönlichkeit[584].

An anderer Stelle spricht das Grundgesetz die Pflichtgebundenheit eines Freiheitsrechts ausdrücklich aus. So ist in Art. 6 Abs. 2 S. 1 GG angeordnet, daß die Pflege und Erziehung der Kinder das natürliche *Recht* der Eltern und die ihnen zuvörderst obliegende *Pflicht* ist[585]. Dies spricht für ein bestimmtes Regel-Ausnahme-System, das eine in der Regel zweckfreie Freiheitsausübung nur ausnahmsweise einer Zweck- oder Pflichtbindung unterstellt.

Schließlich spricht auch die für jedes einzelne Grundrecht ausdifferenzierte Schrankensystematik gegen die Annahme einer wie auch immer gerichteten Determiniertheit der Freiheitsausübung. Ist insoweit jeder Eingriff im Hinblick auf schutzwürdige Rechtsgüter Einzelner oder der Gemeinschaft rechtfertigungsbe-

---

581 *Böckenförde*, NJW 1974, S. 1537; *Dreier*, in: *Dreier*, Vorb. Rn. 16; siehe auch *Merten*, VerwArch 73 (1982), S. 119.

582 Vgl. auch *Merten*, VerwArch 73 (1982), S. 111, 119.

583 *Böckenförde*, NJW 1974, S. 1537; *Höfling*, S. 65; *Merten*, VerwArch 73 (1982), S. 114 f., 117.

584 Siehe *Bleckmann*, JZ 1988, S. 58. Eine inhaltliche Änderung war mit dem Übergang zur heutigen Fassung nicht bezweckt, sie hatte allein sprachliche Gründe, *Murswiek*, in: *Sachs*, Art. 2 Rn. 1.

585 Vgl. dazu *Gröschner*, in: *Dreier*, Art. 6 Rn. 70 ff.; siehe auch Art. 12a Abs. 1 GG (Wehr- und Ersatzdienstpflicht) und zu diesen Grundpflichten *Bethge*, NJW 1982, S. 2145 ff.

dürftig, kann die Freiheit nicht nur nach objektiven Kriterien ausgeübt werden. Eine Schrankensystematik wäre dann überflüssig[586].

Nachdem es hier nicht angestrebt werden kann, die umstrittene Frage nach einer Grundrechtstheorie abschließend zu beantworten, genügt es für Problematik des Grundrechtsverzichts festzuhalten, daß die liberal-rechtsstaatliche Grundrechtstheorie jedenfalls Grundlage und Ausgangspunkt der Grundrechtsauslegung ist[587]. Der Freiheitsbegriff ist daher ein individuell ausgerichteter, der die grundrechtliche Freiheit nicht als auf einen übergeordneten Zweck hin orientiert sieht, sondern sie als die Freiheit subjektiven Beliebens, als zweckfreie Freiheit *schlechthin* begreift. Objektive Sinngebungen der Grundrechte sind jedenfalls insoweit abzulehnen, als sie diese Vorordnung des individualrechtlichen Freiheitsaspektes in Frage stellen[588].

Insbesondere auch die Einwände, wonach die Unveräußerlichkeit der Menschenrechte im Sinne von Art. 1 Abs. 2 GG der Zulässigkeit des Grundrechtsverzichts entgegensteht bzw. daß mit dessen Zulassung die Schrankensystematik der Grundrechte überspielt werden könnte und der damit im Zusammenhang stehenden Forderung, daß aus diesen Gründen auch der Grundrechtsverzicht nur bei bestehender gesetzlicher Ermächtigung zugelassen werden könnte[589], greifen nicht durch.

Die Unveräußerlichkeit bezieht sich nicht auf ein konkretes Grundrecht, sondern untersagt nur einen umfassenden Verzicht auf die naturrechtlichen Menschenrechte bzw. deren Suspendierung und statuiert keine besonderen Voraussetzungen für die Zulässigkeit des Grundrechtsverzichts[590].

Auch der Hinweis auf die Schrankensystematik bzw. das Erfordernis einer gesetzlichen Grundlage greift nicht durch. Diese ist nämlich für den (positiven) Gebrauch der Grundrechte konzipiert und wird daher der besonderen Problema-

---

586 *Böckenförde*, NJW 1974, S. 1537, *Starck*, JuS 1981, S. 239; siehe auch *Merten*, VerwArch 73 (1982), S. 111.

587 Daß die Grundrechte in erster Linie Abwehrrechte des Bürgers sind, hat auch das Bundesverfassungsgericht immer betont und ist in der Literatur anerkannt, siehe die Nachweise bei Anm. 541.

588 Siehe *Ossenbühl*, NJW 1976, S. 2104; *Schmitt Glaeser*, DÖV 1980, S. 6; *Starck*, JuS 1981, S. 238 f.; *Merten*, VerwArch 73, (1982), S. 111.

589 Hintergrund dieser Auffassung ist die Annahme, daß der Verzicht des Grundrechtsberechtigten den staatlichen Handlungsspielraum erweitert und diesem entgegen dem Gedanken des Gesetzesvorbehalts Maßnahmen gestattet, ohne daß es dafür eine Ermächtigungsgrundlage gebe, vgl. *Pietzcker*, Der Staat 17 (1978), S. 534; *Stern*, Staatsrecht III/2, S. 917.

590 Vgl. *Bleckmann*, JZ 1988, S. 58; so auch *Pietzcker*, Der Staat 17 (1978), S. 538; *Robbers*, JuS 1985, S. 929; *Höfling*, in: *Sachs*, Art. 1 Rn. 71; *Dreier*, in: *Dreier*, Art. 1 Abs. 2 Rn. 17; *Kunig*, in: *v. Münch/Kunig*, Art. 1 Rn. 43; *Hess*, S. 68.

tik des Grundrechtsverzichts nicht gerecht. Forderte man eine ausdrückliche gesetzliche Zulassung des Verzichts, wäre der Gesetzgeber letztlich gezwungen, selbstverständlichsten Freiheitsgebrauch zu regeln. Der Sinn des Gesetzesvorbehaltes liegt gerade drin, daß er zugunsten des Einzelnen besteht. Mit der Forderung nach einer gesetzlichen Grundlage würde diese Sinngebung in ihr Gegenteil verkehrt. Es würde eine Freiheitsbeschränkung entstehen, wo an sich eine Freiheitssicherung intendiert ist[591]. Von der Basis eines liberalen Freiheitsverständnisses aus muß der Grundrechtsverzicht demnach grundsätzlich zulässig sein.

cc) Voraussetzungen und Schranken des Grundrechtsverzichts

Um Voraussetzungen und Schranken ermitteln zu können, ist zunächst wichtig, sich zu verdeutlichen, wo der Grundrechtsverzicht seine Rechtsgrundlage findet bzw. wo und wie eine Dispositionsbefugnis des Individuums geschützt ist.

aaa) Rechtsgrundlage des Grundrechtsverzichts

Beim Grundrechtsverzicht geht es um die Ausübung von Freiheit in einer besonderen Art und Weise, dadurch nämlich, daß man ein Recht nicht wahrnimmt. Verzicht ist insoweit Freiheitsausübung. Die Entscheidung, von einem Recht Gebrauch zu machen oder nicht, stellt sich insbesondere dar als Entfaltung des personalen Selbstbestimmungsrechts. Daher ist es die in Art. 2 Abs. 1, 1 Abs. 1 GG geschützte Selbstbestimmung der Persönlichkeit, die auch den Grundsatz legitimiert, über Grundrechte frei verfügen zu können[592].

Spricht unter dem Blickwinkel einer liberal-rechtsstaatlichen Grundrechtstheorie einerseits alles für die grundsätzliche Zulässigkeit des Grundrechtsverzichts, lassen sich der Verfassung aber sowohl Fälle, in denen der Verzicht zulässig ist, als auch solche entnehmen, in denen er nicht in Betracht kommt, kann es nur darauf hinauslaufen, die Frage der Verzichtbarkeit für jedes Grundrecht gesondert zu ermitteln. Konsequenterweise ist daher der Rückgriff auf die einheitliche Rechtsgrundlage der Art. 2 Abs. 1, 1 Abs. 1 GG entbehrlich, wenn das jeweilige Spezialgrundrecht die Verfügungsfähigkeit schon mit schützt. Wie auch sonst bei der Frage, ob ein bestimmtes Verhalten grundrechtlichen Schutz genießt, geht insoweit das jeweils einschlägige Spezialgrundrecht Art. 2 Abs. 1

---

591 Vgl. *Robbers*, JuS 1985, S. 928 f.; *Stern*, Staatsrecht III/2, S. 917; siehe auch *Pietzcker*, Der Staat 17 (1978), S. 534.

592 *Stern*, Staatsrecht III/2, S. 907; siehe auch *Dürig*, AöR 81 (1956), S. 152; *Robbers*, JuS 1985, S. 927; *Bleckmann*, JZ 1988, S. 58.

vor[593]. Der Verzicht auf rechtliches Gehör ist daher von Art. 103 Abs. 1 GG geschützt.

bbb) Schranken des Verzichts

Ist der Grundrechtsverzicht durch die im Einzelfall einschlägigen Spezialgrundrecht oder doch in Art. 2 Abs. 1 GG als „Auffangtatbestand" mit geschützt, muß er wie der „positive" Freiheitsgebrauch Schranken unterliegen.

Wie *Stern* überzeugend nachgewiesen hat, sind die für einen Eingriff vorgesehenen verfassungsstaatlichen Schutzinstrumente ihrem Sinn und Zweck nach weitestgehend unanwendbar, und es ist im wesentlichen nur der Grundsatz vom Vorrang der Verfassung, der der Disponibilität der Grundrechte Grenzen zieht. Dieser soll zum Ausdruck bringen, daß in der Verfassung geschützte Rechtsgüter von so hohem Rang geschützt sind, daß ihnen entgegenstehendes Handeln nicht geduldet werden kann. In der Regel sind es bedeutsame Gemein- oder Individualwohlbelange, die geschützt werden sollen. In diesem Sinne sollen sie Vorrang vor anderen Gütern besitzen[594].

Da indes auch die Befugnis zum Grundrechtsverzicht durch eine Verfassungrechtsnorm geschützt ist, läßt sich die Auffassung, bei entgegenstehenden öffentlichen Interessen sei ein Grundrechtsverzicht schlechthin unzulässig, nicht aufrechterhalten[595]. Vielmehr kann nur im Wege einer Abwägung zwischen der Individualentscheidung des Grundrechtsverzichts und dem konfligierenden, im öffentlichen Interesse stehenden Rechtsgut entschieden werden, welcher Rechtsposition im konkreten Einzelfall der Vorrang gebührt. Da die Befugnis zum Grundrechtsverzicht jedoch ihre Grundlage in dem jeweiligen Einzelgrundrecht bzw. subsidiär in Art. 2 Abs. 1 GG findet, können nur solche Rechtsgüter die individuelle Befugnis zum Grundrechtsverzicht einschränken, die sich ihrerseits aus der Verfassung ergeben. Insoweit findet der Grundrechtsverzicht seine Grenze am Vorrang der Verfassung[596].

---

593 Vgl. *Robbers*, JuS 1985, S. 927; *Stern*, Staatsrecht III/2, S. 908 f.; *Malorny*, JA 1974, S. 478.

594 *Stern*, Staatsrecht III/2, S. 916 ff., 922; siehe auch *Bleckmann*, JZ 1988, S. 60.

595 So aber etwa *Sturm*, in: FS Geiger, S. 188; vgl. auch *Pietzcker*, Der Staat 17 (1978), S. 539.

596 Vgl. *Stern*, Staatsrecht III/2, S. 922 f.; *Robbers*, JuS 1985, S. 930; siehe auch *Gusy*, DVBl. 1982, S. 986, 988; *Höfling*, NJW 1982, S. 1585, *Kunig*, in: *v. Münch/Kunig*, Art. 1 Rn. 36 (Stichwort „Peep-Show"), die im Falle der „Peep-Shows" ein Einschreiten des Staates unter dem Gesichtspunkt der Schutzpflicht gem. Art. 1 S. 2 GG nur zum Schutz der Rechtsgüter Dritter zulassen wollen. Hierzu ausführlich unten, S. 170 ff.

dd) Zulässigkeit des Verzichts auf rechtliches Gehör im Besonderen

Wie deutlich geworden ist, kommt es im Hinblick auf die Zulässigkeit des Grundrechtsverzicht in erster Linie auf die Besonderheiten des jeweiligen Grundrechts und der konfligierenden Rechtsgüter an. Nimmt man die einzelnen Grundrechte in den Blick, fällt auf, daß es einerseits Grundrechte gibt, die personale Rechtsgüter schützen, sowie solche, die einen dezidierten Bezug zum gesellschaftlichen oder institutionellen Dasein der Gesellschaft aufweisen. Während erstere im Hinblick auf einen Grundrechtsverzicht in besonderem Maße geeignet scheinen, stößt die Disponibilität bei den letzteren auf größere Schwierigkeiten[597].

Nach allgemeiner Auffassung stellt der Anspruch auf rechtliches Gehör gem. Art. 103 Abs. 1 GG gleichsam das prozessuale „Urrecht“ des Menschen dar, das es ihm überhaupt erst ermöglicht, seine prozessualen Rechte sinnvoll wahrzunehmen. In diesem Sinne sichert Art. 103 Abs. 1 GG die Würde des Menschen im Verfahren und gewährleistet insbesondere die Autonomie, die Subjektstellung des Angeklagten im Strafverfahren.

Das rechtliche Gehör stellt damit die Basis aller (weiteren) Verteidigungsrechte dar, mit denen der Angeklagte auf die gerichtliche Entscheidung Einfluß nehmen kann. Und gerade dies ist wesentlicher Zweck des rechtlichen Gehörs. Angesichts der Tatsache, daß dann alle weiteren Verteidigungsrechte wiederum verzichtbar sind (der Angeklagte braucht keine Beweisanträge zu stellen, keine Zeugen zu benennen, keine Fragen zu stellen und sich im Rahmen des letzten Wortes nicht zu äußern)[598], wie auch des Umstandes, daß Art. 103 Abs. 1 GG mit seiner Zielrichtung auf Verwirklichung der Menschenwürde und der verfahrensrechtlichen Subjektstellung eine stark subjektiv geprägte Funktionsbestimmung[599] innewohnt, überrascht es, wenn die Disponibilität des Anspruchs auf rechtliches Gehör jedenfalls im Strafverfahren verneint wird[600].

---

597 *Stern*, Staatsrecht III/2, S. 911.

598 *Bernsmann*, in: FS Kriele, S. 702; siehe auch *Bröll*, S. 104; *Stein*, ZStW 97 (1985), S. 315 f.; *Hess*, S. 67 f.

599 Siehe *Julius*, GA 1992, S. 300.

600 So *Rieß*, ZStW 90 (1978), Beiheft, S. 184. Gleichwohl meint er, die Anwesenheit schützte die Prozeßsubjektivität des Angeklagten, *Rieß*, JZ 1975, S. 267. Wird ansonsten von der Indisponibilität des Anwesenheitsrechts oder der Anwesenheit gesprochen, läßt sich diese Problematik auf die Frage der Verfügbarkeit des wesentlichen Rechtfertigungsgrundes, des Grundrechts auf rechtliches Gehör, zurückführen. Insoweit trifft die Beobachtung *Bleckmanns* zu, daß sich die einfachrechtliche Verzichtsproblematik letztendlich auch auf den Grundrechtsverzicht bezieht und eine verfassungsrechtliche Legitimation erforderlich ist, siehe JZ 1988, S. 59.

Teilweise wird die Disposition über den Anspruch auf rechtliches Gehör im Strafverfahren auch für unzulässig gehalten, weil er in die Nähe eines Totalverzichts gerate[601].

Richtig daran ist, daß ein Totalverzicht unzulässig wäre. Dies ergibt sich daraus, daß eine solche gänzliche Aufgabe des Rechts zum Erlöschen führen müßte[602]. Dabei ist bei der Verwendung dieses Begriffs schon deswegen Vorsicht geboten, weil er dem Zivilrecht entstammt[603]. Ein solches vollständiges Erlöschen des Anspruchs auf rechtliches Gehör gem. Art. 103 Abs. 1GG liegt in der vorliegenden Situation freilich gar nicht vor.

Augenfällig wird dies im Fall des § 329 Abs. 2 S. 1 StPO. Wäre das rechtliches Gehör als Recht erloschen, wenn der Angeklagte zunächst nicht erscheint, wäre es ihm gleichzeitig versagt, sich durch die Ausübung seiner Mitwirkungs- und Gestaltungsrechte am Verfahren zu beteiligen, wenn er doch noch erscheint. Dazu besteht im Hinblick auf den hohen Rang der verfassungsrechtlichen Gewährleistung kein Grund.

Was die Regelung des § 329 Abs. 1 S. 1 StPO angeht, so soll die Tatsache, daß das Fernbleiben einen Totalverzicht darstellt die Verwerfung rechtfertigen. Der Eindruck, der Angeklagte begebe sich seines Anspruchs auf rechtliches Gehör restlos, entsteht jedoch erst durch die Ausgestaltung des Abs. 1 S. 1 selbst, nicht weil der Angeklagte tatsächlich seines Rechts vollständig verlustig geht. Wie schon Abs. 2 S. 1 zeigt, ist die Aufgabe des rechtlichen Gehörs jedoch nicht restlos. Darüber hinaus ist zu berücksichtigen, daß der Angeklagte sein rechtliches Gehör nur in einer bestimmten Prozeßsituation nicht ausübt. In anderen Verfahren steht ihm dieses Recht ohne Zweifel zu, so daß von einem Erlöschen des Grundrechts keine Rede sein kann.

aaa) Grundrechtsimmanente Begrenzungen

Obwohl die Zulässigkeit des Grundrechtsverzichts im Einzelfall durch eine Abwägung mit eventuell entgegenstehenden Rechtsgütern zu ermitteln ist, klingen verschiedentlich Gesichtspunkte an, die es nahelegen, daß es andere, bereits dem Grundrecht auf rechtliches Gehör *immanente* Begrenzungen sind, die einen Verzicht ausschließen.

---

601 Vgl. *Rieß*, JZ 1975, S. 267; *ders.*, ZStW 90 (1978), Beiheft, S. 184.

602 Siehe *Larenz*, Allgemeiner Teil, S. 240: *„Mit dem Willen des Berechtigten endigt es, wenn dieser auf sein Recht verzichtet“*, so etwa bei der Aufgabe des Eigentums an beweglichen Sachen und Grundstücken gem. §§ 928, 959 BGB.

603 *Pietzcker*, Der Staat 17 (1978), S. 531.

aaaa) Sperrwirkung objektiv-rechtlicher Grundrechtsgehalte

Rieß verneint die Verzichtbarkeit des rechtlichen Gehörs, weil Art. 103 Abs. 1 GG eine in Verfassungsrang erhobene objektive Verfahrensnorm und deswegen der vollen Disponibilität des Angeklagten entzogen sei[604]. Was genau damit gemeint ist, bleibt offen. Es ist also zunächst zu klären, was unter einer *„in Verfassungsrang erhobenen objektiven Verfahrensnorm"* zu verstehen ist und welche Konsequenzen diese Qualifizierung für die Frage der Verfügbarkeit des Anspruchs auf rechtliches Gehör hat.

Daß die Grundrechte neben ihrer den Bürger im Sinne eines Anspruchs gegen den Staat berechtigenden subjektiv-rechtlichen Komponente einen objektiv-rechtlichen Gehalt haben, ist allgemein anerkannt. So überrascht es nicht, wenn Art. 103 Abs. 1 GG ein solches Element attestiert wird.

Damit ist indes zunächst nicht mehr gemeint, als daß die Grundrechtsnormen objektiv geltendes Recht sind[605]. Die objektiv-rechtlichen Elemente beschreiben aber nicht nur, was aus der Sicht des Einzelnen der in den Grundrechten verankerten subjektiven Berechtigung objektiv aus der Perspektive des Staates entspricht, sondern sie entfalten zusätzliche Wirkungen[606].

Diese hat das Bundesverfassungsgericht von Anfang an dahin bestimmt, daß sie die subjektiv-rechtliche Bedeutung der Grundrechte verstärken[607] und zwar durch sich daraus ergebende Vorgaben für Auslegung und Anwendung des einfachen Rechts[608], Schutzpflichten des Staates[609], Maßstäbe für die Gestaltung staatlicher Einrichtungen und Verfahren[610] sowie Teilhabe- und Leistungsrech-

---

604 JZ 1975, S. 267; ZStW 90 (1978), Beiheft, S. 184. Eine solche Einordnung ist unter ähnlichen Formulierungen verbreitet, nur ist *Rieß* der einzige, der daraus Schlüsse im Hinblick auf die Disponibilität abzuleiten versucht; vgl. *Baur*, AcP 153 (1954), S. 394; *Seidel*, S. 7 (*„objektive Verfahrensnorm"*); so auch *Bröll*, S. 103 und *Dahs (jr.)*, S. 4; *Hassemer*, JuS 1986, S. 28f.; *Bernsmann*, in: FS Kriele, S. 703; BVerfGE 55, 1 (6); 61, 82 (104); *Jarass/Pieroth*, Art. 103 Rn. 1; *Kunig*, in: *v. Münch/Kunig*, Art. 103 Rn. 3; *Rüping*, S. 146 (*„objektiv-rechtliches Prinzip"*); MD-*Schmidt-Aßmann*, Art. 103 Abs. 1 Rn. 2 (*„objektiv-institutionelles Element"*); *Kopp*, AöR 106 (1981), S. 606 (*„objektivrechtliches Verfahrensprinzip"*).

605 *Dreier*, in: *Dreier*, Vorb. Rn. 55 m. w. N.; *Sachs*, in: *Sachs*, Vor Art. 1 Rn. 28.

606 *Böckenförde*, Der Staat 29 (1990), S. 13; siehe auch *v. Münch*, in: *v. Münch/Kunig*, Vorb. Art. 1-19 Rn. 17; *Dreier*, in: *Dreier*, Vorb. Rn. 55.

607 Siehe nur BVerfGE 7, 198 (204 f.); 50, 290 (337).

608 BVerfGE 7, 198 (205, 208); 18, 85 (92 f.); 85, 1 (13, 16); 89, 276 (285 f.); vgl. zu den objektiv-rechtlichen Gehalten der Grundrechte in der Rechtsprechung des Bundesverfassungsgerichts *Jarass*, AöR 110 (1985), S. 363 ff.

609 BVerfGE 39, 1 (41); 77, 170 (214 f.); 88, 203 (251); BVerfG NJW 1998, 3264 (3265); siehe *Sachs*, in: *Sachs*, Vor Art. 1 Rn. 35 m. w. N.

610 BVerfGE 35, 79 (116); 53, 30 (65); 63, 131 (143); 84, 59 (72 f.); 95, 193, (209).

te[611]. Der *status negativus* der Freiheitsrechte wird dabei zum *status positivus* erweitert[612], die Abwehrrechte werden um Verfahrens-, Teilhabe- und Leistungsrechte ergänzt[613].

Nach *Rieß'* Interpretation im Hinblick auf Art. 103 Abs. 1 GG müßte diese objektiv-rechtliche Funktion auch eine verpflichtende, mithin freiheitsbeschränkende Wirkung entfalten können, wenn durch die Anwesenheitspflicht dem Angeklagten im Strafprozeß die Wahrnehmung seines Gehöranspruchs zur Pflicht gemacht wird.

Für das Bundesverfassungsgericht dient der Anspruch auf rechtliches Gehör sowohl der Abklärung der rechtlichen Grundlage der Entscheidung als auch der Wahrung der Würde des Menschen, mit dem nicht „kurzer Prozeß" gemacht werden soll. Es handelt sich bei Art. 103 Abs. 1 GG nicht nur um das prozessuale Urrecht des Menschen, sondern um ein objektiv-rechtliches Verfahrensprinzip, das für ein gerichtliches Verfahren im Sinne des Grundgesetzes konstitutiv und grundsätzlich unabdingbar ist[614].

Schmidt-Aßmann meint, damit seien eine institutionelle und eine personale Seite gleichrangig und komplementär aufeinander bezogen. Art. 103 Abs. 1 GG dient der formellen Absicherung materieller Rechtspositionen[615].

Ist das rechtliche Gehör einfachrechtlich ausreichend geregelt, hat der Richter Gehör nach der jeweils einschlägigen Norm des Verfahrensrechts zu gewähren. Diesen Vorgang steuert Art. 103 Abs. 1 GG als Auslegungsregel, die eine weitest möglich gehör-gerechte Rechtsanwendung erzwingt. Fehlt es an einer hinreichenden Verwirklichung der verfassungsrechtlichen Vorgaben, ergibt sich der Anspruch, vor Gericht Gehör zu finden, unmittelbar aus Art. 103 Abs. 1 GG[616]. Darüber hinaus beinhaltet Art. 103 Abs. 1 GG den Auftrag an den Gesetzgeber,

---

611 BVerfGE 33, 303 (333 f.); 35, 79 (115); 40, 121 (133 f.); 82, 60 (85); 87, 153 (170); 91, 93 (111).

612 Diese sog. Statuslehre entwickelt *Jellinek* in seinem: System der subjektiven öffentlichen Rechte, S. 87, 94 ff.; siehe dazu *Starck*, JuS 1981, S. 240 ff.

613 *Pieroth/Schlink*, Rn. 76 ff.; siehe auch *Starck*, JuS 1981, S. 240 f. Die Literatur ist dem weitgehend gefolgt, *Stern*, Staatsrecht III/1, S. 906 f.; *Böckenförde*, Der Staat 29 (1990), S. 5, 7.

614 Siehe etwa BVerfGE 55, 1 (6); ähnlich auch 70, 180 (188).

615 MD-*Schmidt-Aßmann*, Art. 103 Abs. 1 Rn. 3.

616 Vgl. BVerfGE 6, 12 (14); 7, 95 (98); 8, 253 (255); 9, 89 (96); 60, 7 (14); 61, 37 (41); *Schulze-Fielitz*, in: *Dreier*, Art. 103 Rn. 27; MD-*Schmidt-Aßmann*, Art. 103 Abs. 1 Rn. 23; *Kunig*, in: *v. Münch/Kunig*, Art. 103 Rn. 3; *Baur*, AcP 153 (1954), S. 395; *Seidel*, S. 7; *Bröll*, S. 103 f.; *Dahs (jr.)*, S. 6 ff.; *Kopp*, AöR 106 (1981), S. 614; *Niemöller/Schuppert*, AöR 107 (1982), S. 476; *Rieß*, in: FS BMJ, S. 388.

das einfache Recht so auszugestalten, daß den verfassungsrechtlichen Vorgaben für die Gewährung rechtlichen Gehörs ausreichend Rechnung getragen wird[617].

Art. 103 Abs. 1 GG kommt somit eine grundrechtseffektuierende Wirkung zu, die den Berechtigten in jeder Lage des Verfahrens in den Stand versetzen soll, in der von ihm gewählten Weise an der Entscheidung mitzuwirken. Eine verpflichtende, den Verzicht ausschließende Wirkung kann dem objektiv-rechtlichen Gehalt als Quelle der Optimierung der Freiheitsgewährleistung und -ausübung nicht beigelegt werden[618].

Soweit, wie die Formulierung *Schmidt-Aßmanns* („institutionelle Seite des Gehörgrundsatzes") vermuten lassen könnte, auf eine institutionelle Grundrechtsauffassung Bezug genommen werden soll, kann dem nur noch einmal entgegengehalten werden, daß eine auf die Realisierung des objektiv-institutionellen Sinns der „Freiheits"-Gewährleistung gerichtete Auslegung der Grundrechte mit Blick auf die grundsätzlich vorrangige staatsgerichtete Abwehrrichtung der Freiheitsrechte nicht in Betracht kommt[619].

Will man mit *Rieß* den Anspruch auf rechtliches Gehör insgesamt deswegen für unverzichtbar halten, weil er neben dem subjektiven Element eines Abwehranspruchs auch objektive und damit überindividuelle und somit dem Einzelnen entzogene Komponenten enthält, greift diese Argumentation auch deswegen nicht durch, weil die Disposition über das subjektiv-rechtliche Element den objektivrechtlichen Gehalt der Norm nicht in Frage stellt, ja nicht einmal tangiert[620]. Indem der Berechtigte sein Recht auf Gehör nicht wahrnimmt, verliert das Verfahrensrecht in keiner Weise seine verfassungsrechtlich gebotene Qualität, was die Ausgestaltung unter dem Blickwinkel der Gehörgewährung angeht. Das Verfahrensrecht ist immer noch so beschaffen, daß es dem Verfahrensbeteiligten ermöglicht, auf die gerichtliche Entscheidung einzuwirken.

Auch sind die objektiv-rechtlichen Gehalte nicht Selbstzweck, sondern können ihrerseits wiederum in Gestalt etwa der Leistungs- und Teilhaberechte[621] zur

---

617 Vgl. MD-*Schmidt-Aßmann*, Art. 103 Abs. 1 Rn. 4; siehe auch *Schulze-Fielitz*, in: *Dreier*, Art. 103 Abs. 1 Rn. 31.

618 So auch *Hess*, S. 66; *Pieroth/Schlink*, Rn. 202.

619 Siehe schon oben, S. 208 (Anm. 541), 213 f., 214.

620 Siehe auch *Sturm*, in: FS Geiger, S. 190. Ähnlich auch *Bernsmann*, in: FS Kriele, S. 703 ff., der einen Verzicht jedenfalls dann für zulässig hält, wenn er der rechtsstaatlichen Qualität des Verfahrens keinen Abbruch tut. Diese sieht er vor allem durch das Gebot zur Erforschung der materiellen Wahrheit gesichert.

621 *Jarass/Pieroth*, Vorb. vor Art. 1 Rn. 6; *Stern*, Staatsrecht III/1, S. 908, 978 ff.; *Jarass*, AöR 110 (1985), S. 396; zum Verhältnis der objektiv-rechtlichen zu den subjektiv-rechtlichen Gehalten der Grundrechte siehe *Böckenförde*, Der Staat 29 (1990), S. 14 ff.

Begründung subjektiver öffentlicher Rechte führen, deren Verzichtbarkeit nicht in Frage zu stellen ist.

bbbb) Sperrwirkung des Menschenwürdekerns von Art. 103 Abs. 1 GG

Die Indisponibilität des Anspruchs auf rechtliches Gehör könnte sich unter dem Blickwinkel von schon in diesem Grundrecht selbst angelegten Sperrwirkungen auch aus einem Art. 103 Abs. 1 GG immanenten Menschenwürdekern ergeben.

Nach herrschender Auffassung wohnt vielen Freiheitsrechten ein ihnen aus dem Menschenwürdeprinzip des Art. 1 Abs. 1 GG zugewachsener Kerngehalt inne[622]. Dieser ist nach verbreiteter Auffassung nicht disponibel. „*Die Menschenwürde ist ein objektiver, unverfügbarer Wert, auf dessen Beachtung der Einzelne nicht wirksam verzichten kann*“. Sie muß „*wegen ihrer über den Einzelnen hinaus reichenden Bedeutung auch gegenüber der Absicht des Betroffenen verteidigt werden, seine vom objektiven Wert der Menschenwürde abweichenden subjektiven Vorstellungen durchzusetzen*“[623]. Die Intention dieser Auslegung geht dahin, das Individuum davor zu schützen, sich würdelos zu verhalten. Es geht somit um den fürsorglichen Schutz gegen sich selbst[624].

Findet das rechtliche Gehör seine Herleitung zu einem wichtigen Teil in dem aus dem Menschenwürdeprinzip des Art. 1 Abs. 1 GG abzuleitenden verfassungsmäßigen Gebot, daß im gerichtlichen Verfahrens niemand zum bloßen Objekt richterlicher Entscheidungen gemacht, sondern an deren Entstehung aktiv beteiligt werden soll[625], liegt es nahe, daß sich dieser Gehalt gewissermaßen wie eine „Keimzelle“ in der speziellen Freiheitsgewährleistung des Art. 103 Abs. 1 GG perpetuiert findet.

Der vom Bundesverwaltungsgericht vorgenommenen Auslegung des Art. 1 Abs. 1 GG ist zu Recht entgegen gehalten worden, daß sie Aussage, Sinn und

---

622 *Dürig*, AöR 81 (1956), S. 120 f.; MD-*Dürig*, Art. 1 Rn. 79 ff.; siehe weiter BVerfGE 84, 90 (126 f.); 94, 12 (34); 95, 48 (60, 62); *Bryde*, in: *v. Münch/Kunig*, Art. 79 Rn. 36; *Höfling*, in: *Sachs*, Art. 1 Rn. 57; *Lücke*, in: *Sachs*, Art. 79 Rn. 31; *Pieroth/Schlink*, Rn. 352; *Robbers*, NJW 1985, S. 929; *Stern*, Staatsrecht III/2, S. 924, 1127 ff.; kritisch *Dreier*, in: *Dreier*, Art. 1 Abs. 1 Rn. 97, Art. 19 Abs. 3 Rn. 23.

623 BVerwGE 64, 274 (279) zu sog. „Peep-Shows“; siehe auch BVerfGE 45, 187 (229); BGHZ 67, 119 (125); VG Neustadt NVwZ 1993, 98 ff. (sog. „Zwergenweitwurf“); OVG Koblenz GewArch 1994, 374 ff. (Laserspiele); LG Mannheim NJW 1995, 3398 f. (sog. „Telephonsex“); zustimmend MD-*Dürig*, Art. 1 Rn. 79 ff.; *Gern*, NJW 1983, S. 1585 ff.; *Redeker*, BayVBl. 1985, S. 73 ff.; *Gronimus*, JuS 1985, S. 174 ff.

624 Vgl. *Kunig*, in: *v. Münch/Kunig*, Art. 1 Rn. 34; *Dreier*, in: *Dreier*, Art. 1 Abs. 1 Rn. 91; *Gusy*, DVBl. 1982, S. 986; *Höfling*, NJW 1982, S. 1582.

625 Siehe oben, S. 138 f.

Zweck der Gewährleistung geradezu in das Gegenteil verkehrt. Dies kann angesichts der besonderen, ja überragenden Bedeutung dieses Verfassungsprinzips zu schweren Verwerfungen in der Systematik der Freiheitsrechte führen. In der Gestalt, die Art. 1 Abs. 1 GG in der Auslegung des Bundesverwaltungsgerichts findet, würde er als Gebots- und Verbotsgesetz wirken, der Berechtigte würde zum Verpflichteten, das Recht zur Pflicht, der Adressat zum Berechtigten, weil der Staat den Einzelnen zur Leistung von Würde, zu würdevollem Verhalten anhalten könnte[626]. Zu bestimmen, welche Verhaltensweisen würdevoll und damit menschenwürdig sind, maßte sich damit der Staat an, es käme zu einem „Würde-Oktroi", der schlimmstenfalls in einem totalitären Werte-Absolutismus gipfelte[627]. Eine Bewertung der Motive des Einzelnen ist der Rechtsordnung jedoch grundsätzlich fremd, und der Staat hat sich ihrer zu enthalten[628].

Auch wird die Menschenwürde als objektiver, die Rechtsordnung konstituierender Wert durch die Ausübung autonomer Entscheidungsbefugnisse nicht in Frage gestellt. Im Gegenteil: In ihrer Ausübung findet die Menschenwürde ihre dauernde Bestätigung und Verstärkung. In jeder freien Entscheidung konstituiert sie sich immer wieder neu. Indem der Angeklagte also von der Wahrnehmung seines Gehöranspruchs Abstand nimmt, wird der am Menschenwürdeprinzip orientierte Ablauf des Strafverfahrens nicht in Frage gestellt.

In einem weiteren Urteil hat das Bundesverwaltungsgericht sich nicht mehr auf Art. 1 Abs. 1 GG und dessen fehlende Disponibilität gestützt, sondern auf die Sittenwidrigkeit derartiger Veranstaltungen[629]. Dieser Ansatz führt indes im Hinblick auf die Frage der Verfügbarkeit des Anspruchs auf rechtliches Gehör nicht weiter. Es wird niemand behaupten wollen, die Nichtinanspruchnahme des rechtlichen Gehörs verletze die guten Sitten.

Selbst wenn man die Charakterisierung des Art. 103 Abs. 1 GG als in Verfassungsrang erhobene objektive Verfahrensnorm auf einen Menschenwürdekern dieses Freiheitsrechts zurückführen wollte, käme man über die Herleitung einer grundrechtseffektuierenden Wirkung nicht hinaus. Eine verpflichtende Komponente, die sich gegen das Individuum, hier den Angeklagten, kehrt und zur Indisponibilität des Gehöranspruchs führt, läßt sich daraus nicht ableiten.

---

626 *Gusy*, DVBl. 1982, S. 985 f.; *v. Olshausen*, NJW 1982, S. 2222; *Dreier*, in: *Dreier*, Art. 1 Abs. 1 Rn. 91.

627 So die Polemik von *v. Olshausen*, NJW 1982, S. 2223 f.

628 *Gusy*, DVBl. 1982, S. 986; *Stern*, Staatsrecht III/1, S. 30 f.; *Dreier*, in: *Dreier*, Art. 1 Abs. 1 Rn. 91.

629 BVerwGE 84, 314 (317 ff.); so auch *Kunig*, in: *v. Münch/Kunig*, Art. 1 Rn. 36 (Stichwort „Peep-Show"); zu dieser Differenzierung *Dreier*, Universitas 48 (1993), S. 254; *Stern*, Staatsrecht III/1, S. 31 (Anm. 127).

cccc) Zwischenergebnis

Somit ergibt sich aus dem Grundrecht des Art. 103 Abs. 1 GG selbst kein Anhaltspunkt für die Unverfügbarkeit des Gehöranspruchs. Diese ließe sich allenfalls unter dem Blickwinkel anderer, nicht unmittelbar in Art. 103 Abs. 1 GG zu verortender Rechtsgüter rechtfertigen, deren Höherwertigkeit den Verzicht ausschließen könnte und die im Einzelfall im Wege einer Abwägung ermittelt werden müßten.

bbb) Kollidierende höherrangige Rechtsgüter

Kommt es also auf die Frage an, welche kollidierenden Verfassungsrechtsgüter der individuellen Disponibilität des rechtlichen Gehörs Grenzen setzen, fallen zunächst einmal zwei prozessuale Maximen ins Auge, die als Rechtfertigung des Anwesenheitsprinzips herangezogen werden. Der Untersuchungsgrundsatz und damit auch die mit diesem in Verbindung stehenden Grundsätze der Unmittelbarkeit und der Mündlichkeit finden ihre Wurzeln im Rechtsstaatsprinzip[630] und damit in der Verfassung und können grundrechtlichen Freiheitsgewährleistungen im Kollisionsfalle Grenzen setzten.

aaaa) Untersuchungsgrundsatz

Der Untersuchungsgrundsatz (vgl. § 244 Abs. 2 StPO) wird zur Begründung einer grundsätzlich dauerhaften Gegenwart des Angeklagten in der Hauptverhandlung bereits in den Motiven genannt[631]. Der Richter soll einen unmittelbaren persönlichen Eindruck vom Angeklagten, seinen Erklärungen, Fragen und Reaktionen haben, um eine gerechte Entscheidung fällen zu können[632]. Der Angeklagte ist nicht nur Subjekt des Verfahrens, sondern gleichzeitig Beweismittel und als solches diesem als Ausdruck einer Doppelstellung objekthaft unterworfen[633].

630 Vgl. BVerfGE 33, 367 (368); 44, 353 (374); 45, 272 (294 f.); 47, 239 (248); 57, 250 (275); 70, 297 (308); 77, 65 (76); 80, 367 (378); *Niemöller/Schuppert*, AöR 107 (1982), S. 442; *Schulze-Fielitz*, in: *Dreier*, Art. 20 (Rechtsstaatsprinzip) Rn. 204.

631 Siehe *Hahn*, Materialien zur StPO, Erste Abth., S. 185, 187.

632 Vgl. die Nachweise bei Anm. 106.

633 *Henkel*, S. 172; *Peters*, S. 203; *Roxin*, Strafverfahrensrecht, § 25 Rn. 1; *Müller-Dietz*, ZStW 31 (1981), S. 1216; siehe auch *Maiwald*, in: FS Lange, S. 79; *Goldschmidt*, S. 116, demzufolge die Erscheinungspflicht in den vom Untersuchungsgrundsatz beherrschten Verfahren keine Parteipflicht ist, weil sie nicht der Partei als solcher, sondern dem Beteiligten als Beweismittel obliege. Im Hinblick auf seine Doppelrolle unterliegt der Angeklagte auch den Zwangsmitteln nach § 230 Abs. 2 StPO, vgl. *Momsen*, S. 214; siehe auch *Rieß*, in: FS BMJ, S. 375, 390.

Einer richtigen und gerechten Entscheidung als Voraussetzung der mit der Durchführung des Strafverfahrens angestrebten Prävention wäre mit einer Wahrheitsermittlung im umfassenden Sinne am besten gedient, das heißt einer solchen, die sich auf den Angeklagten entlastende wie auch ihn belastende Tatsachen gleichermaßen erstreckt[634].

Soweit die Ermittlung der Wahrheit auf den Angeklagten belastende Tatsachen bzw. Umstände gerichtet sein soll, ist indes der verfassungsrechtlich verbürgte Grundsatz zu beachten, wonach der Angeklagte nicht gezwungen werden darf, an der eigenen Verurteilung mitzuwirken („*nemo tenetur se ipsum accusare*")[635].

Zwar ist es nun offenkundig nicht so, daß mit der Anwesenheit eine Pflicht zur Aussage belastender Tatsachen verbunden ist. Der Grundsatz des § 230 Abs. 1 StPO läßt dem Angeklagten immer noch die Wahl, ob er sich zur Anklage äußern oder nicht zur Sache aussagen will (vgl. § 243 Abs. 4 S. 1 StPO). Die bloße Anwesenheit bedeutet also noch keine Selbstbelastung[636]. Indem aber dem Angeklagten die Möglichkeit abgeschnitten wird, der Verhandlung fernzubleiben und so auch in gewisser Weise von seinem Schweigerecht Gebrauch zu machen, ihm also nur die Möglichkeit verbleibt, sich dem Verfahren auszusetzen und zu schweigen oder aber Angaben zur Sache zu machen, wird die Wahrscheinlichkeit erhöht, daß der Angeklagte seine Absicht zu schweigen aufgibt.

Dies muß umso mehr gelten, wenn man sich die Situation des nicht rechtsgewandten Angeklagten vor Augen hält, der sich der in Gestalt von Gericht und Staatsanwaltschaft „geballten" Staatsmacht gegenüber sieht. Er wird angesichts eines Gefühls des Verfolgtseins sicher dem an beide gerichteten gesetzlichen Gebot, auch zu seinen Gunsten streitende Tatsachen zu ermitteln bzw. zu berücksichtigen (vgl. §§ 244 Abs. 2, 160 Abs. 2 StPO), wenn er es denn kennt, wenig Vertrauen schenken, sondern möglicherweise in dieser psychischen Zwangslage „die Nerven verlieren" und sich mit seiner Aussage selbst belasten. Auch der Grundsatz, wonach das Schweigen des Angeklagten nicht zu seinen Ungunsten verwertet werden darf[637], wird in einer solchen Situation wenig zu seiner Ent-

---

634 *Stein*, ZStW 97 (1985), S. 307, 321; siehe auch *Stock*, in: FS Mezger, S. 433; *Eb. Schmidt*, Lehrkommentar I, Nr. 24 ff.; *Müller-Dietz*, ZStW 93 (1981), S. 1204 f.; LR[25]-*Rieß*, Einl. Abschn. B Rn. 4 f.

635 Dazu LR[25]-*Meyer*, § 136 Rn. 21; *Rüping*, JR 1974, S. 137 f.; zu den verfassungsrechtlichen Grundlagen *Pfeiffer*, § 136 Rn. 4.

636 *Stein*, ZStW 97 (1985), S. 324; siehe auch *Julius*, GA 1992, S. 299; *Bernsmann*, FS Kriele, S. 704 f.

637 *Pfeiffer*, Einleitung Rn. 11, § 136 Rn. 4; siehe auch BVerfG StV 1995, 505 (506); BGHSt 38, 302 (305 m. w. N.); 42, 139 (152).

spannung beitragen, zumal dieser aus der Belehrung gem. § 243 Abs. 4 S. 1 StPO nicht ohne weiteres hervorgeht[638].

Diese Bedenken erhärten sich noch unter dem Gesichtspunkt, daß es dem Gericht im Hinblick auf das vorrangige Gebot der vollständigen Wahrheitsermittlung verwehrt ist, dem Angeklagten, der sein Schweigen bricht und sich „um Kopf und Kragen redet", im Zuge der Wahrnehmung der richterlichen Fürsorgepflicht durch einen erneuten Hinweis auf sein Schweigerecht die Gefährlichkeit seines Tuns vor Augen zu führen[639].

Soweit der persönliche Eindruck des Angeklagten als eigenständiger, die Anwesenheitspflicht begründender Gesichtspunkt in Betracht gezogen wird, kann dem nicht gefolgt werden. Der *nemo-tenetur*-Grundsatz soll den Angeklagten davor schützen, durch Selbstbelastung an seiner Verurteilung mitzuwirken. Dies schließt ohne weiteres den Zwang zu verbalen Kundgebungen aus, der Angeklagte darf schweigen (vgl. § 243 Abs. 4 S. 1 StPO). Ließe man aber dennoch zu, daß der unmittelbare persönliche Eindruck, den er etwa als mimische oder gestische Reaktion auf bestimmte Beweisaufnahmen an den Tag legt, berücksichtigt, sprich: zu seinen Ungunsten verwertet werden darf, würde der Grundsatz unterlaufen. Das Recht, nicht an der eigenen Verurteilung mitwirken zu müssen, schließt aber auch und gerade die unbewußte, nicht steuerbare mitwirkende Kundgebung ein. Insbesondere weil gewisse Reaktionen nicht steuerbar sind, erscheint der Angeklagte besonders schutzwürdig. Der unmittelbare persönliche Eindruck kann demnach grundsätzlich nicht als Begründung der Anwesenheitspflicht herangezogen werden[640].

Allerdings umfaßt dieser nicht nur die genannten Reaktionen. Er wird relevant, wenn es im Rahmen der Beweisaufnahme darum geht, bestimmte körperliche Merkmale des Angeklagten in Augenschein zu nehmen oder ihn durch einen Zeugen identifizieren zu lassen. Hierzu ist die Anwesenheit des Angeklagten unerläßlich. Eine Pflicht zur dauerhaften Anwesenheit vermag diese Erwägung aber nicht zu begründen. Der Angeklagte müßte nicht stets, sondern nur für die Dauer der Beweisaufnahme anwesend sein. Diese zeitweilige Anwesenheit kann aber gegebenenfalls mit dem Instrumentarium des § 236 StPO durchgesetzt werden[641].

---

638 Die Wortfassung des Hinweises steht dem Vorsitzenden frei, LR[25]-*Gollwitzer*, § 243 Rn. 67, er sollte aber den Wortlaut des § 243 Abs. 4 S. 1 StPO wählen, *Meyer-Goßner*, § 243 Rn. 22, jedenfalls aber die Wahlmöglichkeit deutlich machen. HK-*Julius*, § 243 Rn. 13 meint, daß dem Angeklagten auch deutlich werden muß, daß ihm aus seinem Schweigen keine Rechtsnachteile entstehen.

639 Vgl. *Maiwald*, in: FS Lange, S. 756.

640 So auch *Hess*, S. 133; *Stein*, ZStW 97 (1985), S. 325 f.; *Momsen*, S. 220; *Eisenberg*, Rn. 909; siehe auch *Rüping*, JR 1974, S. 139.

641 *Rieß*, JZ 1975, S. 267; *Stein*, ZStW 97 (1985), S. 323; *Julius*, GA 1992, S. 299.

Nimmt man nun ein eventuelles öffentliches Interesse an der Feststellung entlastender Tatsachen in den Blick, bricht sich diese Begründung der Anwesenheitspflicht an der Autonomie des Angeklagten, die sich wiederum in seinem Schweigerecht manifestiert. Entschließt sich der Angeklagte, keine Angaben zur Sache zu machen, läuft das Interesse an der Ermittlung ihn entlastender Tatsachen leer. Die Anwesenheitspflicht kann mehr als ein stummes Dabeisitzen nicht erzwingen, so daß dem Angeklagten, der von seinem Schweigerecht Gebrauch macht, bloß eine aufklärungsneutrale Funktion zukommt, in der er zur Wahrheitsfindung nichts beiträgt[642]. Der Richter darf das sich in bloßer Anwesenheit erschöpfende Auftreten nicht bei der Wahrheitsfindung berücksichtigen[643]. Dies jedenfalls soweit, als es Tatsachen sind, die nur der Angeklagte preisgeben kann[644]. Soweit sie sich aus anderen Beweisquellen ergeben können, bleiben diese unverschlossen. Ihre Ausschöpfung setzt indes keine Anwesenheit des Angeklagten voraus.

Nach alledem kann ein öffentliches Interesse an der Wahrheitsermittlung (im umfassenden Sinn) die Anwesenheitspflicht nicht begründen. Weiterführen könnte aber die Frage nach den Interessen des Angeklagten an der Ermittlung und am Vorbringen entlastender Tatsachen. Sein Bestreben geht vor allem dahin, eine drohende (ungerechtfertigte) Verurteilung zu verhindern. Daher ist es ihm vor allem darum zu tun, entlastende Momente geltend zu machen. Diese „Unrechtsabwehrtendenz" als das Bestreben, ein ungerechtes Urteil und den damit verbundenen Rechtsverlust zu vermeiden, hat der Gesetzgeber aber mit der Gewährung des Anspruchs auf rechtliches Gehör gem. Art. 103 Abs. 1 GG als dem Recht, auf die gerichtliche Entscheidung einwirken zu können, anerkannt[645]. Der Absicherung durch das Rechtsstaatsprinzip, dem das Gebot der Wahrheitsermittlung zuzuordnen ist, bedarf es nicht.

---

642 Vgl. *Julius*, GA 1992, S. 299; siehe auch *Rieß*, ZStW 90 (1978), Beiheft, S. 185; *Hassemer*, JuS 1986, S. 27 f.; *Krüger*, in: *Jung/Müller-Dietz*, S. 90.

643 *Bernsmann*, FS Kriele, S. 704 f.; ähnlich LR[25]-Schäfer, Einl. Abschn. I Rn. 93; siehe auch KK-*Tolksdorf*, § 243 Rn. 47b; § 261 Rn. 39 ff.; BVerfG NStZ 1995, 555; BGHSt 25, 365 (368); 32, 140 (144); 34, 324 (326).

644 Ob und inwieweit dieser Unvernunft des Angeklagten begegnet werden kann oder gar muß, ist unter dem Blickwinkel der Autonomie des Angeklagten bzw. seiner Stellung als Subjekt des Verfahrens und eventueller fürsorglicher Zwangsmaßnahmen sogleich zu erörtern, siehe unten, S. 177 ff.

645 *Baur*, AcP 153 (1954), S. 402 f.

bbbb) Grundsatz der Mündlichkeit und der Unmittelbarkeit

Im Hinblick auf den Angeklagten als Beweismittel treten zwei Verfahrensmaximen in den Blick, die sich vorwiegend auf die Beweisaufnahme beziehen[646]. Einmal besagt der Grundsatz der Mündlichkeit, daß nur der mündlich vorgetragene und erörterte Prozeßstoff dem Urteil zugrunde gelegt werden darf[647]. Der Grundsatz der Unmittelbarkeit verlangt, daß das erkennende Gericht seine Entscheidungsgrundlage aus eigener Anschauung schöpfen muß. Es muß sie selbst wahrnehmen und darf die Beweisaufnahme nicht anderen Personen überlassen (sog. formelle Unmittelbarkeit). Dann muß es die entsprechenden Tatsachen aus der Quelle selbst schöpfen und nicht aus Beweissurrogaten (sog. materielle Unmittelbarkeit)[648]. Sieht man in der Person des Angeklagten auch ein Beweis- bzw. Erkenntnismittel, erhellt, daß den Grundsätzen von Mündlichkeit und Unmittelbarkeit nur genügt werden kann, wenn der Angeklagte persönlich anwesend ist. Insoweit müßten auch diese Grundsätze zur Begründung der Anwesenheitspflicht herangezogen werden können[649].

Der Grundsatz der Mündlichkeit kann freilich schon von diesem Standpunkt aus nur eingeschränkt zur Begründung der Anwesenheitspflicht herangezogen werden. Er kann nur die Aussage des anwesenden Angeklagten zum Gegenstand haben. Für die darüber hinausgehenden Abschnitte der Hauptverhandlung vermag er eine Anwesenheitspflicht nicht zu begründen[650]. Auch kann der Mündlichkeitsgrundsatz nur für eine tatsächlich erfolgende Aussage gelten. Wenn der Angeklagte Angaben macht, müssen diese mündlich erfolgen. Der Angeklagte ist aber zu Angaben zur Sache überhaupt nicht verpflichtet. Entscheidet er sich zu schweigen, läuft auch der Grundsatz der Mündlichkeit als Begründungstopos für die Anwesenheitspflicht leer.

Insgesamt gelten beide Grundsätze nur, soweit der Angeklagte Beweismittel ist. Dann muß die Wahrnehmung seiner Erscheinung und seines Auftretens eine unmittelbare sein. Nur soweit vermag der Unmittelbarkeitsgrundsatz die Anwesenheit zu erzwingen. Nach dem zur Instruktionsmaxime Festgestellten[651] können

---

646 Vgl. *Momsen*, S. 221; *Roxin*, Strafverfahrensrecht, § 44 Rn. 1.

647 KK-*Pfeiffer*, Einl. Rn. 8; *Roxin*, Strafverfahrensrecht, § 44 Rn. 1, 2.

648 Siehe *Schroeder*, Rn. 250; *Beulke*, Rn. 24.

649 *Momsen*, S. 221; siehe auch *Niethammer*, in: FS Rosenfeld, S. 119; *Kühne*, Kommunikationsproblem, S. 75; *Roxin*, Strafverfahrensrecht, § 42 Rn. 32 ff.; LR[25]-*Schäfer*, Einl. Abschn. H Rn. 50 ff.; SK/StPO-*Rogall*, Vor § 133 Rn. 86; *Stein*, ZStW 97 (1985), S. 303; *Hassemer*, JuS 1986, S. 28; *Schroeder/Mendl*, S. 171.; der Gedanke klingt auch an bei *Rieß*, in: FS BMJ, S. 390; *ders.* ZStW 90 (1978), Beiheft, S. 183 f.

650 *Momsen*, S. 222.

651 Siehe oben, S. 172 ff.

hier nur diejenigen Fälle erfaßt sein, in denen es im weitesten Sinne auf körperliche Merkmale des Angeklagten ankommt. Diese rechtfertigen aber keine dauerhafte Anwesenheit des Angeklagten, sondern wären mit dem Instrumentarium des § 236 StPO hinreichend gesichert.

Mündlichkeits- und Unmittelbarkeitsprinzip dienen vor allem auch der Qualität der Wahrheitsermittlung. Durch sie soll die Ermittlung des tatsächlichen Sachhergangs in optimaler Form gewährleistet werden[652]. Läuft die Instruktionsmaxime aber im Hinblick auf die Person des Angeklagten als Beweismittel weitgehend leer, verlieren auch die Grundsätze von Mündlichkeit und Unmittelbarkeit insoweit ihre Bedeutung.

cccc) Sperrwirkung sozialstaatlicher Fürsorge

Denkbar ist aber auch, daß die Disponibilität an entgegenstehenden Grundsätzen scheitert, die sich aus dem Sozialstaatsprinzip ergeben. Diesen Gedanken legen die Stimmen nahe, die argumentieren, im Hinblick auf die Tatsache, daß die Anwesenheit in der Hauptverhandlung mancherlei Erschwernisse und Belastungen mit sich bringe, sei die Verlockung groß, sich ihr zu entziehen, so daß sich die Anwesenheitspflicht als fürsorgerische und damit sozialstaatliche gesetzliche Maßnahme zur Sicherung des Anwesenheitsrechts und zur Gewährleistung des rechtlichen Gehörs darstelle[653].

Schon die Motive lassen diesen Fürsorgeaspekt deutlich werden, wenn es dort heißt, die Anwesenheit sei zum Schutz des Angeklagten unerläßlich[654]. Soll die Anwesenheit das rechtliche Gehör sichern und stellt dieses wiederum die Basis aller anderen Verteidigungsrechte dar, wird auch deutlich, warum *Rieß* an anderer Stelle davon spricht, daß die Anwesenheit die Prozeßsubjektivität des Angeklagten sichere[655].

Damit sind zwei Punkte angesprochen, die entgegen diesem ersten Anschein streng zu trennen sind, ja sogar in einem Spannungsverhältnis stehen können: einmal die Frage der Subjektstellung des Angeklagten und dann die der Fürsorge für den Angeklagten.

---

652 Vgl. *Bernsmann*, in: FS Kriele, S. 704.; siehe auch LR[25]-*Schäfer*, Einl. Abschn. H Rn. 50 ff.; *Henkel*, S. 328 f.

653 So etwa *Rieß*, JZ 1975, S. 267 f.; *ders.*, ZStW 90 (1978), Beiheft, S. 184; *ders.*, in: FS BMJ, S. 390, 432; *Maiwald*, JR 1981, S. 36; *Maatz*, DRiZ 1991, S. 206; ähnlich *Meyer-Goßner*, § 230 Rn. 2.

654 Vgl. *Hahn*, Materialien zur StPO, Erste Abth., S. 185; siehe auch schon *Planck*, S. 180 ff.

655 JZ 1975, S. 267.

(1) Subjektstellung des Angeklagten

Die Strafe stellt den einschneidensten Eingriff des Staates in den Freiheitsraum des Individuums dar. Im Strafverfahren treffen Kollektiv- und Individualinteressen in nirgendwo sonst anzutreffender Schärfe aufeinander, so daß die hier vom Gesetz getroffene Interessenabwägung symptomatisch ist für das in einem Gemeinwesen allgemein gültige Verhältnis von Staat und Individuum[656]. Die Verfassung der Bundesrepublik ist in zentraler Weise vom Grundsatz der Menschenwürde geprägt, der es, kurz gefaßt, verbietet, den Menschen zum bloßen Objekt staatlichen Handelns zu machen (vgl. Art. 1 Abs. 1 GG)[657].

Bloßes Objekt im Hinblick auf die Verfolgung staatlicher Ziele wäre der Angeklagte aber, wenn ein Urteil über ihn gefällt würde, auf dessen Findung er nicht einwirken kann. Dementsprechend gebietet das Menschenwürdeprinzip, daß dem Angeklagten auch im Strafverfahren eine Subjektstellung eingeräumt wird, die sich durch die Zuerkennung von Teilhaberechten hinsichtlich der Gestaltung des Verfahrensablaufs konstituiert[658]. Diese Teilhabe vollzieht sich durch die Verteidigungsrechte des Angeklagten, wie etwa dem Recht, selbst zur Sache auszusagen, Beweisanträge zu stellen, Zeugen zu befragen und, als Basis all dieser Rechte, dem Anspruch auf rechtliches Gehör.

Ist indes die Einräumung dieser Teilhabe- oder Gestaltungsrechte durch den Verfassungsgrundsatz der Wahrung der Menschenwürde geboten, hat sich auch die Ausgestaltung, die diese Rechte in der einfachgesetzlichen Verfahrensordnung finden, an diesem Grundsatz zu orientieren. Über die den Gehalt der Menschenwürde sicher verkürzend darstellende sog. Objektformel hinaus bedeutet Menschenwürde die Achtung der Fähigkeit zur autonomen Persönlichkeitsentfaltung[659]. Und auf das Strafverfahrensrecht bezogen bedeutet dies, daß der Angeklagte seine Subjektstellung nur erlangt kraft seiner Autonomie, seiner verfahrensmäßigen Selbständigkeit, mit der er über die Wahrnehmung seiner prozessualen Gestaltungsmöglichkeiten verfügt[660]. Zu dieser Autonomie gehört insbesondere die Gewichtung und Abwägung der eigenen Interessen und die Entschei-

---

656 *Roxin*, Strafverfahrensrecht, § 2 Rn. 1; ähnlich *Eb. Schmidt*, Geschichte, S. 19.

657 BVerfGE 63, 332 (337 f.); 64, 135 (145); 65, 171 (174 f.); BVerfG NJW 1993, 3315; *Dürig*, AöR 81 (1956), S. 127; *Pieroth/Schlink*, Rn. 359 ff.

658 Vgl. *Maiwald*, in: FS Lange, S. 750; *Momsen*, S. 68 f.; *Peters*, S. 203; siehe auch *Stock*, in: FS Mezger, S.437 f.; *Müller-Dietz*, ZStW 93 (1981), S. 1207.

659 Siehe etwa *Gusy*, DVBl. 1982, S. 986; *Bleckmann*, JZ 1988, S. 58.

660 Die zentralen Begründungselemente und Umschreibungen des Menschenwürdesatzes finden sich bei *Kant*, Grundlegung zur Metaphysik der Sitten, S. 58 ff. (vgl. dazu *Dreier*, in: *Dreier*, Art. 1 Abs. 1 Rn. 11 ff.), in dessen Autonomieprinzip somit auch die Subjektstellung des Angeklagten ihre Basis findet, vgl. *Rüping*, JR 1974, S. 136.

dung, ob der Angeklagte von einer Verteidigungsmöglichkeit Gebrauch machen will oder nicht. Verteidigung bedeutet insoweit die Wahrnehmung selbstdefinierter prozessualer Interessen aus eigenem Recht[661].

Daraus folgt, daß dem Angeklagten die Art und Weise seiner Verteidigung grundsätzlich überlassen werden muß. Grundsätzlich darf er frei von staatlicher Bevormundung entscheiden, welchen seiner Rechte er den Vorzug einräumt: der Verteidigung im Prozeß und Nutzung der ihm insoweit eingeräumten Rechte oder der Wahrnehmung seiner sonstigen Rechte.

(2) Fürsorge

Die Verpflichtung der Verfahrensordnung auf die durch die Einräumung von Mitwirkungs- und Gestaltungsrechten konstituierte und gesicherte Subjektstellung läuft leer, wenn der Angeklagte zur Ausübung seiner Rechte, mithin zur Wahrung seiner Subjekthaftigkeit nicht in der Lage ist[662]. Die Fähigkeit zur Wahrnehmung der prozessualen Mitwirkungs- und Gestaltungsrechte könnte man schon deshalb bezweifeln, weil mit dem Angeklagten ein rechtsunkundiger Laie mit staatsanwaltlicher bzw. gerichtlicher Verfolgung überzogen wird, der von Existenz, Ausübung und Folgen der ihm als Verfahrenssubjekt eingeräumten Mitwirkungs- und Gestaltungsrechte keine oder doch nur rudimentäre Kenntnis hat. Zum anderen fehlt ihm die forensische Praxis, die es dem erfahrenen Juristen erlaubt, der jeweiligen Prozeßsituation mit angemessenen rechtlichen Schritten zu begegnen. Insoweit besteht zwischen dem Angeklagten und den mit weitreichenden strafprozessualen Machtmitteln ausgestatteten Strafverfolgungsorganen ein erhebliches Ungleichgewicht.

Dieses unter dem Blickwinkel der prozessualen Waffengleichheit der Beteiligten auszugleichen, ist die Funktion der (gerichtlichen) Fürsorgepflicht[663]. Das Übergewicht resultiert vor allem aus der dem Gericht und der Staatsanwaltschaft aufgegebenen Pflicht zur umfassenden Ermittlung der materiellen Wahrheit[664]. Zur Erfüllung dieser Aufgabe sind den staatlichen Organen bestimmte Befugnisse eingeräumt, die vielfach zu erheblichen Eingriffen in die Freiheitsrechte des Beschuldigten bzw. Angeklagten berechtigen. Unter der Geltung des Untersu-

---

661 *Welp*, ZStW 90 (1978), S. 116 f.; *Stein*, ZStW 97 (1985), S. 313 f.

662 Vgl. *Maiwald*, in: FS Lange, S. 753; *Rath*, GA 1997, S. 216.

663 Vgl. *Maiwald*, S. 746 f., 753; *Müller-Dietz*, ZStW 93 (1981), S. 1232 f.; *Roxin*, Strafverfahrensrecht, § 42 Rn. 23; LR[25]-*Rieß*, Einl. Abschn. H Rn. 121; kritisch zur Fürsorgepflicht als „Verunklarung“ bestehender Verfahrensgrundsätze ohne eigenen Gehalt etwa *v. Löbbecke*, GA 1973, S. 204; *Dahs (jr.)*, S. 43 f.; siehe auch *Hübner*, S. 10 ff.

664 Vgl. *Roxin*, Strafverfahrensrecht, § 42 Rn. 23; LR[25]-*Rieß*, Einl. Abschn. H Rn. 121.

chungsgrundsatzes ist der Angeklagte der Fürsorge des Gerichts in besonderer Weise anheim gestellt. Er ist nicht nur das sich in unterlegener Stellung befindliche Subjekt des Verfahrens, sondern auch Beweismittel, und als solches den staatlichen Zwangsmaßnahmen objekthaft unterworfen.

Die unterlegene Stellung des Angeklagten zwingt zunächst zu einer strengen, gesetzlich genau definierten Begrenzung dieser Befugnisse im Sinne einer Justizförmigkeit des Verfahrens, die gleichsam die für den Angeklagten „schützenden Formen" konstituiert[665]. Aus der Geltung und Reichweite der Inquisitionsmaxime und der damit einhergehenden überwiegenden Verantwortung des Gerichts ergibt sich auch, wie das Spannungsverhältnis zwischen der Stellung des Angeklagten und der Fürsorge grundsätzlich aufzulösen ist. Kam dem Angeklagten im klassischen Inquisitionsprozeß noch keine Subjektstellung zu und war dem Richter gleichzeitig die volle Verantwortung für das Prozeßergebnis aufgebürdet und damit auch die Rollen von Ankläger, Verteidiger und Entscheider, so muß dem Angeklagten mit zunehmender Anerkennung seiner Prozeßsubjektivität die Verantwortung dafür zuwachsen, daß er seine Verteidigung zweckmäßig gestaltet. Der Richter ist in dem Maße seiner Verantwortung enthoben, in dem der Angeklagte prozessuale Rechte erwirbt[666].

Sinn der Fürsorge ist es daher in erster Linie, dem Angeklagten die sachgerechte Ausübung seiner Gestaltungs- und Mitwirkungsrechte zu ermöglichen und ihn so in die Lage zu versetzen, eine möglichst zweckmäßige Verteidigung zu führen. Damit hat die Fürsorge zunächst die Wahrung der objektiven, wohlverstandenen Interessen des Angeklagten im Auge, die dahin gehen, seine Verteidigung optimal, das heißt auf die vollumfängliche Wahrung aller seiner Rechte auszurichten. Fürsorge bedeutet insoweit das „*Postulat der Annäherung der faktischen Stellung des Beschuldigten an einen ‚Idealtypus' [...], der seine [...] Möglichkeiten der Mitgestaltung kennt*"[667].

Dies darf indes nicht zu dem Mißverständnis führen, einer Fürsorge zugunsten des Angeklagten ginge es darum, ihn weitest möglich von Strafe zu verschonen oder die Wahrheitsermittlung auf ihn entlastende Tatsachen zu konzentrieren. Richtig ist zwar, daß jede Fürsorge im Hinblick auf Rechte des Angeklagten

---

665 Siehe *Maiwald*, in: FS Lange, S. 750; *Baumann*, Einführung, S. 485 f., 517. Die viel zitierte Formulierung „schützende Formen" stammt von *Zachariae*, Handbuch I, S. 145 f.

666 *Maiwald*, in: FS Lange, S. 762. So erzwingt die Subjektstellung des Angeklagten die Begrenzung der umfassenden Gewalt des Inquirenten durch entsprechende Ausgestaltung des Verfahrens, die die Gefahr der willkürlichen Machtausübung bannt; zur Geschichte fürsorglicher Ansätze *Hübner*, S. 31 ff.

667 *Maiwald*, in: FS Lange, S. 754; vgl. auch *ders*., JR 1974, S. 36; *Müller-Dietz*, ZStW 93 (1981), S. 1232.

mittelbar Einfluß auf die materielle Richtigkeit des Prozeßergebnisses und die Bestrafung des Angeklagten hat. Die Rolle des Gerichts, dem es obliegt, die Wahrheit umfassend zu ermitteln, führt jedoch zu einer Bezogenheit der Fürsorge auf die Verwirklichung des staatlichen Strafanspruchs. Die Fürsorge findet insoweit ihre Grenze an anderen Verfahrensgrundsätzen Einen *a priori* bestehenden Vorrang der Angeklagteninteressen begründet sie nicht. Die Pflicht zur Fürsorge kann daher keine beherrschende Prozeßmaxime darstellen, sondern nur im Sinne eines behutsamen Ausgleichs zwischen der Subjektstellung aller Verfahrensbeteiligten und der Verantwortung des Gerichts wirken. Die Pflicht zur Fürsorge ist an die formale Prozeßrolle gebunden, die sie nicht verändern oder erweitern soll. Damit ist sie auch nicht geeignet, einen Rechtsgrund für die Anwesenheitspflicht zu liefern, sondern kann nur als Auslegungstopos fungieren[668].

In aller Regel werden sich objektives und subjektives Interesse des Angeklagten decken. Er wird bei der Konfrontation mit dem Anklagevorwurf und der überlegenen Staatsgewalt alles daran setzen wollen, sich optimal zu verteidigen. Die Fürsorge dient dann der Verwirklichung des Willens des Angeklagten, der Effektuierung seiner Subjektstellung. Zu problematischen Verwerfungen führt der Fürsorgegedanke aber, wenn objektives und subjektives Angeklagteninteresse auseinanderfallen, der Angeklagte also anderen Interessen als den verfahrensmäßigen Rechten den Vorzug gibt. Er kann den Beschwerlichkeiten der Hauptverhandlung ausweichen wollen, indem er ihr fernbleibt. Darf dann im Zuge sozialstaatlicher Fürsorge der Wille des Angeklagten übergangen und ein Primat des objektiven Interesses durchgesetzt werden?

Die Antwort auf diese Frage ergibt sich aus der Subjektstellung des Angeklagten. Ist diese einerseits von Autonomie geprägt, von der Eigenverantwortlichkeit bei der Wahrnehmung der Verteidigungsinteressen auch um den Preis prozessualer Nachteile, und soll andererseits die Fürsorge den Angeklagten in den Stand versetzen, seine Rechte auszuüben und seine Prozeßsubjektivität zu wahren, muß die Grenze, die einer Fürsorge gegen den Willen des Angeklagten gezogen ist, dort verlaufen, wo ein unter dem Blickwinkel der Prozeßsubjektivität autonomer Wille nicht (mehr) besteht. Das Autonomieprinzip verbürgt die Freiheit der Persönlichkeitsentfaltung, der freien Willensentschließung und -betätigung. Wo dies unfrei geschieht, liegt ein autonomer und der Fürsorge gegenüber beachtlicher Wille nicht vor. Raum für eine das subjektive Interesse des Angeklagten durch das objektive, auf optimale Verteidigung gerichtete Interesse

668 Vgl. *Maiwald*, in: FS Lange, S. 754 ff., 763; *Momsen*, S. 124 f., 223; LR^{25}-*Rieß*, Einl. Abschn. H Rn. 121 m. w. N.

substituierende Fürsorge ist erst dann, wenn das subjektive Interesse wegen eines Autonomiedefektes unbeachtlich ist[669].

Die Anerkennung als autonomes Subjekt des Verfahrens führt dazu, daß dem Angeklagten mit der freien Entscheidung über das Ob und Wie seiner Verteidigung auch das Risiko zufällt, infolge einer unterlassenen oder unsachgerechten Verteidigung prozessuale Nachteile zu erleiden. Die Rolle der Fürsorge darf sich insoweit über eine „Hilfestellung" bei der Wahrnehmung dieser Chancen oder Möglichkeiten nicht erheben. Ein Übergreifen in den so abgegrenzten Verantwortungsbereich des Prozeßsubjekts im Sinne einer zwangsweisen Gewährleistung einer möglichst sachgerechten Verteidigung ist dem Gesetzgeber bzw. dem Gericht grundsätzlich versagt. Ein entsprechender Zwang *„lädiert gerade das, was er im Namen der Fürsorge zu schützen vorgibt, nämlich die autonom definierten Beschuldigteninteressen"*[670]. Wo und soweit es aber an der entsprechenden Entscheidungskompetenz des Angeklagten fehlt, ist der Staat nicht nur berechtigt, sondern im Hinblick auf das Rechtsstaats- und das Sozialstaatsprinzip[671] sogar verpflichtet, dem Angeklagten fürsorglich die Wahrnehmung seiner Rechte zu ermöglichen[672].

Der Primat der autonomen Willensentscheidung ergibt sich schon aus der Systematik der Grundrechte und ihrer Schranken. Der Freiheitsgebrauch hat Vorrang und darf nur ausnahmsweise und unter strengen Voraussetzungen beschränkt werden. Nicht das Individuum hat seinen Freiheitsgebrauch, vielmehr hat der Staat dessen Verkürzung zu rechtfertigen. Indem dem Angeklagten eine bestimmte Vorgehensweise zu seiner Verteidigung vorgeschrieben wird, wird ein Eingriff in Freiheitsrechte vollzogen, der den Charakter einer rechtfertigungsbedürftigen Ausnahme trägt.

Auf die Anwesenheitspflicht bezogen ist mit der zwangsfürsorglich herbeigeführten Teilnahme des Angeklagten an der Hauptverhandlung für die angeblich bezweckte Wahrung der Prozeßsubjektivität des Angeklagten auch wenig gewonnen. An der Rechtsunkundigkeit und forensischen Unerfahrenheit des Angeklagten ändert es nämlich nichts, wenn er den sich dynamisch entwickelnden Verfahrensverlauf zwar verfolgen, aber nicht verstehen und darauf reagieren

---

669 So auch *Welp*, ZStW 90 (1978), S. 117; *v. Olshausen*, NJW 1982, S. 2222; *Stein*, ZStW 97 (1985), S. 317; *Hess*, S. 76; siehe auch *Bernsmann*, in: FS Kriele, S. 709 f.

670 *Welp*, ZStW 90 (1978), S. 116; ähnlich *Bernsmann*, in: FS Kriele, S. 708.

671 Diese bilden die verfassungsrechtliche Verankerung der Fürsorgepflicht, *Beulke*, Rn. 383; HK-*Krehl*, Einleitung Rn. 18; *Pfeiffer*, Einleitung Rn. 24; insoweit zutreffend auch *Rieß*, ZStW 90 (1978) Beiheft, S.184 f.; *ders.*, in: FS BMJ, S. 390; umfassend auch zu weiteren Begründungsansätzen *Hübner*, S. 235 ff.

672 Vgl. *Maiwald*, in: FS Lange, S. 748; *Hübner*, S. 8; *Meyer-Goßner*, Einl. Rn. 162; LR[25]-*Rieß*, Einl. Abschn. H Rn. 122.

kann. Der Prozeß entwickelt sich gleichsam „an ihm vorbei“, wenn er ihn ohne eigene Rechtskenntnis und Beratung nicht „lesen“ kann.

Schon das Gesetz selbst macht von der vermeintlich so essentiellen Anwesenheitspflicht Ausnahmen. So darf die Hauptverhandlung gem. §§ 231 Abs. 2, 232, 233 StPO ohne den Angeklagten und auch einen Verteidiger oder Vertreter durchgeführt werden. Zwar beziehen sich diese Vorschriften auf Strafsachen, bei denen ein geringer Strafrahmen nicht überschritten werden darf. Es ist jedoch keinesfalls *a priori* davon auszugehen, daß diese Verfahren jedenfalls für den juristischen Laien *per se* von geringerer tatsächlicher oder rechtlicher Schwierigkeit sind.

Soll der Angeklagte grundsätzlich nicht zur sachgerechten Einschätzung seiner Verteidigungsmöglichkeiten in der Lage sein, mutet es merkwürdig an, wenn das Gesetz die ebenfalls vom Fürsorgegedanken gesteuerte[673], gegebenenfalls auch zwangsweise erfolgende Beiordnung eines Verteidigers gem. § 140 StPO an das Vorliegen weiterer Voraussetzungen knüpft[674]. Träfe die Ansicht zu, daß das Strafverfahren schon als solches eine Disposition defekter Autonomie erzeugt, wäre es konsequent, dem Angeklagten stets professionellen rechtlichen Beistand zu gewähren.

Bei Strafsachen, in denen die Straferwartung bei mehr als sechs Monaten liegt, ist eine Verhandlung ohne den Angeklagten schlechthin ausgeschlossen. Die Beiordnung eines Verteidigers wegen der Schwere der Tat kommt nach herrschender Auffassung unstreitig erst ab einem Jahr, nach anderer Ansicht sogar erst ab einer Straferwartung von zwei Jahren in Betracht (vgl. § 140 Abs. 2 Var. 1 StPO)[675]. Es besteht demnach eine erhebliche Spanne von Konstellationen, in denen der Angeklagte ohne juristisches Wissen und fachkundige Unterstützung seine Verteidigung allein soll führen können.

Zwar nennt § 140 Abs. 2 Var. 2 StPO daneben auch die Schwierigkeit der Sach- oder Rechtslage als Beiordnungsgrund. Es ist jedoch unbestreitbar, daß auch in einfacher gelagerten Fällen die Schwierigkeit des Angeklagten verbleibt, seine Verteidigung sachgerecht zu gestalten. Selbst in einfachsten Fällen bliebe aber das Problem, daß dem Angeklagten jedenfalls die forensische Praxis fehlt, die eine sachgerechte Wahrnehmung der Mitwirkungs- und Gestaltungsrechte eben auch erfordert.

Auch eine Betrachtung der Regelungen des Berufungsrechtszuges weckt in diesem Zusammenhang Zweifel. Auf den ersten Blick scheint der Gesetzgeber davon auszugehen, daß der Angeklagte nach Abschluß der ersten Instanz zu grö-

---

673 Vgl. *Hess*, S. 6; *Maiwald*, in: FS Lange, S. 759.
674 *Stein*, ZStW 97 (1985), S. 308 f.
675 HK-*Julius*, § 140 Rn. 13; *Meyer-Goßner*, § 140 Rn. 5.

ßerer Autonomie in der Lage ist, denn ihm wird eine gewisse Disponibilität über den staatlichen Strafanspruch und den Gegenstand des Verfahrens eingeräumt, wenn er frei über die Einlegung der Berufung entscheiden und diese auf bestimmte Punkte beschränken kann (vgl. § 319 StPO). Trotzdem ist die Anwesenheitspflicht in der Berufungshauptverhandlung strenger durchgeführt als in der ersten Instanz. Erlauben hier die einschlägigen Vorschriften eine Verhandlung, wenn der Angeklagte nicht vertreten wird, muß sich der Angeklagte gem. § 329 Abs. 1 S. 1 StPO in den Fällen, die seine Abwesenheit erlauben, vertreten lassen, will er die Verwerfung der Berufung oder eine Verhandlung in Abwesenheit vermeiden, denn dort ist vom Erscheinen weder des Angeklagten noch Fällen, in denen dies zulässig ist, eines Vertreters die Rede. Berechtigt § 234 StPO den Angeklagten, sich vertreten zu lassen, soweit die Verhandlung ohne ihn stattfinden kann, und ordnet somit nur eine fakultative Vertretung, zwingt § 329 Abs. 1 S. 1 StPO den Angeklagten zur obligatorischen Vertretung.

Soll die Anwesenheitspflicht die Interessen des Angeklagten schützen und liegt ihr die Erwägung zugrunde, daß dieser zu einer eigenverantwortlichen Wahrnehmung seiner Verteidigung in dem Sinne, daß er einen entsprechenden Entschluß ohne in der Verhandlung anwesend zu sein nicht fassen kann, nicht in der Lage ist, so leuchtet nicht ein, warum dem Angeklagten in der ersten Instanz in geringfügigen Strafsachen eine solche Entscheidung zugetraut und auch kein Anlaß für eine die juristische Unkenntnis kompensierende Vertretung gesehen wird, in denselben Strafsachen in der Berufungsinstanz aber nicht. Diese ist eine zweite Tatsacheninstanz, die keinerlei über die erste Instanz hinausgehende verfahrensrechtliche Schwierigkeiten mit sich bringt. Anders als die der Revision erfordert die Einlegung der Berufung keine komplizierte Rechtsmittelbegründung (vgl. § 344 StPO).

Andererseits ist der Wahrung der Autonomie des Angeklagten mit seiner persönlichen Anwesenheit nicht gedient, wo es ausschließlich um Rechtsfragen geht[676]. In der auf diese beschränkten Revisionsinstanz wird dem inhaftierten Angeklagten mit dieser Begründung sogar der Anspruch auf Anwesenheit verwehrt (vgl. § 350 Abs. 2 S. 2 StPO). Auch Berufungen, bei denen es ausschließlich um Rechtsfragen geht, sind denkbar. Auf die gegen die Wahrheitsermittlung als Rechtfertigung der Anwesenheitspflicht gemachten Einwände käme es hier gar nicht an, weil auch die herrschende Meinung zugeben müßte, daß es in diesen Fällen der Anwesenheit des Angeklagten nicht bedarf, sondern allein die rechtlichen Fertigkeiten eines Verteidigers gefragt sind.

---

676 Siehe hierzu schon die Äußerungen der Reichstagsabgeordneten Becker und v. Schwarze während der Beratungen in der Reichsjustizkommission, *Hahn*, Materialien zur StPO, Zweite Abth., S. 1026.

(a) Sperrwirkung eines Autonomiedefekts

Ist das Vorliegen eines Autonomiedefektes Voraussetzung für die Zulässigkeit sozialstaatlicher „Zwangsfürsorge", kommt der Bestimmung des Defektes entscheidende Bedeutung zu. In welcher physischen und psychischen Disposition muß sich der Angeklagte zur wirksamen Wahrung seiner Prozeßsubjektivität befinden? Wann schließt diese Disposition eine autonome Entscheidung aus und begründet einen Autonomiedefekt?

Noch einmal: Autonomie ist die Disposition zur freien Entfaltung der Persönlichkeit im Sinne freier Willensentschließung und -betätigung. Ein Autonomiedefekt liegt demnach vor, wenn es an der Freiheit der Willensentschließung und/oder -betätigung fehlt. In diesem Fall ist der subjektive Wille des Individuums unbeachtlich. Entscheidende Bedeutung kommt somit der Frage zu, wann der Angeklagte in diesem Sinne unfrei ist.

(aa) Durch das Strafverfahren strukturell begründeter Autonomiedefekt

Führt man sich zunächst den Befund zum prozessualen „Kräfteverhältnis" vor Augen, wonach der Angeklagte im Grunde immer rechtsunkundig und in einer unterlegenen Stellung ist, könnte man den Schluß ziehen, daß gewissermaßen schon strukturell ein Autonomiedefekt vorliegt. Das Individuum, das im Strafverfahren mit der Anklage konfrontiert und staatlichen Zwangsmaßnahmen ausgesetzt ist, scheint *per se* in einer Disposition zu sein, die eine freie Willensentschließung hinsichtlich der Ausübung seiner Verteidigung, der Wahrnehmung seiner Mitwirkungs- und Gestaltungsrechte ausschließt.

In diese Richtung geht die Argumentation der Stimmen, die die Anwesenheitspflicht mit dem Fürsorgegedanken zu begründen suchen. Dem Angeklagten sei eine verantwortliche Entscheidung regelmäßig nicht möglich, er müsse vor seiner eigenen Unvernunft geschützt werden[677]. Dem Angeklagten, der sich angesichts der Beschwerlichkeiten der Hauptverhandlung nur zu leicht veranlaßt sehen könnte, sich dieser zu entziehen, sei die Bedeutung der Anwesenheit für seine Verteidigung nicht klar[678]. Dies sei auch darauf zurückzuführen, daß der Kenntnisstand des Angeklagten für eine sachgerechte Einschätzung seiner Verteidigungsmöglichkeiten und der diese vermittelnden Anwesenheit nicht ausreiche. Dem Angeklagten, der sich vor dem Termin der Hauptverhandlung dazu entschließt, in dieser nicht zu erscheinen, erschließt sich sein Kenntnisstand nur durch die Anklageschrift als Ergebnis des Ermittlungsverfahrens oder den Eröff-

---

677 *Baumann*, Grundbegriffe, S. 64; siehe auch *Bernsmann*, in: FS Kriele, S. 709 f.
678 *Rieß*, JZ 1975, S. 268.

nungsbeschluß (vgl. §§ 200, 207 Abs. 2 StPO). Das Verfahren sei aber ein sich bis zum Urteil dynamisch fortentwickelnder Prozeß, und die Urteilsgrundlage werde erst in der durch Unmittelbarkeit und Mündlichkeit geprägten Hauptverhandlung geschaffen, so daß der Angeklagte regelmäßig nicht im voraus erkennen könne, ob seine Anwesenheit in seinem eigenen Interesse erforderlich sei[679].

Dagegen spricht freilich, daß der Angeklagte in gewissen Grenzen auf den Bestand des Anklagevorwurfes als Entscheidungsgrundlage insoweit vertrauen darf, als in der Hauptverhandlung ohne seine Zustimmung der durch sie gesteckte Rahmen nicht verlassen werden darf und er auf Veränderungen des rechtlichen Gesichtspunktes hingewiesen werden muß (vgl. §§ 264, 265, 266 StPO). Das Risiko besteht daher für den Angeklagten vor allem in der Unsicherheit bezüglich der Erfolgsaussichten der Staatsanwaltschaft, den Anklagevorwurf im Verfahren durch Zeugen und Beweise zu erhärten und so eine Verurteilung zu erwirken. Er kann anhand der Anklageschrift bzw. des Eröffnungsbeschlusses nicht abschätzen, ob nicht in der Hauptverhandlung Zeugen oder Beweismittel herangezogen werden, die erst später bekannt geworden sind. Dieses Risiko könnte aber durch entsprechende Hinweise abgemildert werden[680].

Schließlich könnte man auch argumentieren, im Strafverfahren müsse es regelmäßig an der für den Grundrechtsverzicht erforderlichen freiwilligen Erklärung fehlen. Diese muß frei von Drohung oder Zwang erfolgen[681]. Das Strafverfahren könnte aber durch die mit ihm verbundenen psychischen Belastungen eine Zwangslage darstellen, in der der Angeklagte keine freie Entscheidung fällen könnte.

Wenn aber das Strafverfahren als solches zur Begründung herangezogen und damit gewissermaßen vom Vorliegen eines schon strukturellen Autonomomiedefektes ausgegangen wird, führt dies zu einer Aushöhlung des Autonomieprinzips, das nurmehr noch formal gewährleistet, materiell aber negiert wird. Die Grundwertung, daß die freie Entscheidung die Regel, die Freiheitsbeschränkung die Ausnahme ist, würde damit geradezu in ihr Gegenteil verkehrt.

Die Annahme, das Strafverfahren *per se* überfordere den Angeklagten regelmäßig in einer Weise, die eine sinnvolle Verteidigung ausschließe, läßt sich auch mit der Erkenntnis nicht in Einklang bringen, die aus den Vorschriften über die notwendige Verteidigung fließt und dahin geht, daß nicht jede Strafsache die Mitwirkung eines Verteidigers erfordert, sondern der Angeklagte auch ohne

---

679 Vgl. *Fezer*, Strafprozeßrecht I, Fall 11 Rn. 60; KMR-*Paulus*, § 230 Rn. 3.

680 Siehe unten, S. 280.

681 *Robbers*, JuS 1985, S. 926; *Malorny*, JA 1974, S. 475 f.; siehe auch *Stern*, Staatsrecht III/2, S. 913 f.

Fachwissen und Erfahrung in der Lage sei, eine angemessene Verteidigung durchzuführen.

(bb) Autonomiedefekt als Ausnahmetatbestand

Es kann also mit Blick auf das Gebot der Effektuierung des Autonomieprinzips nur darum gehen, zu bestimmen, in welchen Ausnahmefällen die Rechtsordnung einem erklärten Willen des Angeklagten die Beachtung versagen darf. Damit dieser anerkannt werden kann, muß sie die Fähigkeit zur vernünftigen Willensbildung voraussetzen[682]. Die Rechtsordnung trägt an verschiedenen Stellen einer defekten Autonomie Rechnung, indem sie regelt, welche Rechtsfolgen die fehlerhafte Willensbildung des Individuums zeitigt.

So kennt das Zivilrecht die Regelungen über die fehlende bzw. beschränkte Geschäfts- und die Deliktsfähigkeit (vgl. §§ 104 ff., 827, 828 BGB). Das Strafrecht regelt in den §§ 19 ff. StGB die fehlende bzw. verminderte Schuldfähigkeit und für das Strafverfahren existiert der (gesetzlich nicht geregelte) Begriff der Verhandlungsfähigkeit. Daneben könnten aber auch Wissensdefizite einen Autonomiedefekt begründen[683].

Auffällig dabei ist, daß die vorhandenen gesetzlichen Regelungen jeweils von einer grundsätzlich intakten Disposition des Einzelnen ausgehen. Sie regeln nicht, wann Geschäfts-, Delikts- oder Schuldfähigkeit vorliegt, sondern bestimmen, wann diese ausnahmsweise fehlt[684].

(aaa) Zivilrechtliche Geschäfts(un)fähigkeit und Delikts(un)fähigkeit

Die Geschäftsfähigkeit ist die Fähigkeit, Rechtsgeschäfte selbständig vollwirksam vorzunehmen, also durch Willenserklärungen Rechtsfolgen herbeizuführen[685]. Die Geschäftsfähigkeit fehlt altersbedingt (vgl. § 104 Nr. 1 BGB) sowie bei einem nicht nur vorübergehenden, die freie Willensbestimmung ausschließenden Zustand krankhafter Störung der Geistestätigkeit (vgl. § 104 Nr. 2 BGB). Unter Deliktsfähigkeit versteht man die Fähigkeit, für Schäden im Sinne des Rechts der unerlaubten Handlung gem. §§ 823 ff. BGB verantwortlich zu sein[686].

---

682 *Medicus*, Rn. 535; *Larenz/Wolf*, § 6 Rn. 12.

683 Vgl. *Stein*, ZStW 97 (1985), S. 318; *Hess*, S. 93 f.

684 Siehe *Heinrichs*, in: *Palandt*, § 104 Rn. 8 (zur Geschäftsfähigkeit); *Baumann*, Einführung, S. 156; *Roxin*, Allgemeiner Teil, § 20 Rn. 1 (zur Schuldfähigkeit); BVerfG NStZ-RR 1996, 38 (zur Verhandlungsfähigkeit).

685 Vgl. *Heinrichs*, in: *Palandt*, Einf. vor § 104 Rn. 1; *Jauernig*, in: *Jauernig*, § 104 Rn. 2.

686 *Baumann*, Einführung, S. 156; siehe auch *Larenz/Wolf*, § 6 Rn. 32.

Sie fehlt altersbedingt (vgl. § 828 Abs. 1 BGB) bzw. bei einem die freie Willensbestimmung ausschließenden Zustand krankhafter Störung der Geistestätigkeit (vgl. § 827 S. 1 Alt. 2 BGB).

Beide Regelungskomplexe scheinen sich für die Bestimmung des Autonomiedefekts des Angeklagten im Strafverfahren anzubieten, weil sie an die Freiheit der Willensbestimmung anknüpfen (vgl. §§ 104 Nr. 2, 827 S. 1 Alt. 2 BGB). Weiter sind sie von dem Gedanken der Fürsorge getragen, wie es auch die Bestimmung des strafprozessualen Autonomiedefekts zu sein hat. Sowohl der Geschäfts- wie auch der Deliktsunfähige soll vor Folgen seiner Handlungen geschützt werden, die er nicht übersehen kann[687].

Aus der vom Strafverfahrensrecht abweichenden Ordnungsfunktion des Zivilrechts ergibt sich aber, daß den Regelungen über die Geschäfts- und Deliktsunfähigkeit noch andere wichtige Schutzfunktionen zukommen. So sollen die geschäfts- bzw. deliktsunfähigen Personen auch vor Vermögensschäden geschützt werden, wohingegen im Strafverfahren im Hinblick auf die drohende Freiheitsstrafe auch schwerwiegendere Grundrechtsgüter bedroht sein können[688]. Die Regelungen der Geschäftsunfähigkeit dienen zumindest mittelbar auch Vertrauensschutzinteressen des Rechtsverkehrs. Der Vertragspartner soll vor einer Bindung geschützt werden, bei der der andere Teil seine Verpflichtung nicht erfüllen kann[689].

(bbb) Materiell-strafrechtliche Schuld(un)fähigkeit

Strafrechtlich schuldunfähig ist gem. § 20 StGB, wer bei Begehung der Tat wegen einer krankhaften seelischen Störung, tiefgreifenden Bewußtseinsstörung, wegen Schwachsinns oder einer anderen schweren seelischen Abartigkeit unfähig ist, das Unrecht der Tat einzusehen oder nach dieser Einsicht zu handeln. Daneben bestimmen §§ 19 StGB, 1 Abs. 2, 3 JGG altersmäßige Grenzen strafrechtlicher Verantwortlichkeit.

Schuld bedeutet vereinfacht ausgedrückt persönliche Vorwerfbarkeit. Grundlage des Schuldprinzips ist die Fähigkeit des Menschen, sich frei zwischen Recht und Unrecht zu entscheiden. Die Rechtsordnung verlangt also ein Mindestmaß an Fähigkeit zur Selbstbestimmung, die Freiheit des „Anders-handeln-Könnens"[690].

---

687 *Baumann*, Einführung, S. 141, 155 f.; MK/BGB-*Schmitt*, Vorbemerkungen vor §§ 104 ff. Rn. 1.

688 *Hess*, S. 95.

689 Vgl. *Flume*, S. 183 f.; MK/BGB-*Schmitt*, Vorbemerkungen vor §§ 104 ff. Rn. 6 f.

690 *Wessels/Beulke*, Rn. 394 ff.; *Jescheck/Weigend*, S. 433; grundlegend BGHSt 2, 194 (200); kritisch *Roxin*, Allgemeiner Teil, § 19 Rn. 20 ff.

Damit ergibt sich ein Berührungspunkt mit der strafprozessualen Autonomie. Wie der Täter sich zwischen verschiedenen Verhaltensalternativen muß entscheiden können, für das Recht oder das Unrecht, um als schuldfähig gelten zu können, handelt der Angeklagte nur autonom, wenn er sich in Kenntnis des damit verbundenen Risikos prozessualer Nachteile, der Verurteilung überhaupt oder eines höheren Strafausspruchs, entscheidet, die Verteidigung zu unterlassen oder unsachgemäß zu führen.

Auch unter dem Gesichtspunkt der Grundrechtsgefährdung ergeben sich Parallelen. Indem der schuldfähige Täter die Straftat begeht und den staatlichen Strafanspruch auslöst, gefährdet er im Hinblick auf die eventuelle Verurteilung bestimmte Grundrechte. Die spezifische Verbindung zwischen materiellem Strafrecht und Strafverfahrensrecht führt dazu, daß dieselben Grundrechte auch durch die Entscheidung des Angeklagten hinsichtlich der Wahl seiner Verteidigung gefährdet werden[691].

Schließlich läßt sich auch den Regelungen der Schuldunfähigkeit ein fürsorglicher Hintergrund attestieren[692]. Beinhaltet Schuld auch den Vorwurf einer rechtlich mißbilligenswerten Gesinnung[693], macht es keinen Sinn, einen Schuldvorwurf zu erheben und den Täter zu bestrafen, wenn es an der Grundlage der Bildung einer Gesinnung überhaupt fehlt, einem Mindestmaß an Entscheidungsfreiheit. Fehlt es an Autonomie in diesem Sinne, ist das Tun des Einzelnen nicht Ausdruck einer mißbilligenswerten Gesinnung, sondern lediglich eine Handlung schlechthin. Die Rechtsordnung insgesamt beruht auf dem Autonomieprinzip, wie es nicht zuletzt durch das Grundgesetz vorgegeben ist. Bei fehlender Schuldfähigkeit muß der staatliche Strafanspruch und damit auch der Schutz der Gemeinschaft zugunsten des Schutzes des Einzelnen zurücktreten. Er ist fürsorglich von Strafe zu verschonen. Das Schuldprinzip dient damit der Eingriffsbegrenzung und erfüllt eine rechtsstaatlich-liberale Schutzfunktion[694].

Fruchtbringend für die Frage der strafprozessualen Autonomie ist die Tatsache, daß sich das Schuldprinzip und damit die Schuld(un)fähigkeit an der Freiheit der Willensbildung, mithin am Autonomieprinzip selbst orientiert. Wenig ergiebig ist indes der altersbedingte Ausschluß der Schuldfähigkeit gem. §§ 19 StGB, 1 Abs. 2, 3 JGG. Das entsprechend vorliegende Verfahrenshindernis[695] ließe die Frage nach dem Vorliegen eines die autonome Verteidigung ausschließenden De-

---

691 Siehe auch *Hess*, S. 95.

692 Vgl. SK/StGB-*Rudolphi*, vor § 19 Rn. 1b; *Hess*, S. 95 f.

693 *Jescheck/Weigend*, S. 426 f., 433; kritisch *Roxin*, Allgemeiner Teil, § 19 Rn. 23 ff.

694 *Roxin*, Allgemeiner Teil, § 3 Rn. 48 ff.; siehe auch SK/StGB-*Rudolphi*, vor § 19 Rn. 1a.

695 Vgl. *Eb. Schmidt*, Lehrkommentar I, Nr. 144; *Roxin*, Strafverfahrensrecht, § 21 Rn. 14.

fektes gar nicht erst aufkommen. Was die Vorschriften über die verminderte Schuldfähigkeit im Sinne des § 21 StGB angeht, lassen sich in diesen Fällen keine allgemeingültigen Aussagen bezüglich des Autonomiedefektes treffen[696].

(ccc) Strafprozessuale Verhandlungs(un)fähigkeit

Die strafprozessuale Verhandlungsfähigkeit ist gegeben, wenn der Angeklagte in der Lage ist, seine Interessen vernünftig zu vertreten, seine Rechte zu wahren sowie seine Verteidigung in verständiger und verständlicher Weise zu führen[697]. Geistige, psychische oder körperliche Mängel schließen die Verhandlungsfähigkeit aus[698]. Die Verhandlungsfähigkeit ist nicht identisch mit der materiell-strafrechtlichen Schuldfähigkeit. So kann etwa ein voll schuldfähiger Angeklagter wegen eines Selbstmordversuchs verhandlungsunfähig, andererseits aber auch ein wegen Geisteskrankheit schuldunfähiger Angeklagter verhandlungsfähig sein[699].

Für eine Orientierung der Autonomie an der Verhandlungsfähigkeit spricht zunächst, daß so die spezifisch-strafprozessuale Entscheidungssituation berücksichtigt werden kann[700]. Gegenstand der Verhandlungsfähigkeit ist -neben der Frage der gesundheitlichen Verfassung des Angeklagten im weitesten Sinne-diejenige nach der freien Willensentschließung und -betätigung. Auch basiert das Institut der Verhandlungsfähigkeit auf dem Fürsorgegedanken. Es dient der Sicherung des rechtlichen Gehörs. Der verhandlungsunfähige Angeklagte könnte sich nicht verteidigen und ihm wäre das rechtliche Gehör versagt[701].

Allerdings würde ein an der Verhandlungsfähigkeit ausgerichteter Autonomiebegriff angesichts der verschiedenen denkbaren Ursachen der Verhandlungs-

---

696 *Hess*, S. 96.

697 *Henkel*, S. 233; *Roxin*, Strafverfahrensrecht, § 21 Rn. 10; BVerfG NJW 1995, 1951; BGHSt 41, 16 (18); BGH NJW 1995, 1973; BGH NStZ 1996, 242; siehe auch *Rath*, GA 1997, S. 218 f. m. w. N.

698 *Meyer-Goßner*, Einl. Rn. 97; *Pfeiffer*, Einleitung Rn. 15a; BGH NJW 1970, 1981; BGH NStZ 1984, 520; 1988, 213; OLG Nürnberg NJW 2000, 1804; BVerfG NJW 1995, 1951 (1952); BVerfG NStZ-RR, 1996, 38; kritisch, und für einen engeren Begriff eintretend *Rath*, GA 1997, S. 221 ff.; differenzierend HK-*Julius*, § 205 Rn. 4.

699 *Roxin*; Strafverfahrensrecht, § 21 Rn. 10; siehe auch *Eb. Schmidt*, Lehrkommentar I, Nr. 145 (Anm. 260); *Henkel*, S. 233. Auch zivilrechtliche Geschäftsunfähigkeit schließt die Annahme der Verhandlungsfähigkeit nicht aus, BGH NStZ 1983, 280; 1985, 207 (Pf/M).

700 *Hess*, S. 97.

701 Vgl. LR[25]-*Schäfer*, Einl. Abschn. I Rn. 79; siehe auch *Eb. Schmidt*, Lehrkommentar I, Nr. 145.

unfähigkeit zu weit geraten. Verneinte man die autonome Entscheidung hinsichtlich der Art und Weise der Verteidigung immer dann, wenn Verhandlungsunfähigkeit vorliegt, würde dem Angeklagten eine Entscheidung auch in Fällen im Wege der Fürsorge abgenommen, in denen seine Willensentschließung und -betätigung durchaus nicht beeinträchtigt ist. Während nämlich körperliche Gebrechen dem Angeklagten eine Teilnahme an der Hauptverhandlung unmöglich machen können, ist in diesen Fällen eine Beeinträchtigung des Wahrnehmungs-, Denk- und Einsichtsvermögens nicht zwingend gegeben[702].

Davon abgesehen darf der Ertrag der Kriterien der Verhandlungsfähigkeit für die Bestimmung eines Autonomiedefektes nicht überschätzt werden. Schließen schwere psychische Mängel die Verhandlungsfähigkeit aus, würde der Angeklagte vielfach nicht in die Situation einer Entscheidung, ob er seine Verteidigung durch Abwesenheit schleifen läßt, kommen, weil dann nur das Sicherungsverfahren (vgl. §§ 413 ff. StPO) in Betracht käme[703].

Wird schließlich Verhandlungsfähigkeit als die Fähigkeit „vernünftiger", „sachgerechter" oder auch „verständiger" Wahrnehmung prozessualer Rechte definiert[704], darf dies nicht dazu führen, dem Angeklagten die Verhandlungsfähigkeit abzusprechen, wenn er seine Verteidigung nach objektiven Maßstäben unvernünftig, unsachgemäß oder unverständig führt. Eine Bewertung der Gründe für die jeweilige Entscheidung ist dem Gesetzgeber grundsätzlich untersagt[705]. Es kann also nur darauf ankommen, daß der Angeklagte von seiner Disposition her dazu fähig ist, seine Verteidigung „vernünftig", „sachgerecht" oder „verständig" zu führen. Entscheidet er sich dann dafür, anderen Rechtsgütern als einer optimalen Verteidigung den Vorrang einzuräumen und sich nach objektiven Maßstäben falsch zu verteidigen, wäre es widersinnig, ihm die Autonomie wiederum abzusprechen.

(ddd) Wissensdefizite

Die Freiheit von psychischen Defekten stellt zwar eine notwendige, aber keine hinreichende Bedingung einer autonomen Entscheidung dar. Unerläßlich und aus den genannten Gründen für die Autonomie des Entschlusses des Angeklagten, nicht an der Hauptverhandlung teilzunehmen und auf seine Verteidigung weitestgehend zu verzichten, von großer Relevanz ist die Frage, in welcher intellektuellen Disposition sich der Angeklagte befinden muß, um eine autonome Prozeßent-

---

702 *Hess*, S. 97 f.

703 *Hess*, S. 98; siehe auch *Stein*, ZStW 97 (1985), S. 320.

704 Siehe *Rath*, GA 1997, S. 221 f. mit vielfältigen Nachweisen zu den unterschiedlichen Formulierungen aus der Literatur.

705 *Hess*, S. 98.

scheidung treffen zu können. Voraussetzung einer in diesem Sinne freien Entscheidung ist auch, daß diese auf einer zureichenden intellektuellen Basis beruht, sprich: daß der Betreffende über hinreichende Kenntnisse über den Entscheidungsgegenstand verfügt.

Für die Frage der Anwesenheit in der Hauptverhandlung bedeutet dies, daß der Angeklagte seine mit ihr verbundenen Rechte kennen oder anders gesagt, sich des mit dem Ausbleiben verbundenen Risikos bewußt sein muß. Keine Rolle spielen darf dabei die Frage des praktischen, geübten Umgangs mit diesen Rechten oder anders gesagt: der forensischen Erfahrung. Deren Mangel stellt tatsächlich ein strukturelles Defizit auf Seiten des Angeklagten dar. Im Lichte des stets weitest möglich zu verwirklichenden Autonomieprinzips muß die Tatsache, daß sich bei einem juristischen Laien trotz umfassender Belehrung über Möglichkeiten und Risiken prozessualer Verteidigung bestimmte Fehleinschätzungen und daraus resultierende Fehlentscheidungen nicht ausschließen lassen, außer Betracht bleiben, will man nicht das Autonomieprinzip selbst in Frage stellen.

Wie die Vorschriften über die notwendige Verteidigung zeigen (vgl. § 140 Abs. 2 S. 1 Var. 2, 3 StPO), geht das Gesetz zu recht davon aus, daß die Tatsache, daß der Angeklagte ohne Verteidiger agiert, ihn nicht fürsorgebedürftig macht, wenn es nämlich die Beiordnung eines solchen von weiteren Umständen abhängig macht. Der Angeklagte kennt seine verfahrensmäßigen Rechte dann auch nur bestenfalls „auf dem Papier“ oder aufgrund eines schlichten Hinweises des Vorsitzenden, der natürlich eine rechtliche Beratung, wie sie ein Verteidiger erbringt, nicht ersetzen kann und darf.

Einen die autonome Entscheidung ausschließenden Defekt, der auf mangelndem Wissen um die Verfahrensrechte und die Folgen ihrer Nichtwahrnehmung beruht, kann man aber durch entsprechende Hinweise und Belehrungen ausschließen, die in Verbindung mit der Mitteilung des Termins der Hauptverhandlung[706] erfolgen können. Neben den dem Angeklagten in der Hauptverhandlung zustehenden Rechten sind insbesondere die Risiken des Fernbleibens herauszustellen. Besonderes Augenmerk müßte dabei darauf gelegt werden, dem Angeklagten die Dynamik des Verfahrens als Gefahrenquelle für seine Position darzulegen, das heißt aufzuzeigen, daß in der Hauptverhandlung neue Zeugen und Beweismittel präsentiert und gewürdigt werden können, deren Existenz sich aus der Anklageschrift oder dem Eröffnungsbeschluß (vgl. §§ 200, 207 Abs. 2 StPO) nicht ergibt (vgl. § 245 Abs. 1 S. 1 StPO).

---

706 Bleibt es dabei, daß grundsätzlich keine Anwesenheitspflicht bestehen kann, kommt die Ladung des Angeklagten im Sinne des § 216 StPO insoweit nicht mehr in Betracht.

Die negativen Folgen einer objektiv unsachgemäßen Verteidigung muß und wird der Angeklagte dann als Kehrseite der ihm mit der Subjektstellung übertragenen Verantwortung bei der Wahrnehmung seiner Rechte tragen[707].

(eee) Zwischenergebnis

Die Wahrnehmung von Rechten im Rahmen der spezifischen Ordnungsfunktion des jeweiligen Rechtsgebiets hängt allenthalben von der Freiheit der Willensentschließung und -betätigung ab. Eine defekte strafprozessuale Autonomie liegt danach vor, wenn die Voraussetzungen der Schuldunfähigkeit und der aus psychischen Mängeln begründeten Verhandlungsunfähigkeit vorliegen.

Allerdings handelt es sich nur um marginale Fälle, denn vielfach wird die Frage, ob der Angeklagte eine autonome Entscheidung hinsichtlich seiner Verteidigung fällen kann, gar nicht relevant, weil ein Verfahrenshindernis besteht und es somit (eventuell nur vorläufig, vgl. § 205 StPO) zu keiner Hauptverhandlung kommt. Von nur sekundärer Bedeutung stellen sich die Defekte dar, die auf mangelhafter Information des Angeklagten beruhen. Diese lassen sich durch eine entsprechende Belehrung beheben. Mangelnde forensische Erfahrung muß hier außer Betracht bleiben, will man nicht das Autonomieprinzip dem Grunde nach in Frage stellen.

Nach alledem kann eine sozialstaatlich motivierte Fürsorge einen Grundrechtsverzicht hinsichtlich des rechtlichen Gehörs gem. Art. 103 Abs. 1 GG jedenfalls nicht in dem Maße ausschließen, wie sich dies in den für das strafprozessuale Anwesenheitsprinzip geltenden Vorschriften niedergeschlagen hat. Das grundsätzlich vorrangige und weitest möglich zu verwirklichende Autonomieprinzip findet seine Grenze erst dort, wo von einer autonomen Entscheidung nicht mehr die Rede sein kann, weil der Angeklagte seine Prozeßsubjektivität nicht mehr selbst wahrnehmen und wahren kann. Innerhalb dieser Grenzen darf sich eine am objektiven „wohlverstandenen" Interesse orientierte Fürsorge nicht über das subjektive Interesse des Angeklagte hinwegsetzen, sondern darf über die bloße Hilfe bei der Wahrnehmung der prozessualen Rechte nicht hinausgehen. Insbesondere darf oder muß die Fürsorge die Informationsdefizite des Angeklagten hinsichtlich der Möglichkeiten seiner Verteidigung ausgleichen und so einen Autonomiedefekt beheben. Aus diesen Defiziten einen dem Strafverfahren als solchem inhärenten, strukturellen Autonomiedefekt abzuleiten, ist mit Blick auf das Autonomieprinzip und die dadurch definierte Rolle der Fürsorge nicht angängig. Erst soweit sich ein Autonomiedefekt durch Belehrungen nicht mehr

---

707 Vgl. *Maiwald*, in: FS Lange, S. 751, 764; *Welp*, ZStW 90 (1978), S. 116; *Stein*, ZStW 97 (1985), S. 316; *Hess*, S. 93 f.; *Momsen*, S. 226.

beheben läßt, in den Fällen psychisch mangelhafter Disposition des Angeklagten also, darf die Fürsorge auch willensüberschreitend tätig werden.

dddd) Argumentation Gollwitzers

Ebenfalls mit dem Rechtsstaatsprinzip in Verbindung zu bringen ist die Argumentation *Gollwitzers*. Für ihn stellen die von der herrschenden Auffassung gegebenen Begründungen wohl notwendige, nicht aber hinreichende Argumente für die Pflicht des Angeklagten zur Anwesenheit dar. Er sieht den letztlich entscheidenden Gesichtspunkt in der Gemeinschaftsbindung des Einzelnen, der der Gemeinschaft und ihren Organen für seine Verfehlungen einzustehen habe und sich der Klärung dieses Vorwurfs nicht entziehen dürfe. Schon die persönliche Begegnung zwischen Richter und Angeklagtem zeige die Allgemeinverbindlichkeit der Rechtsordnung. Die Hauptverhandlung und nicht erst der Vollzug der am Ende verhängten Sanktion entfalte schon spezial- und generalpräventive Wirkung[708].

(1) Gemeinschaftsbindung des Einzelnen

Damit klingen verschiedene Gesichtspunkte an. Mit dem Rückgriff auf die Gemeinschaftsbindung des Einzelnen könnte das nach der Rechtsprechung des Bundesverfassungsgerichts und der Auffassung weiter Teile der Literatur dem Grundgesetz zugrunde liegende Menschenbild in Bezug genommen sein. Dieses kenne nicht das isolierte souveräne Individuum, vielmehr habe das Grundgesetz die Spannung Individuum – Gesellschaft im Sinne der Gemeinschaftsbezogenheit und Gemeinschaftsgebundenheit der Person entschieden, ohne dabei deren Eigenwert anzutasten[709]. Aus dieser Gebundenheit könnten sich der Gemeinschaft gegenüber bestimmte Pflichten, etwa eine strafprozessuale Anwesenheitspflicht, ergeben.

Richtig daran ist zunächst der soziologische Befund, daß der Einzelne als Individuum mit einer Vielzahl anderer Individuen in einer verfaßten Gemeinschaft zusammenlebt, in der die eigene Individualität mit ihren Wünschen und Bedürfnissen mit denen der anderen kollidieren kann und in Einklang gebracht werden muß[710]. Vorliegend geht es aber darum, unter der Flagge des Menschenbildes ei-

---

708 *Gollwitzer*, in: FS Tröndle, S. 456; ähnlich auch schon *Walther*, Lehrbuch, S. 551.

709 BVerfGE 4, 7 (15 f.); 8, 274 (329); 27, 1 (7); 27, 344 (351); 30, 1 (20); 33, 303 (334); 45, 187 (227); 50, 166 (175); 50, 290 (353); vgl. *Höfling*, S. 112; *Stern*, Staatsrecht III/1, S. 31 ff. jeweils m. w. N.

710 Siehe auch *Höfling*, S. 113; *ders.*, in: *Sachs*, Art. 1 Rn. 29; *Stern*, Staatsrecht III/1, S. 32 f.

ne Pflichtendimension zu begründen. Das grundgesetzliche Menschenbild wird zur Argumentationsbasis für Grundrechtseingriffe, das heißt zur Grundrechtsschranke[711].

Damit setzt sich diese Auslegung aber in Widerspruch zur Systematik des Grundgesetzes. Der Doppelstellung des Menschen als Individual- und Sozialwesen tragen die Grundrechte und ihre Schranken Rechnung. Sie sind dazu bestimmt, das im Menschen angelegte Spannungsverhältnis von personaler Entfaltungsfreiheit und Gemeinschaftsanspruch auszugleichen[712].

Gegen eine durch das Menschenbild aufgerichtete Grundrechtsschranke spricht auch der wenig faßbare Gehalt der Formel, die die Gefahr in sich birgt, bestimmte Ideologien oder Werte, ethische, moralische oder philosophische Ansichten am ausgewogenen und differenzierten System der Eingriffsermächtigungen vorbei als Grundrechtsbegrenzungen in die Verfassung zu transportieren[713]. Die bereits erörterte[714] sog. „Peep-Show-Entscheidung" zeigt, wie problematisch die Präsumtion bestimmter Wertvorstellungen ist. Dort wurde dem Grundgesetz ein bestimmtes Bild vom Menschen implantiert, der sich durch würdevolles Verhalten konstituiert. Der Weg zu Bevormundung, Erziehung oder Besserung[715], die der Staat seinen Bürgern meint angedeihen lassen zu müssen, ist dann nicht mehr weit.

Die Gemeinschaftsbindung des Einzelnen ist daher allenfalls als Beschreibung der sozialen Realität richtig, als Begründung der Anwesenheitspflicht des Angeklagten kann sie nicht herangezogen werden.

(2) Prävention

Strafrecht und Strafverfahrensrecht dienen auch der Prävention, das heißt der Vorbeugung und Verhinderung künftiger Straftaten. Wesentliche Grundlage dieser Aufgabe ist ein richtiges Urteil, das den tatsächlichen Umständen in zutreffender Weise Rechnung trägt. Dies ist ohne eine möglichst umfassende Wahrheitsermittlung nicht möglich. Je größer infolge mangels hinreichender Aufklärungsbemühungen der Strafverfolgungsorgane oder entsprechender Ausgestal-

---

711 *Höfling*, S. 114; *ders*, in: *Sachs*, Art. 1 Rn. 29.

712 *Stern*, Staatsrecht III/1, S. 32 f.

713 Vgl. *Dreier*, in: *Dreier*, Art. 1 Abs. 1 Rn. 99.

714 Siehe oben, S. 170 f.

715 Schon der Herrenchiemseer Entwurf formuliert jedoch in Art. 1 Abs. 1: „Der Staat ist um des Menschen willen da, nicht der Mensch um des Staates willen", vgl. Parl. Rat II, S. 580, siehe auch Erläuterungen, ebd., S. 513.

tung des Verfahrensrechts die Gefahr unrichtiger Urteile ist, umso weniger wird die Rechtsgemeinschaft zur Befolgung der Strafnormen motiviert[716].

Die Anwesenheit des Angeklagten trägt aber zur Ermittlung der materiellen Wahrheit nicht notwendig bei[717], so daß es zweifelhaft erscheint, in der Anwesenheitspflicht einen Beitrag zur Prävention auszumachen und diese als deren Rechtfertigung anzuführen.

Die Präventionswirkung in Form von Abschreckung und Stärkung der Rechtsmoral[718] entfaltet der Schuldspruch bzw. die Strafe im Strafverfahren. Die Anwesenheitspflicht wird jedoch schon durch die Eröffnung des Hauptverfahrens aktiviert, welches lediglich durch ein entsprechendes Verdachtsmoment ausgelöst wird (vgl. §§ 170 Abs. 1, 203 StPO). Adressat spezialpräventiver Strafzwecke kann indes nur der schuldige Angeklagte sein, und auch die generalpräventive normbekräftigende und die Rechtsgemeinschaft in ihrem Rechtsbewußtsein bestärkende und von der Begehung von Straftaten abschreckende Wirkung entfaltet nur die Sanktionierung des schuldigen Täters.

Die Prävention unterliegt deshalb einer einschneidenden Beschränkung durch die Unschuldsvermutung, die es verbietet, bereits vor der endgültigen Feststellung der Schuld dem Angeklagten Belastungen aufzubürden, um dadurch Wirkungen spezial- oder generalpräventiver Art zu erzielen. Die Verknüpfung von Prävention und der nur verdachtsabhängigen Anwesenheitspflicht verwischt daher den für die Prävention entscheidenden Unterschied zwischen schuldigem und unschuldigem Angeklagten[719].

Auf den Präventionsgedanken läßt sich die Pflicht des Angeklagten zur Anwesenheit in der Hauptverhandlung demnach nicht stützten.

(3) Legitimation durch Verfahren

Indem *Gollwitzer* die Perspektive erweitert und die Rechtsgemeinschaft insgesamt in Bezug nimmt, rückt er noch einen anderen Gesichtspunkt in den Blick, der zur Rechtfertigung der Anwesenheitspflicht des Angeklagten herangezogen werden könnte. Das Verfahren stellt nicht zuletzt ein formalisiertes, strengen Regeln folgendes Ritual dar, das der Gesellschaft demonstriert, daß sich der einer

---

716 Vgl. *Stein*, ZStW 97 (1985), S. 321 f.

717 Siehe oben, S. 172 ff.

718 Vgl. *Jescheck/Weigend*, S. 68 f.; *Roxin*, Allgemeiner Teil, § 3 Rn. 11 ff., 21 ff.

719 *Stein*, ZStW 97 (1985), S. 326 m. w. N.; *Momsen*, S. 227 (Anm. 307), der trotz dieses Einwandes das Argument gelten läßt und die Gemeinschaftsbindung dann im Verbund mit den vorher als an sich unzureichend kritisierten Rechtfertigungsgründen der Wahrheitsermittlung, Unmittelbarkeit und Mündlichkeit als die Anwesenheitspflicht tragend anerkennt.

Straftat Verdächtige der Rechtsgemeinschaft und ihren Organen zu Klärung des Vorwurfs zu stellen hat. In Anbetracht der Einschränkungen, der die Ermittlung der materiellen Wahrheit in tatsächlicher Hinsicht unter dem Blickwinkel einer beschränkten menschlichen Erkenntnisfähigkeit und in rechtlichen Belangen wegen der einschränkenden Wirkung des *nemo-tenetur*-Grundsatzes unterliegt, kommt dem Verfahren als solchem ein prozessualer Eigenwert zu. Dieser liegt darin, daß der Rechtsgemeinschaft der Eindruck vermittelt wird, daß das Strafverfahren und die es durchführenden Personen bzw. Institutionen trotz aller Unzulänglichkeiten in „ehrlichem Ringen um eine richtige Entscheidung" bemüht sind, der Ermittlung der materiellen Wahrheit doch möglichst nahe zu kommen. Der Allgemeinheit soll vermittelt werden, daß im Verfahren „alles mit rechten Dingen zugeht" und der Beschuldigte der staatlichen Strafverfolgung und ihren Organen nicht schutzlos ausgeliefert ist. Dies alles trägt zu einer Akzeptanz der das Verfahren abschließenden gerichtlichen Entscheidung bei. Insofern kann man von einer eigenständigen Legitimation durch Verfahren sprechen[720].

Daran mag zunächst zutreffen, daß der Bürger, der ein Strafverfahren verfolgt, in erster Linie eine Bestrafung von Straftätern wünscht. Die Ermittlung der Wahrheit im umfassenden Sinne würde daher auf weitgehende Billigung stoßen. Ist hier indes einerseits der Angeklagte in seiner objekthaften Rolle als Beweismittel angesprochen, so müssen sich zum anderen die bereits geltend gemachten Einwände auswirken, daß nämlich der Angeklagte gegen seinen Willen nicht dazu gebracht werden kann, an der Wahrheitsermittlung mitzuwirken und sich deshalb die Anwesenheitspflicht nicht auf diesen Aspekt stützen kann. Insofern müßte sich auch die Behauptung einer diesbezüglich abgeleiteten Legitimationswirkung eines Verfahrens, das auf der Anwesenheit des Angeklagten beharrte, die dargelegten faktischen und rechtlichen Einwände entgegenhalten lassen, daß nämlich der schweigende Angeklagte keine aufklärungseffektuierende Funktion erfüllt und im übrigen auch der nemo-tenetur-Grundsatz zu beachten ist[721]. Die Anwesenheit des Angeklagten entfaltet eben keine legitimierende Wirkung, weil er zu dem ernsthaften und ehrlichen Streben nach der Wahrheit gegen seinen Willen nichts beiträgt.

Und auch wenn man die Subjektstellung des Angeklagten in den Blick nimmt, stellen sich Zweifel an einer durch die Anwesenheit beförderten Legitimation durch Verfahren ein. Aus der Perspektive des nicht am Prozeß beteiligten Betrachters kann die Möglichkeit eines Rollenwechsels nicht außer Acht gelassen

720 Vgl. *Luhmann*, S. 20 ff., 123; *Welp*, ZStW 90 (1978), S. 119 f.; *Müller-Dietz*, ZStW 93 (1981), S. 1205 f., 1209 f.; siehe auch *Eb. Schmidt*, JZ 1968, S. 681; *ders.*, Lehrkommentar I, Nr. 20; *Stock*, in: FS Mezger, S. 435 f., 440, 442; *Stein*, ZStW 97 (1985), S. 327; kritisch *Rüping*, S. 121 f.

721 Siehe schon oben, S. 172 ff.

werden. Nicht zuletzt wird sich der Außenstehende fragen, wie er selbst behandelt würde, wenn er als Angeklagter mit einem Verfahren überzogen wird. Hier mag zunächst eine Rolle spielen, daß er die Gewißheit gewinnt, gegebenenfalls bestimmte Rechte zu haben und auf das Verfahren einwirken zu können und nicht von diesem ausgeschlossen zu sein, so daß der Richter über ihn nicht bloß kraft Kenntnis aus der Akte urteilt, sondern nach einer persönlicher Begegnung.

Von zumindest gleichrangiger Bedeutung wird aber die Erkenntnis sein, daß es dem Verfahren auch um eine möglichst umfassende Wahrung seiner Autonomie und Prozeßsubjektivität zu tun ist, das heißt, daß er zwar Hilfe und Fürsorge erfährt, wenn er dies wünscht, er aber auch die Freiheit hat, grundsätzlich die alleinige Entscheidung bezüglich der Art und Weise seiner Verteidigung zu treffen, insbesondere nicht einer optimalen Verteidigung den Vorrang geben zu müssen, sondern auch anderen Rechtsgütern, die er konkret für bedeutsamer hält. Nur in einem solchen Verfahren wird er sich als autonomes Rechtssubjekt behandelt fühlen und die Nachteile, die sein Verhalten nach sich zieht, als notwendige und natürliche Folge der ihm zugebilligten Verantwortung empfinden und zu tragen bereit sein.

Schließlich läßt sich eine Legitimationswirkung des Verfahrens auch nicht aus einer Art den Angeklagten treffenden „Rechtsmittelführungspflicht“ ableiten. An eine solche Pflicht könnte man denken, wenn man argumentierte, einem Angeklagten, dem das Gesetz die Möglichkeit einräumt, den in der ersten Instanz abgeurteilten Anklagevorwurf in einer zweiten Hauptverhandlung erneut verhandeln zu lassen und der diese Möglichkeit in Anspruch nimmt, sei auch anzusinnen, sich dann um dieses Rechtsmittel zu „kümmern“, indem er anwesend ist und sich von allen Verfahrenshandlungen ein eigenes Bild macht. Andernfalls könnte der Eindruck entstehen, dem Angeklagten sei es mit seinem Rechtsmittel gar nicht so ernst, er nehme es nicht weiter wichtig. Diese vermeintliche „Attitüde der Gleichgültigkeit“ könnte auch die psychische Entscheidungssituation seitens des Richters zum Nachteil des Angeklagten beeinflussen.

Gegen eine solche Pflicht spricht zunächst, daß sie allenfalls die Regelung des § 329 Abs. 1 S. 1 StPO stützen könnte. Auf Abs. 2 der Vorschrift wäre ein solches Erklärungsmodell nicht anwendbar. Im übrigen gilt auch hier, daß von einem Verfahren, das in maximalem Umfang die Autonomie des Angeklagten wahrt, die größere Legitimationswirkung ausgeht. Eine Anwesenheitspflicht, die keinem außer ihrer selbst liegenden Verfahrensziel dient, wäre bloßer Selbstzweck. Ein solcher aber kann im Hinblick auf die hohe Grundrechtsrelevanz der Anwesenheitspflicht als Legitimationsbasis nicht ausreichen.

Eine das Verfahren legitimierende Wirkung kann der Anwesenheitspflicht daher nicht zugebilligt werden.

eeee) *Verfahrensbeschleunigung und Wahrung einer effektiven Strafrechtspflege*

Den Grundrechtsverzicht begrenzend könnte sich das Rechtsstaatsprinzip auch unter dem Gesichtspunkt der Verfahrensbeschleunigung bzw. der Wahrung einer effektiven Strafrechtspflege auswirken.

Im Hinblick auf die Wiederherstellung des Rechtsfriedens als eines der Ziele des Strafverfahrens ist zwischen der Aufklärung des Tatvorwurfs und der Aburteilung des Straftäters ein vertretbare zeitliche Dimension erforderlich[722]. Diesem Gedanken soll die Pflicht zur zügigen und unverzögerten Durchführung des Strafverfahrens Rechnung tragen[723]. Begünstigter dieses Gebots ist in erster Linie der Beschuldigte. Da der Strafprozeß in den Rechtskreis des möglicherweise zu Unrecht Beschuldigten empfindlich eingreift, und die Güte der Beweismittel (insbesondere der Erinnerungskraft der Zeugen) im Laufe der Zeit abnimmt, besteht ein erhebliches Interesse an einer raschen Strafrechtspflege[724].

Als Anknüpfungspunkt für das Gebot der Verfahrensbeschleunigung bietet sich das Rechtsstaatsprinzip in seiner vom Bundesverfassungsgericht formulierten Ausprägung als Gebot der Aufrechterhaltung einer funktionsfähigen Strafrechtspflege an[725].

Dieses findet seinen Grund in den Zwecken des Strafverfahrens[726]. Soweit der Grundsatz der Rechtsstaatlichkeit die Idee der Gerechtigkeit als wesentlichen Bestandteil enthält[727], verlange er auch die Aufrechterhaltung einer funktionstüchtigen Strafrechtspflege, ohne die der Gerechtigkeit nicht zum Durchbruch verholfen werden kann[728]. Wiederholt hat das Bundesverfassungsgericht auch die unabweisbaren Bedürfnisse einer wirksamen Strafverfolgung anerkannt[729] und das

---

722 *Jescheck/Weigend*, S. 911.

723 LR[25]-*Rieß*, Einl. Abschn. G Rn. 29.

724 *Roxin*, Strafverfahrensrecht, § 16 Rn. 3; siehe auch LR[25]-*Rieß*, Einl. Abschn. G Rn. 35; KK-*Pfeiffer*, Einleitung Rn. 11.

725 Siehe BVerfGE 33, 367 (383); 51, 324 (343 f.); 74, 257 (262); 77, 65 (76); vgl. auch LR[25]-*Rieß*, Einl. Abschn. G Rn. 10 ff.; *Hassemer*, StV 1982, S. 275 ff.; *Riehle*, KritJ 1980, S. 316 ff.; *Niemöller/Schuppert*, AöR 107 (1982), S. 394 ff., 398 ff.

726 Indem das BVerfG (E 33, 367 [383]) in diesem Zusammenhang strafprozessuale Verteidigungsrechte einem besonderen Legitimationszwang unterwirft, zieht es die Kritik auf sich, die einen Paradigmenwechsel und eine Entwertung der Grundrechte des Einzelnen fürchtet, die entgegen der Konzeption der Verfassung *a priori* mit einer Rechtfertigungslast beschwert werden; vgl. hierzu *Niemöller/Schuppert*, AöR 107 (1982), S. 398 f.; *Hassemer*, StV 1982, S. 277 f.; *Riehle*, KritJ 1980, S. 319 ff.

727 BVerfGE 7, 89 (92); 7, 194 (196); 20, 323 (331); 21, 378 (388).

728 BVerfGE 33, 367 (383); 51, 324 (343f.); 74, 257 (262); 77, 65 (76).

729 BVerfGE 19, 342 (347); 20, 45 (49); 20, 144 (147).

öffentliche Interesse an einer möglichst umfassenden Wahrheitsermittlung im Strafprozeß betont[730]. Auch hat es die Aufklärung schwerer Straftaten als wesentlichen Auftrag eines rechtsstaatlichen Gemeinwesens bezeichnet[731].

Damit diese Ziele erreicht werden können, trifft den Gesetzgeber hinsichtlich der Strafrechtspflege eine Einrichtungs- und Erhaltungspflicht im umfassenden Sinne. Er muß dafür sorgen, daß die zur Erfüllung dieser Aufgaben erforderlichen personellen und sächlichen Mittel bereitstehen und ein Prozeßrecht schaffen, daß zur Erfüllung der Aufgaben tauglich ist[732]. Um aber die beschränkten Resourcen optimal einsetzen zu können, muß das Verfahrensrecht auch gewährleisten, daß diese nicht grundlos in einem Verfahren gebunden werden. Dem wiederum dient das strafprozessuale Beschleunigungsgebot, das insoweit als Teil des aus dem Rechtsstaatsprinzip folgenden Gebots der Aufrechterhaltung einer funktionsfähigen Strafrechtspflege erscheint. Das Beschleunigungsgebot hat neben der subjektiven Komponente zugunsten des Beschuldigten, der so vor der Überbeanspruchung durch überlange Verfahren geschützt werden soll, auch eine objektive Komponente im öffentlichen Interesse, die sich auf die Wahrung rechtsstaatlicher Verfahrensstandards bezieht[733].

Die herrschende Auffassung geht im Hinblick auf § 329 Abs. 1, 2 StPO davon aus, daß der Angeklagte, der ohne genügende Entschuldigung ausbleibt, sein Recht verwirkt, weil er das Verfahren verzögert.

Es ist also nicht lediglich die Tatsache, daß das Verfahren länger dauert und justizielle Resourcen gebunden werden, sondern Auslöser der Regelung des § 329 StPO ist gerade die *mißbräuchliche* Verzögerung *durch den Angeklagten*. Diese Auffassung hat ihre Grundlage aber in der Geltung bestimmter Prozeßgrundsätze.

Wie jedoch der Gang der Untersuchung erwiesen hat, vermögen die von der herrschenden Auffassung herangezogenen Grundsätze eine Anwesenheitspflicht nicht, oder doch nicht in dem *de lege lata* bestehenden Ausmaß, zu begründen. Der Vorwurf, der Angeklagte, der nicht zur Hauptverhandlung erscheint, verzögere das Verfahren, läßt sich demnach nicht aufrecht erhalten, denn seine Gegenwart müßte nicht (in jedem Fall) unter Zwang hergestellt werden.

Die Tatsache, daß durch die dann ohne den Angeklagten stattfindende Hauptverhandlung längere Zeit bis zum Eintritt der Rechtskraft vergeht, in der staatliche Organe durch die Strafsache in Anspruch genommen sind, kann demgegenüber nicht so sehr ins Gewicht fallen. Ist eine zweite Tatsacheninstanz einmal er-

---

730 BVerfGE 32, 373 (381).

731 BVerfGE 29, 183 (194); 47, 239 (248); 77, 65 (76).

732 Siehe LR[25]-*Rieß*, Einl. Abschn. G Rn. 14.

733 LR[25]-*Rieß*, Einl. Abschn. G Rn. 31 m. w. N.; KK-*Pfeiffer*, Einl. Rn. 11.

öffnet und ist der Vorwurf der Obstruktion an den Angeklagten ausgeräumt, ist die Durchführung des Verfahrens auch ohne den Angeklagten rechtsstaatlich sogar geboten. Dies ergibt sich aus folgenden Überlegungen.

§ 329 Abs. 1 S. 1 StPO erlaubt es wegen der zwingend vorgeschriebenen Verwerfung der Berufung nicht, auch ein offenkundig fehlerhaftes erstinstanzliches Urteil zu beseitigen. Der Bestand bzw. die Beibehaltung der Berufung wird aber gerade mit dem notwendigerweise nur summarischen Charakter des amtsgerichtlichen Verfahrens begründet, das zudem häufig nur von einem Richter durchgeführt wird[734]. Angesichts dieses Umstandes und des hohen Geschäftsaufkommens sind solche offenkundigen Fehler keineswegs mit solcher Sicherheit auszuschließen, wie sie § 329 StPO voraussetzt. Ist aber die materielle Wahrheit ein so hohes Gut, besteht aller Anlaß, ihr auch in diesen Fällen zum Durchbruch zu verhelfen. Dies muß umso mehr gelten, wenn man sich klar macht, daß § 329 Abs. S. 1 StPO den Richter zwingt, quasi „sehenden Auges" Unrecht zu sprechen[735].

Der das Strafverfahren bestimmende Grundsatz der Wahrheitsermittlung kann also nicht, wie nach der Auslegung der herrschenden Auffassung, zu einer Beschränkung der Rechte des Angeklagten führen, sondern er erzwingt deren Stärkung.

Auch die Verfahrensbeschleunigung und das damit verbundene Gebot der Wahrung einer effektiven Strafrechtspflege können als Inhalte des Rechtsstaatsprinzips einen Grundrechtsverzicht im Hinblick auf Art. 103 Abs. 1 GG nicht ausschließen.

c) Zwischenergebnis

Damit ist festzuhalten, daß § 329 StPO in seiner geltenden Fassung, die es dem Angeklagten nicht erlaubt, über die ihm eingeräumten Rechte frei zu verfügen, nicht mit Art. 103 Abs. 1 GG im Einklang steht, mithin *de lege lata* verfassungswidrig ist. Die strenge Durchführung des Anwesenheitsprinzips läßt sich nicht durch grundrechtsimmanente Begrenzungen oder im Hinblick auf die freiheitsbeschränkende Wirkung kollidierender Rechtsgüter von Verfassungsrang rechtfertigen.

Bei richtigem Verständnis der Freiheitsgewährleistung des Art. 103 Abs. 1 GG und eines zutreffend – nämlich möglichst weitreichend – bestimmten prozes-

---

734 Siehe *Roxin*, Strafverfahrensrecht, § 52 Rn. 4; *Dahs (jr.)*, NStZ 1999, S. 323; *Lilie*, in: Verhandlungen des 63. DJT, Band I, D 51.

735 Siehe auch schon Äußerungen des Reichstagsabgeordneten Herz bei den Beratungen der Reichsjustizkommission, *Hahn*, Materialien zur StPO, Zweite Abth., S. 1026.

sualen Autonomiebegriffs wäre *de lege ferenda* die Verhandlung in Abwesenheit des Angeklagten in erheblich größerem Umfang vorzusehen.

Schlußbemerkung

Das geltende Anwesenheitsprinzip[736] schließt eine freie Entscheidung des Angeklagten über die Art und Weise seiner Verteidigung und damit auch über das Fernbleiben von der Hauptverhandlung in zu weitem Umfang aus. Der Anspruch auf rechtliches Gehör gem. Art. 103 Abs. 1 GG steht grundsätzlich zur freien Disposition des Angeklagten.

Dem Grundrecht immanente Elemente wie der objektiv-rechtliche Gehalt oder ein Menschenwürdekern können dem Grundrechtsverzicht genauso wenig wie kollidierende Rechtsgüter in dem Umfang entgegenstehen, wie es das geltende Rechte vorschreibt. So dürfen weder das Sozialstaatsprinzip im Hinblick auf die Fürsorge noch das Rechtsstaatsprinzip unter dem Blickwinkel der Wahrheitsermittlung, der Grundsätze der Mündlichkeit und der Unmittelbarkeit oder der Verfahrensbeschleunigung den Angeklagten an einem Verzicht auf sein Anwesenheitsrecht hindern. Und auch die Argumentation *Gollwitzers*, die die Anwesenheitspflicht durch die Gemeinschaftsbindung des Einzelnen, die Prävention und die Legitimation durch Verfahren gerechtfertigt sieht, kann die Unzulässigkeit des Verzichts nicht begründen.

Greift man das eingangs gezeichnete Bild auf, wonach sich das strafprozessuale Anwesenheitsprinzip in einem Spannungsverhältnis zwischen widerstreitenden Interessen befindet, zwischen der Subjektstellung des Angeklagten, seiner Entscheidung über den Einsatz seiner Mitwirkungs- und Gestaltungsrechte, und dem öffentlichen Interesse an der Wahrheitsermittlung, bedarf der Eindruck einer Korrektur, wonach sich die gegenläufigen Positionen in etwa die Waage halten. Die herrschende Auffassung versucht in ihrer Auslegung der das Anwesenheitsprinzip konstituierenden Vorschriften den Anschein zu erwecken, als würde der Angeklagte vor dem Gebot der Wahrheitsermittlung und den damit verbundenen Zwängen durch die Einräumung weitgehender Rechte geschützt, als stellte insbesondere der Anspruch auf rechtliches Gehör ein gleichwertiges Gegengewicht zu den öffentlichen Interessen und dem diesen dienenden Instrumentarium dar.

---

736 Die Ergebnisse der Untersuchung müßten sich auf die Auslegung der das Anwesenheitsprinzip regelnden geltenden Vorschriften dahingehend auswirken, daß der Angeklagte gegebenenfalls einen Anspruch auf Befreiung von der Anwesenheitspflicht hat, vgl. *Stein*, ZStW 97 (1985), S. 327 ff.; *Julius*, GA 1992, S. 306; *Bernsmann*, in: FS Kriele, S. 712.

Für den Angeklagten, der sich dieser Wertung fügen will, mag das richtig sein. Derjenige aber, der sich die von Seiten der Obrigkeit getroffene Entscheidung, wie er sich zu verteidigen hat, nicht zu eigen machen will, empfindet den Schutz vor den mit dem Gebot der Wahrheitsermittlung einhergehenden Zwängen ebenfalls als Zwang, als Zwang zu erscheinen. Seine Rechte kann er nicht frei ausüben, denn die Befugnis zur Nichtausübung wird ihm durch die Androhung bestimmter Rechtsverluste (Verwerfung der Berufung, Verhandlung in Abwesenheit) genommen. Dies geschieht paradoxerweise unter dem Deckmantel der Fürsorge, der treu sorgenden Wahrnehmung der Interessen des Angeklagten durch den Staat, diesem wohlverstandenen Interesse, das er doch vernünftigerweise an einer optimalen Verteidigung zu haben hat. So wird der Angeklagte, der eine abweichende Interessengewichtung vornehmen will, kurzerhand zum Unvernünftigen erklärt, der in der Situation des Strafverfahrens grundsätzlich nicht in der Lage sein soll, seine Rechte wahrzunehmen, weswegen ihm die Entscheidung, wie er sich zu verteidigen hat, in weitem Umfang abgenommen werden muß.

Merkwürdigerweise wird dann der anwesende Angeklagte mit seinen Mitwirkungs- und Gestaltungsrechten in der Hauptverhandlung grundsätzlich allein gelassen (vgl. § 140 Abs. 2 StPO). Nun soll er diese doch selbständig einsetzen können. Wie sich gezeigt hat, haben die Fälle, in denen tatsächlich ein zur Fürsorge berechtigender Autonomiedefekt des Angeklagten vorliegt, weit weniger prozessuale Bedeutung, als es die herrschende Auffassung mit ihrer These vom strukturellen Autonomiedefekt annimmt.

Wo aber die Rechtsausübung zur Pflicht wird, hört das Recht überhaupt auf, Recht zu sein. Es wird zu einer leeren Hülle, die der Angeklagte entweder freiwillig oder unfreiwillig ausfüllen kann, aber in jedem Fall ausfüllen muß. Die autonome Subjektstellung, die geradezu die Quintessenz der prozessualen Rechte sein soll, wird damit negiert.

Hinter dem Bild vom ausgewogen aufgelösten Spannungsverhältnis verbirgt sich in Wirklichkeit das eines starken Gefälles, in dem überindividuelle bzw. objektive Interessen viel, ja beinahe alles sind, die subjektiven Interessen des Angeklagten hingegen wenig, fast gar nichts wiegen. Vorrang soll dem öffentlichen Interesse an der Ermittlung der Wahrheit und dem objektiv bestimmten Angeklagteninteresse an einer optimalen Verteidigung gebühren. Ein abweichender subjektiver Wille des Angeklagten, der ja nicht unbedingt unvernünftig sein muß, weil er von dem Bestreben getragen sein kann, andere wichtige Rechtsgüter zu schützen, gilt nichts.

Demgegenüber ist hier gezeigt worden, daß die Rechts- und Interessenlage eine Gewichtung der Positionen gebietet, die der vom Gesetzgeber getroffenen diametral entgegengesetzt ist. Nicht eine grundsätzliche Pflicht zur Anwesenheit mit der Möglichkeit, ausnahmsweise auf die Gegenwart des Angeklagten zu verzichten, wird der Subjektstellung des Angeklagten und dem Gebot ihrer weitest möglichen Verwirklichung gerecht. Dies gelingt nur durch die Einräumung eines neben dem Anwesenheitsrecht gleichberechtigten Abwesenheitsrechts, das nur in einzelnen Fällen im Interesse der Wahrheitsfindung, soweit der Angeklagte nämlich selbst Beweismittel ist, durchbrochen wird.

Mag man in der ersten Instanz im Hinblick auf deren Besonderheiten das Abwesenheitsrecht des Angeklagten auf bestimmte Strafsachen beschränken wollen, weil das Risiko einer mangelhaften Verteidigung ab einem bestimmten Strafrahmen nicht mehr hinnehmbar erscheint, weil seine Autonomie insofern eingeschränkt ist, als er dieses nicht mehr übersieht oder richtig einzuschätzen weiß[737], liegt doch für den Berufungsrechtszug eine weniger strenge Regelung nahe.

Selbst die herrschende Auffassung verweist bei der Auslegung des § 329 StPO auf die Tatsache, daß in der ersten Instanz der Anklagevorwurf in einem „vollwertigen" Verfahren unter Wahrung aller rechtsstaatlichen Garantien verhandelt wurde. Lassen sich aber der Vorwurf der Verfahrensverzögerung und als deren Rechtsfolge die Verwirkung von Mitwirkungs- und Gestaltungsrechten nicht aufrecht erhalten, müssen die Regelungen der Anwesenheit für die Berufungsinstanz im Hinblick auf die Dispositionsbefugnis des Angeklagten wesentlich modifiziert werden.

Diese Befugnis reicht erheblich weiter, als es das Gesetz und die herrschende Auffassung annehmen. Zum einen gilt dies allgemein bezüglich der Mitwirkungs- und Gestaltungsrechte. Dann reicht die Dispositionsbefugnis des Angeklagten auch im Vergleich mit der ersten Instanz weiter, wie die Tatsache erweist, daß es ihm frei steht, überhaupt Berufung einzulegen und diese zu beschränken (vgl. §§ 296 Abs. 1, 312, 318 StPO). Nach der Auslegung der herrschenden Meinung soll diese Dispositionsbefugnis die einschneidenden Rechtsfolgen des § 329 StPO erst ermöglichen, ja erzwingen. Nach der hier vertretenen Ansicht muß die-

---

737 Die die Anwesenheitspflicht kritisierenden Autoren sprechen sich dafür aus, die Strafrahmengrenzen diesbezüglich deutlich höher anzusetzen, vgl. *Stein*, ZStW 97 (1985), S. 327 ff.; *Julius*, GA 1992, S. 305 f. *Bernsmann*, in: FS Kriele, S. 711, fordert eine Anwesenheitspflicht, die insofern eingeschränkt ist, als der Angeklagte sich erst nach Ende seiner Vernehmung zur Sache (vgl. § 244 Abs. 1 StPO) entfernen darf, weil er erst dann das mit seiner Abwesenheit verbundene Risiko voll erfassen könne. Dagegen spricht freilich, daß auch auf diese Weise ein Schutz vor Überraschungsentscheidungen, wie ihn die Anwesenheit unter anderem bezweckt, nicht besser gewährleistet wäre, weil auch später noch neue Zeugen und Beweismittel auftauchen können. Nach einer entsprechenden, mit der Mitteilung des Hauptverhandlungstermins verbundenen Belehrung ist die Entscheidung, nicht zu erscheinen, auch nicht mit einem größeren Risiko behaftet.

se aber zu einer Stärkung der Rechte des Angeklagten führen und kann keine Rechtsbeschränkung legitimieren.

Insofern kann die Vertretungsregelung für die Berufungshauptverhandlung nicht strenger sein, als in der ersten Instanz. Es spricht vielmehr einiges dafür, die Vertretung generell zuzulassen und diese im Hinblick auf die autonome Subjektstellung nicht obligatorisch, sondern fakultativ zur Wahl des Angeklagten zu stellen, also eine „echte" Abwesenheitsverhandlung vorzusehen.

Um einen geregelten Ablauf des Verfahrens sicherzustellen und vor allem zu gewährleisten, daß der Angeklagte seine Verzichtsbefugnis in voller Rechtskenntnis ausübt, müßte ihm allerdings angesonnen werden, sich im Vorhinein über seine Verteidigungsabsichten zu erklären. Er müßte angeben, ob er von der vorzusehenden Möglichkeit, der Berufungshauptverhandlung fernzubleiben, Gebrauch machen will. Auf diese Möglichkeit müßte er mit der Mitteilung des Termins der Hauptverhandlung hingewiesen werden. Diese wäre mit der Belehrung zu verbinden, welchen Risiken er sich aussetzt und welcher Verteidigungsrechte er sich begibt. Dabei muß es vor allem um die Gefahren gehen, die sich aus der Tatsache ergeben, daß das Strafverfahren aufgrund der Grundsätze von Unmittelbarkeit und Mündlichkeit einen sich dynamisch entwickelnden Prozeß darstellt und es so unter anderem dazu kommen kann, daß Zeugen oder Beweismittel eine Rolle spielen, die in der Anklageschrift noch nicht berücksichtigt waren. Im Hinblick auf die Rechte, auf die der Angeklagte verzichtet, muß er vor allem auf sein Fragerecht (§ 240 Abs. 2 S. 1 StPO) und das Recht, Beweise und Zeugen zu präsentieren und entsprechende Anträge zu stellen (vgl. §§ 244, 245 StPO), hingewiesen werden sowie auf seine Mitwirkungsmöglichkeiten bei den sog. konsensgebundenen Verfahrensvereinfachungen (vgl. etwa §§ 61 Nr. 5, 245 Abs. 1 S. 2, 251 Abs. 1 Nr. 4 StPO)[738]. Bei Änderungen der tatsächlichen Grundlage der Anklage (vgl. §§ 265, 266 StPO) kann der Angeklagte nicht im Vorhinein zustimmen bzw. müssen entsprechende Hinweise ihm persönlich gegeben werden, weil ihm zu der neuen Lage Gehör gewährt werden muß, was auch die herrschende Auffassung für die Verhandlung in Abwesenheit gem. § 329 Abs. 2 S. 1 StPO anerkennt[739]. Hier hat sich die Basis, auf der der Angeklagte seine Entscheidung, der Verhandlung fernzubleiben, getroffen hat, grundlegend geändert.

Freilich ist zu konstatieren, daß die Vorschrift des § 329 StPO als solche bisher im Rahmen der wissenschaftlichen Diskussionen im Bereich des Berufungsrechts keine Rolle gespielt hat. Es war vielmehr der Berufungsrechtszug selbst

---

738 Vgl. dazu *Gollwitzer*, in: FS Tröndle, S. 467 ff., Ihm zufolge sollen diese Rechte der Verwirkung anheim fallen. Nachdem sich aber das Verwirkungsmodell als unhaltbar erwiesen hat, spricht nichts gegen die Verzichtbarkeit dieser Rechte.

739 Siehe etwa HK-*Rautenberg*, § 329 Rn. 31; *Pfeiffer*, § 329 Rn. 8.

und im Zusammenhang mit der Frage einer Rechtsmittelreform, der stets zu Kontroversen Anlaß gegeben hat und noch gibt.

Abschließend sei deshalb darauf hingewiesen, daß die im Zuge der vorgelegten Untersuchung gewonnenen Erkenntnisse auch den Blick schärfen können für eine Kritik der Ausgestaltung der Berufung geltenden Rechts und damit für die in jüngster Zeit wieder diskutierte Frage einer diesbezüglichen Reform.

Angesichts der während der Entwicklung des reformierten Strafprozesses und der Entstehung der Reichsstrafprozeßordnung im 19. Jahrhundert geführten heftigen Kontroverse um eine zweite Tatsacheninstanz, die sich letztlich bis in die heutige Zeit fortsetzt[740], erscheint die Entscheidung für die Berufung jedenfalls auch als eine politische. Man war der Meinung, das Volk verlange nach ihr[741]. Zwar war ein solches Rechtsmittel in keinem der der Reichsstrafprozeßordnung vorausgehenden Entwürfen enthalten und auch das den Motiven angefügte Sondergutachten lautete in diesem Sinne. Trotzdem entschloß man sich dann gegen Ende des Entstehungsprozesses zu ihrer Einführung[742]. Man war dabei bestrebt, dem Angeklagten ein einfach zu handhabendes, ja „volkstümliches" Rechtsmittel an die Hand zu geben[743]. Und einfach, und damit als den Angeklagten besonders begünstigend, erscheint die Berufung auch, erfordert ihre Einlegung doch keinerlei besondere Erklärung, die eine bestimmte Rechtskenntnis voraussetzt, wie dies bei der Revision der Fall ist (vgl. § 317 StPO einerseits und § 344 StPO andererseits)[744].

Gerade diese Einfachheit im Hinblick auf die Einlegung des Rechtsmittels soll es auch sein, die zum Mißbrauch reizt[745]. Gleichzeitig führt sie zu einem erhöhten Geschäftsanfall bei den Berufungsgerichten und damit zu dem Bedürfnis, die Bindung justizieller Ressourcen durch eine Beschleunigung der Verfahren zu mindern.

Beide Gesichtspunkte stellen nach herrschender Auffassung die wesentlichen Gründe für die mit § 329 Abs. 1, 2 StPO getroffene Regelung dar.

Es ist aber auch deutlich geworden, daß die im Zuge der Untersuchung des § 329 StPO angesprochenen Möglichkeiten, das Anwesenheitsprinzip für den Angeklagten zu einer weniger einschneidenden Rechtsbeschränkung zu machen,

---

740 Siehe dazu oben, S. 53 ff.

741 Vgl. *Goldschmidt*, ZStW 41 (1920), S. 570.

742 Siehe schon oben, S. 91 ff.

743 *Tröndle*, in: Grundfragen, S. 110; siehe auch *Dahs (jr.)*, NStZ 1999, S. 323.

744 Dort haben die komplizierten Anforderungen an die Begründung insbesondere gem. § 344 Abs. 2 S. 2 StPO dazu geführt, daß die Revision eine „Spezialistenwissenschaft" darstellt, die im Grunde von nur wenigen Juristen beherrscht wird, *Tröndle*, in: Grundfragen, S.125 m. w. N.

745 Vgl. *Rieß*, DRiZ 1976, S. 5; *Lilie*, in: Verhandlungen des 63. DJT, Band I, D 52.

mit dem Rechtscharakter der Berufung als solcher kollidieren. Ihr Gegenstand ist nicht die Überprüfung des erstinstanzlichen Urteils auf Fehler. Sie stellt vielmehr eine zweite Tatsacheninstanz dar, in der eine erneute Verhandlung des Anklagevorwurfes erfolgt[746]. Wollte man etwa dem Angeklagten zugestehen, wenigstens in Verhandlungen fernzubleiben, die sich nur mit der Frage befassen, ob in der ersten Instanz Gesetze falsch angewendet worden sind, wäre eine obligatorische Rechtsmittelbegründung unausweichlich. Damit aber wäre der Charakter der Berufung als zweite Tatsacheninstanz ohne Kontrollcharakter nicht zu vereinbaren.

Gerade die Einführung eines solchen Kontrollcharakters war immer wieder Gegenstand der reformatorischen Überlegungen. So sieht das Gutachten der Kommission des Deutschen Richterbundes ein Rechtsmittel eigener Art vor, das grundsätzlich auf eine Rechtsprüfung beschränkt sein soll, dem Gericht aber eigene Tatsachenfeststellungen erlaubt[747].

Führen einerseits die Überlegungen zu § 329 StPO in dieser Hinsicht auf die Ebene der Reform des geltenden Berufungsrechts, zeigt sich zum anderen eine weitere Verbindungslinie, wenn man einen Umstand in den Blick nimmt, der auch für die Begründung der Regelungen des § 329 Abs. 1, 2 StPO eine große Rolle spielt: die „Einfachheit" der Berufung, die nicht nur die Art ihrer Einlegung kennzeichnet, sondern auch das ihre Durchführung bestimmende Verfahren.

Der Gedanke der Einfachheit schlägt sich letztlich auch darin nieder, daß die Berufung als zweite Tatsacheninstanz ausgestaltet ist. Es kommt zu einer vollen Neuverhandlung der Strafsache, was häufig auch zu einer Wiederholung der Beweisaufnahme führt. Hier setzt ein Hauptargument der Kritik an.

Die Ungereimtheit der Berufung bestünde letztlich darin, daß sie vorgibt, das „Arbeitsergebnis" dadurch verbessern zu können, daß der Arbeitsvorgang mit dem gleichen prozessualen Instrumentarium wiederholt und allein das zweite Ergebnis für maßgeblich erklärt wird[748]. Eine solche „Fiktion größerer Richtigkeitsgewähr"[749] ist aber Zweifeln ausgesetzt. Warum das Amtsgerichtsurteil falsch, das Berufungsurteil aber richtig sein soll, ist angesichts der durch Verlust von Beweismitteln, den Tod von Zeugen oder das Nachlassen des Erinnerungsvermögens bewirkten Verschlechterung der Beweissituation nicht ohne weiteres zu begründen. *Tröndle* hat die Kritik in das prägnante Bild gefaßt vom Berufungsrichter, der einem Koch gleiche, der mit weniger Fleisch und schlechteren Zutaten einen besseren Braten zubereiten soll[750].

---

746 Vgl. RGSt 62, 130 (132); 62, 401 (402); OLG Düsseldorf NJW 1983, 767 (768); LR[24]-*Gollwitzer*, § 312 Rn. 1; *Amelunxen*, S. 101; *Bloy*, JuS 1986, S. 591.

747 Vgl. das Gutachten des DRiB, S. 11 f., 19 f.

748 Vgl. *Rieß*, DRiZ 1976, 5.

749 *Kintzi*, DRiZ 2000, S. 187.

750 GA 1967, S. 171.

Im Hinblick auf den durch den Untersuchungsgegenstand begrenzten Blickwinkel der Arbeit kann indes auf die Fragen einer Reform des Berufungsrechtszuges und der weiterführenden Problematik eines sich aus den reformatorischen Überlegungen ergebenden Umbaus des Rechtsmittelsystems insgesamt nicht eingegangen werden.

Es bleibt die Erkenntnis, daß § 329 StPO einerseits eine Antwort auf die mit der Ausgestaltung des geltenden Berufungsrechts verbundenen Schwierigkeiten darstellt, indem die Vorschrift den sich insoweit ergebenden Bedürfnissen nach einer Verhinderung von Rechtsmißbrauch und Verfahrensbeschleunigung Rechnung trägt, daß aber Überlegungen zu einer Lockerung des Anwesenheitsprinzips sich mit denen zu einer Reform des Berufungsrechts vereinigen.

Angesichts dieser Wechselbezüglichkeit kann die vorgelegte Untersuchung auch zu der Diskussion um eine Rechtsmittelreform ihren Beitrag leisten, auch wenn oder gerade weil sie mit der Frage nach dem strafprozessualen Anwesenheitsprinzip in der Berufungsinstanz einen Ausgangspunkt wählt, der in der bisherigen Reformdiskussion keine Rolle gespielt hat.

Literaturverzeichnis

Abegg, Julius Friedrich Heinrich: Beiträge zur Strafprocess-Gesetzgebung, Neustadt/Orla 1841

Ders.: Betrachtungen über das Gesetz betreffend das Verfahren in den bei dem Kammergericht und dem Kriminalgericht zu Berlin zu führenden Untersuchungen vom 17. Juli 1846, in: ACR (NF) 1847, S. 103-135, 155-187

Achenbach, Hans: Vom Inquisitionsprozeß zum reformierten Strafverfahren – der strafprozessuale Epochenwechsel des 19. Jahrhunderts im Spiegel der oldenburgischen Gesetzgebung, in: 175 Jahre Oberlandesgericht Oldenburg: 1814 Oberappellationsgericht, 1989 Oberlandesgericht. Festschrift, hrsg. von Eberhard *Stalljohann*, Köln u. a. 1989 (zitiert: *Achenbach*, in: FS OLG Oldenburg)

Alsberg, Max: Die Mängel des geltenden Berufungsverfahrens, JW 1929, S. 1105-1107

Ders.: Anmerkung zu RG, Urteil v. 19.12.1930 – 1 D 1215/30 (JW 1931, 1616), JW 1931, S. 1616-1617

Alexy, Robert: Theorie der Grundrechte, Baden-Baden 1985

Alternativkommentar: Kommentar zu Strafprozeßordnung in der Reihe Alternativkommentare, Band 1: §§ 1-93, Neuwied u. a. 1988, Band 3: §§ 276-477, Neuwied u. a. 1996 (zitiert: AK-*Bearbeiter*)

Amann, Karl: Gerichtsverfassung und Strafprozeßordnung des Großherzogtums Baden mit Erläuterungen für den praktischen Gebrauch, Karlsruhe 1865

Amelunxen, Clemens: Die Berufung in Strafsachen, Lübeck 1982

Arndt, Adolf: Das rechtliche Gehör, NJW 1959, S. 6-8

Barth, o. V.: Die Verwerfung der Berufung nach § 329 StPO, NJW 1958, S. 373-374

Baumann, Jürgen: Grundbegriffe und Verfahrensprinzipien des Strafprozeßrechts, 3. Auflage, Stuttgart u. a. 1979 (zitiert: *Baumann*, Grundbegriffe)

Ders.: Einführung in die Rechtswissenschaft. Rechtssystem und Rechtstechnik, 8. Auflage, München 1989 (zitiert: *Baumann*, Einführung)

Baumgärtel, Gottfried: Die Verwirkung prozessualer Befugnisse im Bereich der ZPO und des FGG, ZZP 67 (1954), S. 423-451

Ders.: Treu und Glauben, gute Sitten und Schikaneverbot im Erkenntnisverfahren, ZZP 69 (1956), S. 89-131

Baur, Fritz: Der Anspruch auf rechtliches Gehör, AcP 153 (1954), S. 393-412

Becker, Hans-Jürgen: Rheinisches Recht, in: Handwörterbuch zur Rechtsgeschichte, hrsg. von Adalbert *Erler* und Ekkehard *Kaufmann*, Band IV, Sp. 1021-1026, Berlin 1990 (zitiert: *Becker*, Rheinisches Recht, in: HRG IV)

Behr, Herbert: Die Rechtsmittel gegen Strafurteile in der Reformdiskussion und der Partikulargesetzgebung des 19. Jahrhunderts, *Diss. iur.* Göttingen 1984

Beling, Ernst: Deutsches Reichsstrafprozeßrecht mit Einschluß des Strafgerichtsverfassungsrechts, Berlin/Leipzig 1928

von Bertrab, o. V.: Zur Kritik der Kompetenz-Bestimmungen *ratione materiae*, – Versetzung in den Anklagestand; Mandatsverfahren. 2. Zur Lehre von den Rechtsmitteln – Schwurgerichtshöfe als Appellationsinstanz, GA 1857, S. 183-200

Bethge, Herbert: Grundpflichten als verfassungsrechtliche Dimension, NJW 1982, S. 2145-2151

Beulke, Werner: Strafprozeßrecht, 6. Auflage, Heidelberg 2002

Bick, Udo: Die Anfechtung von Verwerfungsurteilen nach § 329 I StPO und § 412 I StPO, StV 1987, S. 273-274

Birkmeyer, Karl: Deutsches Strafprozeßrecht mit eingehender Bezugnahme auf die preußischen und bayrischen Ausführungsbestimmungen und unter Berücksichtigung des österreichischen Strafprozeßrechts, Berlin 1898

Bleckmann, Albert: Probleme des Grundrechtsverzichts, JZ 1988, S. 57-62

Blomeyer, Arwed: Zivilprozeßrecht. Erkenntnisverfahren, 2. Auflage, Berlin 1985

Bloy, René: Zur Systematik der Einstellungsgründe im Strafverfahren, GA 1980, S. 161-183

Böckenförde, Ernst-Wolfgang: Grundrechtstheorie und Grundrechtsinterpretation, NJW 1974, S. 1529-1538

Ders.: Die Methoden der Verfassungsinterpretation – Bestandsaufnahme und Kritik, NJW 1976, S. 2089-2099

Ders.: Grundrechte als Grundsatznormen. Zur gegenwärtigen Lage der Grundrechtsdogmatik, Der Staat 29 (1990), S. 1-31

Böttges, Walter: Die Laienbeteiligung in der Strafrechtspflege. Ihre Geschichte und heutige Bedeutung, *Diss. iur.* Bonn 1979

Bohne, Gotthold: Anmerkung zu BGH, Urteil vom 20.2.1957 – 2 StR 34/57 (JZ 1957, 587-588), JZ 1957, S. 588-589

Bohnert, Joachim: Die Behandlung des Verzichts im Strafprozeß, NStZ 1983, S. 344-350

Bonner Kommentar: Bonner Kommentar zum Grundgesetz, hrsg. von Rudolph *Dolzer* und Klaus *Vogel*, Hamburg 1950-1988, Heidelberg 1989 ff., Loseblattsammlung, Stand: 104. Lieferung, März 2003 (zitiert: BK-*Bearbeiter*)

Brauer, W.: Die Ausführbarkeit des Recurses über die Thatfrage im mündlichen Strafverfahren, ZStrV (NF) 3, (1846), S. 313-333
Braun, Johann: Die Berufung gegen das zweite Versäumnisurteil (§ 513 II ZPO), ZZP 93 (1980), S. 443-472
Bröll, Helmut: Das Rechtliche Gehör im Strafprozeß unter besonderer Berücksichtigung der verfassungsrechtlichen Einflüsse, *Diss. iur.* München 1964
Buchner, A.: Das Strafverfahren gegen Abwesende, GS 9 (1857) II, S. 51-78, 82-138
Busch, Richard: Begründung, Anfechtung und Revisibilität der Verwerfungsurteile der §§ 329 I und 412 I StPO, in: JZ 1963, S. 457-462
Carsten, Ernst: Die Geschichte der Staatsanwaltschaft in Deutschland bis zur Gegenwart, Breslau 1932
Däubler-Gmelin, Herta: Schwerpunkte der Rechtspolitik in der neuen Legislaturperiode, ZRP 1999, S. 81-85
Dahs (sen.), Hans: Anmerkung zu OLG Köln, Urteil vom 28.8.1973 – Ss 68/73 (NJW 1973, 2310), NJW 1974, S. 467-468
Ders./Dahs (jr.), Hans: Die Revision im Strafprozeß. Bedeutung für die Praxis der Tatsacheninstanz, 5. Auflage, München 1993
Dahs (jr.), Hans: Das rechtliche Gehör im Strafprozeß, München/Berlin 1965
Ders.: Rechtsmittelreform in Strafsachen?, NStZ 1999, S. 320-325
Degener, R.: Die größeren Justizorganisationsgesetze für das Herzogthum Braunschweig nebst einem kurzen, den Motiven, Berichten und Verhandlungen über dieselben entnommenen Commentare. In zwei Bänden, Erster Band, die betreffenden Gesetze enthaltend, Zweiter Band, den Commentar enthaltend, Braunschweig 1850
Degenhart, Christoph: Gerichtsverfahren, in: Handbuch des Staatsrechts der Bundesrepublik Deutschland, hrsg. von Josef *Isensee* und Bodo *Kirchhof*, Band III: Das Handeln des Staates, 2. Auflage, Heidelberg 1996, § 76, S. 879-919
Dochow, Adolf: Die deutsche Strafprozeßordnung vom 1. Februar 1877, in: Friedrich *von Holtzendorff* (Hrsg.), Handbuch des deutschen Strafprozeßrechts, Erster Band, Berlin 1879, S. 105-137 (zitiert: *Dochow*, in: *v. Holtzendorff*, Handbuch I)
Dohna, Alexander Graf zu: Das Strafprozeßrecht, 3. Auflage, Berlin 1929
Dollmann, Carl Friedrich: Die Gesetzgebung des Königreichs Bayern seit Maximilian II. mit Erläuterungen, Dritter Theil: Strafrecht und Strafprozeß, Zweiter Band, 1. Heft enthaltend das königlich Bayerische Strafprozeßgesetz vom 10. November 1848 in Verbindung mit den noch gültigen Bestimmungen des II. Theils des Strafgesetzbuches vom Jahre 1813, Erlangen 1857
Dreier, Horst: Gesellschaft, Recht, Moral, Universitas 48 (1993), S. 247-258

Ders. (Hrsg.): Grundgesetz. Kommentar, Band I: Art. 1-19, Tübingen 1996, Band III: Art. 83-146, Tübingen 2000 (zitiert: *Bearbeiter*, in: *Dreier*)

Drews, Kai Holger: Die historische Entwicklung der Berufung im Strafverfahren, Göttingen 1998 (zugl. *Diss. iur.* Göttingen 1997)

Dürig, Günter: Der Grundrechtssatz von der Menschenwürde, AöR 81 (1956), S. 117-157

Eisenberg, Ulrich: Beweisrecht der StPO. Spezialkommentar, 4. Auflage, München 2002

Elling, Karl: Die Einführung der Staatsanwaltschaft in Deutschland. Ein Beitrag zur Geschichte des Strafprozesses, Breslau 1911

Enneccerus, Ludwig/*Kipp*, Theodor/*Wolff*, Martin: Lehrbuch des Bürgerlichen Rechts, Erster Band, Allgemeiner Teil des Bürgerlichen Rechts. Ein Lehrbuch, Zweiter Halbband: Entstehung, Untergang und Veränderung der Rechte, Ansprüche und Einreden, Ausübung und Sicherung der Rechte, bearbeitet von Hans Carl *Nipperdey*, 15. Auflage, Tübingen 1960 (zitiert: *Enneccerus-Nipperdey*, Allgemeiner Teil I)

Erichsen, Hans-Uwe: Staatsrecht und Verfassungsgerichtsbarkeit, Band I, 3. Auflage, München 1982 (zitiert: *Erichsen*, Staatsrecht)

Ders. (Hrsg.): Allgemeines Verwaltungsrecht, 11. Auflage, Berlin/New York 1998 (zitiert: *Erichsen*, Allgemeines Verwaltungsrecht)

Erker, Martin: Das Beanstandungsrecht gemäß § 238 II StPO, Berlin 1988 (zugl. *Diss. iur.* München 1986)

Erler, Adalbert: Demagogenverfolgung, in: Handwörterbuch zur Deutschen Rechtsgeschichte, hrsg. von Adalbert *Erler* und Ekkehard *Kaufmann*, Band I, Berlin 1971, Sp. 677-680 (zitiert: *Erler*, Demagogenverfolgung, in: HRG I)

Ernst, W.: Der Verzicht auf subjektive öffentliche Rechte, *Diss. iur.* Rostock 1933

Feuerbach, Paul Johann Anselm: Betrachtungen über das Geschwornengericht, Landshut 1813

Fezer, Gerhard: Reform der Rechtsmittel in Strafsachen. Bericht über die Entstehung der gegenwärtigen Rechtsmittelvorschriften und der Bemühungen um ihre Reform, hrsg. vom Bundesministerium der Justiz, Tübingen 1974 (zitiert: *Fezer*, Reform)

Ders.: Strafprozeßrecht, 2. Auflage, München 1995 (zitiert: *Fezer*, Strafprozeßrecht)

Flume, Werner: Allgemeiner Teil des Bürgerlichen Rechts, Band II: Das Rechtsgeschäft, 4. (unveränderte) Auflage, Berlin u. a. 1992

Forberg, Heinrich: Das Strafverfahren in Preußen. Eine systematische Zusammenstellung aller über das gerichtliche und außergerichtliche Strafverfahren in Preußen ergangenen und zur Zeit geltenden Vorschriften mit erläuternden Anmerkungen, Berlin 1857

Frommel, M.: Staatsanwaltschaft, in: Handwörterbuch zur Deutschen Rechtsgeschichte, hrsg. von Adalbert *Erler* und Ekkehard *Kaufmann*, Band IV, Berlin 1990, Sp. 1809-1812 (zitiert: *Frommel*, Staatsanwaltschaft, in: HRG IV)

Fuhrmann, Hans: Verwirkung des Rügerechts bei nicht beanstandeten Verfahrensverletzungen des Vorsitzenden (§ 238 Abs. 2 StPO), NJW 1963, S. 1230-1236

Geib, Gustav: Die Reform des deutschen Rechtslebens, Leipzig 1848

Geppert, Klaus: Der Grundsatz der Unmittelbarkeit im deutschen Strafverfahren, Berlin/New York 1979

Gerau, o. V.: Ueber Recurs des Staatsanwalts gegen Erkenntnisse der Gerichte in Strafsachen, ZStrV (NF) 4 (1847), S. 251-269

Gerland, Heinrich: Der deutsche Strafprozess. Eine systematische Darstellung, Mannheim u. a. 1927

Gern, Alfons: Menschenwürde und gute Sitten, NJW 1983, S. 1585-1590

Gerner, Erich: Rechtseinheit im Verfahrensrecht, NJW 1950, S. 722-729

Geyer, August: Der Beweis im Strafprozeß, in: Friedrich *von Holzendorff* (Hrsg.), Handbuch des deutschen Strafprozeßrechts, Erster Band, Berlin 1879, S. 185-304 (zitiert: *Geyer*, in: *v. Holtzendorff*, Handbuch I)

Ders.: Lehrbuch des gemeinen deutschen Strafproceßrechts, Leipzig 1880

Glaser, Julius: Die geschichtlichen Grundlagen des neuen deutschen Strafprozeßrechts, in: Friedrich *von Holtzendorff* (Hrsg.), Handbuch des deutschen Strafprozeßrechts, Erster Band, Berlin 1879, S. 3-76 (zitiert: *Glaser*, in: *v. Holtzendorff*, Handbuch I)

Ders.: Handbuch des Strafprozesses, Band I, Leipzig 1883 (zitiert: *Glaser*, Handbuch I)

Götze, August Wilhelm/*Keller*, Friedrich Ludwig: Über die preußischen Schwurgerichte und ihre Reform: ein Votum mit einigen Zusätzen, Berlin 1851

Goldschmidt, James: Die Kritiker der Strafprozeßentwürfe. Vortrag, gehalten in der Berliner Juristischen Gesellschaft am 10. April 1920, ZStW 41 (1920), S. 569-608

Ders.: Der Prozeß als Rechtslage. Eine Kritik des prozessualen Denkens, Berlin 1925

Gollwitzer: Die Verfahrensstellung des in der Hauptverhandlung ausgebliebenen Angeklagten, in: Festschrift für Herbert Tröndle zum 70. Geburtstag am 24. August 1989, hrsg. von Hans-Heinrich *Jescheck* und Theo *Vogler*, Berlin/New York 1989 (zitiert: *Gollwitzer*, in: FS Tröndle)

Gronimus, Andreas: Noch einmal Peep-Show und Menschenwürde, JuS 1985, S. 174-176

Grünwald, Gerald: Anmerkung zu BVerfG, Beschluß v. 21.1.1976 – 2 BvR 941/74 (JZ 1976, S. 766-767) und BGH, Beschluß v. 22.10.1975 – 1 StE 1/74 (BGHSt 26, 228-241=JZ 1976, S. 763-766), JZ 1976, S. 767-773

Gusy, Christoph: Sittenwidrigkeit im Gewerberecht, DVBl. 1982, S. 984-989

Haager, o. V.: Ueber die Stellung des Staatsanwalts im Strafverfahren, GS 11 (1859), S. 350-373

Häberle, Peter: Grundrechte im Leistungsstaat, VVDStRL 30 (1972), S. 69-191

Ders.: Die Wesensgehaltsgarantie des Art. 19 Abs. 2 Grundgesetz. Zugleich ein Beitrag zum institutionellen Verständnis der Grundrechte und zur Lehre vom Gesetzesvorbehalt, 3. Auflage, Heidelberg 1983

Hanack, Ernst Walter: Die Rechtsprechung des Bundesgerichtshofs zum Strafverfahrensrecht (Band 11-22 der amtlichen Sammlung), JZ 1973, S. 693-695

Hassemer, Winfried: Die „Funktionstüchtigkeit der Strafrechtspflege" – ein neuer Rechtsbegriff?, StV 1982, S. 275-280

Ders.: Gefährliche Nähe: Die Entfernung des Angeklagten aus der Hauptverhandlung (§ 247 StPO) – BGH, NJW 1985, 1478, Anmerkung zu BGH, Beschluß v. 8.11.1984 – 1 StR 657/84, JuS 1986, S. 25-29

Heffter, August Wilhelm: Votum über die Polizeigerichtsbarkeit in Strafsachen, ACR (NF) 1843, S. 113-134

Heidelberger Kommentar: Heidelberger Kommentar zur Strafprozeßordnung, hrsg. von Michael *Lemke* u. a., 3. Auflage, Heidelberg 2001 (zitiert: HK-*Bearbeiter*)

Heinrich, Bernd: Rügepflichten in der Hauptverhandlung und Disponibilität strafverfahrensrechtlicher Vorschriften, ZStW 112 (2000), S. 398-428

Henckel, Wolfram: Prozeßrecht und materielles Recht, Göttingen 1970

Henkel, Heinrich: Strafverfahrensrecht. Ein Lehrbuch, 1. Auflage, Stuttgart/Köln 1953 (zitiert: *Henkel*[1])

Ders.: Strafverfahrensrecht. Ein Lehrbuch, 2. Auflage, Stuttgart u. a. 1968

Hepp, o. V.: Anklageschaft, Oeffentlichkeit und Mündlichkeit des Strafverfahrens, gegründet auf eine historisch kritische Beleuchtung des bestehenden Inquisitionsprocesses, Tübingen 1842

Hess, Christian: Die Zulässigkeit aufgedrängter Fürsorge gegenüber dem Beschuldigten im Strafprozess, Frankfurt/M. u. a. 1989 (zugleich *Diss. iur.* Bonn 1989)

Hesse, Konrad: Grundzüge des Verfassungsrechts der Bundesrepublik Deutschland, 20. Auflage, Heidelberg 1995

Hiemsch, Jan: Die bremische Gerichtsverfassung von der ersten Gerichtsordnung bis zur Reichsjustizgesetzgebung 1751-1879, Bremen 1964 (zugl. *Diss. iur.* Kiel 1962) *von Hippel*, Robert: Vorläufiger Entwurf eines Gesetzes zur Änderung des Gerichtsverfassungsgesetzes, ZStW 41 (1920), S. 2-34

Ders.: Der Deutsche Strafprozeß, Marburg 1941

Höfling, Wolfram: Menschenwürde und gute Sitten, NJW 1983, S. 1582-1585

Ders.: Offene Grundrechtsinterptretation. Grundrechtsauslegung zwischen amtlichem Interpretationsmonopol und privater Konkretisierungskompetenz, Berlin 1987 (zugl. *Diss. iur.* Köln 1987)

Hohendorf, Andreas: Zur Revisibilität des Merkmals „genügende Entschuldigung" in § 329 Abs. 1 Satz 1 StPO, GA 1979, S. 414-425

Holzinger, G. L.: Commentar über die Straf-Prozeß-Ordnung für das Königreich Württemberg, zunächst für Praktiker, Ellwangen 1844/45

Huber, Ernst Rudolf: Deutsche Verfassungsgeschichte seit 1789, Band I: Reform und Restauration 1789 bis 1830, 2. Auflage, Stuttgart u. a. 1957; Band II: Der Kampf um Einheit und Freiheit 1830 bis 1850, 3. Auflage, Stuttgart u. a. 1988; Band III: Bismarck und das Reich, 3. Auflage, Stuttgart u. a. 1988 (zitiert: *Huber*, Verfassungsgeschichte I, II, III)

Hübner, Claudia: Allgemeine Verfahrensgrundsätze, Fürsorgepflicht oder fair trial? Ein Beitrag zur Darstellung nicht positivierter Belehrungspflichten im Strafprozeß, Tübingen 1983 (zugl. *Diss. iur.* Tübingen 1983)

Jahn, Gerhard: Reform der Rechtspflege (Justizreform). Ohne Ende – ohne Ziel?, in: Festschrift für Rudolf Wassermann zum sechzigsten Geburtstag, hrsg. von Christian *Broda* u. a., Neuwied/Darmstadt 1985, S. 91-107 (zitiert: *Jahn*, in: FS Wassermann)

Jarass, Hans D.: Grundrechte als Wertentscheidungen bzw. objektiv-rechtliche Prinzipien in der Rechtsprechung des Bundesverfassungsgerichts, AöR 110 (1985), S. 363-397

Ders./Pieroth, Bodo: Grundgesetz für die Bundesrepublik Deutschland: Kommentar, 6. Auflage, München 2002

Jauernig, Othmar: Bürgerliches Gesetzbuch mit Gesetz zur Regelung der Allgemeinen Geschäftsbedingungen, 10. Auflage, München 2003 (zitiert: *Bearbeiter*, in: *Jauernig*)

Jellinek, Georg: System der subjektiven öffentlichen Rechte, 2. Auflage, Tübingen 1905

Jescheck, Hans-Heinrich: Die Verwirkung von Verfahrensrügen im Strafprozeß, JZ 1952, S. 400-403

Ders./Weigend, Thomas: Lehrbuch des Strafrechts. Allgemeiner Teil, 5. Auflage, Berlin 1996

Kaiser, Eberhard: Betrunkene Beschuldigte und Zeugen im Strafverfahren, NJW 1968, S. 185-189

Kant, Immanuel: Grundlegung zur Metaphysik der Sitten, 1785, hrsg. von Karl *Vorländer*, 5. Auflage, Leipzig 1920
Karlsruher Kommentar: Karlsruher Kommentar zur Strafprozeßordnung und zum Gerichtsverfassungsgesetz mit Einführungsgesetz, 4. Auflage, München 1999 (zitiert: KK-*Bearbeiter*)
Katz, Alfred: Staatsrecht. Grundkurs im öffentlichen Recht, 14. Auflage, Heidelberg 1999
Kern, Eduard: Geschichte des Gerichtsverfassungsrechts, München/Berlin 1954
Kiderlen, Karl Götz: „Verwirkung" von Verfahrensrügen? Ein Beitrag zum strafprozessualen Revisionsrecht, *Diss. iur.* Köln 1960
Kindhäuser, Urs: Rügepräklusion durch Schweigen im Strafverfahren, NStZ 1987, S. 529-535
Kintzi, Heinrich: Der eigene Weg der Braunschweigischen Staatsanwaltschaft, in: Justiz im Wandel der Zeit, Festschrift des Oberlandesgerichts Braunschweig, hrsg. von Rudolf *Wassermann*, Braunschweig 1989, S. 111-120 (zitiert: *Kintzi*, in: FS OLG Braunschweig)
Ders.: Reform der Rechtsmittel in Strafsachen, DRiZ 2000, S. 187-194
Kissel, Otto Rudolf: Gerichtsverfassungsgesetz. Kommentar, München 1981
Kitt, Heinrich: Der Strafprozeß im Königreich Bayern diesseits des Rheins mit den seit 1848 zur Strafgesetzgebung erschienenen Gesetzen und Novellen nebst Bemerkungen und Registern, München 1858
Klein, Hans-Hugo: Öffentliche und private Freiheit, Der Staat 10 (1971), S. 145-172
Ders.: Die Grundrechte im demokratischen Staat. Kritische Bemerkungen zur Auslegung der Grundrechte in der deutschen Staatsrechtslehre der Gegenwart, Stuttgart 1972
Kleinfeller, G.: Abwesenheit, Ausbleiben und Terminsversäumnis im Strafproceß, GS 46 (1892), S. 338-386
Kleinknecht, Theodor/*Müller*, Hermann/*Reitberger*, Leonhard: Kommentar zur Strafprozeßordnung, ab der 14. Lieferung hrsg. von Bernd *von Heintschel-Heinegg* und Heinz *Stöckel*, Loseblattsammlung, Neuwied/Kriftel, Stand: 31. Ergänzungslieferung Februar 2002 (zitiert: KMR-*Bearbeiter*)
Knemeyer, Franz-Ludwig: Rechtliches Gehör im Gerichtsverfahren, in: Handbuch des Staatsrechts der Bundesrepublik Deutschland, hrsg. von Josef *Isensee* und Bodo *Kirchhof*, Band VI: Freiheitsrechte, 2. Auflage, Heidelberg 1999, § 155, S. 1271-1304
Knollmann, Johann Wilhelm: Die Einführung der Staatsanwaltschaft im Königreich Hannover. Studien zur Entstehung des reformierten Strafprozesses, Berlin 1994 (zugl. *Diss. iur.* Göttingen 1993)

Koch, Wolf-Peter: Die Reform des Strafverfahrensrechts im „Dritten Reich“ unter besonderer Berücksichtigung des Strafverfahrensordnungsentwurfes von 1939, *Diss. iur.* Erlangen/Nürnberg 1972

Koellreuther, Otto: Deutsches Staatsrecht, Stuttgart 1953

Köstlin, Christian Reinhold: Der Wendepunkt des deutschen Strafverfahrens im neunzehnten Jahrhundert, kritisch und geschichtlich beleuchtet, nebst ausführlicher Darstellung der Entstehung des Geschworenengerichtes, Tübingen 1849

Konzen, Horst: Rechtsverhältnisse zwischen Prozeßparteien. Studien zur Wechselwirkung von Zivil- und Prozeßrecht bei der Bewertung und den Rechtsfolgen prozeßerheblichen Parteiverhaltens, Berlin 1976

Kopp, Ferdinand: Das rechtliche Gehör in der Rechtsprechung des Bundesverfassungsgerichts, AöR 106 (1981), S. 604-632

Kratz, Walter: Einige Überlegungen zur Nachprüfbarkeit des Merkmals „nicht genügend entschuldigtes Ausbleiben“ aufgrund einer allein auf die Sachrüge gestützten Revision gegen ein Verwerfungsurteil nach § 329 Abs. 1 Satz 1 StPO, in: Dogmatik und Praxis des Strafverfahrens. Beiträge anläßlich des Colloquiums zum 65. Geburtstag von Gerhard Kielwein, hrsg. von Heike *Jung* und Heinz *Müller-Dietz*, Köln u. a. 1989 (zitiert: *Kratz*, in: *Jung/Müller-Dietz*)

Krey, Volker: Strafverfahrensrecht, Band II, Stuttgart u. a. 1990

von Kries, August: Das Prinzip der Unmittelbarkeit im Beweisverfahren der deutschen Prozeßordnungen, ZStW 6 (1886), S. 88-203

Ders.: Lehrbuch des Deutschen Strafprozeßrechts, Freiburg 1892

Kritz, Wilhelm Thomas: Das sächsische Strafproceßrecht, Leipzig 1857

Kröger, Klaus: Grundrechtstheorie als Verfassungsproblem, Baden-Baden 1978

Kronecker, o. V.: Zur Beurteilung der Verordnung vom 4. Januar 1924, ZStW 45 (1924), S. 421-451

Krüger, Herbert: Allgemeine Staatslehre, Stuttgart 1964

Krüger, Jochen: Gibt es ein prozessuales Recht auf Abwesenheit von der Hauptverhandlung?, in: Dogmatik und Praxis des Strafverfahrens. Beiträge anläßlich des Colloquiums zum 65. Geburtstag von Gerhard Kielwein, hrsg. von Heike *Jung* und Heinz *Müller-Dietz*, Köln u. a. 1989 (zitiert: *Krüger*, in: *Jung/Müller-Dietz*)

Krug, August Otto: Wie läßt sich die Mündlichkeit des Criminalprozesses mit Urkundlichkeit, Entscheidungsgründen und zweiter Instanz über die Thatfrage vereinigen?, Leipzig 1847

Kühne, Hans-Heiner: Strafverfahrensrecht als Kommunikationsproblem, Heidelberg 1978 (zitiert: *Kühne*, Kommunikationsproblem)

Ders.: Strafprozeßrecht. Ein Lehrbuch zum deutschen und europäischen Strafverfahrensrecht, 5. Auflage, Heidelberg 1999 (zitiert: *Kühne*, Strafprozeßrecht)

Küper, Wilfried: Zum strafprozessualen „Versäumnisurteil" in sog. Bagatellsachen (§ 232 StPO), GA 1971, S. 289-306

Ders.: Zur Auslegung des § 329 I 2 StPO, NJW 1977, S. 1275-1276

Ders.: Anmerkung zu BGH, Beschluß v. 10.8.1977 – 3 StR 240/77 (BGHSt 27, 236-243=JZ 1977, 810-811), JZ 1978, S. 205-207

Kullmann, Hans Josef: Der Rechtsmittelzug im dreistufigen Gerichtsaufbau der ordentlichen Gerichtsbarkeit, ZRP 1972, S. 231-235

Lampe, Joachim: Grenzen des Festhalterechts gegenüber vorgeführten Beschuldigten und Zeugen im Ermittlungsverfahren, MDR 1974, S. 535-540

Landau, Peter: Schwurgerichte und Schöffengerichte in Deutschland im 19. Jahrhundert bis 1870, in: Antonio Padoa *Schioppa* (Hrsg.), The Trial Jury in England, France and Germany 1700-1900, Berlin 1987 (zitiert: *Landau*, in: *Schioppa*)

Lang, Peter: Der Verlust von Verfahrensrügen beim Angeklagten durch Rückgriff auf den Verwirkungsgedanken, München 1994 (zugl. *Diss. iur.* München 1994)

Larenz, Karl: Allgemeiner Teil des Bürgerlichen Gesetzbuches, 5. Auflage, München 1980 (zitiert: *Larenz*, Allgemeiner Teil)

Ders.: Methodenlehre der Rechtswissenschaft, 6. Auflage, Berlin u. a. 1991 (zitiert: *Larenz*, Methodenlehre)

Ders./Wolf, Manfred: Allgemeiner Teil des Bürgerlichen Rechts, 8. Auflage, München 1997)

Lerche, Peter: Grundrechtsschranken, in: Handbuch des Staatsrechts der Bundesrepublik Deutschland, hrsg. von Josef *Isensee* und Bodo *Kirchhof*, Band V: Allgemeine Grundrechtslehren, Heidelberg 1992, § 122, S. 775-804

Lilie, Hans: Ist für die Strafjustiz ein dreigliedriger Justizaufbau, eine Reform des Rechtsmittelsystems und eine Aufabenverlagerung auf außergerichtliche Verfahren zu empfehlen?, Gutachten für den 63. Deutschen Juristentag in Leipzig 2000, in: Verhandlungen des 63. Deutschen Juristentages, hrsg. von der ständigen Deputation des Deutschen Juristentages, Band I: Gutachten, München 2000, Abschnitt D 1-125

von Lilienthal, Karl: Der Entwurf einer Strafprozeßordnung und Novelle zum Gerichtsverfassungsgesetze nebst Begründung. Eine kritische Besprechung, ZStW 19 (1909), S. 1-32, 188-221, 414-434, 549-574, 737-780

Liman, Paul: Der Preußische Strafprozeß. Enthaltend: die Verordnung vom 3. Januar 1849, das Gesetz vom 3. Mai 1852 und die Kriminal-Ordnung für die Preußischen Staaten. Erläutert unter Beibehaltung des Legaltextes erläutert durch sämmtliche Gesetze, Verordnungen, Ministerialverfügungen und Entscheidungen des Ober-Tribunals, 2. Auflage, besorgt von *Schwarck*, Berlin 1852

Lingelbach, Gerhard: Vom Schöppenstuhl zum Oberlandesgericht – Zu vier Jahrhunderten Rechtsprechung in Jena, in: Festschrift zur Wiedererrichtung des Oberlandesgerichts Jena, hrsg. von Hans Joachim *Bauer* und Olaf *Werner*, München 1994 (zitiert: *Lingelbach*, in: FS OLG Jena)

von Löbbecke, Bernfried: Fürsorgepflichten im Strafprozeß?, GA 1973 S. 200-206

Löwe, Ewald: Der preußische Strafproceß. Mit Rücksicht auf die gerichtliche Praxis, Breslau 1861

Ders./Rosenberg, Werner: Die Strafprozeßordnung für das Deutsche Reich vom 22. März 1924 nebst dem Gerichtsverfassungsgesetz und den Gesetzen vom 24. November und 6. Dezember 1933, Kommentar, 19. Auflage, Berlin/Leipzig 1934 (zitiert: LR^{19}-*Bearbeiter*)

Dies.: Die Strafprozeßordnung und das Gerichtsverfassungsgesetz, Großkommentar, hrsg. von Peter *Rieß*, Erster Band: Einleitung, §§ 1-111n, Vierter Band: §§ 296-373a, 24. Auflage, Berlin/New York 1988 (zitiert: LR^{24}-*Bearbeiter*)

Dies.: Die Strafprozeßordnung und das Gerichtsverfassungsgesetz, Großkommentar, hrsg. von Peter *Rieß*, 25. Auflage, Erster Band: Einleitung; §§ 1-71; 4. Lieferung: §§ 213-237, Berlin/New York 1997; 12. Lieferung: §§ 333-358, Berlin/New York 1999 (zitiert: LR^{25}-*Bearbeiter*)

Lüke, Wolfgang: Zivilprozeßrecht. Erkenntnisverfahren, Zwangsvollstreckung, 7. Auflage, München 1999

Luhmann, Niklas: Legitimation durch Verfahren, Neuwied/Berlin 1969

Maatz, Kurt Rüdiger: Die Fortsetzung der Hauptverhandlung in Abwesenheit des Angeklagten. Zur Prüfungskompetenz des Revisionsgerichts in den Fällen des § 231 Abs. 2 StPO, JZ 1991, S. 200-207

Maiwald, Manfred: Zur gerichtlichen Fürsorgepflicht im Strafprozeß und ihren Grenzen, in: Festschrift für Richard Lange zum 70. Geburtstag, hrsg. von Günther *Warda* u. a., Berlin/New York 1976 (zitiert: *Maiwald*, in: FS Lange)

Ders.: Kausalität und Strafrecht, Studien zum Verhältnis von Naturwissenschaft und Jurisprudenz, Göttingen 1980

Ders.: Anmerkung zu BGH, Urteil v. 1.4.1981 – 2 StR 791/80 (BGHSt 28, 74-77), JR 1981, S. 34-36

Malorny, Michael: Der Grundrechtsverzicht, JA 1974, S. 475-480

Mamroth, o. V.: Anmerkung zu OLG Königsberg, Urteil v. 21.3.1932 – 6 S 76/32 (JW 1932, 2990), JW 1932, S. 2920

von Mangoldt, Hermann: Das Bonner Grundgesetz, Berlin 1953

Ders./Klein, Friedrich/*Starck*, Christian: Das Bonner Grundgesetz. Kommentar, Band I: Präambel, Artikel 1 bis 19, 4. Auflage, München 1999 (zitiert: *Bearbeiter*, in: *v. Mangoldt/Klein/Starck*)
Mattil, Friedrich: Treu und Glauben im Strafprozeß, GA 77 (1933), S. 1-18
Maunz, Theodor: Deutsches Staatsrecht, 1. Auflage, München/Berlin 1951
Ders./Dürig, Günther: Grundgesetz. Kommentar, Loseblattsammlung, München 1962 ff., Stand: 41. Lieferung, Oktober 2002 (zitiert: MD-*Bearbeiter*)
Mayer, Hugo: Strafverfahren gegen Abwesende, Berlin 1869
Medicus, Dieter: Allgemeiner Teil des BGB. Ein Lehrbuch, 6. Auflage, Heidelberg 1994
Merten, Detlev: Handlungsgrundrechte als Verhaltensgarantien – zugleich ein Beitrag zur Funktion der Grundrechte, VerwArch 73 (1982), S. 103-121
Meyer-Goßner, Lutz: Strafprozeßordnung. Gerichtsverfassung, Nebengesetze und ergänzende Bestimmungen, 46. Auflage, München 2003
Mittermaier, Carl Josef Anton: Die Lehre vom Beweise im deutschen Strafprozesse nach der Fortbildung durch Gerichtsgebrauch und deutsche Gesetzbücher in Vergleichung mit den Ansichten des englischen und französischen Strafverfahrens, Darmstadt, 1834 (zitiert: *Mittermaier*, Lehre)
Ders.: Der deutsche Strafprozeß, verglichen mit dem auf Oeffentlichkeit, Mündlichkeit und Anklageprincip gebauten Verfahren, mit Prüfung der neuesten Ergebnisse der Strafprozeßgesetzgebung, ACR (NF) 1842, S. 259-298, 424-458
Ders.: Das Verhältnis der Oeffentlichkeit und Mündlichkeit im Strafprozesse zur Motivierung der Strafurtheile und zur Gestattung der Berufung in Strafsachen, ACR (NF) 1843, S. 69-95
Ders.: Das Deutsche Strafverfahren in der Fortbildung durch Gerichts-Gebrauch und Landes-Gesetzbücher und in genauer Vergleichung mit dem englischen und französischen Straf-Verfahren, Band II, 4. Auflage, Heidelberg 1846 (zitiert: *Mittermaier*, Strafverfahren II)
Ders.: Die Mündlichkeit, das Anklageprinzip, die Öffentlichkeit und das Geschworenengericht in ihrer Durchführung in den verschiedenen Gesetzgebungen dargestellt und nach den Forderungen des Rechts und der Zweckmäßigkeit mit Rücksicht auf die Erfahrungen der verschiedenen Länder geprüft, Stuttgart/Tübingen 1845 (zitiert: *Mittermaier*, Mündlichkeit)
Ders.: Die Frage über die Notwendigkeit und Zweckmäßigkeit der Berufung gegen Urteile der Staatsrichter nach den Ergebnissen der neuesten Forschungen und Leistungen der Gesetzgebung, GA 1862, S. 585-597
Ders.: Das Volksgericht in Gestalt der Schwur- und Schöffengerichte, Berlin 1866, in: Sammlung gemeinverständlicher wissenschaftlicher Vorträge, hrsg.

von Rudolf *Virchow* und Friedrich *von Holtzendorff*, I. Serie, Heft 1-24, Berlin 1866 (zitiert: *Mittermaier*, Volksgericht)

Möser, Justus: Patriotische Phantasien, 1. Teil, hrsg. von seiner Tochter I. W. I. *von Voigts*, geb. Möser, Berlin 1842

Molitor, o. V.: Erfahrungen im Gebiete der Criminalrechtspflege, ZStrV 3 (1843), S. 1-56

Momsen, Carsten: Verfahrensfehler und Rügeberechtigung im Strafprozeß. Die Strukturen der Revisionsberechtigung unter besonderer Berücksichtigung des Begriffs „Rechtsnormen, die lediglich zugunsten des Angeklagten gegeben sind" in § 339 StPO, Frankfurt/M. 1997 (zugl. *Diss. iur.* Göttingen 1996)

Müller, Holger: Zum Problem der Verzichtbarkeit und Unverzichtbarkeit von Verfahrensnormen im Strafprozeß. Zugleich ein Beitrag zum Revisionsrecht, *Diss. iur.* Göttingen 1984

Müller-Dietz, Heinz: Die Stellung des Beschuldigten im Strafprozeß, ZStW 93 (1981), S. 1177-1270

von Münch, Ingo/*Kunig*, Philip: Grundgesetz-Kommentar, Band I (Präambel, Art. 1 bis 19), 5. Auflage, München 2000, Band III (Art. 70 bis 146 und Gesamtregister), 5. Auflage, München 2003 (zitiert: *Bearbeiter*, in: *v. Münch/ Kunig)*

Münchner Kommentar: Münchner Kommentar zum Bürgerlichen Gesetzbuch, Band 1: Allgemeiner Teil (§§ 1-240; AGB-Gesetz), 4. Auflage, München 2001; Band 2: Schuldrecht Allgemeiner Teil (§§ 241-432; FernAbsG), 4. Auflage, München 2001 (zitiert: MK/BGB- *Bearbeiter*)

Münchner Kommentar: Münchner Kommentar zur Zivilprozeßordnung mit Gerichtsverfassungsgesetz und Nebengesetzen, Band 1: §§ 1-354, hrsg. von Gerhard *Lüke* und Peter *Wax*, 2. Auflage, München 2000 (zitiert: MK/ZPO-*Bearbeiter*)

Musielak, Hans-Joachim: Kommentar zur Zivilprozeßordnung mit Gerichtsverfassungsgesetz, 3. Auflage, München 2002 (zitiert: *Bearbeiter*, in: *Musielak*)

Niemöller, Martin/*Schuppert*, Gunnar Folke: Die Rechtsprechung des BVerfG zum Strafverfahrensrecht, AöR 107 (1982), S. 387-498

Niethammer, Emil: Die Hauptverhandlung ohne den Angeklagten, in: Festschrift für Heinrich Rosenfeld zu seinem 80. Geburtstag am 14. August 1949, Berlin 1949 (zitiert: *Niethammer*, in: FS Rosenfeld)

Nöldeke, Werner: Zur Vereinfachung des Rechtsschutzes gegen die Verwerfungsurteile nach §§ 329 Abs. 1 und 412 StPO, in: Gedächtnisschrift für Karlheinz Meyer, hrsg. von Klaus *Geppert* und Diether *Dehnicke*, Berlin/New York 1990 (zitiert: *Nöldeke*, in: GedS Meyer)

Noellner, Friedrich: Die wichtigsten Bestimmungen des Entwurfs einer Strafproceßordnung für das Großherzogthum Baden, beurteilt durch die Commissionen der ersten und zweiten Kammer der Landstände, ZStrV (NF) 2 (1844), S. 204-243

Ders.: Übersicht über die neuesten landständischen Verhandlungen zur Verwirklichung des Princips der Mündlichkeit und Öffentlichkeit im Strafverfahren, A. Die Verhandlungen auf dem Großherzoglich Hessischen Landtage von 1845 wegen Beschleunigung des Entwurfs einer Strafproceßordnung, mit besonderer Rücksicht auf die Mängel des bestehenden Strafverfahrens, ZStrV (NF) 2 (1844), S. 380-452

Oetker, Friedrich: Anm. zu RG, Urteil v. 16. Juni 1931 – 1 D 417/31 (JW 1932, Nr. 35), JW 1932, S. 511-512

von Olshausen, Henning: Menschenwürde im Grundgesetz; Wertabsolutismus oder Selbstbestimmung?, NJW 1982, S. 2221-2224

Oppe, Wilfried: Das Abwesenheitsverfahren in der Strafprozeßreform, ZRP 1972, S. 56-59

Ossenbühl, Fritz: Die Interpretation der Grundrechte in der Rechtsprechung des Bundesverfassungsgerichts, NJW 1976, S. 2100-2107

Palandt, Otto: Bürgerliches Gesetzbuch, 62. Auflage, München 2003 (zitiert: *Bearbeiter*, in: *Palandt*)

Peters, Karl: Empfiehlt es sich, das Rechtsmittelsystem in Strafsachen, insbesondere durch Einführung eines Einheitsrechtsmittels, grundlegend zu ändern?, Gutachten für den 52. Deutschen Juristentag, in: Verhandlungen des 52. Deutschen Juristentages, hrsg. von der ständigen Deputation des Deutschen Juristentages, Wiesbaden 1978, Band I: Gutachten, München 1978, Abschnitt C 1-101

Ders.: Strafprozeß. Ein Lehrbuch, 4. Auflage, Heidelberg 1985

Pfeiffer, Gerd: Strafprozeßordnung und Gerichtsverfassungsgesetz. Kommentar, 4. Auflage, München 2002

Pieroth, Bodo/*Schlink*, Bernhard: Grundrechte. Staatsrecht II, 17. Auflage, Heidelberg 2001

Pietzcker, Jost: Die Rechtsfigur des Grundrechtsverzichts, Der Staat 17 (1978), S. 572-551

Planck, Julius Wilhelm: Systematische Darstellung des deutschen Strafverfahrens auf Grundlage der neueren Strafprozeßordnungen seit 1848, Göttingen 1857

Prantl, Heribert: Franz Kafkas Reform. Anwälte beklagen die Pläne der Bundesjustizministerin – fast wie im „Prozess" des Schriftstellers, Süddeutsche Zeitung vom 2. Juni 2000, S. 14

Preiser, o. V.: Der Umfang der Prüfung des Revisionsgerichts nach § 329 Abs. 1 StPO, GA 1965, S. 366-373

Rath, Jürgen: Zum Begriff der Verhandlungsfähigkeit im Strafverfahren, GA 1997, S. 214-228

Redeker, Martin: Peep-Show und Menschenwürde – Ein Beitrag zur Interpretation von Art. 1 Abs. 1 Satz 1 GG, BayVBl. 1985, S. 73-78

Rentzel-Rothe, Wolfgang: Der „Goldtschmidt-Entwurf". Inhalt, reformgeschichtlicher Hintergrund und Schicksal des Entwurfs eines Gesetzes über den Rechtsgang in Strafsachen 1919/1920, Pfaffenweiler 1995 (zugl. *Diss. iur.* Bremen 1994)

Riehle, Eckart: Funktionstüchtige Strafrechtspflege contra strafprozessuale Garantien, KritJ 1980, S. 316-324

Rhinow, René A.: Grundrechtstheorie, Grundrechtspolitik und Freiheitspolitik, in: Recht als Prozeß und Gefüge. Festschrift für Hans Huber zum 80. Geburtstag, Bern 1981, S. 427-446 (zitiert: *Rhinow*, in: FS Huber)

Richter, Optatus Leopold Wilhelm: Handbuch des Strafverfahrens in den Königlich Preußischen Staaten, mit Ausnahme derjenigen Provinzen, in welchen noch französisches Recht gilt. Eine Zusammenstellung aller, für das gesammte Straf-Verfahren bestehenden gesetzlichen Vorschriften mit Zuziehung der besten Hülfsmittel der rechtswissenschaftlichen und gerichtlichmedizinischen Literatur, Königsberg 1830/31

Rieß, Peter: Der Hauptinhalt des Ersten Gesetzes zur Reform des Strafverfahrensrechts, NJW 1975, S. 81-89

Ders.: Die Neugestaltung der Rechtsmittel in Strafsachen (Zum „Diskussionsentwurf eines Gesetzes über die Rechtsmittel in Strafsachen" der Bund-Länder-Arbeitsgruppe „Strafverfahrensreform"), DRiZ 1976, S. 3-11

Ders.: Gesamtreform des Strafverfahrensrechts – eine lösbare Aufgabe, ZRP 1977, S. 66-77

Ders.: Referat, in: Verhandlungen des 52. Deutschen Juristentages, Band II: Sitzungsberichte, hrsg. von der ständigen Deputation des Deutschen Juristentages, München 1978, Abschnitt L 8-34

Ders.: Die Durchführung der Hauptverhandlung ohne Angeklagten. Zugleich ein Beitrag zum neuen § 231a StPO, JZ 1975, S. 265-272

Ders.: Der Beschuldigte als Subjekt des Strafverfahrens in Entwicklung und Reform der Strafprozeßordnung, in: Vom Reichsjustizamt zum Bundesministerium der Justiz. Festschrift zum 100jährigen Gründungstag des Reichsjustizamtes am 1. Januar 1877, hrsg. vom Bundesministerium der Justiz, Köln 1977 (zitiert: *Rieß*, in: FS BMJ)

Ders.: Die Hauptverhandlung ohne den Angeklagten in der Bundesrepublik Deutschland, Deutsche Strafrechtliche Landesreferate zum X. Internationalen Kongreß für Rechtsvergleichung, Budapest 1978, ZStW 90 (1978), Beiheft, S. 175-216

Ders.: Unentschuldigtes Ausbleiben des Angeklagten, Privatklägers oder Nebenklägers in der Berufungshauptverhandlung, NStZ 2000, S. 120-124

Robbers, Gerhard: Der Grundrechtsverzicht. Zum Grundsatz „*volenti non fit iniuria*“ im Verfassungsrecht, JuS 1985, S. 925-931

Röhl, Hellmut: Das rechtliche Gehör, NJW 1953, S. 1531-1534

Rosenau, Henning: Anmerkung zu BayObLG, Beschluß v. 24.2.1999 – 5 St RR 237/98 (NJW 1999, 3424-3425), JR 2000, S. 81-83

Rosenberg, Leo/*Schwab*, Karl Heinz/*Gottwald*, Peter: Zivilprozeßrecht, 15. Auflage, München 1993

Roth, A.: Strafverteidigung, in: Handwörterbuch zur Deutschen Rechtsgeschichte, hrsg. von Adalbert *Erler* und Ekkehard *Kaufmann*, Band V, Berlin 1998, Sp. 6-9 (zitiert: *Roth*, Strafverteidigung, in: HRG V)

Roxin, Claus: Die „ sozialethischen Einschränkungen des Notwehrrechts“ – Versuch einer Bilanz, ZStW 93 (1981), S. 68-104

Ders.: Strafrecht. Allgemeiner Teil, Band I: Grundlagen. Der Aufbau der Verbrechenslehre, 3. Auflage, München 1997 (zitiert: *Roxin*, Allgemeiner Teil)

Ders.: Strafverfahrensrecht. Ein Studienbuch, 25. Auflage, München 1998 (zitiert: *Roxin*, Strafverfahrensrecht)

Rüping, Hinrich: Die Mitwirkungspflicht des Angeklagten, JR 1974, S. 135-140

Ders.: Der Grundsatz des rechtlichen Gehörs und seine Bedeutung im Strafverfahren, Berlin 1976

Rüthers, Bernd: Rechtstheorie. Begriff, Geltung und Anwendung des Rechts, München 1999

Sachs, Michael: Grundgesetz, 3. Auflage, München 2003 (zitiert: *Bearbeiter*, in: *Sachs*)

Sarstedt, Werner: Referat, in: Verhandlungen des 52. Deutschen Juristentages, Band II: Sitzungsberichte, hrsg. von der ständigen Deputation des Deutschen Juristentages, München 1978, Abschnitt L 35-50

Ders./Hamm, Rainer: Die Revision in Strafsachen, 6. Auflage, Berlin, New York 1998

Sax, Walter: Zur Frage der Zulässigkeit der sofortigen Verwerfung der Berufung (§ 329 Abs. 1 StPO) bei Ausbleiben des Angeklagten in einer späteren Hauptverhandlung, JR 1967, S. 41-56

Schall, Konrad: Gerichtsbauwesen 1803-1918 im Spiegel von Gerichtsverfassung und Prozeßordnungen – dargestellt am Beispiel Badens, *Diss. iur.* Freiburg 1994

Schlüchter, Ellen: Das Strafverfahren, 2. Auflage, Köln u. a. 1983

Dies.: Wider die Verwirkung von Verfahrensrügen, in: Gedächtnisschrift für Karlheinz Meyer, hrsg. von Klaus *Geppert* und Diether *Dehnicke*, Berlin/New York 1990, S. 445-467 (zitiert: *Schlüchter*, in: GedS Meyer)

Schmid, Werner: Die „Verwirkung“ von Verfahrensrügen im Strafprozeß, Frankfurt/Main, 1967

Schmidt, Eberhard: Lehrkommentar zur Strafprozeßordnung und zum Gerichtsverfassungsgesetz, Teil I: Die rechtstheoretischen und die rechtspolitischen Grundlagen des Strafverfahrensrechts, 2. Auflage, Göttingen 1966; Teil II: Erläuterungen zur Strafprozeßordnung und zum Einführungsgesetz zur Strafprozeßordnung, Göttingen 1957; Nachträge und Ergänzungen zu Teil II (Strafprozeßordnung), Nachtragsband I (StPO), Göttingen 1967 (zitiert: *Eb. Schmidt*, Lehrkommentar I, II, Nachtragsband I)

Ders.: Einführung in die Geschichte der Strafrechtspflege, 3. Auflage, Göttingen 1965 (zitiert: *Eb. Schmidt*, Geschichte)

Ders.: Revisionsverhandlung und Verteidigung, NJW 1967, S. 853-858

Ders.: Materielle Rechtskraft – Materielle Gerechtigkeit, JZ 1968, S. 681-684

Schmidt, Richard: Die Ankündigung der Strafgerichts- und Strafprozeßreform, JW 1920, S. 20-24

Schmitt, Carl: Verfassungslehre, München/Leipzig 1928 (zitiert: *Schmitt*, Verfassungslehre)

Ders.: Verfassungsrechtliche Aufsätze aus den Jahren 1924-1954. Materialien zu einer Verfassungslehre, Berlin 1958 (zitiert: *Schmitt*, Verfassungsrechtliche Aufsätze)

Schmitt Glaeser, Walter: Planung und Grundrechte, DÖV 1980, S. 1-6

Schnapp, Friedrich E.: Grenzen der Grundrechte, JuS 1978, S. 729-735

Schneidewin, Karl: Anmerkung zu LG Köln, Urteil vom 1.7.1960 – 28 Ms Ns 6/59 (NJW 1961, 841-842), NJW 1961, S. 841-442

Schönke, Adolf/*Schröder*, Horst: Strafgesetzbuch. Kommentar, hrsg. von Theodor *Lenckner* u. a., 26. Auflage, München 2001 (zitiert: *Bearbeiter*, in: *Schönke/Schröder*)

Schroeder, Friedrich Christian: Revision der Staatsanwaltschaft bei Verwerfung der Berufung des nicht erschienenen Angeklagten, NJW 1973, S. 308

Ders./Mendl, Wolfhard: Strafprozeßrecht. Fälle und Lösungen nach höchstrichterlichen Entscheidungen, 3. Auflage, Heidelberg 1998

Ders.: Strafprozeßrecht, 3. Auflage, München 2001

Schubert, Werner/*Regge*, Jürgen: Entstehung und Quellen der Strafprozeßordnung von 1877, Frankfurt 1989 (zitiert: *Verfasser*, in: *Schubert/Regge*)

Ders./ u. a.(Hrsg.): Quellen zur Reform des Straf- und Strafprozeßrechts, III. Abteilung: NS-Zeit (1933-1939) – Strafverfahrensrecht, Band 1: Entwürfe zu einer Strafverfahrensordnung und einer Friedens- und Schiedsrichterordnung (1936-1939), Berlin/New York 1991 (zitiert: *Schubert*, Entwürfe)

Ders. (Hrsg.): Quellen zur Reform des Straf- und Strafprozeßrechts, III. Abteilung: NS-Zeit (1933-1939) – Strafverfahrensrecht, Band 2: Protokolle der Großen Strafrechtskommission des Reichsjustizministeriums (1936-1938),

1. Teil, Berlin/New York 1991 (zitiert: *Schubert*, Quellen zur Reform des Straf- und Strafprozeßrechts, III. Abt., Band 2/1)

Ders./u. a. (Hrsg.): Quellen zur Reform des Straf- und Strafprozeßrechts, I. Abteilung: Weimarer Republik, Band 4: Von dem Entwurf eines Gesetzes über den Rechtsgang in Strafsachen (1919/20) bis zur Verordnung über Gerichtsverfassung und Strafrechtspflege (lex Emminger) vom 4. 1. 1924, Berlin/New York 1999 (zitiert: *Schubert*, Quellen zur Reform des Straf- und Strafverfahrensrechts, I. Abt., Band 4)

Schwarze, Friedrich Oskar: Die zweite Instanz im mündlichen Strafverfahren, GS 7 (1855) II, S. 81-107

Ders.: Commentar zur Strafproceßordnung des Königreichs Sachsen vom 11. August 1855, Band II, Leipzig 1856 (zitiert: *Schwarze*, Commentar II)

Ders.: Die Stellung des Appellationsrichters im mündlichen Strafverfahren, GS 13 (1861), S. 102-145

Ders.: Die zweite Instanz in Strafsachen, GS 13 (1861), S. 388-395

Ders.: Die zweite Instanz im mündlichen Strafverfahren, GA 1863, S. 11-21, 73-82

Ders.: Das deutsche Schwurgericht und dessen Reform, Erlangen 1865 (zitiert: *Schwarze*, Schwurgericht)

Ders.: Die Strafprozeßgesetze im Königreiche Sachsen, Band I: Die Rev. Strafprozeßordnung und die auf dieselbe sich beziehenden Nebengesetze und Ausführungs-Verordnungen, Leipzig 1868 (zitiert: *Schwarze*, Strafprozeßgesetze I)

Ders.: Die Rechtsmittel, in: Friedrich *von Holtzendorff* (Hrsg.), Handbuch des deutschen Strafprozeßrechts, Zweiter Band, Berlin 1879, S. 239-322 (zitiert: *Schwarze*, in: *v. Holtzendorff*, Handbuch II)

Schwinge, Erich: Der Kampf um die Schwurgerichte, Breslau 1926

Seidel, Theodor: Das Recht des Beschuldigten auf rechtliches Gehör, *Diss. iur.* Berlin 1963

Sellert, Wolfgang: Schwurgericht, Geschworenengericht, in: Handwörterbuch zur Deutschen Rechtsgeschichte, hrsg. von Adalbert *Erler* und Ekkehard *Kaufmann*, Band IV, Berlin 1990, Sp. 1581-1588 (zitiert: *Sellert*, Schwurgericht, Geschworenengericht, in: HRG IV)

Ders.: Strafprozeß II (gemeiner, reformierter), in: Handwörterbuch zur Deutschen Rechtsgeschichte, hrsg. von Adalbert *Erler* und Ekkehard *Kaufmann*, Band IV, Berlin 1990, Sp. 2035-2039 (zitiert: *Sellert*, Strafprozeß II, in: HRG IV)

Smend, Rudolf: Verfassung und Verfassungsrecht, in: *ders.*, Staatsrechtliche Abhandlungen und andere Aufsätze, 2. Auflage, Berlin 1968, S. 119-276

Soergel, Hans Theodor: Bürgerliches Gesetzbuch mit Einführungsgesetz und Nebengesetzen, Band 2: Schuldrecht I (§§ 241-432), 12. Auflage, Stuttgart u. a. 1990 (zitiert: *Bearbeiter*, in: *Soergel*)

Starck, Christian: Die Grundrechte des Grundgesetzes, JuS 1981, S. 237-246

von Staff, o. V.: Zur Umgestaltung des Gerichtsverfassungsgesetzes, DStrRZ 7 (1920), Sp. 3-9

Stein, Friedrich/*Jonas*, Martin: Kommentar zur Zivilprozeßordnung, bearbeitet von Reinhard *Bork* u. a., Band 2: §§ 91-252, 21. Auflage, Tübingen 1994; Band 4, Teilband 1: §§ 300-347, 21. Auflage, Tübingen 1998; Band 5, Teilband 1: §§ 511-591, 21. Auflage, Tübingen 1993 (zitiert: *Bearbeiter*, in: *Stein/Jonas*)

Stein, Ulrich: Die Anwesenheitspflicht des Angeklagten in der Hauptverhandlung. Versuch einer verfassungskonformen Auslegung der §§ 230, 231, 232-236 StPO, ZStW 97 (1985), S. 303-330

von Stemann, Christian: Darstellung des Preussischen Strafverfahrens, Berlin 1858

Stern, Hugo: Anmerkung zu OLG Dresden, Urteil v. 14. Januar 1931 – 1 OSt 297/39 (JW 1932, Nr. 32), JW 1932, S. 1781-1782

Stern, Klaus: Qualität und Bedeutung der Prozeßgrundrechte für die Grundrechtsbindung der Rechtsprechung, in: Verwaltung im Rechtsstaat, Festschrift für Carl-Herrmann Ule zum 80. Geburtstag am 26. Februar 1987, hrsg. von Willi *Blümel* u. a., Köln u. a. 1987, S. 359-374 (zitiert: *Stern*, in: FS Ule)

Ders.: Das Staatsrecht der Bundesrepublik Deutschland, Band I: Grundbegriffe und Grundlagen des Staatsrechts, Strukturprinzipien der Verfassung, 2. Auflage, München 1984; Band III: Allgemeine Lehren der Grundrechte, Teilband 1: Grundlagen und Geschichte, nationaler und internationaler Grundrechtskonstitutionalismus, juristische Bedeutung der Grundrechte, Grundrechtsberechtigte, Grundrechtsverpflichtete, München 1988, Teilband 2: Grundrechtstatbestand, Grundrechtsbeeinträchtigungen und Grundrechtsbegrenzungen, Grundrechtsverluste und Grundpflichten, Schutz der Grundrechte, Grundrechtskonkurrenzen, Grundrechtssystem, unter Mitwirkung von Michael *Sachs*, München 1994 (zitiert: *Stern*, Staatsrecht I, III/1, III/2)

Stock, Ulrich: Das Ziel des Strafverfahrens, in: Festschrift für Edmund Mezger zum 70. Geburtstag am 15.10.1953, hrsg. von Karl *Engisch* und Reinhart *Maurach*, München/Berlin 1953, S. 429-453 (zitiert: *Stock*, in: FS Mezger)

Sturm, Gerd: Probleme eines Verzichts auf Grundrechte, in: Menschenwürde und freiheitliche Rechtsordnung. Festschrift für Willi Geiger zum 65. Geburtstag, hrsg. von Gerhard *Leibholz* u. a., Tübingen 1974 (zitiert: *Sturm*, in: FS Geiger)

Sundelin, Paul: Die Berechtigung und Bedeutung des Verhörs im gegenwärtigen Preußischen Strafverfahren, gegenüber der Forderung seiner Beseitigung, GA 1858, S. 624-635

Ders.: Die Staatsanwaltschaft in Deutschland: ihre jetzige Gestalt in den deutschen Gesetzen, ihre Prinzipien und Bedürfnisfragen, Anclam 1860

Systematischer Kommentar: Systematischer Kommentar zum Strafgesetzbuch, hrsg. von Hans-Joachim *Rudolphi* u. a., Loseblattsammlung, 6. Auflage Neuwied/Kriftel 1993, Stand: 55. Ergänzungslieferung, September 2002 (zitiert: SK/StGB-*Bearbeiter*)

Systematischer Kommentar: Systematischer Kommentar zur Strafprozeßordnung und zum Gerichtsverfassungsgesetz, hrsg. von Hans-Joachim *Rudolphi* u. a., Loseblattsammlung, Neuwied/Kriftel 1986 ff., Stand: 29. Aufbau-Lieferung, September 2002 (zitiert: SK/StPO-*Bearbeiter*)

Temme, Jodokus Deodatus Hubertus: Grundzüge eines deutschen Strafverfahrens, Arnsberg/Hamm 1850

Thilo, Wilhelm: Strafproceßordnung für das Großherzogthum Baden, nebst den Gesetzen über die privatrechtlichen Folgen von Verbrechen, die Gerichtsverfassung, den Strafvollzug im neuen Männerzuchthause zu Bruchsal mit den Motiven der Regierung und den Resultaten der Ständeverhandlungen im Zusammenhange dargestellt, Karlsruhe 1845

Thomas, Heinz/*Putzo*, Hans: Zivilprozeßordnung, 24. Auflage, München 2002 (zitiert: *Bearbeiter*, in: *Thomas/Putzo*)

von Tippelskirch, o. V.: Über den Verzicht in Strafsachen, mit besonderer Beziehung auf die Rechtsprechung des Preußischen Ober-Tribunals, 1. Teil, GA 9 (1861), S. 577-587

Tröndle, Herbert: Zur Frage der Berufung in Strafsachen – Rückschau und Ausblick, GA 1967, S. 161-182

Ders.: Zur Reform des Rechtsmittelsystems in Strafsachen (1976), in: Antworten auf Grundfragen. Ausgewählte Beiträge eines Strafrechtskommentators aus drei Jahrzehnten, hrsg. von Walter *Odersky*, München 1999 (zitiert: *Tröndle*, in: Grundfragen)

Ders./Fischer, Thomas: Strafgesetzbuch und Nebengesetze, 51. Auflage, München 2003

Ungewitter, Reinhard: Verwerfung der Berufung beim Ausbleiben des Angeklagten in einem späteren Termin?, NJW 1962, S. 2144-2145

Voitus, C. A.: Kontroversen betreffend die Strafprozeßordnung und das Gerichtsverfassungsgesetz, Zweiter Band, Berlin 1883

Volk, Klaus: Strafprozeßrecht, 3. Auflage, München 2002

Vormbaum; Thomas: Die Lex Emminger vom 4. Januar 1924. Vorgeschichte, Inhalt und Auswirkungen. Ein Beitrag zur Strafrechtsgeschichte des 20. Jahrhunderts, Berlin 1988

Walther, Friedrich: Die Rechtsmittel im Strafverfahren nach den Grundsätzen des englisch-französischen Strafproceßrechtes, 2 Abtheilungen, München 1853 und 1855 (zitiert: *Walther*, Rechtsmittel I, II)

Ders.: Lehrbuch des bayrischen Strafprozeßrechts mit Rücksicht auf andere Gesetzgebungen, München 1859 (zitiert: *Walther*, Lehrbuch)

Warda, Günther: Hauptverhandlung mit dem verhandlungsunfähigen, aber verhandlungswilligen Angeklagten?, in: FS für Jürgen Bruns zum 70. Geburtstag, hrsg. von Wolfgang *Frisch* und Werner *Schmid*, Köln u. a. 1978 (zitiert: *Warda*, in: FS Bruns)

Weber, Ulrich: Der Mißbrauch prozessualer Rechte, GA 1975, S. 289-305

Welp, Jürgen: Der Verteidiger als Anwalt des Vertrauens, ZStW 90 (1978), S. 101-131

Wessels, Johannes/*Beulke*, Werner: Strafrecht. Allgemeiner Teil: Die Straftat und ihr Aufbau, 30. Auflage, Heidelberg 2000

Wendisch; Günter: Anmerkung zu KG, Beschluß vom 15.3.1976 – 2 Ws 46/76 (JR 1976, 425-42), S. 426-427

Ders.: Anmerkung zu OLG Karlsruhe, Beschluß v. 21.5.1980 – 3 Ws 67/80 (JR 1981, 129-131), S. 131-132

Wiest, Wilhelm: Die Nothwendigkeit und die Bedingungen der Mündlichkeit im Strafverfahren, Schaffhausen 1844

Wohlers, Wolfgang: Entstehung und Funktion der Staatsanwaltschaft. Ein Beitrag zu den rechtshistorischen und strukturellen Grundlagen des reformierten Strafverfahrens, Berlin 1994 (zugl. *Diss. iur.* Hamburg 1992/93)

Wolff, Hans J.: Rechtsgrundsätze und verfassungsgestaltende Grundentscheidungen als Rechtsquellen, in: Forschungen und Berichte aus dem öffentlichen Recht, Gedächtnisschrift für Walter Jellinek, hrsg. von Otto *Bachof* u. a., München 1955, S. 33-52

Ders./*Bachof*, Otto/*Stober*, Rolf: Verwaltungsrecht. Ein Studienbuch, Band I, 11. Auflage, München 1999

Zachariae, Heinrich Albert: Die Gebrechen und die Reform des deutschen Strafverfahrens, dargestellt auf der Basis einer consequenten Entwicklung des inquisitorischen und des accusatorischen Prinzips, Göttingen 1846 (zitiert: *Zachariae*, Gebrechen)

Ders.: Deutsches Staats- und Bundesrecht, Zweiter Theil: Das Regierungsrecht der Bundesstaaten und das Bundesrecht, 2. Auflage, Göttingen 1854 (zitiert: *Zachariae*, Staatsrecht II)

Ders.: Handbuch des deutschen Strafprocesses. Systematische Darstellung des auf den Quellen des gemeinen Rechts und der neuern deutschen Gesetzgebung beruhenden Criminal-Verfahrens in wissenschaftlicher Begründung und Verbindung, Band I: welcher die Einleitung, die rationellen und historischen Grundlagen des deutschen Strafprocesses und die Lehre von der Strafgerichtsverfassung enthält, Göttingen 1861, Band II, welcher die das Strafverfahren selbst betreffenden Lehren enthält, Göttingen 1863 (zitiert: *Zachariae*, Handbuch I, II)

Ders.: Das moderne Schöffengericht, Berlin 1872 (zitiert: *Zachariae*, Schöffengericht)

Zeuner, Albrecht: Das rechtliche Gehör, in: Festschrift für Hans Carl Nipperdey zum 70. Geburtstag, 21. Januar 1965, hrsg. von Rolf *Dietz* und Heinz *Stöcker*, Band I, München/Berlin 1965, S. 1013-1040

Zimmermann, Holger P.: Die Freiheit und Gebundenheit der Staatsanwaltschaft bei der Anklageerhebung. Zugleich ein Beitrag zu den historischen und rechtsphilosophischen Grundlagen des reformierten Strafprozesses, München 1988 (zugl. *Diss. iur.* Hamburg 1988)

Zinn, Georg August/*Stein*, Erwin: Die Verfassung des Landes Hessen. Kommentar, Loseblattsammlung, Baden-Baden 1963 ff., Stand: 16. Ergänzungslieferung, Januar 1999 (zitiert: *Bearbeiter*, in: *Zinn/Stein*)

Zippelius, Reinhold: Juristische Methodenlehre. Eine Einführung, 7. Auflage, München 1999

Zöller, Richard: Zivilprozeßordnung mit Gerichtsverfassungsgesetz und den Einführungsgesetzen, mit Internationalem Zivilprozeßrecht, EG-Verordnungen, Kostenanmerkungen, bearbeitet von Reinhold *Geimer*, Kurt *Herget* u. a., 23. Auflage, Köln 2002

Quellenverzeichnis

Bayern:

Verhandlungen der Zweiten Kammer der Ständeversammlung des Königreichs Bayern (zitiert: Band, Jahr, Seite)

Sitzungsberichte der bayerischen Strafgerichte, Band II, Erlangen 1850

Bremen:

Gesetzblatt der freien und Hansestadt Bremen, 1863, 1865, 1870

Bundesrepublik Deutschland:

Entwurf des Verfassungskonvents auf Herrenchiemsee vom 10.-23.08.1948, in: Der Parlamentarische Rat 1948-1949. Akten und Protokolle, hrsg. vom Deutschen Bundestag und vom Bundesarchiv, Band II: Der Verfassungskonvent auf Herrenchiemsee, bearbeitet von Peter *Bucher*, Boppard/Rhein 1981

Referentenentwurf eines Gesetzes zur Neugliederung der ordentlichen Gerichtsbarkeit (Erstes Justizreformgesetz), hrsg. vom Bundesministerium der Justiz, 1971

Die Reform der ordentlichen Gerichtsbarkeit, hrsg. von der Gewerkschaft ÖTV, 1971

Diskussionsentwurf eines Gesetzes über die Rechtsmittel in Strafsachen (DE-Rechtsmittelgesetz). Im Auftrage der Konferenz der Justizminister und -senatoren vorgelegt von der Bund-Länder-Arbeitsgruppe „Strafverfahrensreform“, 1975

Koalitionsvereinbarung zwischen SPD und Bündnis 90/Die Grünen vom 20. 10. 1998, http://bundesregierung.de/02/0203/020200/00.html.

Große Strafrechtskommission des Deutschen Richterbundes, Gutachten zum Thema „Reform der Rechtsmittel im Strafverfahren“. Im Auftrag des Bundesministeriums der Justiz, Ergebnisse der Sitzung vom 26.07. bis 31.07.1999 in Berlin

Deutsches Reich:

Deutsche Bundesakte von 1815, in: Ernst Rudolf *Huber* (Hrsg.), Dokumente zur Deutschen Verfassungsgeschichte, Band I: Deutsche Verfassungsdokumente 1803-1850, Stuttgart 1961, Nr. 29, S. 75-81

Frankfurter Reichsverfassung von 1849, in Ernst Rudolf *Huber* (Hrsg.), Dokumente zur Deutschen Verfassungsgeschichte, Band I: Deutsche Verfassungsdokumente 1803-1850, Stuttgart 1961, Nr. 101, S. 304-326

Hahn, Carl: Die gesammten Materialien zur Civilprozeßordnung und zum Einführungsgesetz zu derselben vom 30. Januar 1877. Auf Veranlassung des Kaiserlichen Reichs-Justizamtes herausgegeben, Erste Abtheilung, Berlin 1880 (zitiert: *Hahn*, Materialien zur CPO, Erste Abth.)

Ders.: Die gesammten Materialien zur Strafprozeßordnung und zum Einführungsgesetz zu derselben vom 1. Februar 1877. Auf Veranlassung des Kaiserlichen Reichs-Justizamtes herausgegeben, Erste Abtheilung, Berlin 1880, Zweite Abtheilung, Berlin 1881 (zitiert: *Hahn*, Materialien zur StPO, Erste Abth., Zweite Abth.)

Protokolle der Kommission für die Reform des Strafprozesses, hrsg. vom Reichs-Justizamte. Erster Band: Erste Lesung, Zweiter Band: Zweite Lesung und Zusammenstellung der Beschlüsse, Berlin 1905

Entwurf einer Strafprozeßordnung und Novelle zum Gerichtsverfassungsgesetz nebst Begründung. Amtliche Ausgabe, Berlin 1908

Entwurf eines Gesetzes zur Änderung des Gerichtsverfassungsgesetzes und Entwurf eines Gesetzes über den Rechtsgang in Strafsachen nebst Begründung. Veröffentlicht auf Anordnung des Reichsjustizministeriums, Berlin 1920

Hamburg:

Gesetzsammlung der freien und Hansestadt Hamburg, 1869

Kurhessen:

Sammlung von Gesetzen, Verordnungen, Ausschreiben und anderen allgemeinen Verfügungen für Kurhessen, 1861, 1862, 1863

Lübeck:

Sammlung der Lübeckischen Verordnungen und Bekanntmachungen, 1860, 1862, 1863

Preußen:

Gesetz-Sammlung für die Königlich Preußischen Staaten, 1846, 1866, 1867

Vollständige Materialien zu der Verordnung vom 3. Januar 1849 und dem Gesetze vom 3. Mai 1852 betreffend die Einführung des mündlichen und öffentlichen Verfahrens mit Geschworenen in Untersuchungssachen (Motive, Kommissionsberichte und Kammer-Verhandlungen), Berlin 1852 (zitiert: Materialien)

Württemberg:

Strafprozeß-Ordnung vom 17. April 1868, in: Die Neue Justizgesetzgebung des Königreichs Württemberg. Amtliche Handausgabe, III. Bandes 1. Abtheilung, Strafprozeß-Ordnung. Gesetz und Sachregister, Stuttgart 1869

Haeberlin, Carl Franz Wolff Jérome: Sammlung der neuen deutschen Strafprozessordnungen mit Einschluss der französischen und belgischen so wie der Gesetze über Einführung des mündlichen und öffentlichen Strafverfahrens mit Schwurgerichten, Greifswald 1852

Sundelin, Paul: Sammlung der neuern deutschen Gesetze über Gerichtsverfassung und Strafverfahren, Berlin 1861

SCHRIFTEN ZUM STRAFRECHT UND STRAFPROZESSRECHT

Herausgegeben von Manfred Maiwald

Band 1 Christian-Peter Frees: Die steuerrechtliche Selbstanzeige. Zur kriminalpolitischen Zweckmäßigkeit des § 371 AO. 1991.

Band 2 Norbert Joachim: Der Hörensagenbeweis im Strafverfahren. 1991.

Band 3 Alfred A. Göbel: Die Einwilligung im Strafrecht als Ausprägung des Selbstbestimmungsrechts. 1991.

Band 4 Karl-Heinz Vehling: Die Abgrenzung von Vorbereitung und Versuch. 1991.

Band 5 Heiko Hartmut Lesch: Das Problem der sukzessiven Beihilfe. 1992.

Band 6 Dirk Schwerdtfeger: Besondere persönliche Unrechtsmerkmale. 1992.

Band 7 Stefan Göhring: Polizeiliche Kontrollstellen und Datenverarbeitung. § 163 d StPO und novellierte Polizeigesetze der Länder zwischen Strafverfolgung, Gefahrenabwehr und vorbeugender Straftatenbekämpfung. 1992.

Band 8 Werner Kemper: Horizontale Teilrechtskraft des Schuldspruchs und Bindungswirkung im tatrichterlichen Verfahren nach der Zurückverweisung. §§ 353, 354 Abs. 2 StPO. 1993.

Band 9 Ovvadias Namias: Die Zurechnung von Folgeschäden im Strafrecht. 1993.

Band 10 Jan Zopfs: Unfallflucht bei eindeutiger Haftungslage? Unverzüglichkeitsgebot und Wahlmöglichkeit in § 142 Abs. 2 und 3 StGB. 1993.

Band 11 Stefan Hiebl: Ausgewählte Probleme des Akteneinsichtsrechts nach § 147 StPO. 1994.

Band 12 Ralf Krack: List als Straftatbestandsmerkmal. Zugleich ein Beitrag zu Täuschung und Irrtum beim Betrug. 1994.

Band 13 Henning Radtke: Zur Systematik des Strafklageverbrauchs verfahrenserledigender Entscheidungen im Strafprozeß. 1994.

Band 14 Bernd J. A. Müssig: Schutz abstrakter Rechtsgüter und abstrakter Rechtsgüterschutz. Zu den materiellen Konstitutionskriterien sog. Universalrechtsgüter und deren normentheoretischem Fundament – am Beispiel der Rechtsgutsbestimmung für die §§ 129, 129a und 324 StGB. 1994.

Band 15 Heinz Koriath: Über Beweisverbote im Strafprozeß. 1994.

Band 16 Burkhard Niepoth: Der untaugliche Versuch beim unechten Unterlassungsdelikt. 1994.

Band 17 Karsten Altenhain: Die Strafbarkeit des Teilnehmers beim Exzeß. 1994.

Band 18 Ina Walbaum: Schuldspruch in der Revisionsinstanz nach freisprechendem Urteil des Tatgerichts. 1996.

Band 19 Birgit Dalbkermeyer: Der Schutz des Beschuldigten vor identifizierenden und tendenziösen Pressemitteilungen der Ermittlungsbehörden. 1994.

Band 20 Thomas Hackner: Der befangene Staatsanwalt im deutschen Strafverfahrensrecht. 1995.

Band 21 Hartmut Loritz: Kritische Betrachtungen zum Wert des strafprozessualen Zwischenverfahrens. 1996.

Band 22 Heinz-Hermann Berghof: Therapie und Strafe im Betäubungsmittelrecht. Recht und Wirklichkeit der Behandlung Drogenabhängiger unter besonderer Berücksichtigung der §§ 35 ff BtMG. 1995.

Band 23 Oliver Mertens: Strafprozessuale Grundrechtseingriffe und Bindung an den Wortsinn der ermächtigenden Norm. 1996.

Band 24 Sönke Bahnsen: Das Akteneinsichtsrecht der Verteidigung im Strafverfahren. Dogmatische Grundlagen und Einzelprobleme im Lichte einer rechtsstaatlichen Verfahrensgestaltung. 1996.

Band 25 Dirk Schwieger: Der Vorteilsbegriff in den Bestechungsdelikten des StGB. 1996.

Band 26 Stephanie Meinecke: Die Auswirkungen von Verfahrensfehlern auf die Strafbarkeit nach den Aussagedelikten. 1996.

Band 27 Ute Lambrecht: Strafrecht und Disziplinarrecht. Abhängigkeiten und Überschneidungen. 1997.

Band 28 Carsten Momsen: Verfahrensfehler und Rügeberechtigung im Strafprozeß. Die Strukturen der Revisionsberechtigung unter besonderer Berücksichtigung des Begriffs "Rechtsnormen, die lediglich zugunsten des Angeklagten gegeben sind" in § 339 StPO. 1997.

Band 29 Ursula Epp: Die Abgeordnetenbestechung – § 108 e StGB. 1997.

Band 30 Bernd Scheiff: Wann beginnt der Strafrechtsschutz gegen kriminelle Vereinigungen (§ 129 StGB)? 1997.

Band 31 Ulrike Fontaine: Max Grünhut (1893-1964). Leben und wissenschaftliches Wirken eines deutschen Strafrechtlers jüdischer Herkunft. 1998.

Band 32 Claudia Keiser: Das Kindeswohl im Strafverfahren. Zur Notwendigkeit eines am Kindeswohl orientierten Umgangs mit minderjährigen Opfern und Zeugen, den Möglichkeiten de lege lata und den Erfordernissen de lege ferenda. 1998.

Band 33 Wiebke Schürer-Mohr: Erlaubte Risiken. Grundfragen des "erlaubten Risikos" im Bereich der Fahrlässigkeitsdogmatik. 1998.

Band 34 Stephan Voigtel: Zum Freibeweis bei Entscheidungen der Strafvollstreckungskammer. Eine Untersuchung zu ausgewählten Fragen des Beweisrechts im gerichtlichen Verfahren in Strafvollstreckungs- und Strafvollzugssachen. 1998.

Band 35 Volkmar Wißgott: Das Beweisantragsrecht im Strafverfahren als Kompensation der richterlichen Inquisitionsmaxime. Die Judikatur des Reichsgerichts zum strafprozessualen Beweisrecht. 1998.

Band 36 Susanne Merz: Strafrechtlicher Ehrenschutz und Meinungsfreiheit. 1998.

Band 37 Uwe Schlömer: Der elektronisch überwachte Hausarrest. Eine Untersuchung der ausländischen Erfahrungen und der Anwendbarkeit in der Bundesrepublik Deutschland. 1998.

Band 38 Michael Liedke: Die Vermögensstrafe gemäß § 43a StGB in ihrer kriminalpolitischen Bedeutung. 1999.

Band 39 Danja Domeier: Gesundheitsschutz und Lebensmittelstrafrecht. Zur Konkretisierung der Verkehrspflichten und ihrer Strafbewehrung, insbesondere mit Blick auf §§ 8 ff. LMBG. 1999.

Band 40 Ritva Westendorf: Die Pflicht zur Verhinderung geplanter Straftaten durch Anzeige. Eine kritische Betrachtung der §§ 138, 139 StGB im Kontext der Unterlassungsdelikte. 1999.

Band 41 Hans Theile: Tatkonkretisierung und Gehilfenvorsatz. 1999.

Band 42 Nicole Lange: Vorermittlungen. Die Behandlung des staatsanwaltschaftlichen Vorermittlungsverfahrens unter besonderer Berücksichtigung von Abgeordneten, Politikern und Prominenten. 1999.

Band 43 Tanja Gunder: Der Umgang mit Kindern im Strafverfahren. Eine empirische Untersuchung zur Strafverfolgung bei Sexualdelinquenz. 1999.

Band 44 Sven-Markus Thiel: Die Konkurrenz von Rechtfertigungsgründen. 2000.

Band 45 Jan Schlüter: Die Strafbarkeit von Unternehmen in einer prozessualen Betrachtung nach dem geltenden Strafprozeßrecht. 2000.

Band 46 Detlef Heise: Der Insiderhandel an der Börse und dessen strafrechtliche Bedeutung. Eine Untersuchung des neuen deutschen Insiderrechts speziell unter Bezugnahme auf die strafrechtstheoretischen und strafrechtsdogmatischen Grundlagen. 2000.

Band 47 Hermann Wichmann: Das Berufsgeheimnis als Grenze des Zeugenbeweises. Ein Beitrag zur Lehre von den Beweisverboten. 2000.

Band 48 Rainer T. Cherkeh: Betrug (§ 263 StGB), verübt durch Doping im Sport. 2000.

Band 49 Kristian Hohn: Die Zulässigkeit materieller Beweiserleichterungen im Strafrecht. Eine Untersuchung über Erscheinungsformen und Grenzen der Lösung beweisrechtlicher Probleme im materiellen Strafrecht. 2000.

Band 50 Malte Rabe von Kühlewein: Der Richtervorbehalt im Polizei- und Strafprozeßrecht. 2001.

Band 51 Donata Meinecke: Die Gesetzgebungssystematik der Versuchsstrafbarkeit von Verbrechen und Vergehen im StGB. 2001.

Band 52 Joachim Bock: Begriff, Inhalt und Zulässigkeit der Beweislastumkehr im materiellen Strafrecht. 2001.

Band 53 Gabriele Rose: Grenzen der journalistischen Recherche im Strafrecht und Strafverfahrensrecht. 2001.

Band 54 Wiebke Reitemeier: Täuschungen vor Abschluß von Arbeitsverträgen. Zum Verhältnis zwischen dem Straftatbestand des Betrugs und dem Anfechtungsrecht wegen arglistiger Täuschung (§§ 263 Abs. 1 StGB, 123 Abs. 1 Alt. 1 BGB). 2001.

Band 55 Peter Rackow: Das DNA-Identitätsfeststellungsgesetz und seine Probleme. 2001.

Band 56 Frank Zschieschack: Geiselnahme und erpresserischer Menschenraub (§§ 239a, 239b StGB) im Zwei-Personen-Verhältnis. 2001.

Band 57 Natascha Sëyfi: Das Sicherungsverfahren (§§ 413 - 416 StPO). 2002.

Band 58 Dirk Seiler: Die *Sperrwirkung* im Strafrecht. 2002.

Band 59 Dorothee Sydow: Die actio libera in causa nach dem Rechtsprechungswandel des Bundesgerichtshofs. 2002.

Band 60 Inga Metrikat: Die Unterbringung in einer Entziehungsanstalt nach § 64 StGB – Eine Maßregel im Wandel? Eine vergleichende, empirische Untersuchung zur Entscheidung des Bundesverfassungsgerichts vom 16.03.1994, BVerfGE 91, 1 ff. 2002.

Band 61 Sabine Caroline Bechtoldt: Die Erledigungserklärung im Maßregelvollzug des § 63 StGB. Eine empirische Untersuchung der Erledigungserklärung und zugleich rechtsdogmatische Erörterung ihrer Rechtskraftproblematik. 2002.

Band 62 Sandra Schulte-Nover: Strafrichter in Deutschland und England. Ein systematischer Rechtsvergleich im Hinblick auf die richterlichen Kompetenzen im Strafverfahren. 2003.

Band 63 Tim Schurig: Belehrung und Beratung des Beschuldigten über sein Aussageverhalten. Eine gemeinsame Aufgabe von Gericht und Verteidigung? 2003.

Band 64 Markus Laski: Die strafrechtlichen Bezüge des Bundes-Bodenschutzgesetzes. 2003.

Band 65 Gunnar Lüer: Die Versäumung im Berufungsverfahren. Das strafprozessuale Anwesenheitsprinzip im Spannungsfeld von autonomer Subjektstellung und öffentlichen Interessen am Beispiel des § 329 Abs. 1,2 StPO. 2003.

Matthias Rauscher

Die neue Berufung in Zivilsachen

Frankfurt/M., Berlin, Bern, Bruxelles, New York, Oxford, Wien, 2002. 296 S.
Schriften zum Verfahrensrecht. Herausgegeben von Peter Gottwald und Ulrich Haas. Bd. 1
ISBN 3-631-39261-3 · br. € 45.50*

Die Bundesregierung sowie die Regierungskoalition haben umfangreiche Gesetzentwürfe zur Reform der Zivilprozessordnung vorgelegt. Auf diesen gründet das ZPO-Reformgesetz, das am 01.01.2002 in Kraft getreten ist. Diese während des Gesetzgebungsverfahrens in der Literatur ausgiebig diskutierte „Revolution im Zivilprozessrecht" rechtfertigt eine wissenschaftliche Untersuchung. Da die Reform die bedeutendsten Änderungen im Bereich der Berufung vorsieht, ist die neue Berufung Gegenstand der Untersuchung. Ziel der Untersuchung ist die Darstellung der neuen Berufung in der praktischen Rechtsanwendung, die Würdigung der an den neuen Regelungen geübten Kritik, die Verdeutlichung der Auswirkungen der neuen Berufung auf die Praxis durch Beispielsfälle sowie die Erarbeitung von Änderungsvorschlägen. Im ersten Teil der Arbeit werden zunächst die bisherigen die Berufung betreffenden Reformbemühungen von Gesetzgeber und Literatur seit Bestehen der ZPO dargestellt. Im Anschluss daran wird die Entstehungsgeschichte der jüngsten ZPO-Reform beleuchtet. Im zweiten Teil werden die Regelungen über die neue Berufung im Einzelnen untersucht. Im dritten Teil wird die Reformdiskussion in der Literatur gewürdigt und anhand von Beispielsfällen erläutert, wie sich die neue Berufung auf die Praxis der Rechtsanwendung auswirken wird. Im vierten Teil werden Änderungen zum Reformgesetz im Bereich der Berufung vorgeschlagen, die die Reform als Ganzes nicht in Frage stellen, aber aus der Sicht des rechtsuchenden Bürgers Verbesserungen bringen.

FSC
www.fsc.org
MIX
Papier | Fördert
gute Waldnutzung
FSC® C083411

Kolibri 360 GmbH
Ferdinand-Jühlke-Straße 7
99095 Erfurt, Deutschland
produktsicherheit@kolibri360.de

Druck:
CPI Druckdienstleistungen GmbH
im Auftrag der
Kolibri 360 GmbH
Ferdinand-Jühlke-Str. 7
99095 Erfurt